Wissenschaftliche Beiträge aus dem Tectum Verlag

Reihe Rechtswissenschaften

WISSENSCHAFTLICHE BEITRÄGE
AUS DEM TECTUM VERLAG

Reihe Rechtswissenschaften

Band 52

Dominik Becker

Auskunftsverweigerungsrechte von Unternehmen im EU-Kartellverfahren

Tectum Verlag

Dominik Becker

Auskunftsverweigerungsrechte von Unternehmen
im EU-Kartellverfahren.
Wissenschaftliche Beiträge aus dem Tectum Verlag:
Reihe: Rechtswissenschaften; Bd. 52

Zugl. Univ. Diss. 2011, Gießen, Fachbereich Rechtswissenschaft

ISBN: 978-3-8288-2803-2
ISSN: 1861-7875

Druck und Bindung: CPI buchbücher.de, Birkach
Printed in Germany

Besuchen Sie uns im Internet
www.tectum-verlag.de

Bibliografische Informationen der Deutschen Nationalbibliothek
Die Deutsche Nationalbibliothek verzeichnet diese Publikation in der Deutschen Nationalbibliografie; detaillierte bibliografische Angaben sind im Internet über http://dnb.ddb.de abrufbar.

Meinem Vater

VORWORT

Die vorliegende Arbeit ist die aktualisierte Fassung meiner im April 2010 beim Fachbereich Rechtswissenschaft der Justus-Liebig-Universität Gießen eingereichten Promotionsschrift.

Mein erster Dank gilt Frau Prof. Dr. Gabriele Britz, die meine Arbeit betreut und mit wertvollen Ideen und Hinweisen gefördert hat. Für die Erstellung des Zweitgutachtens danke ich Herrn Prof. Dr. Thilo Marauhn.

Ferner danke ich Herrn Dr. Wolfgang Bosch und Herrn Dr. Robert Schulz für die Anregung des Themas.

Herzlich bedanken möchte ich mich auch bei all denjenigen, die mich während des Schreibens der Arbeit vielfältig unterstützt haben, insbesondere bei Herrn Dr. Mathias Klümper, der für Diskussionen immer zur Verfügung stand und mir mit wichtigen Anregungen weitergeholfen hat.

Ein besonderer Dank gebührt schließlich meiner Mutter, die mich stets auf meinem Weg gefördert hat.

Düsseldorf, im Juni 2011 Dominik Becker

INHALTSVERZEICHNIS

ABKÜRZUNGS- UND DEFINITIONSVERZEICHNIS SOWEIT ABWEICHEND VON KIRCHNER

- *ABl.*: Amtsblatt
- *AEUV*: Vertrag über die Arbeitsweise der Europäischen Union
- *Anm. d. Verf.*: Anmerkung des Verfassers
- *Auskunftsverweigerungsrecht*: Recht der Unternehmen im Rahmen von Auskunftsentscheidungen der Kommission die Auskunft verweigern zu können, wenn sie durch ihre Aussage einen Verstoß gegen das Kartellrecht zugestehen würden
- *Bußgeldleitlinien*: Leitlinien für das Verfahren zur Festsetzung von Geldbußen gemäß Artikel 23 Absatz 2 Buchstabe a) der Verordnung (EG) Nr. 1/2003
- *Charta*: Charta der Grundrechte der Europäischen Union
- *CMLR*: Common Market Law Review
- *ders.*: derselbe
- *dies.*: dieselbe *oder* dieselben
- *D. R.*: „Decisions and Reports" des Europäischen Gerichtshofs für Menschenrechte
- *ECLR*: European Competition Law Review
- *ECN*: Netzwerk der europäischen Wettbewerbsbehörden
- *ECN-Modell*: Kronzeugenregelungsmodell des Netzwerks der europäischen Wettbewerbsbehörden
- *EGMR*: Europäischer Gerichtshof für Menschenrechte
- *Einl.*: Einleitung
- *ELR*: European Law Review
- *EPL*: European Public Law
- *ERPL*: European Review of Public Law
- *EUV-Lissabon*: Vertrag von Lissabon zur Änderung des Vertrags über die Europäische Union und des Vertrags zur Gründung der Europäischen Gemeinschaft
- *FAZ*: Frankfurter Allgemeine Zeitung
- *gem.*: gemäß
- *Geständnisverweigerungsrecht*: vom Gerichtshof entwickelte Kriterien zur Möglichkeit der Unternehmen, die Preisgabe von Informationen zu verweigern

- *Goodwill*: geschäftliche Beziehungen, die sich ein Unternehmen in der Vergangenheit erarbeitet hat und die den Vermögenswert des Unternehmens über den Substanzwert hinaus beeinflussen
- *Guinness*: Guiness PLC
- *Kommission*: Europäische Kommission
- *Konvention*: Europäische Konvention zum Schutz der Menschenrechte
- *Kronzeugenmitteilung 2006*: Mitteilung der Kommission über den Erlass und die Ermäßigung von Geldbußen in Kartellsachen 2006
- *Menschenrechtskommission*: Europäische Kommission für Menschenrechte
- *MJ*: Maastricht Journal of European and Comparative Law
- *Rn.*: Randnummer
- *Rs.*: Rechtssache
- *SE-VO*: Verordnung (EG) Nr. 2157/2001 des Rates vom 8. Oktober 2001 über das Statut der Europäischen Gesellschaft
- *u. a.*: und andere
- *Union*: Europäische Union
- *Unionsgerichte*: Gerichtshof und Gericht
- *v. Verf.*: vom Verfasser
- *verb. Rs.*: Verbundene Rechtssachen
- *Verfassungsvertrag*: Vertrag über eine Verfassung für Europa
- *Vergleichsmitteilung*: Mitteilung der Kommission über die Durchführung von Vergleichsverfahren bei dem Erlass von Entscheidungen nach Artikel 7 und Artikel 23 der Verordnung (EG) Nr. 1/2003 des Rates in Kartellfällen
- *VO 1/2003*: Verordnung (EG) Nr. 1/2003 des Rates vom 16. Dezember 2002 zur Durchführung der in den Artikeln 81 und 82 des Vertrages niedergelegten Wettbewerbsregeln
- *VO 17/62*: Verordnung Nr. 17 des Rates vom 6. Februar 1962: Erste Durchführungsverordnung zu den Artikeln 85 und 86 des Vertrages, ABl. 1962 Nr. 13/204.
- *VO 622/2008*: Verordnung (EG) Nr. 622/2008 der Kommission vom 30. Juni 2008 zur Änderung der Verordnung (EG) Nr. 773/2004 hinsichtlich der Durchführung von Vergleichsverfahren in Kartellfällen

- *VO 773/2004*: Verordnung (EG) Nr. 773/2004 der Kommission vom 7. April 2004 über die Durchführung von Verfahren auf der Grundlage der Artikel 81 und 82 EG-Vertrag durch die Kommission
- *Wettbewerbsprotokoll*: Protokoll über den Binnenmarkt und Wettbewerb
- *WorldComp*: World Competition
- *ZeuS*: Zeitschrift für Europarechtliche Studien
- *ZIS*: Zeitschrift für Internationale Strafrechtsdogmatik
- *ZP Nr. 1 Konvention*: erstes Zusatzprotokoll zur Konvention vom 20. März 1952
- *ZWeR*: Zeitschrift für Wettbewerbsrecht

A Einleitung und Gang der Untersuchung

Quis custodiet ipsos custodes? – Wer überwacht die Wächter?[1]

Art. 2 EUV:

> *„Die Werte, auf die sich die Union gründet, sind die Achtung der Menschenwürde, Freiheit, Demokratie, Gleichheit, Rechtsstaatlichkeit und die Wahrung der Menschenrechte einschließlich der Rechte der Personen, die Minderheiten angehören. […]"*

Zu diesen Werten bekennt sich die Europäische Union (Union).

Auf der anderen Seite steht *effet utile*. Der „*effet utile*"-Grundsatz zieht sich wie ein roter Faden durch das Europarecht. Auch dem Juristen, der wenig mit dem Bereich des europäischen Rechts zu tun hat, ist er sicherlich ein Begriff.

Effet utile bedeutet zunächst, dass die einzelnen Normen so auszulegen sind, dass sie eine möglichst große Wirkung entfalten.[2]

Der daraus abzuleitende Effektivitätsgrundsatz durchdringt alle Bereiche des europäischen Rechts und muss auch im Bereich des Kartell-(Verfahrens-)Rechts, der in dieser Arbeit näher untersucht werden soll, oftmals als Begründung für die spezifische Ausgestaltung von Vorschriften herhalten.[3]

Es ist unstrittig, dass eine Rechts- und Wirtschaftsgemeinschaft bestehend aus nunmehr 27 Mitgliedern einer Arbeitsgrundlage bedarf, die ihr ihre Handlungsfähigkeit lässt.

Allerdings muss sich die Union in letzter Zeit häufig den Vorwurf gefallen lassen, es fehle ihr an der Legitimation für ihre umfangreichen Befugnisse beziehungsweise es bestünde ein generelles Demokratiedefizit.[4]

Auch wenn man berücksichtigt, dass es in letzter Instanz immer noch die Mitgliedstaaten sind, die die Entscheidungen treffen,[5] so beeinflusst die europäische Rechtsetzung und -anwendung mittlerweile umfangreich

---

1 Juvenal, Satiren, 6. Satire, Zeile 347-348.

2 *Haratsch/Koenig/Pechstein*, Europarecht, Rn. 182; *Herdegen*, Europarecht, § 9, Rn. 46; *Hobe*, Europarecht, Rn. 305; *Oppermann/Classen/Nettesheim*, Europarecht, § 13, Rn. 40; *Potacs*, EuR 2009, 465, 467; *Streinz*, Europarecht, Rn. 570.

3 *Bleckmann*, NJW 1982, 1177, 1179 f.; *EuGH*, Urteil vom 15. Juli 1960, Rs. 20/59, Italienische Republik gegen Hohe Behörde, S. 708; *Herdegen*, Europarecht, § 9, Rn. 75.

4 *Drabek*, ERPL 2001, 529, 531; *Piris*, EuR 2000, 311, 340 f.

5 *Piris*, EuR 2000, 311, 341.

die nationalen Rechtsordnungen und hat für die Bürger einen wahrnehmbaren Einfluss auf ihr tägliches Leben.

Dass dieser Einfluss allerdings nicht stets als positiv empfunden wird, zeigt der schwierige Weg, den die Fortentwicklung der europäischen Integration nimmt. Der am 1. Dezember 2009 letztlich inkraftgetretene Vertrag von Lissabon[6] (EUV-Lissabon) war zuvor auf mehrfache Ablehnung gestoßen. Schon der vorherige Versuch einer Überarbeitung der rechtlichen Grundlage der Union - die europäische Verfassung[7] (Verfassungsvertrag) - sollte eigentlich auch dazu dienen, den Bürgern die Vorteile der weiteren Integration näher zu bringen und so deren immer noch schwache Akzeptanz stärken.[8]

Es ist dem Verfassungsvertrag zunächst nicht gelungen dieses Ziel zu erreichen. Vielmehr ist er gescheitert.[9] Auch der neue Versuch - EUV-Lissabon - schien dieses Schicksal zu teilen. Man hatte den Eindruck, dass die Bürger nur schwer davon überzeugt werden konnten, dass die neue Rechtsordnung genug „Checks & Balances" enthält, um sicherzustellen, dass ihre Interessen geschützt werden.

So hat die irischen Bevölkerung beispielsweise ihre Zustimmung zum EUV-Lissabon davon abhängig gemacht, dass Irland bestimmte Rechte zugesichert bekommt.[10] Vielen Bürgern erscheinen die Mechanismen der Union darüber hinaus undurchsichtig, was ebenfalls zu einer gewissen Skepsis führt.[11] Insoweit kann beobachtet werden, dass der Wunsch nach Transparenz und Rechtssicherheit umso stärker ist, je unsicherer und wandelbarer die Rahmenbedingungen sind.[12] Hinzu treten eine eher schwach ausgeprägte demokratische Legitimation und die relative Schwäche des Europaparlaments, welche durch den Verfassungsvertrag gemildert werden sollte.[13]

Auch wenn der EUV-Lissabon schlussendlich doch in Kraft getreten ist und nun der Vertrag über die Europäische Union (EUV) und der Vertrag über die Arbeitsweise der Europäischen Union (AEUV) als neue Grund-

---

6 Vertrag von Lissabon zur Änderung des Vertrags über die Europäische Union und des Vertrags zur Gründung der Europäischen Gemeinschaft, unterzeichnet in Lissabon am 13. Dezember 2007, ABl. 2007 Nr. C 306/1.

7 Vertrag über eine Verfassung für Europa vom 29. Oktober 2004, ABl. 2004 Nr. C 310/1.

8 *Cromme*, EuR 2005, 36, 36.

9 *Paeffgen*, EuR 2006 - Beiheft 1, 63, 63.

10 FAZ vom 18. November 2008, S. 5; *Pache/Rösch*, EuR 2009, 769, 770.

11 *Lorz*, EuR 2006 - Beiheft 1, 43, 45.

12 *Hoffmann-Riem*, EuGRZ 2002, 473, 473.

13 *Cromme*, EuR 2005, 36, 43.

lage des Unionsrechts gelten, darf das Bemühen um Steigerung der Rechtssicherheit und Transparenz nicht nachlassen.

Vielmehr ist es auch weiterhin wichtig, dass sich die europäischen Organe bei ihren Handlungen von den Grundsätzen der Rechtsstaatlichkeit leiten lassen.[14]

Anhand des Beispiels des Auskunftsverlangens im EU-Kartellverfahren soll daher untersucht werden, in welchem Verhältnis die Sicherung der Grundsätze „der Freiheit, Demokratie, Gleichheit, Rechtsstaatlichkeit" zum „*effet utile*"-Grundsatz steht. Das Kartellrecht beeinflusst das Leben der meisten Bürger sicherlich nicht unmittelbar. Allerdings hat die Medienaufmerksamkeit in den letzten Jahren auch dazu geführt, dass das Interesse der Bürger erheblich zugenommen hat. Darüber hinaus erhöhen sich die Bußgeldsummen stetig[15], was ebenfalls von den Bürgern wahrgenommen wird.[16]

Daneben eignet sich das Kartellrecht als Untersuchungsgegenstand, da es sich bei den Ermittlungsbefugnissen der Europäischen Kommission (Kommission) im Kartellverfahren um direkte Eingriffe - in Form von Einzelentscheidungen - in die unmittelbare Unternehmenssphäre handelt.[17] Daher verwundert es auch nicht, dass das EU-Kartellrecht als der wichtigste Anwendungsbereich für Verfahrensgrundrechte in der Union bezeichnet wird.[18]

Dem Kartellrecht kommt darüber hinaus eine besondere Eignung zu einer näheren Untersuchung des Grundrechtsschutzes auf europäischer Ebene zu, da Grundrechte für das Kartellverfahren eine erhebliche Bedeutung haben. Ermittlungen und Entscheidungen berühren eine große Zahl an Individualrechtspositionen der Betroffenen. Hierzu zählen der Schutz der unternehmerischen Freiheit und des Eigentums sowie verwaltungs- und prozessrechtliche Grundsätze und Positionen.[19]

Das Kartellverfahren im Sinne der vorliegenden Untersuchung ist ein Verfahren zur Abstellung eines Verstoßes gegen Art. 101 oder Art. 102 AEUV. Grundlage des europäischen Kartellverfahrens ist die

---

14 *Drabek*, ERPL 2001, 529, 531.

15 Übersicht in: *Soltész/Steinle/Bielesz*, EuZW 2003, 202, 204 und Wissmann/Dreyer/Witting, *Wissmann*, Ermittlungen im Unternehmen, § 1, Rn. 4.

16 *Forrester*, ELR 2009, 817, 820.

17 Ebenso *Fischer/Iliopoulos*, NJW 1983, 1031, 1031; *Scheer*, ZEuS 2004, 663, 665.

18 Ehlers, *Gundel*, Grundrechte und Grundfreiheiten, § 18, Rn. 11.

19 *Weiß*, EuZW 2006, 263, 263.

Verordnung Nr. 1/2003[20] (VO 1/2003), welche der Durchführung der Wettbewerbsregeln der Art. 101 oder 102 AEUV dient.

In den Erwägungsgründen der VO 1/2003 wird an verschiedenen Stellen die Kompetenz der Kommission mit der möglichst effektiven Erfüllung ihrer Aufgaben begründet.

Erwägungsgrund (25) unterstreicht, dass es für die Kommission immer schwieriger wird, Verstöße gegen die Wettbewerbsregeln festzustellen. Daher sei es für einen effektiven Schutz des Wettbewerbes seitens der Kommission erforderlich, die Ermittlungsbefugnisse der Kommission zu ergänzen. Auch in Erwägungsgrund (12) heißt es, dass die Kommission mit den Befugnissen ausgestattet werden sollte, die es ihr ermöglichen, eine Zuwiderhandlung effektiv abzustellen.

Auf gleicher Linie liegt die Rechtsprechung des europäischen Gerichtshofs (Gerichtshof) und des europäischen Gerichts (Gericht - zusammen Unionsgerichte), die als Rechtfertigung für Eingriffe in die Rechte von Privatpersonen und Unternehmen nur allzu gerne auf die Notwendigkeit einer wirksamen Rechtsdurchsetzung verweisen.[21]

Gleichwohl stellt sich die Frage, ob für die Durchsetzung des Kartellrechts eine umfassende Einschränkung der Rechte der Unternehmen tatsächlich notwendig ist.

Unstreitig wird die Verwirklichung des Binnenmarktes durch den Schutz des funktionierenden Wettbewerbs gefördert. Die Errichtung des Binnenmarkts ist nach Art. 3 Abs. 3 EUV Ziel der Union. Nach dem Protokoll über den Binnenmarkt und Wettbewerb[22] (Wettbewerbsprotokoll) umfasst der Binnenmarkt ein System, das den Wettbewerb vor Verfälschungen schützt. Dieses Protokoll ist Bestandteil des primären Unionsrechts.[23] Gemäß Art. 3 Abs. 1 lit. b AEUV ist die Union daher zuständig für die Festlegung der für das Funktionieren des Binnenmarkts erforderlichen Wettbewerbsregeln. Diese sind in Titel VII Kapitel 1 AEUV konkretisiert.

Als unbestritten muss man es auch ansehen, dass der Schutz des Wettbewerbes durch eine extensive Ausweitung der Ermittlungsbefugnisse der Kommission am effektivsten gewährleistet werden kann.

---

20 Verordnung (EG) Nr. 1/2003 des Rates vom 16. Dezember 2002 zur Durchführung der in den Artikeln 81 und 82 des Vertrages niedergelegten Wettbewerbsregeln, ABl. 2003 Nr. L 1/1.

21 So etwa zuletzt insbesondere in Bezug auf das Auskunftsverweigerungsrecht: *EuGH*, Urteil vom 29. Juni 2006, Rs. C-301/04 P, SGL Carbon, Rn. 41 ff.

22 Protokoll über den Binnenmarkt und den Wettbewerb, ABl. 2007 Nr. C 306/156.

23 *Behrens*, EuZW 2008, 193, 193.

Dem stehen aber die rechtsstaatlichen Grundsätze gegenüber, auf denen die Union basiert. Diese garantieren dem Einzelnen, darunter fallen auch Unternehmen, gewisse Rechte. Eine Durchsetzung des Kartellrechts darf nicht mit allen Mitteln erfolgen.[24]

Zudem ist es zumindest fraglich, ob der Kampf der Kommission gegen die Kartelle durch die Einräumung von rechtsstaatlichen Garantien für Unternehmen tatsächlich unmöglich gemacht wird.[25]

Derzeit ist ein Rechtsschutz für Unternehmen im EU-Kartellverfahren nur unzureichend kodifiziert. Die VO 1/2003 enthält nur wenige geschriebene Rechtsschutzvorschriften für die Unternehmen.[26] Insbesondere fehlt es an einer Regelung zu der Frage, ob Unternehmen im Rahmen von Auskunftsentscheidungen der Kommission die Auskunft verweigern können, wenn sie durch ihre Aussage einen Verstoß gegen das Kartellrecht zugestehen würden – im Folgenden Auskunftsverweigerungsrecht.

Erwägungsgrund (23) der VO 1/2003 äußert sich hierzu wie folgt:

> *„Die Kommission sollte die Befugnis haben, im gesamten Bereich der Gemeinschaft die Auskünfte zu verlangen, die notwendig sind, um gemäß Artikel 81 des Vertrags verbotene Vereinbarungen, Beschlüsse und aufeinander abgestimmte Verhaltensweisen sowie die nach Artikel 82 des Vertrags untersagte missbräuchliche Ausnutzung einer beherrschenden Stellung aufzudecken. Unternehmen, die einer Entscheidung der Kommission nachkommen, können nicht gezwungen werden, eine Zuwiderhandlung einzugestehen; sie sind auf jeden Fall aber verpflichtet, Fragen nach Tatsachen zu beantworten und Unterlagen vorzulegen, auch wenn die betreffenden Auskünfte dazu verwendet werden können, den Beweis einer Zuwiderhandlung durch die betreffenden oder andere Unternehmen zu erbringen."*

Dieser Erwägungsgrund gibt die bisherige Rechtsprechung der Unionsgerichte[27] zu den Auskunftsverweigerungsrechten von Unternehmen im EU-Kartellverfahren wieder.[28]

Somit scheint eine Frage beantwortet worden zu sein, die seit der Einführung der ersten Durchführungsverordnung der europäischen Wett-

---

24 *Schwarze*, WuW 2009, 6, 11.

25 *Von Winterfeld*, RIW 1981, 801, 808.

26 *Weiß*, EuZW 2006, 263, 264.

27 Grundlegend: *EuGH*, Urteil vom 18. Oktober 1989, Rs. 374/87, Orkem, Rn. 34 f.; *EuG*, Urteil vom 20. Februar 2001, Rs. T-112/98, Mannesmannröhren-Werke, Rn. 65 ff.

28 *Scheer*, ZEuS 2004, 663, 679; *Schwarze/Weitbrecht*, Kartellverfahrensrecht, § 5, Rn. 36.

bewerbsregeln - Verordnung Nr. 17/62[29] (VO 17/62) immer wieder Gegenstand der öffentlichen Diskussion war. Schon das Europäische Parlament hatte bei der Beratung der VO 17/62 die Einführung eines solchen Rechtes gefordert.[30] Auch in der Folge wurde immer wieder Kritik an der auch jetzt noch bestehenden rechtlichen Regelung und der fehlenden Kodifizierung eines Auskunftsverweigerungsrechtes laut.[31]

Die Inkorporierung der Rechtsprechung in die Erwägungsgründe der neuen VO 1/2003 ist zumindest ein erster Schritt dies zu beheben, kann aber nicht der letzte sein.

Weiterhin stellt sich die rein praktische Frage, wie die genaue Grenzziehung zwischen reiner Tatsachenmitteilung und dem erzwungenen Eingeständnis der Zuwiderhandlung aussehen soll.[32]

Daneben ist zu beachten, dass sich seit den ersten Entscheidungen der Unionsgerichte mit der Novelle der Kartellverfahrensordnung die rechtlichen Rahmenbedingungen geändert haben.

Die Ermittlungsbefugnisse der Kommission sind in der VO 1/2003

erheblich ausgeweitet worden.[33] Im Bereich des Auskunftsverlangens erfolgte beispielsweise die Abschaffung des obligatorisch zweistufigen Verfahrens zur Erlangung einer Auskunft und die Einführung einer Wahlmöglichkeit der Kommission, entweder ein einfaches Auskunftsverlangen an das Unternehmen zu richten oder die Auskunft mittels einer Entscheidung zu verlangen. Vor dem Hintergrund dieser Entwicklungen soll daher untersucht werden, ob einem Mehr an Kompetenzen nicht auch ein Mehr an Schutzrechten entgegenzustellen ist.[34]

Seit den ersten Entscheidungen des Gerichtshofs zu Auskunftsverweigerungsrechten hat sich auch der Europäische Gerichtshofs für Menschenrechte (EGMR) zum Auskunftsverweigerungsrecht geäußert. Der EGMR hat hierbei den Selbstbezichtigungsschutz aus Art. 6 der Europäischen Konvention zum Schutz der Menschenrechte (Konvention) abgeleitet und deutlich weiter als der Gerichtshof interpretiert. Ein Bezug auf die

---

29 Verordnung Nr. 17 des Rates vom 6. Februar 1962: Erste Durchführungsverordnung zu den Artikeln 85 und 86 des Vertrages, ABl. 1962 Nr. 13/204.

30 Entschließung des EP zum Vorschlag einer ersten Durchführungsverordnung zu den Art. 85 und 86, ABl. 1961 Nr. 1413/61, Art. 9 Nr. 4 Satz 2.

31 Vgl. *Kreis*, RIW 1981, 281, 281 m. w. N.

32 FK, *Kindhäuser*, Kartellrecht, EG-Vertrag Art. 81, Bußgeldrechtliche Folgen, Rn. 181; *Pache*, EuZW 2001, 351, 352; *Scholz*, WuW 1990, 99, 104; *Schriefers*, WuW 1993, 98, 101.

33 *Reinalter*, ZEuS 2009, 53, 56; *Riley*, ECLR 2003, 604, 608.

34 *Scheer*, ZEuS 2004, 663, 677.

Konvention, wenn er denn rechtsverbindlich möglich ist, könnte daher zu einer Ausweitung des Schutzes der Unternehmen führen.

Die Untersuchung, ob ein Auskunftsverweigerungsrecht im EU-Kartellverfahren gerade auch durch Unionsgrundrechte - und nicht allein durch nationale Grundrechte - geboten ist, ist zudem aus weiteren Gründen relevant.

Zunächst könnten sich aus einem solchen Recht auf EU-Ebene Rückwirkungen auf die Mitgliedsstaaten ergeben. Die Zusammenarbeit der Behörden der Mitgliedstaaten ist in einem europäischen Netzwerk verstärkt worden - Art. 11 VO 1/2003 - und sieht jetzt auch ausdrücklich einen Informationsaustausch vor - Art. 12 VO 1/2003.

Zudem sind nunmehr die Mitgliedstaaten gemäß Art. 3 VO 1/2003 zur Anwendung des materiellen EU-Kartellrechts verpflichtet, wenn sie ihr nationales Kartellrecht auf Sachverhalte anwenden, die auch Art. 101 oder 102 AEUV unterfallen. Hierbei wenden sie allerdings nationales Verfahrensrecht an, so dass eventuell bestehende Unterschiede in den Rechtsordnungen gravierender zum Tragen kommen.[35] Exemplarisch sei an dieser Stelle nur darauf hingewiesen, dass § 59 Abs. 5 GWB auch nach der aktuellen Novellierung - zumindest für das Verwaltungsverfahren - noch immer ein ausdrückliches Auskunftsverweigerungsrecht enthält, welches auch auf Unternehmen Anwendung findet, wenn diese anderenfalls durch die Aussage belastet werden würden.[36] Auch andere Mitgliedstaaten, wie beispielsweise die Niederlande sehen ein Auskunftsverweigerungsrecht für Unternehmen im Kartellverfahren ausdrücklich vor - Art. 53 Abs. 1 Mededingingswet (*niederländisches Kartellgesetz*).

Wenn also eine materiell einheitliche Anwendung des europäischen Wettbewerbsrechts angestrebt wird, sollten auch die Verteidigungsrechte der Unternehmen in den einzelnen Mitgliedstaaten und im Verhältnis zur Union vereinheitlicht werden.[37] Gäbe es ein grundrechtlich abgeleitetes Auskunftsverweigerungsrecht auf Unionsebene, so wären die nationalen Wettbewerbsbehörden zu dessen Beachtung verpflichtet, wenn sie (auch) EU-Kartellrecht anwenden.[38]

---

35 *Weitbrecht*, EuZW 2003, 69, 72.

36 Immenga/Mestmäcker, *Klaue*, GWB, § 59, Rn. 39; MK, *Barth*, Kartellrecht, Band 2, § 59, Rn. 34; a.A. *Deringer*, WuW 1988, 933, 940, der ein solches Recht für Unternehmen aus dem Ordnungswidrigkeitenrecht, nicht aber aus dem GWB ableiten möchte; Langen/Bunte, *Kiecker*, Kartellrecht, Band 1, § 59, Rn. 18.

37 *Deringer*, EuR 2001, 306, 322.

38 Für die Beachtung von Gemeinschaftsgrundrechten in nationalen Kartellverfahren auch *Buntscheck*, WuW 2007, 229, 239.

Mitgliedstaaten sind generell zur Beachtung der Unionsgrundrechte verpflichtet, wenn sie im Anwendungsbereich des Unionsrechts in Durchführungskonstellationen, also insbesondere auf Anweisung der Kommission, tätig werden.[39]

Die gleiche Bindung an die Unionsgrundrechte besteht aber auch, wenn die Mitgliedstaaten selbst EU-Kartellrecht anwenden.[40] Die Einbindung der nationalen Behörden und Gerichte in die dezentrale Anwendung des EU-Kartellrechts ist insoweit ein hinreichender Gemeinschaftsbezug.[41] Bei der Anwendung des EU-Kartellrechts fungiert das Unionsgrundrecht daher als Mindeststandard.[42]

Darüber hinaus könnten grundrechtlich gebotene Auskunftsverweigerungsrechte im EU-Kartellverfahren wichtige Anhaltspunkte für den Umgang mit Auskunftsverlangen und korrespondierenden Verfahrensrechten in anderen Verfahren liefern. Auskunftsverlangen oder Informationsanfragen sind nicht auf das Kartellrecht beschränkt. Gleiches gilt für Bußgelddrohungen gegen Verstöße. So gibt es entsprechende Auskunftsverlangen beispielsweise auch in nationalen Verfahren im Telekommunikations-, Energie- und Postbereich - § 127 Abs. 1 TKG, § 69 Abs. 1 EnWG und § 45 Abs. 1 Nr. 1 PostG.

Zur Durchsetzung der Auskunftsverlangen kann die Bundesnetzagentur abhängig vom Verfahren Zwangsgelder bis zu einer Höhe von EUR 10 Mio. verhängen. Die Reichweite der Auskunftspflichten ist noch nicht abschließend geklärt.[43] Auch wenn die genannten Vorschriften ein Auskunftsverweigerungsrecht im Falle der Selbstbelastung enthalten, ist dessen Umfang jeweils zumindest unklar. Dem Wortlaut lässt sich nicht eindeutig entnehmen, dass sich diese Rechte auch auf Unternehmen beziehen.[44] Daneben existieren auch andere Auskunftsverpflichtungen, bei denen solche Rechte insbesondere für juristische Personen ausdrücklich nicht anerkannt wurden.[45]

---

39 *EuGH,* Urteil vom 18. Juni 1991, Rs. C-260/89, ERT, Rn. 42; Urteil vom 13. Juli 1989, Rs. 5/88, Wachauf, Rn. 19; *Scheuing,* EuR 2005, 162, 163; Lenz/Borchardt, *Zimmerling,* EUV/EGV, Anhang zu Art. 6 EUV, Rn. 31; *Jarass,* EU-Grundrechte, § 4, Rn. 12.

40 *Kapp/Schröder,* WuW 2002, 555, 561; *Weiß,* EuZW 2006, 263, 266.

41 *Buntscheck,* WuW 2007, 229, 240; *Scheuing,* EuR 2005, 162, 179.

42 *Weiß,* EuZW 2006, 263, 266.

43 *Holznagel/Schulz,* MMR 2002, 364, 364.

44 Vgl. die Dikussion zur gleichlautenden Vorschrift im GWB bei *Deringer,* WuW 1988, 933, 939 f. m.w.N.

45 So das BVerfG in dem unten näher erläuterten Urteil zur Auskunftspflicht nach den Landesmediengesetzen ein entsprechendes Recht verneint, *BVerfG,* Urteil vom 26. Februar 1997, Az. 1 BvR 2172/96.

Eine einfache Übertragung der Argumentation zu Auskunftsverweigerungsrechten in Kartellverfahren ist sicherlich nicht möglich[46], da die in Kartellverfahren verhängten Bußgelder ihrer Höhe nach deutlich gravierender sind, als in allen anderen Verfahren.[47] Zudem muss auch beachtet werden, dass gerade in den regulierten Märkten die Ausgangslage eine andere ist. Regulierungsrecht ist zwar wettbewerbsbezogen, enthält aber gleichzeitig einen Auftrag zur Gestaltung der Marktstrukturierung.[48]

Zudem betreffen die spezifischen Rechtsvorschriften Märkte, auf denen die Anwendung des allgemeinen Wettbewerbsrechts allein nicht ausreicht, um einem Marktversagen entgegenzuwirken.[49] Folglich müssen die Unternehmen, eine gegenüber dem allgemeinen Kartellrecht gesteigerte Regulierungsbefugnis hinnehmen.[50] Diese Befugnis umfasst insbesondere auch stärkere Informationsrechte, da die Behörden der Komplexität der marktgestaltenden Regulierungsentscheidungen nur mit einer umfassenden Informationsgewinnung gerecht werden können.[51] Allerdings könnten die festgestellten grundsätzlichen Erwägungen zu Auskunftsverweigerungsrechten von Unternehmen Basis einer gesonderten, weiterführenden Untersuchung in Bezug auf regulierte Märkte sein.

Nach Darstellung der Grundlagen des Kartellverfahrens und der Rechtsprechung zum Auskunftsverweigerungsrecht wird vorliegend untersucht, inwiefern solche Schutzrechte aus der nun gemäß Art. 6 Abs. 1 EUV verbindlichen Charta der Grundrechte der Europäischen Union (Charta)[52], der Konvention oder allgemeinen Rechtsgrundsätzen abgeleitet werden können.

Abschließend soll geprüft werden, ob potenziell bestehende Schutzrechte gegenüber der Kommission durchgesetzt werden können. Hierbei wird insbesondere das Verhältnis von EGMR und Unionsgerichten näher beleuchtet und der Frage nachgegangen, ob die bisherigen prozessualen Möglichkeiten ausreichend sind.

46 Für eine generelle Vorsicht in Bezug auf die zum Auskunftsrecht nach GWB entwickelten Dogmen auch *Gärditz*, DVBl 2009, 69, 72.

47 *Forrester*, ELR 2009, 817, 824; *Wagner-von Papp*, WuW 2010, 268, 276.

48 *Gärditz*, DVBl 2009, 69, 69.

49 *Röhl*, JZ 2006, 831, 832.

50 *Gärditz*, DVBl 2009, 69, 69; *Holznagel/Schulz*, MMR 2002, 364, 369; *Trute*, DVBl 1996, 950, 953 f.

51 *Röhl*, JZ 2006, 831, 836.

52 Charta der Grundrechte der Europäischen Union, am 7. Dezember 2000 in Nizza proklamiert und in der am 12. Dezember 2007 in Straßburg angepassten Fassung in ABl. 2007 Nr. C 303/1 veröffentlicht.

B Grundlagen des Kartellverfahrens

1 Einführung

Das Kartellverbot des Art. 101 AEUV bezieht sich auf Wettbewerbsbeschränkungen, die durch Vereinbarungen und abgestimmte Verhaltensweisen zwischen Unternehmen veranlasst werden. Vom Missbrauchsverbot des Art. 102 AEUV werden einseitige wettbewerbsbeschränkende Maßnahmen marktbeherrschender Unternehmen erfasst.[53]

Der Durchsetzung dieser Verbote dienen die EU-Kartellverfahren.

EU- Kartellverfahren werden grundsätzlich von der Kommission als zuständige Behörde und innerhalb der Kommission von der Generaldirektion Wettbewerb geführt.[54]

Daneben sind nunmehr aber gem. Art. 3 und 5 VO 1/2003 auch zunehmend die nationalen Wettbewerbsbehörden für den Vollzug des europäischen Kartellrechts verantwortlich. Dabei greifen sie auf das jeweilige nationale Verfahrensrecht zurück, wobei die Anwendung und Durchsetzung des EU-Kartellrechts der Aufsicht durch die Kommission unterliegt.[55]

Folglich wurde das materielle Recht weitgehend vereinheitlicht. Eine Einheitlichkeit der Rechtsanwendung ist aber in den Mitgliedstaaten und der Union noch nicht gegeben. Dies gilt insbesondere für die Rechtsfolgen, die von den nationalen Wettbewerbsbehörden angeordnet werden können und den Rechtsschutz hiergegen.[56]

Art. 7 VO 1/2003 ermächtigt die Kommission, von ihr festgestellte Verstöße gegen Art. 101 oder 102 AEUV durch Entscheidung gegenüber den Unternehmen abzustellen. Die Kommission kann die Verfahren zur Abstellung von Zuwiderhandlungen gem. Art. 7 Abs. 1 VO 1/2003 sowohl von Amts wegen als auch auf Antrag durchführen. Voraussetzung für eine Entscheidung ist aber in jedem Fall zunächst die Feststellung einer Zuwiderhandlung.

---

53 Wissmann/Dreyer/Witting, *Dreyer*, Ermittlungen im Unternehmen, § 2, Rn. 1.

54 *Schwarze/Weitbrecht*, Kartellverfahrensrecht, 2.Teil, Rn. 1.

55 *Kapp/Schröder*, WuW 2002, 555, 558; *Weitbrecht*, EuZW 2003, 69, 72.

56 *Weitbrecht*, EuZW 2003, 69, 72.

2 Grundsätze

2.1 Unternehmensbegriff

Die VO 1/2003 dient der Durchführung der Art. 101 und 102 AEUV. Folglich sind Adressaten dieser Verordnung all jene, an die sich auch Art. 101 und 102 AEUV richten. Dies sind Unternehmen und Unternehmensvereinigungen. Der Begriff des Unternehmens im EU-Kartellrecht umfasst jede Einheit, die eine wirtschaftliche Tätigkeit ausübt, unabhängig von ihrer Rechtsform und der Art der Finanzierung.[57] In funktionaler Hinsicht umfasst dieser Begriff jede natürliche und juristische Person in ihrer selbständigen auf den Austausch von Waren und Dienstleistungen bezogenen wirtschaftlichen Tätigkeit.[58] Damit können durchaus auch natürliche Personen in ihrer Eigenschaft als Unternehmen Adressaten einer Abstellungs- oder Bußgeldentscheidung der Kommission sein.

2.2 Verstoß

Die Formen eines Verstoßes gegen Art. 101 AEUV können vielfältig sein.[59]

Selbst wenn Unternehmen lediglich unterstützend für andere Unternehmen tätig werden, kann hierin ein Verstoß liegen.[60]

Ein weiteres Problem liegt darin, dass auch schon bei der Teilnahme an einem Treffen mit Wettbewerbern, dem ein kartellrechtlich relevantes Verhalten folgt, häufig von der Kommission ein Verstoß angenommen wird. Es obliegt dann den Unternehmen, sich im Zusammenhang mit potentiell kartellrechtlich bedenklichen Vereinbarungen oder Verhaltensweisen von Kartellen öffentlich zu distanzieren. So ist es wahrscheinlich, dass die bloße Teilnahme eines Unternehmens an einer Zusammenkunft von Unternehmen, bei der wettbewerbsbeeinträchtigende Vereinbarungen getroffen werden, schon in sich als Verstoß gegen Art. 101 Abs. 1 AEUV angesehen wird. Dies gilt selbst dann, wenn das

---

57 *Bechtold/Bosch/Brinker/Hirsbrunner*, EG-Kartellrecht, Art. 81, Rn. 9; Langen/Bunte, *Bunte*, Kartellrecht, Band 2, Art. 81, Rn. 5; MK, *Säcker/Hermann*, Kartellrecht, Band 1, Einl., Rn. 1597.

58 Schwarze, *Brinker*, EU-Kommentar, Art. 81 EGV, Rn. 24.

59 Loewenheim/Meessen/Riesenkampff, *Gippini-Fournier*, Kartellrecht, Band 1, Art. 81 Abs. 1, Rn. 75 ff.

60 *Kommission*, Entscheidung vom 10. Dezember 2003, COMP/E-2/37.857, Organische Peroxide, ABl. 2005 Nr. L 110/44, Rn. 9; bestätigt durch *EuG*, Urteil vom 8. Juli 2008, Rs. T-99/04, AC-Treuhand AG.

Unternehmen an den Vereinbarungen gar nicht beteiligt war oder wenn es diese zumindest nicht umsetzen wollte.[61]

Folglich ließe sich durch ein erzwungenes Eingeständnis der Teilnahme an den Treffen schon der geforderte Nachweis eines Verstoßes erbringen.

Die Kommission - bestätigt durch die Unionsgerichte - bestraft somit Unternehmen für ihre bloße Teilnahme an Treffen mit Wettbewerbern, wenn sie wussten, dass diese einen wettbewerbsbeschränkenden Zweck verfolgen, auch wenn die Vereinbarungen nicht umgesetzt werden.[62]

Der Gerichtshof führt hierzu aus:

> *„Die Verantwortlichkeit eines bestimmten Unternehmens für die Zuwiderhandlung ist ordnungsgemäß dargetan, wenn es an diesen Treffen in Kenntnis ihres Gegenstands teilnahm, auch wenn es anschließend die eine oder andere der dort vereinbarten Maßnahmen nicht durchgeführt hat."* [63]

> *„Weist die Kommission nach, dass das betreffende Unternehmen an Sitzungen teilnahm, bei denen wettbewerbswidrige Vereinbarungen getroffen wurden, ohne sich offen dagegen auszusprechen, so ist dies nach ständiger Rechtsprechung ein ausreichender Beleg für die Teilnahme dieses Unternehmens am Kartell. Ist die Teilnahme an solchen Sitzungen erwiesen, so obliegt es dem fraglichen Unternehmen, Indizien vorzutragen, die zum Beweis seiner fehlenden wettbewerbswidrigen Einstellung bei der Teilnahme an den Sitzungen geeignet sind, und nachzuweisen, dass es seine Wettbewerber darauf hingewiesen hat, dass es an den Sitzungen mit einer anderen Zielsetzung als diese teilnahm."*[64]

Den Hintergrund dieser rigiden Rechtsprechung erläutert der Gerichtshof wie folgt:

> *„Dieser Rechtsgrundsatz beruht auf der Erwägung, dass das Unternehmen, indem es an der fraglichen Sitzung teilnahm, ohne sich offen von deren Inhalt zu distanzieren, den anderen Teilnehmern Anlass zu der Annahme gab, dass es dem Ergebnis der Sitzung zustimme und sich daran halten werde."* [65]

---

61 *Bailey*, WorldComp 2008, 177, 177.

62 *EuGH*, Urteil vom 15. Oktober 2001, Rs. C-238/99 P, Limburgse Vinyl, Rn. 508-510; *Kommission*, Entscheidung vom 31. Mai 2006, COMP/F/38.645, Methacrylat, ABl. 2006 Nr. L 322/20, Rn. 19; Entscheidung vom 3. September 2004, C.38.069, Kupferinstallationsrohre, ABl. 2006 Nr. L 192/21, Rn. 34.

63 *EuGH*, Urteil vom 15. Oktober 2001, Rs. C-238/99 P, Limburgse Vinyl, Rn. 509.

64 *EuGH*, Urteil vom 8. Juli 1999, Rs. C-49/92 P, Anic Partecipazioni, Rn. 96; Urteil vom 8. Juli 1999, Rs. C-199/92 P, Hüls, Rn. 155.

65 *EuGH*, Urteil vom 7. Januar 2004, Rs. C-204/00 P, Aalborg Portland, Rn. 82.

Unternehmen haben sich häufig gegen diesen Vorwurf gewehrt und beteuert nicht Teil des Kartells gewesen zu sein, obwohl sie an den Versammlungen teilgenommen haben.

Hierzu ist die Sichtweise des Gerichtshofs die folgende:

> *„Die stillschweigende Billigung einer rechtswidrigen Initiative, ohne sich offen von deren Inhalt zu distanzieren oder sie bei den Verwaltungsbehörden anzuzeigen, führt dazu, dass die Fortsetzung der Zuwiderhandlung begünstigt und ihre Entdeckung verhindert wird. Diese Komplizenschaft stellt eine passive Form der Beteiligung an der Zuwiderhandlung dar und ist daher geeignet, die Verantwortlichkeit eines Unternehmens im Rahmen einer einheitlichen Vereinbarung auszulösen […].“*[66]

Nimmt ein Unternehmen an einem Treffen mit Wettbewerbern teil, auf dem wettbewerbsbeschränkende Verhaltensweisen besprochen werden, muss es nach dieser Rechtsprechung beweisen, dass es ohne die Absicht, den Wettbewerb zu beschränken, an diesem Treffen teilgenommen hat und dass die anderen Teilnehmer dies wussten. Dies stellt eine Umkehr der Beweislast des Art. 2 Abs. 1 VO 1/2003 dar.

Treffen zwischen Wettbewerbern, die potentiell wettbewerbsbeschränkende Vereinbarungen besprechen wollen, werden nur äußerst selten genau protokolliert. Daher kann der von den europäischen Gerichten geforderte Beweis nur schwer geführt werden.[67]

Diese Schwierigkeiten sieht auch das Gericht, nimmt sie aber nicht zum Anlass, die bisherige Rechtsprechung zu überdenken:

> *„Um in den Genuss der mit der Distanzierung verbundenen Befreiung zu kommen, muss das Unternehmen, das an Zusammenkünften mit wettbewerbswidrigem Zweck teilgenommen hat, den anderen dort vertretenen Gesellschaften lediglich hinreichend klar mitteilen, dass es entgegen dem äußeren Anschein mit den von diesen unternommenen, verbotenen Schritten nicht einverstanden ist. Der von der Klägerin angeführte Umstand, dass derartige Zusammenkünfte in einem Kontext stattfänden, der durch das Fehlen von Protokollen und Vermerken der Teilnehmer gekennzeichnet sei, kann an der Bedeutung der offenen Distanzierung, die für eine Befreiung von der Verantwortlichkeit erforderlich ist, nichts ändern. Im Gegenteil, in einem solchen Kontext kann nur ein Unternehmen, das beweist, dass es seine fehlende Zustimmung*

---

66 *EuGH*, Urteil vom 28. Juni 2005, verb. Rs. C-189/02 P, C-202/02 P, C-205/02 P bis C-208/02 P und C-213/02 P, Dansk Rørindustri, Rn. 143.

67 So auch der Vortrag der Klägerin in dem Verfahren Adriatica di Navigazione: *EuG*, Urteil vom 11. Dezember 2003, Rs. T-61/99, Adriatica di Navigazione, Rn. 133.

entschlossen und klar zum Ausdruck gebracht hat, das in der Rechtsprechung verlangte Kriterium der offenen Distanzierung erfüllen.“[68]

Vielmehr betont das Gericht an anderer Stelle, dass der Begriff der „öffentlichen Distanzierung“ eng ausgelegt werden soll.[69]

Hintergrund dieser Rechtsprechung ist erkennbar das öffentliche Interesse an der Minimierung der Zusammenarbeit zwischen Unternehmen, die im Wettbewerb zueinander stehen.[70] Weiteres Argument für eine solche weite Auslegung dürfte sein, dass hierdurch die Arbeit der Kommission in komplexen Kartellrechtsfällen erleichtert wird.[71]

Folge dieser Rechtsprechung ist die oben dargestellte Situation, dass ein Unternehmen lediglich aufgrund der Teilnahme an einem Treffen in den Verdacht geraten kann, an kartellrechtswidrigen Vereinbarungen beteiligt gewesen zu sein. Das Unternehmen muss dann nachweisen, dass es lediglich an dem Treffen, nicht aber an der Vereinbarung beteiligt war. Dies ist eine Umkehr der Beweislast, mindestens aber die Einführung eines Anscheinsbeweises, der - in Anbetracht der möglichen Höhe der Bußgelder und der sonstigen Folgen eines Verstoßes gegen das Kartellrecht - bedenklich ist.

Berücksichtigt man, dass derzeit das Eingeständnis der Teilnahme erzwungen werden kann, erhöhen sich diese Bedenken noch.

2.3 Legalausnahme

Die größte Änderung, die die VO 1/2003 mit sich brachte, ist der Übergang vom Verbot von Wettbewerbsbeschränkungen mit Erlaubnisvorbehalt zu der in Art. 1 Abs. 2 VO 1/2003 festgelegten Legalausnahme. Danach sind solche Verhaltensweisen nicht verboten, die die Voraussetzungen des Art. 101 Abs. 3 erfüllen. Einer gesonderten Freistellung bedarf es nicht mehr. Dies bedeutet, dass nunmehr statt einer Kontrolle *ex ante* eine Kontrolle *ex post* erfolgt.[72]

Die Einführung des Systems der Legalausnahme war nicht unumstritten. Insbesondere war fraglich, ob die Einführung eines solchen Systems ohne Änderung der Verträge zulässig sei.[73] Dies wurde vor allem in

68 *EuG*, Urteil vom 11. Dezember 2003, Rs. T-61/99, Adriatica di Navigazione, Rn. 137.

69 *EuG*, Urteil vom 5. Dezember 2006, Rs. T-303/02, Westfalen Gassen Nederland, Rn. 103.

70 *Bailey*, WorldComp 2008, 177, 178.

71 Vgl. zur Komplexität *Wilsher*, WorldComp 2007, 263, 264 f.

72 *Immenga/Lange*, RIW 2003, 889, 890.

73 Vgl. mit Hinweisen zum Weißbuch der Kommission: *Hossenfelder/Lutz*, WuW 2003, 118, 118; differenzierter: *Geiger*, EuZW 2000, 165, 165 ff.

Deutschland erheblich bezweifelt,[74] soll hier aber nicht näher vertieft werden.

Nach der VO 1/2003 gibt es nunmehr kein Freistellungsmonopol der Kommission mehr, wie es noch die VO 17/62 vorsah. Allerdings haben die Unternehmen auch nicht mehr die Möglichkeit, der Anmeldung von Vereinbarungen, die potentiell wettbewerbsbeschränkend sein können, um eine Freigabe und Schutz vor Bußgeld zu erlangen.[75]

Folge des Systemwechsels ist darüber hinaus, dass die Art. 101 und 102 AEUV unmittelbar und umfänglich durch die nationalen Wettbewerbsbehörden und Gerichte anwendbar sind[76], wobei aber die nationalen Kartellverfahrensrechte nicht vereinheitlicht worden sind.[77]

Für die Unternehmen bedeutet der Systemwechsel, dass sie nunmehr selbständig einschätzen müssen, ob ihr Verhalten/ihre Vereinbarung (a) grundsätzlich unter die Vorschrift des Art. 101 Abs. 1 AEUV fällt und (b) eventuell gem. Art. 101 Abs. 3 AEUV automatisch freigestellt ist. Eine Möglichkeit zur Konsultation der Kommission haben sie nur in eng begrenzten Ausnahmefällen. Üblicherweise bleibt ihnen nur die Selbsteinschätzung.

Für die Selbsteinschätzung stehen den Unternehmen Leitlinien der Europäischen Kommission zur Verfügung. Auch wenn diese lediglich eine begrenzte Rechtskraft haben,[78] bieten sie doch zumindest Hinweise, wie die Wettbewerbsregeln des Vertrages ausgelegt werden sollen. Gleichwohl sind auch die Leitlinien häufig nicht ausreichend, um den Unternehmen eine Sicherheit bezüglich ihrer kartellrechtlichen Selbsteinschätzung zu geben. Selbst die Konsultation von Beratern hilft hier nur beschränkt weiter.

Folglich sind die Unternehmen mit erheblichen Einschätzungsrisiken belastet.[79]

Bei ihren Einschätzungen müssen die Unternehmen daher das Risiko akzeptieren, dass im Falle einer Fehleinschätzung ein Verstoß gegen das Kartellrecht vorliegt, deren tatsächliche Umstände sie derzeit auch der Kommission mitteilen müssen.

---

74 *Deringer*, EuZW 2000, 5, 6; *Eilmansberger*, JZ 2001, 365, 366; *Mestmäcker*, EuZW 1999, 523, 526; *Monopolkommission*, Sondergutachten 28, Kap. III, Rn. 13 ff.; *Möschel*, JZ 2000, 61, 62.

75 *Koenigs*, DB 2003, 755, 755.

76 *Hossenfelder/Lutz*, WuW 2003, 118, 119; *Schwarze*, EuZW 2004, 135, 138.

77 *Gerber/Cassinis*, ECLR 2006, 10, 10 f.

78 Immenga/Mestmäcker, *Ellger*, EG-Wettbewerbsrecht, Band 1, Art. 81 Abs. 3, Rn. 85 ff.

79 *Eilmansberger*, JZ 2001, 365, 369; *Kamann/Bergmann*, BB 2003, 1743, 1745.

2.4 Beweislast

Art. 2 Abs. 1 VO 1/2003 bestimmt, dass die Beweislast für das Vorliegen der Voraussetzungen der Art. 101 und 102 AEUV bei der Partei oder Wettbewerbsbehörde liegt, die einen Verstoß gegen diese Bestimmungen behauptet. Dies gilt für alle Verfahren der Union und nationalen Verfahren.

Möchte sich ein Unternehmen dagegen darauf berufen, dass die Voraussetzungen der Freistellung nach Art. 101 Abs. 3 AEUV vorliegen, so trägt es hierfür die Darlegungs- und Beweislast - Art. 2 Abs. 2 VO 1/2003. Diese Regelung ist zumindest im Rahmen von Bußgeldverfahren bedenklich.[80] Sie stünde im Widerspruch zur Unschuldsvermutung, die beispielsweise nach deutschem Rechtsverständnis grundsätzlich auch das Vorliegen der tatsächlichen Voraussetzungen der Rechtfertigungsgründe umfasst.[81]

Daher ist insbesondere die Beweislastverteilung ein gewichtiges Argument für die Anerkennung eines Auskunftsverweigerungsrechts.

2.5 Gruppenfreistellungsverordnungen

Eine Hilfe bezüglich der kartellrechtlichen Würdigung von Vereinbarungen bieten die Gruppenfreistellungsverordnungen. Diese hatten schon unter Geltung der VO 17/62 zu einer generellen Freistellung bestimmter Vereinbarungen vom Kartellverbot geführt, ohne dass es einer zusätzlichen Freistellung durch die Kommission bedurft hätte.[82]

In dem nunmehr durch die Änderungen der VO 1/2003 geschaffenen System konkretisieren die Gruppenfreistellungsverordnungen die Voraussetzungen des Art. 101 Abs. 3 AEUV, bei deren Vorliegen die entsprechende Vereinbarung nicht dem Verbot des Art. 101 Abs. 1 AEUV unterfällt. Folglich können sich die Unternehmen beim Vorliegen der Voraussetzungen einer Gruppenfreistellungsverordnung darauf berufen, dass ihre Vereinbarung nicht gegen das Kartellverbot verstößt.[83]

Die Gruppenfreistellungsverordnungen gelten häufig auch für die Kartellverbote des nationalen Rechts. Für das deutsche Kartellrecht ist dies beispielsweise in § 2 Abs. 2 GWB geregelt.

---

80 *Bechtold/Bosch/Brinker/Hirsbrunner*, EG-Kartellrecht, VO 1/2003, Art. 2, Rn. 24.

81 *Göhler*, OWiG, § 46, Rn. 10b; *Hossenfelder/Lutz*, WuW 2003, 118, 119; *Meyer-Goßner*, StPO, § 261, Rn. 29 ff.

82 Wissmann/Dreyer/Witting, *Dreyer*, Ermittlungen im Unternehmen, § 2, Rn. 4.

83 Immenga/Mestmäcker, *Veelken*, EG-Wettbewerbsrecht, Band 1, Einl. GFVO, Rn. 19; Loewenheim/Meessen/Riesenkampff, *Vogel*, Kartellrecht, GVO - Allgemeines, Rn. 2.

Möchten Unternehmen daher Vereinbarungen treffen, die gegen Art. 101 AEUV verstoßen könnten, so sollten sie und ihre Berater zunächst prüfen, ob die Voraussetzungen einer Gruppenfreistellungsverordnung vorliegen.[84] Ist dies nicht der Fall, so bleibt nur die Prüfung der Voraussetzungen des Art. 101 Abs. 3 AEUV.

Aufgrund der eingeschränkten Anwendbarkeit der Gruppenfreistellungsverordnungen sind diese aber kein vollständiger Ersatz für die frühere Freigabe der Kommission und können Unternehmen auch nur unzureichend vor Fehlentscheidungen bewahren.

2.6 Prüfung nach Art. 101 Abs. 3 AEUV

Aus Sicht der Unternehmen und ihrer Berater hat die Einführung des Systems der Legalausnahme in vielen Fällen zu mehr Rechtsunsicherheit bei der kartellrechtlichen Bewertung von

Vereinbarungen geführt, da insbesondere auch die konkreten wettbewerblichen und ökonomischen Auswirkungen einer Maßnahme - unter dem Stichwort *„more economic approach"* - zu beachten sind.[85] Dies ist häufig schwierig und aufwändig. Zudem lässt sich die Kartellrechtskonformität eines Verhaltens nicht immer risikofrei bestätigen.[86]

So führte beispielsweise das Bundeskartellamt in einer Entscheidung zu einer Einkaufskooperation für Altglas unter Berufung auf eine Bekanntmachung der Kommission[87] aus:

> *„143. Die Vereinbarung ist nicht gem. Art. 81 Abs. 3 EG, § 2 GWB freigestellt. Voraussetzung für eine Freistellung ist, dass die Vereinbarung unter angemessener Beteiligung der Verbraucher an dem entstehenden Gewinn zur Verbesserung der Warenerzeugung oder -verteilung oder zur Förderung des technischen oder wirtschaftlichen Fortschritts beiträgt, ohne dass den beteiligten Unternehmen Beschränkungen auferlegt werden, die für die Verwirklichung dieser Ziele nicht unerlässlich sind oder Möglichkeiten eröffnet werden, für einen wesentlichen Teil der betreffenden Waren den Wettbewerb auszuschalten.*
>
> *144. Sämtliche von den an einer Vereinbarung Beteiligten geltend gemachten Effizienzgewinne müssen substantiiert werden, um die Art der angeführten Effizienzgewinne, die Verknüpfung zwischen der Ver-*

84 Wissmann/Dreyer/Witting, *Dreyer*, Ermittlungen im Unternehmen, § 2, Rn. 4.

85 Immenga/Mestmäcker, *Immenga/Mestmäcker*, EG-Wettbewerbsrecht, Band 1, Einl. C, Rn. 28 ff.

86 *Kübler/Pautke*, BB 2007, 390, 391.

87 Bekanntmachung der Kommission - Leitlinien zur Anwendbarkeit von Artikel 81 EG-Vertrag auf Vereinbarungen über horizontale Zusammenarbeit, ABl. 2001 Nr. C 3/2.

einbarung und den Effizienzgewinnen, die Wahrscheinlichkeit und das Ausmaß jedes geltend gemachten Effizienzgewinns nachprüfen zu können; überprüfbar muss auch sein, wie und wann jeder geltend gemachte Effizienzgewinn erreicht wird. Werden Kosteneinsparungen geltend gemacht, muss der Wert der Einsparungen so genau wie möglich berechnet oder geschätzt und eingehend beschrieben werden, wie der Betrag berechnet wurde. Die vorgelegten Daten müssen nachprüfbar sein, damit in hinreichendem Maße gewährleistet ist, dass die Effizienzgewinne tatsächlich erzielt wurden oder wahrscheinlich erzielt werden."[88]

Nach Aussage des Bundeskartellamtes haben die Beteiligten des Verfahrens ihre kartellrechtliche Selbsteinschätzung zwar auf ein Gutachten gestützt, dies sei aber nicht überzeugend gewesen.[89]

Auch wenn in diesem Fall keine Bußgelder verhängt wurden, waren die Auswirkungen gravierend. Die in Unternehmensform geführte Einkaufskooperation musste im Ergebnis ihre bisherige Tätigkeit einstellen.

Dieses Beispiel verdeutlicht anschaulich, vor welchen Schwierigkeiten Unternehmen durch den Strukturwechsel stehen. Wie bereits oben ausgeführt, haben sie nunmehr nicht die Option, die Kommission bezüglich der kartellrechtlichen Einschätzung zu Rate zu ziehen, mit der Folge, dass Unternehmen in der Praxis nicht selten auf Vereinbarungen verzichten, die unter Umständen durchaus zulässig gewesen wären.

2.7 Zwischenergebnis

Folglich hat der Systemwechsel durch die Einführung der VO 1/2003 zu mehr Unsicherheit auf Seiten der Unternehmen geführt, was die kartellrechtliche Zulässigkeit ihres Verhaltens betrifft. Vor diesem Hintergrund wird das Fehlen eines Auskunftsverweigerungsrechts im EU-Kartellverfahren noch misslicher für die Unternehmen.

3 Verfahrensarten

Da die Entscheidung der Kommission über die Abstellung einer Zuwiderhandlung, deren Feststellung voraussetzt, sieht die Durchführungsverordnung nach übereinstimmender Meinung zwei aufeinander folgende, jedoch voneinander getrennte Verfahren vor.[90] Zum einen das so genannte Voruntersuchungs- oder auch Ermittlungsverfahren und zweitens das streitige Verfahren, welches mit der Mitteilung der Beschwer-

88 *BKartA*, Entscheidung vom 31. Mai 2007, B 4 - 37203 - Kc - 1006/06.

89 *BKartA*, Entscheidung vom 31. Mai 2007, B 4 - 37203 - Kc - 1006/06, Rn. 145 ff.

90 *De Bronett*, Kartellverfahrensrecht, Vorbemerkung, Rn. 11; *Drabek*, ERPL 2001, 529, 541; *Klees*, Kartellverfahrensrecht, § 5, Rn. 7.

depunkte beginnt.[91] Dabei dient das Voruntersuchungsverfahren nur dazu, es der Kommission zu ermöglichen, die Informationen und Unterlagen zu sammeln, um beurteilen zu können, ob eine Zuwiderhandlung vorliegt.[92]

Im streitigen Verfahren dagegen sollen die Unternehmen gem. Art. 3 Verordnung Nr. 99/63[93] die Gelegenheit haben, sich zu den erhobenen Vorwürfen zu äußern. Dieses Recht der Unternehmen, zu den gegen sie erhobenen Vorwürfen Stellung zu nehmen, dient aus Sicht des Gerichtshofs der Wahrung des rechtlichen Gehörs.[94]

Nur das streitige Verfahren wird mit einer Entscheidung - Abstellung der Zuwiderhandlung oder Sanktion in Form eines Bußgeldes - abgeschlossen. Vor diesem Hintergrund haben die Unionsgerichte wiederholt entschieden, dass die Verfahrensrechte der Unternehmen auf jeden Fall im streitigen Verfahren voll zur Anwendung kommen.[95] Im Vorverfahren seien hingegen zunächst nur die Rechte zu beachten, die sich aus der Durchführungsverordnung ergeben.[96]

Von dieser strikten Trennung zwischen Voruntersuchungsverfahren und streitigem Verfahren, was die Anwendung der Verfahrensgrundrechte betrifft, sind die Unionsgerichte allerdings mittlerweile abgerückt. Da die Gefahr bestünde, dass die Verfahrensrechte im Voruntersuchungsverfahren irreparabel geschädigt werden, wird deren Anwendbarkeit in Bezug auf einzelne Rechte nunmehr auch schon im Ermittlungsverfahren bejaht.[97]

4 Ermittlungsbefugnisse

Für die Erfüllung ihrer kartellrechtlichen Aufgaben stehen der Kommission eine Reihe von Ermittlungsbefugnissen zur Verfügung. Dies sind im Einzelnen die Untersuchung einzelner Wirtschaftszweige und einzelner Arten von Vereinbarungen nach Art. 17 Abs. 1 VO 1/2003, die hier näher untersuchten Auskunftsverlangen nach Art. 18 VO 1/2003, das neue Recht zur Befragung von Zeugen nach Art. 19 VO 1/2003 sowie die

91 *EuGH*, Urteil vom 18. Oktober 1989, Rs. 374/87, Orkem, Rn. 20.

92 *EuGH*, Urteil vom 26. Juni 1980, Rs. 136/79, National Panasonic, Rn. 21.

93 Verordnung Nr. 99/63/EWG der Kommission vom 25. Juli 1963 über die Anhörung nach Artikel 19 Absätze (1) und (2) der Verordnung Nr. 17 des Rates.

94 *EuGH*, Urteil vom 13. Februar 1979, Rs. 85/76, Hoffmann-La Roche, Rn. 11.

95 *EuGH*, Urteil vom 18. Oktober 1989, Rs. 374/87, Orkem, Rn. 25.

96 *EuGH*, Urteil vom 26. Juni 1980, Rs. 136/79, National Panasonic, Rn. 21.

97 *EuGH*, Urteil vom 18. Oktober 1989, Rs. 374/87, Orkem, Rn. 26; Urteil vom 21. September 1989, verb. Rs. 46/87 und 227/88, Hoechst, Rn. 15; *EuG*, Urteil vom 8. März 1995, Rs. T-39/90, Société Général, Rn. 73.

Nachprüfung in Geschäfts- und Privaträumen nach Art. 20 und 21 VO 1/2003. Durch die Einführung der Zeugenbefragung und die Erweiterung der Nachprüfungsbefugnisse auch auf Privaträume von Mitarbeitern, sind die Befugnisse der Kommission zu Lasten der Unternehmen erheblich erweitert worden.[98] Daher stellt sich die Frage, inwiefern diesen erweiterten Befugnissen auch ein höherer Schutz der Unternehmen gegenübergestellt werden sollte.[99]

4.1 Sektoruntersuchungen

Auf der Grundlage von Art. 17 VO 1/2003 ist die Kommission ermächtigt, bestimmte Wirtschaftszweige zu untersuchen, beziehungsweise Untersuchungen von bestimmten Vereinbarungen sektorübergreifend durchzuführen.

Häufig führen die Erkenntnisse aus Sektoruntersuchungen nach Art. 17 VO 1/2003 zur Einleitung konkreter Ermittlungen gegen ein oder mehrere Unternehmen.[100]

Die Kommission kann eine Sektoruntersuchung einleiten, wenn aus ihrer Sicht eine Fehlfunktion des Marktes vorliegt.[101] Anzeichen hierfür kann ein eingeschränkter Handel zwischen den Mitgliedstaaten, das Fehlen neuer Marktteilnehmer oder eine ungewöhnliche Preisstabilität sein.[102]

In der Literatur wird davon ausgegangen, dass ein hinreichend auf Tatsachen gestützter konkreter Verdacht dafür vorliegen muss, dass der Wettbewerb auf dem gemeinsamen Markt eingeschränkt oder verfälscht wird.[103]

Wurden Sektoruntersuchungen wegen des damit verbundenen Verwaltungsaufwandes zunächst nur zögerlich von der Kommission genutzt, lässt sich mittlerweile eine Tendenz zum verstärkten Einsatz beobachten.

---

98 *Koenigs*, DB 2003, 754, 757; *Schwarze/Weitbrecht*, *Kartellverfahrensrecht*, § 4, Rn. 34.

99 So auch *Scheer*, ZEuS 2004, 663, 677; *Schwarze*, NJW 2005, 3459, 3462; *Weiß*, EuZW 2006, 263, 264.

100 Beispielsweise *Kommission*, Pressemitteilung vom 10. Februar 2005, IP/05/161; Pressemitteilung vom 26. Juli 2004, IP/04/994.

101 *Lissel*, RdE 2006, 47, 50.

102 *Bechtold/Bosch/Brinker/Hirsbrunner*, EG-Kartellrecht, Art. 17 VO 1/2003, Rn. 5; Dalheimer/Feddersen/Miersch, *Miersch*, Kartellverfahrensverordnung, Art. 17, Rn. 5; MK, *Bischke*, Band 1, Art. 17 VO 1/2003, Rn. 3.

103 Langen/Bunte, *Sura*, Kartellrecht, Band 2, Art. 17 VO Nr. 1/2003, Rn. 5; Wissmann/Dreyer/Witting, *Wissmann*, Ermittlungen im Unternehmen, § 3, Rn. 25.

Einige Autoren verbinden diese Tendenz mit den neu in Art. 17 VO 1/2003 aufgenommenen Vermutungstatbeständen für das Vorliegen eines Anfangsverdachts sowie den gesteigerten Informationsbedürfnissen der Kommission durch den Wegfall der Einzelanmeldungen.[104]

Trotz dieser neuen Vermutungstatbestände muss der Anfangsverdacht weiterhin auf Tatsachen beruhen, so dass Untersuchungen ins Blaue hinein - *„fishing expeditions"* - nicht dem Prinzip der Verhältnismäßigkeit entsprechen und daher zumindest fragwürdig sind.[105]

In der Praxis scheint die Kommission dies aber nicht ganz so streng zu handhaben. So hat sie im Januar 2008 eine Untersuchung zur Wettbewerbslage in der Pharmaindustrie nach Art. 17 VO 1/2003 eingeleitet und dafür Nachprüfungen in den Geschäftsräumen mehrerer Hersteller von innovativen Arzneimitteln und Generika vorgenommen.

Die Kommission führte zum Anlass dieser Untersuchung aus:

> *„Anlass für die Untersuchung sind Beobachtungen, die auf Wettbewerbsprobleme auf den Pharmamärkten in Europa hindeuten. So kommen weniger neue Arzneimittel auf den Markt und die Einführung von Generika wird anscheinend teilweise hinausgezögert. Die Kommission will diesem Marktverhalten auf den Grund gehen und insbesondere prüfen, ob etwaige Vereinbarungen zwischen Pharmaunternehmen (z. B. Einigungen nach Patentstreitigkeiten) möglicherweise gegen das in Artikel 81 EG-Vertrag verankerte Verbot wettbewerbsbeschränkender Verhaltensweisen verstoßen. Des Weiteren soll untersucht werden, ob durch Missbrauch von Patentrechten, missbräuchliche Prozessführung oder andere Maßnahmen künstliche Hindernisse für den Einstieg neuer Marktteilnehmer geschaffen worden sind und derartige Verhaltensweisen einen Verstoß gegen das Verbot der missbräuchlichen Ausnutzung einer marktbeherrschenden Stellung (Artikel 82 EG-Vertrag) darstellen."*[106]

Zum Maß der Bestimmtheit des Anfangsverdachts äußert sich die Kommission wie folgt:

---

104 Immenga/Mestmäcker, *Burrichter*, EG-Wettbewerbsrecht, Band 2, Art. 17 VO 1/2003, Rn. 6; Langen/Bunte, *Sura*, Kartellrecht, Band 2, Art. 17 VO Nr. 1/ 2003, Rn. 1 ff.; Loewenheim/Meessen/Riesenkampff, *Barthelmeß/Rudolf*, Kartellrecht, Art. 17 VerfVO, Rn. 4.

105 *Bechtold/Bosch/Brinker/Hirsbrunner*, EG-Kartellrecht, Art. 17 VO 1/2003, Rn. 5; Immenga/Mestmäcker, *Burrichter*, EG-Wettbewerbsrecht, Band 2, Art. 17 VO 1/2003, Rn. 16; Langen/Bunte, *Sura*, Kartellrecht, Band 2, Art. 17 VO Nr. 1/2003, Rn. 5; MK, *Bischke*, Kartellrecht, Band 1, Art. 17 VO 1/2003, Rn. 3.

106 *Kommission*, Pressemitteilung vom 16. Januar 2008, IP/08/49.

„Im Gegensatz zu Kartellfällen, bei denen die Kommission Hinweisen nachgeht, dass bestimmte Unternehmen gegen das Wettbewerbsrecht verstoßen haben, geht es bei den aktuellen Nachprüfungen nicht um eine Untersuchung von Verhaltensweisen von Unternehmen, für die der Kommission bereits konkrete Indizien für wettbewerbsrechtliche Verstöße vorliegen. Diese Nachprüfungen bilden lediglich den Ausgangspunkt der allgemeinen Sektoruntersuchung und sollen gewährleisten, dass die Kommission unmittelbaren Zugang zu einschlägigen Informationen hat, die den weiteren Verlauf dieser Untersuchung bestimmen werden. Es handelt sich hierbei um Informationen […], die in Unternehmen in der Regel als streng vertraulich gelten. Da derartige Informationen leicht zurückgehalten, verschleiert oder zerstört werden können, wurde es als angemessen erachtet, Nachprüfungen in den Unternehmen vorzunehmen." [107]

Im Ergebnis bedeutet dies nichts anderes, als dass die Kommission ohne spezifischen Anfangsverdacht fundamentale Grundrechte der Unternehmen - hier die Unverletzlichkeit der Geschäftsräume - einschränkt. Auch wenn dies im System der VO 1/2003 vorgesehen ist - Art. 17 Abs. 2 VO 1/2003 verweist explizit auf die anderen Ermittlungsbefugnisse mit Ausnahme der Nachprüfung in Privaträumen - dürfte dieses Vorgehen die Grenze zur Untersuchung „ins Blaue hinein" überschreiten. Dies verstößt gegen den Grundsatz der Verhältnismäßigkeit, den die Kommission auch dann beachten muss, wenn sie im Rahmen ihrer Kompetenzen handelt.[108] Es bleibt abzuwarten, wie sich die Praxis der Kommission insoweit entwickelt.

Eine Einschränkung erfahren die Befugnisse der Kommission im Rahmen der Sektoruntersuchung allerdings eindeutig bei der Verwertung der Ergebnisse.

Hier bestimmt Art. 17 Abs. 1 Satz 3 VO1/2003, dass die Kommission

„einen Bericht über die Ergebnisse ihrer Untersuchung bestimmter Wirtschaftszweige oder - Sektor übergreifend - bestimmter Arten von Vereinbarungen veröffentlichen und interessierte Parteien um Stellungnahme bitten"

kann. Die primäre Verwertbarkeit der erlangten Informationen liegt damit in der Heranziehung zur Berichterstellung.[109]

---

107 *Kommission*, Pressemitteilung vom 16. Januar 2008, IP/08/49.

108 *Andersson/Legnerfält*, ECLR 2008, 439, 441.

109 Wissmann/Dreyer/Witting, *Wissmann*, Ermittlungen im Unternehmen, § 3, Rn. 168.

Einer unmittelbaren Verwendung der Erkenntnisse zu Beweiszwecken in Einzelverfahren könnte die Rechtsprechung des Gerichtshofs zu Zufallsfunden[110] entgegenstehen.[111]

Unstreitig können die Ermittlungsergebnisse aber dazu verwendet werden, den Anfangsverdacht für weitere Ermittlungen in einem Einzelverfahren zu begründen.[112]

4.2 Auskunftsverlangen

Nach Art. 337 AEUV kann die Kommission ermächtigt werden, alle für die Erledigung ihrer Aufgaben erforderlichen Auskünfte einzuholen.[113] Die Begründung der einzelnen Auskunftsrechte erfolgt häufig auf der Grundlage der jeweiligen Unionspolitiken.[114]

So wurde die Auskunftspflicht für das Kartellverfahren in der VO 1/2003 geregelt.[115]

Hiernach kann die Kommission von Unternehmen und auch von Regierungen oder Wettbewerbsbehörden der Mitgliedstaaten verlangen, dass diese die für die Durchsetzung der europäischen Wettbewerbsregeln notwendigen Auskünfte erteilen.[116]

Die Kommission darf danach die Auskünfte verlangen, die notwendig sind, um verbotene Vereinbarungen, Beschlüsse und aufeinander abgestimmte Verhaltensweisen sowie die missbräuchliche Ausnutzung einer beherrschenden Stellung nachzuweisen.[117]

Adressaten der Auskunftsverlangen können nur Unternehmen sein. Von natürlichen Personen, die keine Unternehmen im Sinne des europäischen Kartellrechts sind, können Auskünfte nicht verlangt werden. Allerdings ist der Kreis der Adressaten nicht auf die Unternehmen begrenzt, die als Beteiligte an einem potentiellen Verstoß gegen die Wettbewerbsvor-

---

110 *EuGH*, Urteil vom 17. Oktober 1989, Rs. 85/87, Dow Benelux, Rn. 17 ff.

111 Wissmann/Dreyer/Witting, *Wissmann*, Ermittlungen im Unternehmen, § 3, Rn. 169.

112 Immenga/Mestmäcker, *Burrichter*, EG-Wettbewerbsrecht, Band 2, Art. 17 VO 1/2003, Rn. 44; *Klees*, Kartellverfahrensrecht, § 9, Rn. 15 a. E.; Langen/Bunte, *Sura*, Kartellrecht, Band 2, Art. 17 VO Nr. 1/2003, Rn. 9.

113 Calliess/Ruffert, *Wegener*, EUV/EGV, Art. 284 EGV, Rn. 1; *Geiger*, EUV/EGV, Art. 284 EGV, Rn. 1; Lenz/Borchardt, *Booß*, EUV/EGV, Art. 284 EGV, Rn. 2.

114 Lenz/Borchardt, *Booß*, EUV/EGV, Art. 284 EGV, Rn. 6; Streinz/Ohler, *Herrmann*, EUV/EGV, Art. 284 EGV, Rn. 1.

115 *Geiger*, EUV/EGV, Art. 284 EGV, Rn. 12.

116 Immenga/Mestmäcker, *Burrichter*, EG-Wettbewerbsrecht, Band 2, Art. 18 VO 1/2003, Rn. 1.

117 *Bechtold/Bosch/Brinker/Hirsbrunner*, EG-Kartellrecht, Art. 18 VO 1/2003, Rn. 2.

schriften in Betracht kommen. Vielmehr kann die Kommission ihr Auskunftsverlangen an alle Unternehmen richten, die die erforderlichen Auskünfte erteilen können.[118]

Art. 18 VO 1/2003 knüpft inhaltlich weitestgehend an Art. 11 VO 17/62 an, inkorporiert aber darüber hinaus einige Klarstellungen, wie zum Beispiel das Recht der bevollmächtigten Anwälte, die erbetenen Auskünfte zu erteilen, wobei allerdings die Mandanten für die Vollständigkeit und Richtigkeit dieser Auskünfte verantwortlich bleiben.[119]

Zur Erlangung der begehrten Auskünfte kann die Kommission gem. Art. 18 VO 1/2003 nach ihrer Wahl entweder auf ein einfaches Auskunftsverlangen oder aber auf eine förmliche Entscheidung zurückgreifen.[120] Die VO 17/62 sah dagegen noch ein zweistufiges Verfahren vor, welches zunächst ein einfaches Auskunftsverlangen verlangte, bevor die Kommission eine förmliche Entscheidung erlassen konnte.

Nunmehr kann die Kommission sofort eine Auskunfts-Entscheidung erlassen, ohne dass das Unternehmen zuvor eine Möglichkeit zur Äußerung und Darlegung seiner Auffassung zum Gegenstand der Untersuchung gehabt hätte.

Damit ist den Unternehmen im Bereich der Auskunftsverlangen ein weiterer Schutz genommen worden.[121]

Gerade das Äußerungsrecht wurde jedoch von den europäischen Gerichten als notwendig erachtet, um die Rechtsstaatlichkeit des Verfahrens und die Verteidigungsrechte der Unternehmen zu wahren.[122]

Die zweistufige Verfahrensgestaltung diente somit primär der Gewährung rechtlichen Gehörs.[123] Die Änderung führt zu einer Verschiebung

---

118 MK, *Bischke*, Kartellrecht, Band 1, Art. 18 VO 1/2003, Rn. 2.

119 Immenga/Mestmäcker, *Burrichter*, EG-Wettbewerbsrecht, Band 2, Art. 18 VO 1/2003, Rn. 2.

120 Dalheimer/Feddersen/Miersch, *Miersch*, Kartellverfahrensverordnung, Art. 18, Rn. 1; *Dannecker*, wistra 2004, 361, 363; *de Bronett*, Kartellverfahrensrecht, Art. 18, Rn. 1; *Wils*, WorldComp 2003, 567, 569.

121 *Dannecker*, wistra 2004, 361, 363; *Schwarze/Weitbrecht*, Kartellverfahrensrecht, § 4, Rn. 10.

122 *EuGH*, Urteil vom 4. April 1960, Rs. 31/59, Acciaieria, Rn. 3; Urteil vom 26. Juni 1980, Rs. 136/79, National Panasonic, Rn. 10; Urteil vom 21. September 1989, verb. Rs. 46/87 u. 227/88, Hoechst, Rn. 29; *EuG*, Urteil vom 12. Dezember 1991, Rs. T-39/90, SEP, Rn. 25; Urteil vom 8. März 1995, Rs. T-34/93, Société Général, Rn. 40.

123 *EuGH*, Urteil vom 18. Oktober 1989, Rs. 384/87, Orkem, Rn. 26; Schlussanträge des Generalanwalts *Warner*, Rs. 17/74, Transocean Marine Paint, S. 1092; Immenga/Mestmäcker, *Burrichter*, EG-Wettbewerbsrecht, Band 2, VO 17, Art. 11, Rn. 8; *Kerse/Khan*, EC Antitrust Procedure, S. 82.

des Gleichgewichts zwischen Kommission und Unternehmen.[124] Die Kommission muss zwar bei ihrem Handeln gemäß einer gefestigten europäischen Rechtsprechung den Verhältnismäßigkeitsgrundsatz beachten,[125] so dass sie auch weiter in den überwiegenden Fällen zunächst ein einfaches Auskunftsverlangen wählen sollte. Einen ausreichenden Schutz bietet diese Aufforderung zur Selbstbeschränkung aber nicht.

Unter formalen Aspekten muss jede Auskunftsentscheidung die Rechtsgrundlage, die benötigten Auskünfte, die Frist zur Beantwortung und einen Hinweis auf mögliche Sanktionen enthalten.[126]

Weiteres Erfordernis ist, dass in der Auskunftsentscheidung der Zweck derselben angeführt wird. Diesem Erfordernis ist Genüge getan, wenn mit „hinreichender Genauigkeit" die vermutete Verletzung des Kartellrechts umschrieben wird.[127]

Darüber hinaus besteht für das Auskunftsverlangen das ungeschriebene Erfordernis des Vorliegens eines Anfangsverdachts.[128] Hierfür müssen konkrete Anhaltspunkte vorliegen. Bloße Spekulationen oder offensichtlich unbegründete oder zu vage Verdachtsmomente sind nicht ausreichend.[129]

Unternehmen sind nicht verpflichtet, einfache Auskunftsverlangen zu beantworten. Lediglich für den Fall, dass unrichtige oder irreführende Angaben gemacht werden, sieht Art. 23 Abs. 1 lit. a VO 1/2003 Sanktionen vor. Folglich benötigen die Unternehmen für die einfachen Auskunftsverlangen kein Auskunftsverweigerungsrecht, wie es Gegenstand der vorliegenden Untersuchung ist.[130]

Sofern allerdings die Kommission eine verbindliche Auskunftsentscheidung erlässt, besteht für die Adressaten grundsätzlich eine Pflicht zur Beantwortung der Fragen und zur Vorlage der verlangten Unterlagen und Dokumente.[131]

---

124 *Schwarze/Weitbrecht*, Kartellverfahrensrecht, § 4, Rn. 10.

125 *EuG*, Urteil vom 12. Dezember 1991, Rs. T-39/90, SEP, Rn. 52.

126 MK, *Bischke*, Kartellrecht, Band 1, Art. 18 VO 1/2003, Rn. 7.

127 Schlussanträge des Generalanwalts *Jacobs*, Rs. C-36/92 P, SEP, Rn. 30, ausdrücklich bestätigt durch *EuGH*, Urteil vom 19. Mai 1994, Rs. C-36/92 P, SEP, Rn. 21.

128 Loewenheim/Meessen/Riesenkampff, *Barthelmeß/Rudolf*, Kartellrecht, Art. 18 VerfVO, Rn. 4.

129 Immenga/Mestmäcker, *Burrichter*, EG-Wettbewerbsrecht, Band 2, Art. 18 VO 1/2003, Rn. 9.

130 Vgl. *de Bronett*, Kartellverfahrensrecht, Art. 18, Rn. 8.

131 Loewenheim/Meessen/Riesenkampff, *Barthelmeß/Rudolf*, Kartellrecht, Art. 18 VerfVO, Rn. 26.

Mit der Einführung der VO 1/2003 wurde der Bußgeldrahmen für diese Pflicht erhöht. Nunmehr kann die Kommission bei unrichtigen beziehungsweise irreführenden Angaben oder bei nicht fristgerechter Auskunftserteilung gem. Art. 23 Abs. 1 VO 1/2003 Geldbußen in Höhe von bis zu 1 % des im vorausgegangenen Geschäftsjahr erzielten Gesamtumsatzes verhängen.

Daneben kann die Kommission Zwangsgelder bis zu einer Höhe von 5 % des im vorausgegangenen Geschäftsjahr erzielten durchschnittlichen Tagesumsatzes festsetzen, wenn die Unternehmen sich weigern dem Auskunftsverlangen nachzukommen. Dies stellt eine erhebliche Erhöhung der in der VO 17/62 vorgesehenen Zwangsgelder von EUR 5000 pro Tag dar.

Ein Auskunftsverweigerungsrecht wird, wie oben dargestellt, nur in engen Grenzen anerkannt. Insoweit gibt Erwägungsgrund (23) der VO 1/2003 lediglich die nachfolgend eingehend dargestellte Rechtsprechung der Unionsgerichte wieder.

Im Ergebnis gibt es kein kodifiziertes, generelles Auskunftsverweigerungsrecht im EU-Kartellverfahren.[132]

4.3 Zeugenvernehmung

Art. 19 VO 1/2003 erlaubt es der Kommission alle natürlichen und juristischen Personen im Rahmen einer Untersuchung zu befragen - Zeugenvernehmung.

Wie bei allen Ermittlungsbefugnissen ist auch hier ein Anfangsverdacht notwendig. Befragungen „ins Blaue hinein" würden gegen den Verhältnismäßigkeitsgrundsatz verstoßen.[133]

Die Befragung kann persönlich oder fernmündlich erfolgen - Art. 3 Abs. 2 Verordnung (EG) Nr. 773/2004 der Kommission[134] (VO 773/2004). Eine elektronische Befragung soll ebenfalls möglich sein, wo-

---

132 Vgl. *Bechtold/Bosch/Brinker/Hirsbrunner*, EG-Kartellrecht, Art. 18 VO 1/2003, Rn. 9; Immenga/Mestmäcker, *Burrichter*, EG-Wettbewerbsrecht, Band 2, Art. 18 VO 1/2003, Rn. 64; Langen/Bunte, *Sura*, Kartellrecht, Band 2, Art. 18 VO 1/2003, Rn. 14; Loewenheim/Meessen/Riesenkampff, *Nowak*, Kartellrecht, Art. 20 VerfVO, Rn. 36.

133 *Klees*, Kartellverfahrensrecht, § 9, Rn. 43.

134 Verordnung (EG) Nr. 773/2004 der Kommission vom 7. April 2004 über die Durchführung von Verfahren auf der Grundlage der Artikel 81 und 82 EG-Vertrag durch die Kommission, ABl. 2004 Nr. L 123/18.

bei sich hier die Frage stellt, wie die Zeugenvernehmung vom Auskunftsverlangen abzugrenzen ist.[135]

Findet die Befragung in den Geschäftsräumen eines Unternehmens statt, so ist die Wettbewerbsbehörde des betreffenden Mitgliedstaats zu informieren - Art. 19 Abs. 2 VO 1/2003.

Der Umfang der Befragung nach Art. 19 VO 1/2003 ist weiter als der Umfang der Möglichkeit gem. Art. 20 Abs. 2 lit. e VO 1/2003 im Rahmen von Nachprüfungen, Erklärungen zu Protokoll zu nehmen oder unmittelbar zu aufgefundenen Schriftstücken Fragen zu stellen. Im Rahmen der Befragung können auch Aussagen genereller Natur eingeholt werden. Zudem ist der Personenkreis nicht auf Vertreter und Mitarbeiter des betroffenen Unternehmens begrenzt.[136]

Die Kommission hat nicht das Recht, Personen vorzuladen. Vielmehr müssen die befragten Personen der Befragung zustimmen - Art. 19 Abs. 1 VO 1/2003.

Im Hinblick auf die Verteidigungsrechte der Unternehmen ist es angebracht, die Zustimmung eines Unternehmensvertreters beziehungsweise Vertreters der Rechtsabteilung zu fordern, wenn die Aussage später gegen das Unternehmen verwandt werden soll.[137]

Da die Aussage freiwillig ist, ist es nicht vorgesehen, dass die Nichtbeantwortung beziehungsweise die unrichtige, irreführende oder die unvollständige Beantwortung gestellter Fragen sanktioniert wird.[138]

Sollen die Aussagen später in einem Verfahren verwendet werden, setzt dies die ausdrückliche Zustimmung voraus. Die vorherige Zustimmung zur Vornahme der Befragung ist hierfür nicht ausreichend.[139]

Im Gegensatz dazu kann die Befragung im Rahmen des Art. 20 Abs. 2 lit. e VO 1/2003 auch ohne Zustimmung durchgeführt und

---

135 Wissmann/Dreyer/Witting, *Wissmann*, Ermittlungen im Unternehmen, § 3, Rn. 150.

136 Langen/Bunte, *Sura*, Kartellrecht, Band 2, Art. 19 VO Nr. 1/2003, Rn. 5; MK, *Bischke*, Kartellrecht, Band 1, Art. 19 VO 1/2003, Rn. 6.

137 Immenga/Mestmäcker, *Burrichter*, EG-Wettbewerbsrecht, Band 2, Art. 19 VO 1/2003, Rn. 13; Wissmann/Dreyer/Witting, *Wissmann*, Ermittlungen im Unternehmen, § 3, Rn. 151. Weitergehend hierzu *Bischke*, der davon ausgeht, dass in diesem Fall die Zustimmung der aussagenden Person unbeachtlich ist, wenn das Unternehmen der Befragung nicht zugestimmt hat - MK, *Bischke*, Kartellrecht, Band 1, Art. 19 VO 1/2003, Rn. 4.

138 *De Bronett*, Kartellverfahrensrecht, Art. 19, Rn. 6; Immenga/Mestmäcker, *Burrichter*, EG-Wettbewerbsrecht, Band 2, Art. 19 VO 1/2003, Rn. 20; Loewenheim/Meessen/Riesenkampff, *Barthelmeß/Rudolf*, Kartellrecht, Art. 19 VerfVO, Rn. 10.

139 *Klees*, Kartellverfahrensrecht, § 9, Rn. 48.

somit erzwungen werden, so dass auch unrichtige oder irreführende Angaben mit Bußgeldern gegenüber den Unternehmen sanktioniert werden können.[140] Bußgelder gegen private Personen kommen nicht in Betracht.[141] Der Kreis der zu befragenden Personen beschränkt sich hier auf Vertreter und Mitarbeiter der Unternehmen. Zudem dürfen nur Geschäftsunterlagen und vorgefundene Tatsachen im Rahmen der Nachprüfung Gegenstand der Befragung sein.[142] Eine allgemeine Zeugenbefragung findet im Rahmen dieser Vorschrift nicht statt.[143]

4.4 Nachprüfung in Geschäftsräumen

Die Nachprüfung nach Art. 20 VO 1/2003 ist ein europäisches Ermittlungsinstrument *sui generis* und ermöglicht der Kommission in den Unternehmensräumen Informationen zu erlangen - so genannte *dawn raids.*

Vorrangig dienen Nachprüfungen dazu Informationen zu überprüfen, welche der Kommission bereits vorliegen. Darüber hinaus können die Nachprüfungen aber auch dazu genutzt werden, um hinsichtlich solcher Informationen zu ermitteln, die noch nicht Gegenstand einer Ermittlungsmaßnahme waren. Voraussetzung ist - abgesehen von der Einschränkung der niedrigeren Aufgreifschwelle im Rahmen der Sektorenuntersuchung[144] - aber jeweils ein konkreter Anfangsverdacht.[145]

Eine Nachprüfung entspricht nicht der Durchsuchung im deutschen Recht. Die Kommission kann die Nachprüfung zum einen nicht selbst mit unmittelbarem Zwang durchsetzen und darf auch nicht selbst „suchen".[146] So führt Generalanwalt *Mischo* in seinen Schlussanträgen in der Rechtssache *Hoechst* aus:

140 *Lissel*, RdE 2006, 47, 51; Loewenheim/Meessen/Riesenkampff, *Barthelmeß/Rudolf*, Kartellrecht, Art. 19 VerfVO, Rn. 12; Wissmann/Dreyer/Witting, *Wissmann*, Ermittlungen im Unternehmen, § 3, Rn. 159.

141 Immenga/Mestmäcker, *Burrichter*, EG-Wettbewerbsrecht, Band 2, Art. 20 VO 1/2003, Rn. 77.

142 *Weitbrecht*, EuZW 2003, 69, 71.

143 Dalheimer/Feddersen/Miersch, *Miersch*, Kartellverfahrensverordnung, Art. 20, Rn. 31; Immenga/Mestmäcker, *Burrichter*, EG-Wettbewerbsrecht, Band 2, Art. 20 VO 1/2003, Rn. 72; Langen/Bunte, *Sura*, Kartellrecht, Band 2, Art. 20 VO Nr. 1/2003, Rn. 23 ff.

144 Siehe hierzu auch die obigen Ausführungen unter B 4.1 - Sektoruntersuchungen.

145 Wissmann/Dreyer/Witting, *Wissmann*, Ermittlungen im Unternehmen, § 3, Rn. 82.

146 Wissmann/Dreyer/Witting, *Wissmann*, Ermittlungen im Unternehmen, § 3, Rn. 81.

„Wenn sich schließlich das Unternehmen weigert, eine oder mehrere Unterlagen vorzulegen, die die Bediensteten der Kommission prüfen möchten, und erst recht, wenn es sich weigert, bestimmte verschlossene Schränke oder Schubladen überhaupt zu öffnen oder aus einem Handkoffer eines Angehörigen ihres Führungspersonals die darin enthaltenen Gegenstände herauszunehmen, so können die Bediensteten der Kommission nichts anderes tun, als ein Protokoll über diese Weigerung aufzustellen. […]

Die Weigerung, den Inhalt eines Möbels den Bediensteten der Kommission auszuhändigen, stellt mit anderen Worten einen Fall des Sich-Widersetzens im Sinne von Artikel 14 Absatz 6 dar, das die Bediensteten der Kommission nicht selbst überwinden können, indem sie Zugriff auf die Akten nehmen, sondern das ein Tätigwerden der Vertreter des betroffenen Mitgliedstaats erfordert.“[147]

Allerdings ergibt sich aus den europäischen Vorschriften eine Mitwirkungspflicht der Unternehmen.[148] Diese müssen die Kommission aktiv – im Rahmen des Ermittlungsgegenstandes – bei der Nachprüfung unterstützen.[149] Tun sie dies nicht, kann sich das negativ auf die Bußgeldhöhe auswirken.

Vergleichbar mit dem Auskunftsverlangen ist das Verfahren zur Nachprüfung zweistufig aufgebaut. Im Rahmen ihres Ermessens steht es der Kommission frei, einen bloßen Prüfungsauftrag gem. Art. 20 Abs. 3 VO 1/2003 – den die Unternehmen freiwillig dulden können – oder aber eine Nachprüfungsentscheidung gem. Art. 20 Abs. 4 VO 1/2003 zu erlassen. Vor Erlass einer Nachprüfungsentscheidung muss die zuständige Behörde, des Mitgliedstaates, in dessen Hoheitsgebiet die Nachprüfung erfolgen soll, angehört werden.[150]

Auf Ersuchen der Kommission können die nationalen Wettbewerbsbehörden gem. Art. 20 Abs. 5 VO 1/2003 die Nachprüfung unterstützen. Sie haben hierbei die gleichen Befugnisse wie die Kommission.

Für die Durchsetzung der Nachprüfungsentscheidung kann die Kommission ebenfalls auf die Unterstützung der nationalen Wettbewerbsbehörde zurückgreifen. Art. 20 Abs. 6 VO 1/2003 regelt insoweit, dass der

---

147 Schlussanträge des Generalanwalts *Mischo*, verb. Rs. 46/87 und 227/88, Hoechst, Rn. 42.

148 *EuGH*, Urteil vom 17. Oktober 1989, verb. Rs. 97/87 bis 99/87, Dow Chemical Iberica, Rn. 28; Urteil vom 21. September 1989, verb. Rs. 46/87 und 227/88, Hoechst, Rn. 31.

149 Schlussanträge des Generalanwalts *Mischo*, verb. Rs. 46/87 und 227/88, Hoechst, Rn. 15, 41.

150 Wissmann/Dreyer/Witting, *Wissmann*, Ermittlungen im Unternehmen, § 3, Rn. 95.

jeweilig betroffene Mitgliedstaat die Bemühungen der Kommission gegebenenfalls mit polizeilichen Mitteln unterstützt.

Verlangt die Unterstützung nach nationalem Recht eine richterliche Genehmigung, muss eine solche vor Durchführung beantragt werden. Dabei sind die nationalen Gerichte in ihrem Prüfungsumfang darauf beschränkt, lediglich die Echtheit der Entscheidung der Kommission sowie die Frage prüfen zu dürfen, ob die beantragten Zwangsmaßnahmen willkürlich und unverhältnismäßig sind.[151]

Der Umfang der Nachprüfung ist in Art. 20 Abs. 2 VO 1/2003 abschließend geregelt.

4.5 Nachprüfung in anderen Räumen

Mit Einführung der VO 1/2003 wurde der Kommission durch Art. 21 VO 1/2003 erstmals die Möglichkeit gegeben, Nachprüfungen auch in anderen Räumen, wie privaten Räumlichkeiten oder Transportmitteln anzuordnen.[152]

Eine solche Anordnung setzt aber voraus, dass ein begründeter Verdacht besteht, dass in den entsprechenden Räumlichkeiten Unterlagen aufbewahrt werden, die für den Beweis eines schweren Verstoßes gegen die Wettbewerbsregeln von Bedeutung sein könnten.[153] Der Begriff des schweren Verstoßes ist in Art. 21 VO 1/2003 nicht definiert. Allerdings kann für die Auslegung auf Rn. 23 der geltenden Leitlinien für das Verfahren zur Festsetzung von Geldbußen (Bußgeldleitlinien)[154] sowie auf die Leitlinien von 1998[155] zurückgegriffen werden. Danach dürfte der Verdacht eines schweren Verstoßes jedenfalls dann gegeben sein, wenn horizontale Wettbewerbsbeschränkungen wie Preiskartelle oder Marktaufteilungen, vermutet werden.[156]

---

151 *Wissmann*, EWS 2002, 165, 168.

152 Immenga/Mestmäcker, *Burrichter*, EG-Wettbewerbsrecht, Band 2, Art. 21 VO 1/2003, Rn. 2; *Schnelle/Bartosch/Hübner*, Kartellverfahrensrecht, S. 142; *Schwarze/Weitbrecht*, Kartellverfahrensrecht, § 1, Rn. 8.

153 *Hossenfelder/Lutz*, WuW 2003, 118, 127.

154 Leitlinien für das Verfahren zur Festsetzung von Geldbußen gemäß Artikel 23 Absatz 2 Buchstabe a) der Verordnung (EG) Nr. 1/2003, ABl. 2006 Nr. C 210/2.

155 Mitteilung der Kommission – Leitlinien für das Verfahren zur Festsetzung von Geldbußen, die gemäß Artikel 15 Absatz 2 der Verordnung Nr. 17 und gemäß Artikel 65 Absatz 5 EGKS-Vertrag festgesetzt werden, ABl. 1998 Nr. C 9/3.

156 Wissmann/Dreyer/Witting, *Wissmann*, Ermittlungen im Unternehmen, § 3, Rn. 135.

Im Gegensatz zur Nachprüfung nach Art. 20 VO 1/2003 bedürfen die Nachprüfungen in anderen Räumen immer einer schriftlichen Entscheidung.[157]

Die Entscheidung bezeichnet den Gegenstand und den Zweck der Nachprüfung, bestimmt den Zeitpunkt ihres Beginns und weist auf das Recht hin, vor dem Gerichtshof gegen die Entscheidung Klage zu erheben. Insbesondere werden die Gründe genannt, die die Kommission zu der Annahme veranlasst haben, dass ein Verdacht im Sinne von Abs. 1 besteht. Die Kommission trifft die Entscheidungen nach Anhörung der Wettbewerbsbehörde des Mitgliedstaats, in dessen Hoheitsgebiet die Nachprüfung durchgeführt werden soll - Art. 21 Abs. 2 VO 1/2003.

Auch die Anordnung der Nachprüfung in anderen Räumen nach Art. 21 VO 1/2003 bedarf der Bestätigung durch den Richter des Mitgliedstaats, in dessen Territorium die Nachprüfung stattfinden soll. Allerdings darf der Richter - wie auch schon bei der Nachprüfung in Geschäftsräumen - weder die Notwendigkeit der Nachprüfung in Frage stellen noch die Übermittlung der in den Akten der Kommission enthaltenen Informationen verlangen.[158]

5 Sanktionsmöglichkeiten im Fall der Behinderung von Ermittlungen

Für die Durchsetzung ihrer Anordnungen in Bezug auf Ermittlungsmaßnahmen stehen der Kommission unterschiedliche Sanktionsmittel zur Verfügung. Dies sind zum einen Zwangsgelder, die im Rahmen von Ermittlungen der Erzwingung zukünftigen Handelns oder Unterlassens dienen, sowie auf der anderen Seite Geldbußen, mit denen die unerlaubte Handlungsweise geahndet und Wiederholungen vorgebeugt werden soll.[159]

5.1 Zwangsgelder

Nach Art. 24 Abs. 1 VO 1/2003 kann die Kommission gegen Unternehmen Zwangsgelder bis zu einem Höchstbetrag von 5 % des im vorausgegangenen Geschäftsjahr erzielten durchschnittlichen Tagesumsatzes für jeden Tag des Verzugs von dem in ihrer Entscheidung bestimmten Zeitpunkt an festsetzen, um bestimmte Ermittlungsmaßnahmen durch-

157 *Bechtold/Bosch/Brinker/Hirsbrunner*, EG-Kartellrecht, Art. 21 VO 1/2003, Rn. 5; Immenga/Mestmäcker, *Burrichter*, EG-Wettbewerbsrecht, Band 2, Art. 21 VO 1/2003, Rn. 28; Langen/Bunte, *Sura*, Kartellrecht, Band 2, Art. 21 VO 1/2003, Rn. 9.

158 *Weitbrecht*, EuZW 2003, 69, 71.

159 *EuGH*, Urteil vom 15. Juli 1970, Rs. 45/69, Boehringer, Rn. 53; Langen/Bunte, *Sura*, Kartellrecht, Band 2, Art. 23 VO 1/2003, Rn. 3.

zusetzen. So kann die Kommission mit Hilfe von Zwangsgeldern Unternehmen insbesondere verpflichten, eine Auskunft vollständig und genau zu erteilen, die die Kommission durch Entscheidung gem. Art. 17 oder Art. 18 Abs. 3 VO 1/2003 angefordert hat, beziehungsweise eine Nachprüfung zu dulden, die die Kommission in einer Entscheidung nach Art. 20 Abs. 4 angeordnet hat.

Zwangsgelder können verschuldensunabhängig verhängt werden.

5.2 Bußgelder

Die im Rahmen von Ermittlungsmaßnahmen verhängbaren Bußgelder sind in Art. 23 Abs. 1 VO 1/2003 geregelt. Dabei gilt, dass Bußgelder grundsätzlich nur bei Vorliegen von Vorsatz oder Fahrlässigkeit verhängt werden dürfen.

Geahndet werden können im Rahmen von Auskunftsverlangen unrichtige oder irreführende Angaben sowie im Rahmen von Auskunftsentscheidungen zusätzlich unvollständige Angaben oder das Verstreichenlassen der gesetzten Frist für die Beibringung der Informationen - Art. 23 Abs. 1 lit. a und b VO 1/2003.

Bei Nachprüfungen ist die Kommission gem. Art. 23 Abs. 1 lit. c VO 1/2003 befugt, Bußgelder zu verhängen, wenn Unternehmen nach Art. 20 VO 1/2003 die angeforderten Bücher oder sonstigen Geschäftsunterlagen nicht vollständig vorlegen oder in einer Entscheidung nach Art. 20 Abs. 4 VO 1/2003 angeordnete Nachprüfungen nicht dulden.

Der Höchstbetrag der hierfür zu verhängenden Bußgelder beträgt 1 % des im vorausgegangenen Geschäftsjahr erzielten Gesamtumsatzes.

Daneben kann die Kommission die für einen eventuell festgestellten Verstoß zu verhängenden Bußgelder erhöhen, wenn die Unternehmen nicht mit der Kommission kooperieren.

6 Kronzeugenregelung und Vergleichsverfahren

6.1 Einführung

Abgesehen von den oben aufgeführten Ermittlungsbefugnissen, wurden noch zwei weitere Instrumente geschaffen, um der Kommission im Rahmen der Kartellbekämpfung die Arbeit zu erleichtern.

Dies sind zum einen die so genannte Kronzeugenregelung - auch als „*leniency*"-Verfahren bezeichnet - und zum anderen das Vergleichsverfahren in EU-Kartellsachen.

Beide Instrumente stellen keine Ermittlungsbefugnisse oder -möglichkeiten im engeren Sinne dar, sondern regeln die Zusammenarbeit zwischen der Kommission und den Unternehmen im Kartellverfahren.

6.2 Kronzeugenregelung

Eines der größten Probleme bei der Kartellbekämpfung ist die grundsätzlich geheime Natur der Kartelle.

Dies erkennt auch die Kommission als Hindernis, wenn sie in ihrer Mitteilung über die Reduzierung von Geldbußen aus dem Jahr 2006[160] (Kronzeugenmitteilung 2006) ausführt:

> *„Da Kartelle geheim sind, ist ihre Aufdeckung und Untersuchung ohne die Mitwirkung von daran beteiligten Unternehmen oder Einzelpersonen häufig äußerst schwierig."*[161]

Gleichzeitig sieht die Kommission aber auch eine Lösung für dieses Problem:

> *„Daher liegt es nach Auffassung der Kommission im Interesse der Gemeinschaft, an dieser Art von rechtswidrigen Verhaltensweisen beteiligten Unternehmen, die zur Beendigung ihrer Beteiligung und zur Mitwirkung an der Untersuchung bereit sind, unabhängig von den übrigen am Kartell beteiligten Unternehmen Gegenleistungen zu gewähren."*[162]

Diese Lösung berücksichtigt, dass Unternehmen, die sich an Kartellen beteiligen, manchmal ihre Beteiligung einstellen und die Kommission von dem Bestehen des Kartells in Kenntnis setzen wollen, wegen der Gefahr hoher Geldbußen aber davor zurückschrecken.[163] Um dem entgegenzuwirken, hat sich die Kommission erstmals 1996 entschlossen, die Anforderungen an die Mitarbeit der Unternehmen und Voraussetzungen unter denen Geldbußen für Unternehmen reduziert oder erlassen werden können in einer

Mitteilung[164] festzuhalten.

Damit hat die Kommission eine Kronzeugenregelung geschaffen. Als Kronzeugenregelung in diesem Sinne wird eine Regelung verstanden,

---

160 Mitteilung der Kommission über den Erlass und die Ermäßigung von Geldbußen in Kartellsachen 2006, ABl. 2006 Nr. C 298/17.

161 Kronzeugenmitteilung 2006, Rn. 3.

162 Kronzeugenmitteilung 2006, Rn. 3.

163 Mitteilung der Kommission über den Erlass und die Ermäßigung von Geldbußen in Kartellsachen 2002, ABl. 2002 Nr. C 45/3, Rn. 3.

164 Mitteilung der Kommission über die Nichtfestsetzung oder die niedrigere Festsetzung von Geldbußen in Kartellsachen, ABl. 1996 Nr. C 207/4.

die bestimmt, dass einem Unternehmen entweder eine völlige Befreiung oder eine Reduzierung der Sanktion, die anderenfalls gegen dieses Unternehmen verhängt worden wäre, gewährt wird, wenn es bei der Aufdeckung eines Verstoßes freiwillig und uneingeschränkt kooperiert.[165]

Aus Sicht der Kommission flachte die Akzeptanz dieser Regelung im Laufe der Zeit aber stark ab, was insbesondere darin begründet gewesen sei, dass die Reduzierung der Bußgelder nicht transparent genug gewesen wäre.[166] Daher veröffentlichte die Kommission 2002 eine neue Kronzeugenmitteilung.

Nach vier Jahren intensiver Erfahrung mit dieser Kronzeugenmitteilung wurde sie Jahr 2006 erneut überarbeitet und insbesondere an die Vorgaben des sogleich näher zu beschreibenden Kronzeugenmodells des ECN angepasst.

Die Änderungen betrafen im Wesentlichen die Präzisierung, welche Informationen ein Antragsteller der Kommission vorlegen muss, damit ihm die Geldbuße erlassen wird.

Darüber hinaus wurde ein so genanntes Markersystem für Antragsteller eingeführt.

Ferner wurden die Voraussetzungen für den Erlass und die Ermäßigung der Geldbußen klar dargelegt und Unternehmenserklärungen, die im Rahmen der Kronzeugenregelung abgegeben werden, vor Offenlegung gegenüber Parteien in zivilrechtlichen Schadensersatzverfahren geschützt.[167]

Auch wenn mit der neuen Kronzeugenregelung immer noch einige Unwägbarkeiten verbunden sind, wird sie von den Unternehmen intensiv genutzt.

Teilweise findet sogar ein regelrechtes Rennen um die Inanspruchnahme der Kronzeugenregelung statt, da lediglich dem ersten Informanten vollständige Bußgeldfreiheit winkt.[168] Dieser Effekt dürfte von der Kommission durchaus begrüßt werden, da dadurch die Unsicherheit innerhalb

165 Vgl. Bekanntmachung der Kommission über die Zusammenarbeit innerhalb des Netzes der Wettbewerbsbehörden, ABl. 2004 Nr. C 101/43, Fn 14.

166 Wissmann/Dreyer/Witting, *Dreyer*, Ermittlungen im Unternehmen, § 6, Rn. 18.

167 *Kommission*, Presseerklärung vom 6. Dezember 2006 zur Einführung der neuen Kronzeugenregelung, IP/06/1705.

168 *Azevedo*, ELCR 2003, 400, 403; Seitz, EuZW 2008, 525, 528; *Soltész*, EWS 2000, 240, 245; Wissmann/Dreyer/Witting, *Dreyer*, Ermittlungen im Unternehmen, § 6, Rn. 5.

eines Kartells steigt, ob und wann sich ein Kartellmitglied gegenüber der Kommission offenbart.[169]

Zudem kann nicht ausgeschlossen werden, dass Unternehmen einen Kronzeugenantrag bewusst als Wettbewerbsmittel einsetzen, da es ohne Zweifel einen Wettbewerbsvorteil darstellt, wenn die Wettbewerber Bußgelder zahlen müssen, während das eigene Unternehmen davon verschont bleibt. Diese Option dürfte insbesondere dann in das Blickfeld der Unternehmen rücken, wenn die Intensität der Zusammenarbeit im Kartell nachgelassen hat.

Problematisch im Zusammenhang mit Kronzeugenprogrammen ist die Tatsache, dass bisher noch keine klare Rechtsgrundlage geschaffen wurde, die dem Umstand Rechnung trägt, dass Kartelle häufig über Ländergrenzen hinweg agieren. Es gibt derzeit in 21 Mitgliedstaaten der EU Kronzeugenprogramme.[170] Hier besteht die Gefahr, dass im Rahmen von Kartellverfahren, die durch Kronzeugenanträge unterstützten werden, gegen das Verbot der Doppelbestrafung verstoßen wird.

In Bezug auf die Aufgabenverteilung innerhalb des Netzwerks der europäischen Wettbewerbsbehörden (ECN) ist lediglich geregelt, dass für den Fall, dass die Kommission Ermittlungen einleitet, die Zuständigkeit der nationalen Behörde entfällt - Art. 11 Abs. 6 VO 1/2003.

Allerdings besteht kein Anspruch darauf, dass die Kommission tatsächlich ein Verfahren einleitet.

Daher müssen Unternehmen bei Kartellen, deren geographischer Schwerpunkt nicht eindeutig zu klären ist, bei möglichst allen potentiell zuständigen Wettbewerbsbehörden in der EU einen *Leniency*-Antrag stellen.[171]

Um diesem Problem zu begegnen, haben sich die Wettbewerbsbehörden der EU darauf geeinigt, im Rahmen des ECN ein Kronzeugenregelungsmodell[172] (ECN-Modell) einzuführen. Mit dem ECN-Modell soll sichergestellt werden:

> *„[...] dass potenzielle Antragsteller nicht durch die Unterschiede zwischen den verschiedenen Kronzeugenregelungen im ECN davon abgehalten werden, einen Antrag auf Kronzeugenbehandlung zu stellen. Daher ist in dem ECN-Modell die Behandlung dargelegt, von der An-*

---

169 Wissmann/Dreyer/Witting, *Dreyer*, Ermittlungen im Unternehmen, § 6, Rn. 5.

170 Bekanntmachung der Kommission, Stand 28. Februar 2008, abrufbar unter: <http://ec.europa.eu/competition/ecn/leniency_programme_nca.pdf>.

171 Wissmann/Dreyer/Witting, *Dreyer*, Ermittlungen im Unternehmen, § 6, Rn. 7.

172 Abrufbar unter: <http://ec.europa.eu/competition/ecn/model_leniency_de.pdf>.

tragsteller bei sämtlichen ECN-Mitgliedern ausgehen können, sobald alle Regelungen angeglichen worden sind.“[173]

Das ECN-Modell sieht zudem auch einen weitergehenden Schutz des Informanten vor zivilrechtlichen Verfolgungen vor. So kann die Wettbewerbsbehörde auf Ersuchen des Antragstellers mündliche Anträge entgegennehmen. In diesen Fällen können die Erklärungen mündlich abgegeben und in jeglicher, von der Wettbewerbsbehörde als angemessen erachteter Form aufgezeichnet werden.[174]

Auf diese Art und Weise soll verhindert werden, dass den Unternehmen Schriftstücke vorliegen, die im Rahmen von *Discovery*-Anträgen im angelsächsischen Raum von potentiellen Klägern herausverlangt werden können.[175]

6.3 Vergleichsverfahren in EU-Kartellfällen

Mit der Verordnung (EG) Nr. 622/2008[176] (VO 622/2008) hat die Kommission im Jahr 2008 ein Vergleichsverfahren eingeführt.

Im Rahmen des von der Kommission vorgesehenen Verfahrens optieren die Parteien nach Einsichtnahme in die Kommissionsakte dafür, ihre Beteiligung an einem Kartell einzuräumen und die Verantwortung hierfür zu übernehmen.

Im Gegenzug kann die Kommission die gegen die Parteien verhängte Geldbuße um 10 % reduzieren.[177]

Die verfahrensabschließende Entscheidung der Kommission kann ganz normal von den europäischen Gerichten überprüft werden.[178]

Dieses Verfahren soll zur Vereinfachung der Verwaltungsverfahren beitragen. Die Kommission hofft dadurch die Anzahl der Rechtsstreitigkeiten in Kartellsachen vor den Unionsgerichten zu verringern. Hierdurch würden wiederum bei der Kommission Ressourcen zur Bearbeitung weiterer Fälle frei.[179]

173 ECN-Kronzeugenregelungsmodell, Rn. 2.

174 ECN-Kronzeugenregelungsmodell, Rn. 28.

175 Vgl. *Dietrich*, GRUR Int. 2006, 389, 394.

176 Verordnung (EG) Nr. 622/2008 der Kommission vom 30. Juni 2008 zur Änderung der Verordnung (EG) Nr. 773/2004 hinsichtlich der Durchführung von Vergleichsverfahren in Kartellfällen, ABl. 2008 Nr. L 171/3.

177 *Wils*, WorldComp 2008, 335, 340.

178 Mitteilung der Kommission über die Durchführung von Vergleichsverfahren bei dem Erlass von Entscheidungen nach Artikel 7 und Artikel 23 der Verordnung (EG) Nr. 1/2003 des Rates in Kartellfällen (Vergleichsmitteilung), ABl. 2008 Nr. C 167/1, Rn. 41.

179 *Kommission*, Pressemitteilung vom 30. Juni 2008, IP/08/1056.

Entsprechend äußerte sich die EU-Wettbewerbskommissarin *Kroes* zu der Einführung des Verfahrens:

> *„Das Vergleichsverfahren soll die abschreckende Wirkung erhöhen, da die Kommission auf diese Weise Kartellsachen schneller bearbeiten kann und Ressourcen für die Behandlung neuer Fälle frei werden. Unternehmen, die davon überzeugt sind, dass die Kommission ihnen die Beteiligung an einem Kartell nachweisen kann, werden außerdem von beschleunigten Entscheidungen und geringeren Geldbußen profitieren."*[180]

Nach dem neuen Vergleichsverfahren verhandelt die Kommission zwar in keinerlei Weise über die Verwendung von Beweismitteln oder eine angemessene Ahndung von Verstößen, kann aber die Kooperation von Parteien belohnen, um Verfahrensrationalisierungen zu bewirken. Daher stellt das neue Verfahren konzeptionell eher eine Verfahrensvereinfachung dar als ein echtes Vergleichsverfahren im Sinne eines *„Plea Bargaining"*.[181]

Das Verfahren dient nicht dazu, eine Kooperation in Form der freiwilligen Vorlage von Beweisen herbeizuführen, um eine Untersuchung der Kommission auszulösen oder voranzubringen, da es hierfür bereits die Kronzeugenregelung gibt.[182]

Vielmehr bezweckt es die Schaffung eines Rechtsrahmens für Unternehmen, die willens sind, ihre Teilnahme am Kartell und ihre entsprechende Haftung einzugestehen, um so das Verfahren zu beschleunigen. Das Vergleichsverfahren ist somit neben der Kronzeugenregelung anwendbar.[183]

Die Tatsache, dass ein Unternehmen im Rahmen des Vergleichsverfahrens mitgearbeitet hat, wird von der Kommission bei der Festlegung der Höhe der Geldbuße in der endgültigen Entscheidung berücksichtigt. Sollte die Kommission beschließen, eine Partei für einen Vergleich zu belohnen, wird der Betrag der zu verhängenden Geldbuße um 10 % ermäßigt.

Darüber hinaus darf ein gegenüber den Parteien angewandter Abschreckungsaufschlag[184] nicht zu einer Erhöhung um einen Faktor von mehr als 2 führen.[185]

---

180 *Kommission*, Pressemitteilung vom 30. Juni 2008, IP/08/1056.

181 Wissmann/Dreyer/Witting, *Wissmann*, Ermittlungen im Unternehmen, § 3, Rn. 264.

182 Vergleichsmitteilung, Rn. 1.

183 *Wils*, WorldComp 2008, 335, 341.

184 Vgl. Bußgeldleitlinien, Rn. 30.

185 Vergleichsmitteilung, Rn. 31 f.

Die Reduzierung der Geldbuße auf der Grundlage des Vergleichsverfahrens beziehungsweise der Kronzeugenregelung kann kumuliert werden.[186]

Ein weiterer Vorteil für Unternehmen ist, dass durch das Vergleichsverfahren die Verfahrensdauer insgesamt verkürzt werden kann, was zu einer Senkung der Verfahrenskosten für das Unternehmen führt. Zudem kann es hoffen, weniger oder zumindest kürzer im Fokus des öffentlichen Interesses zu stehen, was sich in Fällen von Kartellrechtsverstößen wiederum positiv auf das Ansehen des Unternehmens auswirken dürfte.[187]

Unternehmen haben weder einen Anspruch auf die Durchführung eines Vergleichsverfahrens noch müssen sie sich darauf einlassen.

In Fällen, in denen Unternehmen davon überzeugt sind, dass die Kommission ihnen die Beteiligung an einem Kartell nachweisen kann, ist es jedoch möglich, mit der Kommission Vergleichsgespräche über Umfang und Dauer des Kartells und den Grad ihrer Verantwortung aufzunehmen.

Zu diesem Zweck werden die Unternehmen vor einer förmlichen Mitteilung der Beschwerdepunkte über die gegen sie erwogenen Beschwerdepunkte der Kommission und die Beweislage unterrichtet und können sich dazu äußern.

Falls die Unternehmen bereit sind, Vergleichsausführungen einzureichen und die gegen sie erhobenen Beschwerdepunkte anzuerkennen, werden diese Ausführungen in die Mitteilung der Beschwerdepunkte der Kommission übernommen, die somit viel kürzer als eine Mitteilung der Beschwerdepunkte ausfällt, die ohne vorherige Zusammenarbeit erstellt worden wäre. Da die Unternehmen bereits vor Erhalt der Mitteilung der Beschwerdepunkte ihre Argumente in einer Anhörung vortragen, können die weiteren Verfahrensschritte vereinfacht werden, so dass die Kommission nach der Bestätigung durch die Parteien und nach Konsultierung der Wettbewerbsbehörden der Mitgliedstaaten im Rahmen des Beratenden Ausschusses rasch eine endgültige Entscheidung erlassen kann.

Die Kommission kann bis zur endgültigen Entscheidung nach eigenem Ermessen wieder in das normale Verfahren überwechseln. Des Weiteren wird das normale Verfahren automatisch angewandt, wenn keine Übereinkunft über die Anwendung des Vergleichsverfahrens erzielt werden konnte.

186 Vergleichsmitteilung, Rn. 33.

187 *Wils*, WorldComp 2008, 335, 337.

Unternehmen, die das Vergleichsverfahren wählen, müssen der Kommission ein förmliches Ersuchen in Form von Vergleichsausführungen unterbreiten. Die Vergleichsausführungen sollten unter anderem ein eindeutiges Anerkenntnis der Haftbarkeit des Unternehmens für die zusammenfassend dargelegte Zuwiderhandlung hinsichtlich ihres Ziels, ihrer möglichen Durchführung, des hauptsächlichen Sachverhalts, dessen juristischer Bewertung, der Rolle des Unternehmens und der Dauer ihrer Teilnahme an der Zuwiderhandlung enthalten.[188]

Es steht der Kommission frei, die Ausführungen und Bestätigungen des Unternehmens anzuerkennen, indem sie sie in die Mitteilung der Beschwerdepunkte übernimmt.

Entscheidet sich die Kommission, die Vergleichsausführungen des Unternehmens in der Mitteilung der Beschwerdepunkte nicht wiederzugeben, gilt das in den Vergleichsausführungen des Unternehmens enthaltene Anerkenntnis als zurückgezogen und kann nicht in dem Verfahren der Kommission als Beweismittel gegen ein beteiligtes Unternehmen verwendet werden.[189]

Diese Fiktionswirkung gilt allerdings unmittelbar nur im Hinblick auf das behördliche Verfahren. Auf die Konsequenzen des geäußerten Anerkenntnisses im Hinblick auf mögliche Folgeklagen wird kein Bezug genommen.[190] Lediglich die Möglichkeit der - auf Antrag - mündlichen Vergleichsausführungen[191] bietet den Unternehmen einen gewissen Schutz der mitgeteilten Informationen vor der Verwendung in *Discovery*-Anträgen.

Ein weiterer Kritikpunkt gegen die neue Regelung des Vergleichsverfahrens ist die Möglichkeit der Kommission, den Unternehmen eine Frist für die Erklärung zu setzen, ob sie zur Aufnahme von Vergleichsgesprächen bereit sind. Nach Ablauf dieser Frist darf die Kommission Anträge auf Erlass oder Ermäßigung der Geldbuße - *Leniency*-Anträge - ablehnen.[192] Dies setzt die betroffene Partei unter zusätzlichen Zeitdruck, da sie innerhalb der gesetzten Frist nicht nur entscheiden muss, ob sie zu einem Vergleich bereit ist, sondern auch, ob sie einen Kronzeugenantrag stellen möchte.[193]

---

188 Vergleichsmitteilung, Rn. 20.

189 Vergleichsmitteilung, Rn. 27.

190 Ebenfalls kritisch zum Vergleichsverfahren Wissmann/Dreyer/Witting, *Wissmann*, Ermittlungen im Unternehmen, § 3, Rn. 274.

191 Vergleichsmitteilung, Rn. 38.

192 Vergleichsmitteilung, Rn. 13.

193 Vgl. Wissmann/Dreyer/Witting, *Wissmann*, Ermittlungen im Unternehmen, § 3, Rn. 280.

Folglich ergeben sich aus der Einführung des Vergleichsverfahrens in EU-Kartellfällen Verfahrenserleichterungen und Beschleunigungen, die aber auf Seiten der Unternehmen mit einigen Unsicherheiten verbunden sind.

7 Abschluss des Verfahrens

Die kartellrechtlichen Verfahren der Kommission können auch danach differenziert werden, mit welcher Rechtsfolge sie beendet werden.

Zunächst kann die Kommission - auch unter Zuhilfenahme von einstweiligen Maßnahmen - anordnen, dass die Unternehmen die Zuwiderhandlungen abstellen.[194]

Zudem kann sie gem. Art. 23 und 24 VO 1/2003 Bußgelder als Sanktion für begangene Verstöße gegen das Wettbewerbsrecht verhängen. Diese Bußgeldregelungen wurden unverändert aus der VO 17/62 übernommen.

Die Bußgelder können bis zu einem Betrag in Höhe von 10 % des im vorausgegangenen Geschäftsjahr erzielten Gesamtumsatzes des betroffenen Unternehmens festgesetzt werden.[195]

Im Rahmen der Bußgeldbemessung kann die Kommission bußgelderhöhend berücksichtigen, wenn das Unternehmen die Ermittlungen der Kommission behindert hat.[196]

Die vorliegende Untersuchung konzentriert sich trotz der Tatsache, dass es im europäischen Recht keine strikte verfahrensrechtliche Trennung zwischen reinem Verwaltungsverfahren und speziellem Bußgeldverfahren gibt,[197] auf die Bußgeldverfahren. Dieser Fokus wurde vor dem Hintergrund gewählt, dass die Nachteile, die den Unternehmen in diesen Verfahren drohen, besonders gravierend sind. Entsprechend könnte dann für reine Verwaltungsverfahren argumentiert werden, dass umfangreiche Schutzrechte für Unternehmen nicht notwendig seien, da die Rechte der Unternehmen mangels vergleichbar gravierender Rechtsfolgen weniger stark eingeschränkt werden. Allerdings wären die gefundenen Ergebnisse zumindest dann in Verwaltungsverfahren zu beachten, wenn ein Übergang ins Bußgeldverfahren oder die Verwendung der Ergebnisse in einem solchen nicht ausgeschlossen werden kann. Entsprechend können die Ausführungen des EGMR[198] dahingehend ver-

---

194 *Bieber/de Courten/Gablin*, Europäisches Wettbewerbsrecht, S. 46.

195 *Schwarze/Weitbrecht*, Kartellverfahrensrecht, § 7, Rn. 1.

196 *Wils*, WorldComp 2003, 567, 572.

197 *Bechtold*, EuR 1992, 41, 42.

198 *EGMR*, Urteil vom 25. Februar 1993, Application no. 10828/84, Funke/Frankreich, Rn. 41 ff.

standen werden, dass der Beschuldigte auch in einem dem Strafverfahren vorgelagerten Verwaltungsverfahren nicht zu Beschaffung des Beweismaterials beitragen muss.[199]

Entgegen anders lautender Kritik[200] soll die Forderung nach einer Erhöhung des Verfahrenssrechtschutzes für Unternehmen nicht als Plädoyer für den Schutz der Unternehmen vor Aufdeckung ihrer Wettbewerbsverstöße oder der Schwächung der Arbeit der Kommission dienen. Vielmehr soll untersucht werden, ob im europäischen Kartellverfahren grundlegende Verfahrensgarantien und Grundrechte beachtet werden.

Wenn dies nicht der Fall ist, stellt sich die Frage, warum Verfahrensgarantien, die in den Mitgliedstaaten überwiegend anerkannt sind, nicht auch im europäischen Recht gelten?[201]

Diese Untersuchung scheint insbesondere vor dem Hintergrund notwendig, dass, wie bereits oben angedeutet, die Bußgeldpraxis der Kommission in den letzten Jahren in bedeutendem Ausmaß geändert wurde.[202]

In den ersten Jahren der Union war die Kommission eher zurückhaltend mit der Verhängung von Bußgeldern umgegangen. In den letzten Jahren hat sie - mit ausdrücklicher Billigung des Gerichtshofs[203] - den ihr zur Verfügung stehenden Rahmen immer weiter ausgeschöpft. Sie tut dies ganz bewusst, um die generalpräventive Wirkung der Geldbußen zu erhöhen.[204]

Auch hierin wird sie von den europäischen Gerichten unterstützt.[205]

Daher stellt sich die Frage, ob die stetige Erhöhung der Bußgelder nicht auch eine Stärkung der Verteidigungsrechte bedingt.[206]

Insbesondere das gem. Art. 23 Abs. 2 VO 1/2003 sehr weite - nur durch Schwere und Dauer der Verfehlung geleitete - Ermessen der Kommission bezüglich der Höhe der Bußgelder begegnet rechtsstaatlichen Beden-

199 So ausdrücklich Tettinger/Stern, *Galetta/Grzeszick*, Kölner Gemeinschaftskommentar, Art. 41, Rn. 2.

200 *Kreis*, RIW 1981, 281, 282.

201 *Von Winterfeld*, RIW 1981, 801, 801.

202 *Venit*, CMLR 2003, 545, 568.

203 *EuGH*, Urteil vom 7. Juni 1983, verb. Rs. 100-103/80, Musique diffussion francaise (Pionier), Rn. 109; *EuG*, Urteil vom 12. Juli 2001, verb. Rs. T-202/98, 204/98 u. 207/98, British Sugar, Rn. 133 f.

204 *Kommission*, XXXI. Bericht über die Wettbewerbspolitik, 2002, S. 4.

205 *EuGH*, Urteil vom 7. Juni 1983, verb. Rs. 100-103/80, Musique diffussion francaise (Pionier), Rn. 108; Urteil vom 12. Juli 2001, verb. Rs. T-202/98, 204/98 u. 207/98, British Sugar, Rn. 134.

206 *Camilli*, WorldComp. 2006, 575, 576.

ken.[207] Diese Bedenken werden noch dadurch erhöht, dass die Kommission Ermittler, Ankläger und „Richter“ in einer Person ist.[208]

8 Rechtsschutzmöglichkeiten

Wie oben dargestellt, verfügt die Kommission über eine Vielzahl von Ermittlungsbefugnissen und Instrumenten, die ihr die Verfolgung und Bebußung von Kartellverstößen ermöglichen. Diese wurden im Rahmen der Reform der VO 17/62 in die neue VO 1/2003 übernommen und erweitert.[209]

Bezüglich der Erforderlichkeit von Ermittlungsmaßnahmen wird der Kommission hierbei ein weites Ermessen eingeräumt:

> *„Zur Notwendigkeit der verlangten Auskünfte ist festzustellen, daß die Verordnung Nr. 17 der Kommission weitgehende Nachprüfungs- und Ermittlungsbefugnisse einräumt; in ihrer achten Begründungserwägung heisst es, die Kommission müsse im gesamten Bereich des Gemeinsamen Marktes über die Befugnis verfügen, Auskünfte zu verlangen und Nachprüfungen vorzunehmen, die erforderlich sind, um Zuwiderhandlungen gegen die Artikel 85 und 86 EWG-Vertrag zu ermitteln. Wie der Gerichtshof in seinem Urteil vom 18. Mai 1982 in der Rechtssache 155/79 (AM & S, Slg. 1982, 1575) im Zusammenhang mit einer Nachprüfungsanordnung nach Artikel 14 anerkannt hat, ist es Sache der Kommission, zu beurteilen, ob eine Auskunft erforderlich ist, um ermitteln zu können, ob eine Zuwiderhandlung gegen die Wettbewerbsregeln vorliegt . Selbst wenn ihr hierfür bereits Indizien oder gar Beweise vorliegen, kann die Kommission es rechtmässigerweise für erforderlich halten, zusätzliche Auskünfte einzuholen, die es ihr ermöglichen, das Ausmaß der Zuwiderhandlung, ihre Dauer oder den Kreis der daran beteiligten Unternehmen genauer zu bestimmen.“*[210]

Diesen erweiterten Befugnissen und Möglichkeiten stehen allerdings auf Seiten der Unternehmen lediglich vergleichsweise schwache Schranken und Verteidigungsmöglichkeiten gegenüber.[211]

---

207 Vgl. insbesondere die Darstellung bei *Soltész/Steinle/Bielesz*: EuZW 2003, 202, 202 ff.

208 *Weitbrecht/Mühle*, WuW 2006, 1106, 1107.

209 *Immenga/Lange*, RIW 2003, 889, 890.

210 *EuGH*, Urteil vom 18. Oktober 1989, Rs. 374/87, Orkem, Rn. 15.

211 Als alarmierend schwach bezeichnet von *Willis*, ECLR 2001, 313, 313.

Grundsätzlich haben sie die Möglichkeit, gegen Entscheidungen der Kommission - auch in Bezug auf Ermittlungsmaßnahmen[212] - Rechtsschutz vor den Unionsgerichten zu suchen - Art. 263 Abs. 4 AEUV.

Darüber hinaus können sie gem. Art. 278 Satz 2 AEUV einstweiligen Rechtsschutz beantragen. Die entsprechenden Maßnahmen der Kommission werden dann vom Gerichtshof unbeschränkt nachgeprüft.[213]

Voraussetzung der Rechtsschutzmöglichkeiten ist allerdings, dass die Unternehmen durch die Entscheidung der Kommission jeweils individuell und unmittelbar betroffen sind. Daran fehlt es üblicherweise bei den Entscheidungen der Kommission, im Rahmen des Vorermittlungsverfahrens die Ermittlungen aufzunehmen beziehungsweise das förmliche Ermittlungsverfahren einzuleiten. Hierbei handelt es sich nach ständiger Rechtsprechung der Unionsgerichte verfahrensrechtlich lediglich um Vorbereitungshandlungen, die außer bei Vorliegen besonderer Umstände keine endgültige Rechtswirkung entfalten.[214]

Bei den Ermittlungsmaßnahmen ist zwischen den verschiedenen Befugnissen zu unterscheiden. Soweit es sich um Ermittlungsmaßnahmen handelt, bei denen es dem Adressaten freisteht, ob er ihnen freiwillig Folge leistet, besteht keine Möglichkeit und auch keine Notwendigkeit der gerichtlichen Überprüfung.

Etwas anderes gilt im Rahmen der hier untersuchten Auskunftsentscheidungen nach Art. 18 Abs. 3 VO 1/2003 sowie den Nachprüfungsentscheidungen und den Nachprüfungen in anderen Räumlichkeiten. Hier kann davon ausgegangen werden, dass es sich auch bereits im Vorermittlungsverfahren um Entscheidungen im Sinne von Art. 263 Abs. 4 AEUV handelt, mit der Folge, dass um Rechtsschutz vor den europäischen Gerichten nachgesucht werden kann.[215]

Allerdings ist auch insoweit die Verwirklichung der Rechtsschutzmöglichkeiten der Unternehmen bestenfalls als eingeschränkt zu bezeichnen.

Im Rahmen der Nachprüfungsentscheidungen besteht das Problem, dass praktisch die Verhinderung einer Nachprüfung schon aufgrund des Zeitmangels nicht durchsetzbar ist, da die Klage nach Art. 263 Abs. 4

---

212 *Wils*, WorldComp 2003, 567, 569.

213 *Lissel*, RdE 2006, 47, 51.

214 *EuGH*, Beschluss vom 18. Juni 1986, Rs. 142 und 156/84, BAT und Reynolds, Rn. 14; Urteil vom 11. November 1981, Rs. 60/81, IBM, Rn. 10, 20, 21, 23; *EuG*, Beschluss vom 12. Juli 1996, Rs. T-52/96 R, Sogecable, Rn. 39-41; Beschluss vom 22. November 1995, Rs. T-395/94 RII, Atlantic Container, Rn. 39; Beschluss vom 23. März 1992, verb. Rs. T-10/92 R, T-11/92 R, T-12/92 R, T-14/92 R, T-15/92 R, Cimenteries CBR SA u. a., Rn. 47 f.

215 Wissmann/Dreyer/Witting, *Wissmann*, Ermittlungen im Unternehmen, § 3, Rn. 292.

AEUV grundsätzlich keine aufschiebende Wirkung hat. Somit bleibt den Unternehmen häufig nur der Weg, die Entscheidung der Nachprüfung im Nachhinein anzufechten. Sollte die Entscheidung vom Gericht aufgehoben werden, darf die Kommission die erlangten Informationen nicht nutzen.

Bei einer Auskunftsentscheidung stellt sich das Zeitproblem nicht im gleichen Maße wie im Rahmen der Nachprüfungsentscheidungen. Hier ist es vielmehr aus Sicht der Unternehmen problematisch, dass die Frage, ob sich Unternehmen gegenüber der Kommission auf den Grundsatz *nemo tenetur se ipsum accusare* (nach dem niemand gezwungen werden kann, an seiner Verurteilung mitzuwirken) berufen können, im Unionsrecht nicht geregelt ist. Daher unterliegt diese Entscheidung den Unionsgerichten, die bislang Auskunfts- beziehungsweise Aussageverweigerungsrechte nur in einem engen Rahmen anerkennen.[216]

Insbesondere müsse aus Sicht der Unionsgerichte bei der Prüfung der Rechte der Unternehmen berücksichtigt werden, dass das Kartellverfahrensrecht weiter durchsetzbar bleibe.[217]

Zudem gestehen die Unionsgerichte der Kommission einen weiten Tätigkeitsspielraum zu, in den sie nicht ohne triftigen Grund eingreifen möchten:

> *„So kann […] der Richter des vorläufigen Rechtsschutzes grundsätzlich einem Antrag auf einstweilige Anordnungen nicht stattgeben, mit dem die Kommission daran gehindert werden soll, ihre Ermittlungs- und Sanktionsbefugnisse unmittelbar nach der Einleitung eines Verwaltungsverfahrens und noch vor dem Erlaß vorläufiger oder endgültiger Maßnahmen, deren Vollzug zu verhindern beabsichtigt ist, auszuüben. Erließe nämlich der Richter des vorläufigen Rechtsschutzes solche Maßnahmen, so würde er sich nicht im Rahmen der Kontrolle der Tätigkeit der Antragsgegnerin halten, sondern an deren Stelle rein administrative Zuständigkeiten ausüben.“*[218]

Für die Unternehmen bedeutet dies ein erhebliches Maß an Unsicherheit, was den Umfang ihrer ohnehin beschränkten Rechtsschutzmöglichkeiten betrifft.[219]

Auch in der geltenden VO 1/2003 ist ein Auskunftsverweigerungsrecht nicht ausdrücklich vorgesehen, obwohl die Aufnahme eines solchen Rechts schon für die VO 17/62 diskutiert und vom Europäischen Parla-

---

216 Vgl. hierzu auch *Dannecker*, ZStW 1999, 256, 282.

217 *EuGH*, Urteil vom 18. Oktober 1989, Rs. 374/87, Orkem, Rn. 34; Schlussanträge des Generalanwalts *Geelhoed*, Rs. C-301/04 P, SGL Carbon, Rn. 67.

218 *EuG*, Beschluss vom 12. Juli 1996, Rs. T-52/96 R, Sogecable, Rn. 40.

219 *Dannecker*, ZStW 1999, 256, 283.

ment in der Beratung gefordert worden war.[220] Auch in der Folge wurde immer wieder Kritik an der rechtlichen Regelung des Auskunftsverlangens und der fehlenden Kodifizierung eines Auskunftsverweigerungsrechtes geäußert.[221]

Wie oben bereits ausgeführt, gibt lediglich Erwägungsgrund (23) VO 1/2003[222] einige Anhaltspunkte zum Umfang der Rechte von Unternehmen, die Herausgabe von Informationen im Rahmen von Auskunftsentscheidungen gegenüber der Kommission zu verweigern.

Der Umfang und die Grenzen der Auskunftsverweigerungsrechte orientieren sich an dem von der Rechtsprechung geschaffenen Leitbild, sind im Übrigen aber im Einzelfall zu betrachten.[223] Dies stellt die Unternehmen in der Praxis bei ihrer Entscheidung, wie sie sich verhalten sollen, vor erhebliche Probleme, insbesondere deshalb, weil auch die Rechtsprechung - wie im Folgenden gezeigt wird - nicht immer einheitlich entschieden hat.

---

220 Entschließung des EP zum Vorschlag einer ersten Durchführungsverordnung zu den Art. 85 und 86, ABl. 1961 Nr. 1413/61, Art. 9 Nr. 4 Satz 2.

221 Vgl. *Dannecker*, wistra 2004, 361, 363; *Kreis*, RIW 1981, 281, 281 m. w. N.

222 Obwohl im Verordnungsentwurf noch die Aufnahme in Art. 18 Abs. 3 vorgesehen war. Vgl. GK, *Schütz*, Kartellrecht, Art. 17, Rn. 5.

223 MK, *Bischke*, Kartellrecht, Band 1, vor Art. 17-22 VO 1/2003, Rn. 14; Wissmann/Dreyer/Witting, *Wissmann*, Ermittlungen im Unternehmen, § 3, Rn. 66.

C Rechtsprechung der europäischen Gerichte zum Auskunftsverweigerungsrecht

1 Rechtsprechung der Unionsgerichte

Da der Umfang des Auskunftsverweigerungsrechts von den Gerichten bisher uneinheitlich gehandhabt wurde, erscheint es für den Fortgang der Untersuchung sinnvoll, die Rechtsprechung des Gerichtshofs und des Gerichts und die darin vorgetragenen Argumente eingehender darzustellen.

1.1 Rechtssache 374/87 - *Orkem*

In seiner Entscheidung vom 18. Oktober 1989 in der Sache *Orkem* entschied der Gerichtshof erstmalig über eine Beschwerde eines Unternehmens gegen eine Auskunftsentscheidung, in der sich die Kläger auf ihr Auskunftsverweigerungsrecht beriefen. In seinem Urteil hebt der Gerichtshof zunächst die Rolle der Kommission als Hüterin des Wettbewerbs hervor. So sei zu beachten, dass:

> *„[…] die der Kommission in Artikel 14 der Verordnung Nr. 17 übertragenen Befugnisse ihr die Erfüllung des ihr im EWG-Vertrag erteilten Auftrags ermöglichen sollen, über die Beachtung der Wettbewerbsregeln im Gemeinsamen Markt zu wachen. Nach Absatz 4 der Präambel des EWG-Vertrags, nach Artikel 3 Buchstabe f und nach den Artikeln 85 und 86 sollen diese Regeln verhindern, daß der Wettbewerb entgegen dem öffentlichen Interesse zum Schaden der einzelnen Unternehmen und der Verbraucher verfälscht wird. Die Ausübung der der Kommission in der Verordnung Nr. 17 übertragenen Befugnisse dient daher der Aufrechterhaltung der vom Vertrag gewollten Wettbewerbsordnung, die die Unternehmen unbedingt zu beachten haben.“*[224]

Somit wird der Rahmen der Tätigkeit der Kommission bestimmt und auch gleichzeitig klargestellt, dass es ohnehin die Pflicht der Unternehmen sei, die vom AEUV vorgegebene Wettbewerbsordnung zu akzeptieren und die Regeln zu befolgen.

Weiter äußert sich der Gerichtshof zum grundsätzlichen Aufbau des Kartellverfahrens und bestätigt, dass es sich um zwei aufeinanderfolgende, jedoch klar voneinander getrennte Verfahren handele, nämlich erstens um ein Voruntersuchungsverfahren und zweitens um ein streitiges Verfahren, das durch die Mitteilung der Beschwerdepunkte eingeleitet wird.

---

224 *EuGH*, Urteil vom 18. Oktober 1989, Rs. 374/87, Orkem, Rn. 19.

Der Zweck des Voruntersuchungsverfahrens bestehe ausschließlich darin, der Kommission die Möglichkeit zu verschaffen, die Auskünfte einzuholen und die Unterlagen zu erlangen, die es ihr ermöglichen, das Vorliegen und die Bedeutung einer bestimmten Sach- und Rechtslage zu prüfen.[225]

Für die Erfüllung ihrer Aufgaben stünden der Kommission in der Verfahrensordnung weitgehende Untersuchungsbefugnisse zur Verfügung und die Unternehmen seien zur Mitwirkung verpflichtet.[226]

Auf der Grundlage ihrer Untersuchungen kann die Kommission dann entscheiden, eine Mitteilung der Beschwerdepunkte an die Unternehmen zu richten und so das streitige Verfahren zu eröffnen.[227]

Zu den mit den Beschwerdepunkten vorgebrachten Vorwürfen darf sich das Unternehmen schriftlich und gegebenenfalls mündlich äußern. Die Kommission darf sich in ihrer abschließenden Entscheidung des Verfahrens nur auf die Punkte stützen, zu denen sich die Unternehmen äußern konnten.[228]

Im Voruntersuchungsverfahren dagegen erkenne die VO 17/62 den Unternehmen nur bestimmte besondere Garantien ausdrücklich zu. So dürfe eine Auskunftsentscheidung erst ergehen, wenn zuvor erfolglos ein Auskunftsverlangen an das Unternehmen gerichtet worden sei.[229] Zudem dürfe eine Entscheidung zur Festsetzung der endgültigen Höhe einer Geldbuße erst erlassen werden, wenn das betroffene Unternehmen die Möglichkeit hatte sich zu äußern.[230]

Zu diesem Argument ist anzumerken, dass insoweit mit der Reform der Verfahrensverordnung eine Änderung herbeigeführt wurde. Nunmehr hat die Kommission ein Wahlrecht, erforderliche Auskünfte von Unternehmen durch einfaches Auskunftsverlangen oder durch Entscheidung anzufordern.[231]

225 *EuGH*, Urteil vom 18. Oktober 1989, Rs. 374/87, Orkem, Rn. 20 f.

226 *EuGH*, Urteil vom 18. Oktober 1989, Rs. 374/87, Orkem, Rn. 21.

227 *EuGH*, Urteil vom 18. Oktober 1989, Rs. 374/87, Orkem, Rn. 24.

228 *EuGH*, Urteil vom 18. Oktober 1989, Rs. 374/87, Orkem, Rn. 25 mit Verweis auf das Urteil vom 13. Februar 1979, Rs. 85/76, Hoffmann-La Roche, Rn. 9 und das Urteil vom 7. Juni 1983, verb. Rs. 100 bis 103/80, Musique diffussion française (Pionier), Rn. 14.

229 Vgl. zur Bedeutung der Zweistufigkeit des Verfahrens auch *Dannecker*, ZStW 1999, 256, 260.

230 *EuGH*, Urteil vom 18. Oktober 1989, Rs. 374/87, Orkem, Rn. 26.

231 *Hossenfelder/Lutz*, WuW 2003, 118, 127.

Schon gem. der VO 17/62 hatten die Unternehmen dagegen nach Auffassung des Gerichtshofs nicht ausdrücklich das Recht, die Aussage zu verweigern.

Hierzu führt er aus:

> *„Die Verordnung Nr. 17 erkennt dagegen einem Unternehmen, gegen das eine Untersuchungsmaßnahme getroffen wird, nicht das Recht zu, sich dem Vollzug dieser Maßnahme mit der Begründung zu entziehen, daß ihr Ergebnis den Beweis für eine von ihm begangene Zuwiderhandlung gegen die Wettbewerbsregeln erbringen könnte. Sie erlegt ihm im Gegenteil eine Verpflichtung zur aktiven Mitwirkung auf, aufgrund deren es alle den Gegenstand der Untersuchung betreffenden Informationsquellen für die Kommission bereithalten muß."*[232]

Damit folgte der Gerichtshof den Ausführungen des Generalanwalts *Darmon*, der in seinen Schlussanträgen feststellte:

> *„Es ist völlig sicher, daß der Rat, der die Verordnung Nr. 17 erlassen hat, den Unternehmen, an die ein Auskunftsverlangen gerichtet wird, kein Aussageverweigerungsrecht geben wollte. Dies scheint mir zunächst aus der rechtlichen Regelung des Auskunftsverlangens selbst hervorzugehen, wie sie in Artikel 11 der Verordnung Nr. 17 niedergelegt ist. […] Wie wäre dies verständlich, wo doch eine solche Entscheidung [die Entscheidung Auskünfte zu verlangen] außerdem den Hinweis auf die in Artikel 15 Absatz 1 Buchstabe b und Artikel 16 Absatz 1 Buchstabe c der Verordnung Nr. 17 vorgesehenen Zwangsmaßnahmen enthalten muß? Die erstgenannte Bestimmung gestattet es der Kommission bekanntlich, gegen Unternehmen eine Geldbuße festzusetzen, wenn sie vorsätzlich oder fahrlässig eine Auskunft unrichtig oder nicht fristgemäß erteilen, während die Kommission nach der zweiten Bestimmung Zwangsgelder gegen Unternehmen festsetzen kann, ‚um sie anzuhalten, eine Auskunft vollständig und richtig zu erteilen, die sie in einer Entscheidung angefordert hat. Derartige Zwangsmechanismen scheinen mir mit dem Gedanken eines Rechts zur Aussageverweigerung logisch unvereinbar."*[233]

Auf einen solchen Schutz vor einer erzwungenen Aussage gegen sich selbst, hatte sich die Klägerin allerdings im Verfahren berufen.[234]

Daher hat sich der Gerichtshof entschieden zu prüfen,

> *„[…] ob und inwieweit gemäß der Auffassung der Klägerin die allgemeinen Grundsätze des Gemeinschaftsrechts, zu denen die Grundrech-*

---

232 *EuGH*, Urteil vom 18. Oktober 1989, Rs. 374/87, Orkem, Rn. 27.

233 Schlussanträge des Generalanwalts *Darmon*, verb. Rs. 374/87 und 27/88, Orkem und Solway, Rn. 88.

234 *EuGH*, Urteil vom 18. Oktober 1989, Rs. 374/87, Orkem, Rn. 3.

te gehören und die bei der Auslegung aller gemeinschaftsrechtlichen Regelungen zu beachten sind, die Anerkennung eines Rechts gebieten, keine Informationen zu erteilen, die zum Beweis dafür verwendet werden könnten, daß derjenige, der sie erteilen soll, gegen die Wettbewerbsregeln verstoßen hat."[235]

Der Generalanwalt *Darmon* hat in seinen Schlussanträgen zu dieser Problematik ausgeführt:

„Wir haben folglich nun der Frage nachzugehen, ob sich aus der Tatsache, daß die Verordnung Nr. 17 kein Aussageverweigerungsrecht normiert, zwangsläufig ergibt, daß ein solches Recht im Wettbewerbsrecht der Gemeinschaft nicht besteht. Mit anderen Worten: Wenn der Gemeinschaftsgesetzgeber ein solches Recht ausschließen wollte – was feststeht –, bedeutet dies, daß das Gemeinschaftsrecht insgesamt gesehen ein solches Recht nicht kennt? […] Vielmehr handelt es sich darum, ob im Wettbewerbsrecht der Gemeinschaft anwendbare Rechtsgrundsätze, die formell außerhalb der Verordnung Nr. 17 angesiedelt sind, diese Verordnung nicht gewissermaßen überlagern."[236]

Daher hat der Gerichtshof in einem ersten Schritt überprüft, ob die Rechtsordnungen der Mitgliedstaaten ein solches Recht vorsehen und ist dabei zu folgendem Ergebnis gekommen:

„Allgemein erkennen die Rechtsordnungen der Mitgliedstaaten ein Recht zur Verweigerung der Zeugenaussage gegen sich selbst nur natürlichen Personen zu, die im Rahmen eines Strafverfahrens einer Straftat beschuldigt werden. Die vergleichende Untersuchung der nationalen Rechtsordnungen rechtfertigt somit nicht den Schluß, daß ein solcher dem Recht der Mitgliedstaaten gemeinsamer Grundsatz zugunsten juristischer Personen und in bezug auf Zuwiderhandlungen wirtschaftlicher Art, insbesondere auf dem Gebiet des Wettbewerbsrechts, bestuende."[237]

Zum gleichen Ergebnis kam auch der Generalanwalt *Darmon*, nachdem er in seinen Schlussanträgen kursorisch die Rechtslage in den damaligen Mitgliedstaaten dargestellt hatte:

„[…] Sollte ein etwaiger gemeinsamer Grundsatz im Bereich des klassischen Strafrechts aufgezeigt werden, so wäre dies ohne größere Schwierigkeiten möglich. In der Tat läßt sich auf diesem Gebiet ohne Zweifel ein gemeinsames Prinzip ausmachen. Jede der nationalen Rechtsordnungen schützt mehr oder weniger weitgehend diejenigen

---

235 *EuGH*, Urteil vom 18. Oktober 1989, Rs. 374/87, Orkem, Rn. 28.

236 Schlussanträge des Generalanwalts *Darmon*, verb. Rs. 374/87 und 27/88, Orkem und Solway, Rn. 94.

237 *EuGH*, Urteil vom 18. Oktober 1989, Rs. 374/87, Orkem, Rn. 29.

> *Personen, die in einem Strafverfahren im engeren Sinne vernommen werden."*[238]

> *„Die Prüfung der nationalen Rechtsordnungen scheint jedoch nicht zu einer ebenso klaren Feststellung zu führen, sobald man den strafrechtlichen Rahmen im engeren Sinne verläßt und den Blick auch den Verfahren im Wettbewerbsbereich zuwendet."*[239]

> *„[…] Drei Mitgliedstaaten (Griechenland, Frankreich und Luxemburg) schließen dieses Recht [das Recht, nicht gegen sich selbst aussagen zu müssen] völlig aus, in zwei weiteren (Belgien und Portugal) ist die Rechtslage eher zweifelhaft, und drei weitere (Dänemark, Irland und die Niederlande) kennen ein System, in dem dieses Recht während der Ermittlungen zumindest so lange ausgeschlossen ist, wie die gegen die befragte Person vorliegenden Verdachtsmomente ein schwer zu definierendes Ausmaß nicht überschreiten."*[240]

Überprüft wird vom Gerichtshof auch Art. 14 des Internationalen Pakts, der die Unschuldsvermutung begründet und darüber hinaus in seinem Abs. 3 lit. g das Recht anerkennt, nicht gezwungen zu werden, gegen sich selbst als Zeuge auszusagen oder sich schuldig zu bekennen.

Allerdings wird die Anwendung auf Unternehmen im Kartellverfahren abgelehnt, da diese Vorschrift:

> *„[…] nur Personen [betrifft], die in einem gerichtlichen Strafverfahren wegen einer strafbaren Handlung angeklagt sind, und […] sich somit nicht auf Untersuchungen in Wettbewerbssachen [bezieht]."*[241]

Von der Klägerin war vorgetragen worden, dass die Verpflichtung, gegen sich selbst aussagen zu müssen, gegen die Konvention, insbesondere gegen Art. 6 verstieße.

Generalanwalt *Darmon* verneint die Anwendbarkeit von Art. 6 Konvention im Kartellverfahren.[242]

Hiervon abweichend geht der Gerichtshof aber davon aus, dass:

---

238 Schlussanträge des Generalanwalts *Darmon*, verb. Rs. 374/87 und 27/88, Orkem und Solway, Rn. 111.

239 Schlussanträge des Generalanwalts *Darmon*, verb. Rs. 374/87 und 27/88, Orkem und Solway, Rn. 112.

240 Schlussanträge des Generalanwalts *Darmon*, verb. Rs. 374/87 und 27/88, Orkem und Solway, Rn. 120.

241 *EuGH*, Urteil vom 18. Oktober 1989, Rs. 374/87, Orkem, Rn. 31.

242 Schlussanträge des Generalanwalts *Darmon*, verb. Rs. 374/87 und 27/88, Orkem und Solway, Rn. 134.

„[...] sich ein Unternehmen, gegen das eine Untersuchung auf dem Gebiet des Wettbewerbsrechts durchgeführt wird, auf diese Vorschrift [Art. 6 Konvention] berufen kann.“[243]

Allerdings besteht dann wieder Einigkeit zwischen Gerichtshof und Generalanwalt, dass:

„[...] sich weder aus deren [Art. 6 Konvention] Wortlaut noch aus der Rechtsprechung des Europäischen Gerichtshofes für Menschenrechte [ergibt], daß damit ein Recht anerkannt wird, nicht gegen sich selbst als Zeuge aussagen zu müssen.“[244]

Lediglich aus dem Erfordernis der Wahrung der Rechte der Verteidigung - vom Gerichtshof als fundamentaler Grundsatz der Unionsordnung anerkannt - möchte der Gerichtshof eine gewisse Beschränkung der Befugnisse der Kommission ableiten.

Unter Bezugnahme auf die Entscheidung *Hoechst* führt er aus, dass:

„[...] der Anspruch auf rechtliches Gehör in Verwaltungsverfahren, die zu Sanktionen führen können, beachtet werden muß, daß aber auch verhindert werden muß, daß dieser Anspruch in nicht wiedergutzumachender Weise in Voruntersuchungsverfahren beeinträchtigt wird; diese können von entscheidender Bedeutung für die Erbringung von Beweisen für rechtswidrige Verhaltensweisen von Unternehmen sein, die geeignet sind, deren Haftung auszulösen. Wenngleich sich somit bestimmte Verteidigungsrechte nur auf streitige Verfahren im Anschluß an eine Mitteilung der Beschwerdepunkte beziehen, so sind doch andere schon im Stadium der Voruntersuchung zu beachten.“[245]

Daher:

„[...] ist die Kommission zwar um der Erhaltung der praktischen Wirksamkeit des Artikels 11 Absätze 2 und 5 der Verordnung Nr. 17 willen berechtigt, das Unternehmen zu verpflichten, ihr alle erforderlichen Auskünfte über ihm eventuell bekannte Tatsachen zu erteilen und ihr erforderlichenfalls die in seinem Besitz befindlichen Schriftstücke, die sich hierauf beziehen, zu übermitteln, selbst wenn sie dazu verwendet werden können, den Beweis für ein wettbewerbswidriges Verhalten des betreffenden oder eines anderen Unternehmens zu erbringen.“[246]

Jedoch darf die Kommission durch eine Entscheidung einem Unternehmen nicht die Verpflichtung auferlegen, solche Antworten zu geben,

243 *EuGH*, Urteil vom 18. Oktober 1989, Rs. 374/87, Orkem, Rn. 30.

244 Ebenda.

245 *EuGH*, Urteil vom 18. Oktober 1989, Rs. 374/87, Orkem, Rn. 33.

246 *EuGH*, Urteil vom 18. Oktober 1989, Rs. 374/87, Orkem, Rn. 34.

durch die es das Vorliegen einer Zuwiderhandlung eingestehen müsste, für die die Kommission den Beweis zu erbringen hat.[247]

1.2 Rechtssache T-39/90 – *Société Générale*

In der Rechtssache *Société Générale* bestätigte das Gericht die Rechtsprechung des Gerichtshofs in *Orkem* und führte zu den Verteidigungsrechten aus:

> *„Die Verordnung Nr. 17 erkennt dagegen einem Unternehmen, auf das sich eine Untersuchungsmaßnahme bezieht, nicht das Recht zu, sich dem Vollzug dieser Maßnahme mit der Begründung zu entziehen, daß ihre Ergebnisse den Beweis für eine von ihm begangene Zuwiderhandlung gegen die Wettbewerbsregeln erbringen könnten. Sie erlegt ihm im Gegenteil eine Verpflichtung zur aktiven Mitwirkung auf, aufgrund deren es alle den Gegenstand der Untersuchung betreffenden Informationen für die Kommission bereithalten muß.“*[248]

Die Ableitung eines solchen Rechts aus den Rechtsordnungen der Mitgliedstaaten oder Art. 6 Konvention wurde vom Gericht nicht thematisiert. Stattdessen wurde unmittelbar der bereits oben dargestellte Grundsatz herangezogen, dass die Wahrung der Verteidigungsrechte verlange, dass bestimmte Verteidigungsrechte der Unternehmen schon im Stadium der Voruntersuchung beachtet werden müssen. Unter Verweis auf die Rechtsprechung des Gerichtshofs in den Sachen *Hoechst* und *Orkem* hat das Gericht unterstrichen, dass verhindert werden müsse, dass die Verteidigungsrechte der Unternehmen in nicht wiedergutzumachender Weise im Voruntersuchungsverfahren beeinträchtigt werden, da diese für die Feststellung der Rechtswidrigkeit der Verhaltensweisen von Unternehmen von entscheidender Bedeutung sein können. Folglich dürfe ein Unternehmen nicht dazu verpflichtet werden, Antworten zu erteilen, durch die es das Vorliegen einer Zuwiderhandlung eingestehen müsste.[249]

1.3 Rechtssache T-112/98 – *Mannesmannröhren-Werke*

Im Jahre 2001 setzte sich das Gericht im Rahmen der Rechtssache *Mannesmannröhren-Werke* erneut intensiver mit dem Auskunftsverweigerungsrecht von Unternehmen im Kartellverfahren auseinander. Bemerkenswert an dieser Entscheidung ist, dass sich der EGMR in der Zwischenzeit – seit Erlass der Entscheidung in Sachen *Orkem* – in einigen

247 *EuGH*, Urteil vom 18. Oktober 1989, Rs. 374/87, Orkem, Rn. 35.

248 *EuG*, Urteil vom 8. März 1995, Rs. T-39/90, Société Générale, Rn. 72.

249 *EuG*, Urteil vom 8. März 1995, Rs. T-39/90, Société Générale, Rn. 73 f.

Entscheidungen zur Frage der Auslegung des Art. 6 Konvention im Hinblick auf Auskunftsverweigerungsrechte geäußert hat.

Auf diese Entwicklung nimmt die Klägerin in der Sache *Mannesmannröhren-Werke* wie folgt Bezug:

> *„In seinem Urteil Funke vom 25. Februar 1993 (Serie A Nr. 256-A) habe der Europäische Gerichtshof für Menschenrechte entschieden, dass jegliche Erzwingung einer aktiven Selbstbezichtigung von in Ermittlungsverfahren betroffenen natürlichen oder juristischen Personen gegen Artikel 6 Absatz 1 EMRK verstoße, und zwar unabhängig davon, was die von der Ermittlungsbehörde in Anspruch genommene nationale Rechtsvorschrift insoweit vorsehe."*[250]

Dass sie sich als Unternehmen ebenfalls auf diese Rechte beziehen könne, ergäbe sich laut Auffassung der Klägerin gleichfalls aus der Praxis des EGMR:

> *„[…] dieser Artikel [Art. 6 Abs. 1 Konvention] sei als Recht ausgestaltet, das jedermann zustehe, dessen Sache u. a. eine strafrechtliche Anklage betreffe. Der Begriff ‚jedermann' umfasse in diesem Sinne natürliche und juristische Personen (vgl. Gutachten der Europäischen Kommission für Menschenrechte im Anhang des Urteils des Europäischen Gerichtshofes für Menschenrechte vom 27. Februar 1992 in der Rechtssache Société Stenuit, Serie A Nr. 232-A)."*[251]

Bestätigt sieht sich die Klägerin - nicht ganz zu Unrecht - in dieser Auffassung durch die Rechtsprechung des Gerichtshofs in der Sache *Orkem*:

> *„Entsprechend habe der Gerichtshof in der Entscheidung Orkem entschieden, indem er ausdrücklich festgestellt habe, dass sich nicht nur natürliche Personen, sondern auch Unternehmen, gegen die eine wettbewerbsrechtliche Untersuchung durchgeführt werde, auf die Grundrechte des Artikels 6 Absatz 1 EMRK stützen könnten. Zugleich habe er damit stillschweigend auch anerkannt, dass die Anwendbarkeit dieses Artikels nicht an der fehlenden ‚Gerichtseigenschaft' der Kommission scheitern könne."*[252]

Darüber hinaus macht die Klägerin unter Bezugnahme auf die Rechtsprechung des EGMR deutlich, dass sie der Ansicht ist, dass Art. 6 Abs. 1 Konvention nicht auf das Strafrecht im engeren Sinne beschränkt ist, sondern jedwede Verfahren - ausdrücklich auch Kartellver-

---

250 *EuG*, Urteil vom 20. Februar 2001, Rs. T-112/98, Mannesmannröhren-Werke, Rn. 37.

251 *EuG*, Urteil vom 20. Februar 2001, Rs. T-112/98, Mannesmannröhren-Werke, Rn. 34.

252 *EuG*, Urteil vom 20. Februar 2001, Rs. T-112/98, Mannesmannröhren-Werke, Rn. 34.

fahren - erfasst, die zur Verhängung einer Sanktion, wie einer Geldbuße, führen.[253] Dies habe der Gerichtshof in seiner Entscheidung *Baustahlgewebe* bestätigt.[254]

Vor diesem Hintergrund kommt die Klägerin zu dem Ergebnis:

> *„Nicht nur das Einfordern eines Geständnisses oder der Mitteilung eines wettbewerbswidrigen Zwecks bestimmter Treffen, sondern auch die Ausübung von Druck durch die Androhung von Sanktionen, um der Kommission Belastungsmaterial gegen das Unternehmen zu verschaffen, sei in diesem Sinne als unzulässige Maßnahme zu qualifizieren."*[255]

Daher könne sie:

> *„[...] rechtmäßig jegliche aktive Handlung verweigern, mit der sie sich im Ermittlungsverfahren unmittelbar selbst belasten müsste, unabhängig davon, ob sie nach den Grundsätzen der teilweise überholten Orkem-Rechtsprechung durch eine solche Handlung für sie nachteilige Tatsachen, rechtswidrige Zwecke oder wettbewerbswidrige Absichten mitteile."*[256]

Nach der mündlichen Verhandlung hatte die Klägerin noch schriftlich angeregt, die Charta bei der Würdigung des vorliegenden Falles zu berücksichtigen, da sie einen neuen rechtlichen Grund für die Anwendbarkeit von Art. 6 Abs. 1 Konvention auf den vorliegenden Fall darstelle.[257]

Die Kommission hält diesem Vortrag zunächst entgegen, dass die Konvention nicht unmittelbar Anwendung finde. Sie erkennt aber, dass die von der Konvention gewährleisteten Rechte als Erkenntnisquelle für die allgemeinen Grundsätze des Unionsrechts und insbesondere für die Unionsgrundrechte herangezogen werden könnten, da sämtliche Mitgliedstaaten Vertragsparteien der Konvention seien und diese den gemeinsamen Grundrechtsstandard der Mitgliedstaaten widerspiegeln würden.[258]

---

253 *EuG*, Urteil vom 20. Februar 2001, Rs. T-112/98, Mannesmannröhren-Werke, Rn. 35 f.

254 *EuG*, Urteil vom 20. Februar 2001, Rs. T-112/98, Mannesmannröhren-Werke, Rn. 42.

255 *EuG*, Urteil vom 20. Februar 2001, Rs. T-112/98, Mannesmannröhren-Werke, Rn. 38.

256 *EuG*, Urteil vom 20. Februar 2001, Rs. T-112/98, Mannesmannröhren-Werke, Rn. 39.

257 *EuG*, Urteil vom 20. Februar 2001, Rs. T-112/98, Mannesmannröhren-Werke, Rn. 15.

258 *EuG*, Urteil vom 20. Februar 2001, Rs. T-112/98, Mannesmannröhren-Werke, Rn. 48.

Allerdings würde Art. 6 Konvention nach Ansicht der Kommission auch materiell keine Anwendung finden können. Dies begründet sie unter anderem wie folgt[259]:

Zunächst habe der EGMR nie entschieden, dass ein Recht, sich nicht selbst belasten zu müssen, in einem Kartellverfahren anzuerkennen sei.

Weiter habe der EGMR bisher noch nicht entschieden, dass das Recht, sich nicht selbst belasten zu müssen, auch juristischen Personen zustehe.

Zudem sei sie kein „Gericht", weshalb die aus Art. 6 Abs. 1 Konvention hergeleiteten Grundsätze auf den vorliegenden Fall nicht anwendbar seien. Die fehlende Gerichtseigenschaft der Kommission führe dazu, dass das Kartellverfahren keinen strafrechtlichen Charakter habe. Die Garantien des Art. 6 Konvention könnten daher nicht auf das Voruntersuchungsverfahren der Kommission ausgedehnt werden.

Abschließend trägt die Kommission vor, dass die Pflicht der Unternehmen zur aktiven Mitwirkung bei der Sachverhaltsaufklärung für die Durchsetzung des Unions-Kartellrechts zwingend erforderlich ist. Das in Art. 11 VO 17/62 vorgesehene Verfahren könne seinen Zweck nicht mehr erfüllen, sollte dem betroffenen Unternehmen das Recht zustehen, die Aussage oder die Herausgabe von Unterlagen zu verweigern, sofern diese als Beweis für ein eigenes rechtswidriges Verhalten verwendet werden könnten.

Das Gericht hat sich - zumindest soweit es aus den Urteilsgründen erkennbar ist - mit dem Vorbringen der Parteien nicht näher auseinandergesetzt. Stattdessen wiederholt es im Wesentlichen die schon aus den Rechtssachen *Orkem* und *Société Générale* bekannten Argumente.

Unter Bezugnahme auf die Entscheidung in der Rechtssache *Mayr-Meinhof*[260] unterstreicht es zudem, dass es die Rechtmäßigkeit einer wettbewerbsrechtlichen Untersuchung nicht anhand von Bestimmungen der Konvention beurteilen kann, da diese als solche nicht Bestandteil des Gemeinschaftsrechts waren.[261]

Das Gericht verweist lediglich allgemein auf die Bedeutung der Konvention für die Herleitung richterrechtlich entwickelter Grundrechte.[262]

---

259 *EuG*, Urteil vom 20. Februar 2001, Rs. T-112/98, Mannesmannröhren-Werke, Rn. 50 ff.

260 *EuG*, Entscheidung vom 14. Mai 1998, Rs. T-347/94, Mayr-Meinhof, Rn. 311.

261 *EuG*, Urteil vom 20. Februar 2001, Rs. T-112/98, Mannesmannröhren-Werke, Rn. 59.

262 *EuG*, Urteil vom 20. Februar 2001, Rs. T-112/98, Mannesmannröhren-Werke, Rn. 60.

Während der Gerichtshof in der Rechtssache *Orkem* noch ausgeführt hat, dass sich weder aus dem Wortlaut von Art. 6 Konvention noch aus der Rechtsprechung des EGMR ein Auskunftsverweigerungsrecht ergebe,[263] nimmt das Gericht in der Rechtssache *Mannesmannröhren-Werke* keine inhaltliche Auseinandersetzung mit Art. 6 Konvention und der von der Klägerin hierzu vorgetragenen Rechtsprechung des EGMR vor.

Vielmehr weist es darauf hin, dass ein Auskunftsverweigerungsrecht in der VO 17/62 nicht ausdrücklich vorgesehen sei und geht dann - unter Verweis auf die Rechtsprechung des Gerichtshofs in Sachen *Orkem* - unmittelbar zur Prüfung über, ob sich nicht aus dem Erfordernis der Wahrung der Verteidigungsrechte allgemeine Beschränkungen der Untersuchungsbefugnisse der Kommission während der Voruntersuchung ergeben könnten.[264]

Es folgt die schon aus der Rechtssache *Orkem* und *Société Générale* bekannte Prüfung der einzelnen Fragen der Kommission im Hinblick darauf, ob von dem Unternehmen Antworten verlangt werden, durch die es das Vorliegen einer Zuwiderhandlung eingestehen müsste.[265]

Daher drängt sich der Eindruck auf, dass das Gericht bewusst vermeiden wollte, zur Änderung der Rechtsprechung unter dem Eindruck der neuen Entwicklungen im Rahmen der Konvention Stellung zu nehmen. Vielmehr hat das Gericht es vorgezogen, sich auf die „Sicherheit" der bestätigten Rechtsprechung des Gerichtshofs zurückzuziehen.

Die Anwendung der Charta, die die Klägerin begehrt, wird vom Gericht abgelehnt. Begründet wird dies damit, dass die Charta erst nach Erlass der angefochtenen Maßnahme proklamiert wurde.

Auf das Vorbringen der Klägerin, das Recht, sich nicht selbst bezichtigen zu müssen, sei durch die Unschuldsvermutung des Art. 6 Abs. 2 Konvention gewährleistet, führt das Gericht aus, dass das Gemeinschaftsrecht den allgemeinen Grundsatz der Wahrnehmung der Verteidigungsrechte und den Grundsatz anerkenne, dass jedermann Anspruch auf einen fairen Prozess hat.[266]

Allerdings kann:

> *„Die Verpflichtung zur Beantwortung rein tatsächlicher Fragen der Kommission und zur Vorlage vorhandener Unterlagen, die sie angefor-*

---

263 *EuGH*, Urteil vom 18. Oktober 1989, Rs. 374/87, Orkem, Rn. 30.

264 *EuG*, Urteil vom 20. Februar 2001, Rs. T-112/98, Mannesmannröhren-Werke, Rn. 63.

265 *EuG*, Urteil vom 20. Februar 2001, Rs. T-112/98, Mannesmannröhren-Werke, Rn. 67.

266 *EuG*, Urteil vom 20. Februar 2001, Rs. T-112/98, Mannesmannröhren-Werke, Rn. 77.

dert hat, [...] den Grundsatz der Wahrung der Verteidigungsrechte oder den Anspruch auf einen fairen Prozess nicht verletzen."[267]

Als Begründung führt das Gericht an, dass nichts den Adressaten daran hindern würde, später im Verwaltungsverfahren oder in einem Gerichtsverfahren seine Verteidigungsrechte auszuüben und zu beweisen, dass die in den Antworten mitgeteilten Tatsachen oder die übermittelten Unterlagen eine andere als die ihnen von der Kommission beigemessene Bedeutung haben.[268]

Damit verschiebt sich aber die Beweislast faktisch auf das betroffene Unternehmen.

1.4 Verbundene Rechtssachen C-238/99 P, C-244/99 P, C-245/99 P, C-247/99 P, C-250/99 P bis C-252/99 P und C-254/99 P - *PVC*

In seiner Entscheidung in Sachen *PVC* hat der Gerichtshof erneut zu der Frage des Umfangs des Auskunftsverweigerungsrechts Stellung genommen und erstmals auch die weitere Entwicklung der Rechtsprechung des EGMR zu Art. 6 Konvention zur Kenntnis genommen.

In dem Verfahren haben zwei der Rechtsmittelführerinnen hervorgehoben, dass keine der Antworten der Unternehmen auf die Auskunftsverlangen der Kommission freiwillig gegeben worden seien. Alle Unternehmen hätten vielmehr unter der Drohung der in Art. 15 Abs. 1 lit. b VO 17/62 vorgesehenen Sanktionen geantwortet. Daher hätte keine der Antworten der Unternehmen zur Beweisführung herangezogen werden dürfen, sondern sie hätten im Verfahren unberücksichtigt bleiben müssen.[269]

Die Rechtsmittelführerinnen werfen dem Gericht insbesondere vor, im angefochtenen Urteil zum Umfang des von ihnen geltend gemachten Rechts ebenso entschieden zu haben wie der Gerichtshof in Sachen *Orkem* und damit den Schutz des Rechts, sich nicht selbst belasten zu müssen aus Art. 6 Konvention geringer bewertet zu haben, als dies in der jüngsten Rechtsprechung des EGMR geschehen sei.[270]

---

267 *EuG*, Urteil vom 20. Februar 2001, Rs. T-112/98, Mannesmannröhren-Werke, Rn. 78.

268 Ebenda.

269 *EuGH*, Urteil vom 15. Oktober 2002, verb. Rs. C-238/99 P, C-244/99 P, C-245/99 P, C-247/99 P, C-250/99 P bis C-252/99 P und C-254/99 P, PVC, Rn. 260 f.

270 *EuGH*, Urteil vom 15. Oktober 2002, verb. Rs. C-238/99 P, C-244/99 P, C-245/99 P, C-247/99 P, C-250/99 P bis C-252/99 P und C-254/99 P, PVC, Rn. 263.

Der Gerichtshof führt zunächst aus, dass das Gericht zutreffend einen Teil der Rügen als unzulässig abgelehnt hat, da die Klägerinnen wegen Fristversäumnisses davon ausgeschlossen waren, die Rechtswidrigkeit der an sie gerichteten Auskunftsentscheidungen geltend zu machen, da sie diese nicht binnen zwei Monaten ab Zustellung angefochten haben.[271]

Im Hinblick auf die inhaltliche Auseinandersetzung des Gerichts mit den Rügen stellt der Gerichtshof fest, dass es nicht auf Art. 6 Konvention und die dazu ergangene Rechtsprechung des Gerichtshofs Bezug genommen habe.[272] Das Gericht habe sich vielmehr für seine Entscheidung auf die Randnummern 27, 28 und 32 bis 35 des Urteils *Orkem* gestützt, nach denen die Kommission, wie oben bereits dargestellt, Unternehmen zwar verpflichten darf, ihr alle erforderlichen Auskünfte über ihm eventuell bekannte Tatsachen zu erteilen, ihm dagegen nicht die Verpflichtung auferlegen darf, Antworten zu erteilen, durch die es das Vorliegen einer Zuwiderhandlung eingestehen müsste.[273]

Allerdings führt der Gerichtshof weiter aus:

> *„Der Schutz dieses Rechts setzt voraus, dass im Fall eines Streits über die Tragweite einer Frage geprüft wird, ob eine Antwort des Adressaten tatsächlich dem Eingeständnis einer Zuwiderhandlung gleichkäme, so dass die Verteidigungsrechte beeinträchtigt würden."*[274]

In der Folge stellt der Gerichtshof fest:

> *„Es ist unstreitig, dass im Anschluss an dieses Urteil [in der Rechtssache Orkem] bei der Rechtsprechung des Europäischen Gerichtshofes für Menschenrechte, der die Gemeinschaftsgerichte bei ihrer Auslegung von Grundrechten Rechnung zu tragen haben, mit dem von den Rechtsmittelführerinnen angeführten Urteil Funke sowie den Urteilen Saunders/Vereinigtes Königreich vom 17. Dezember 1996 (Recueil des arrêts et décisions 1996-VI, S. 2044) und J. B./Schweiz vom 3. Mai 2001 (noch nicht im Recueil des arrêts et décisions veröffentlicht) neue Entwicklungen eingetreten sind."*[275]

---

271 *EuGH*, Urteil vom 15. Oktober 2002, verb. Rs. C-238/99 P, C-244/99 P, C-245/99 P, C-247/99 P, C-250/99 P bis C-252/99 P und C-254/99 P, PVC, Rn. 267.

272 *EuGH*, Urteil vom 15. Oktober 2002, verb. Rs. C-238/99 P, C-244/99 P, C-245/99 P, C-247/99 P, C-250/99 P bis C-252/99 P und C-254/99 P, PVC, Rn. 271.

273 *EuGH*, Urteil vom 15. Oktober 2002, verb. Rs. C-238/99 P, C-244/99 P, C-245/99 P, C-247/99 P, C-250/99 P bis C-252/99 P und C-254/99 P, PVC, Rn. 272.

274 *EuGH*, Urteil vom 15. Oktober 2002, verb. Rs. C-238/99 P, C-244/99 P, C-245/99 P, C-247/99 P, C-250/99 P bis C-252/99 P und C-254/99 P, PVC, Rn. 273.

275 *EuGH*, Urteil vom 15. Oktober 2002, verb. Rs. C-238/99 P, C-244/99 P, C-245/99 P, C-247/99 P, C-250/99 P bis C-252/99 P und C-254/99 P, PVC, Rn. 274.

Der Gerichtshof berücksichtigt diese Entwicklungen für seine Entscheidung aber nicht, da einerseits ein Teil der Rügen gegen Auskunftsverlangen gerichtet gewesen seien. Unternehmen seien zu einer Antwort auf Auskunftsverlangen aber nicht verpflichtet, da die in Art. 15 Abs. 1 lit. b VO 17/62 vorgesehene Sanktion nur verhängt werden könne, wenn das Unternehmen, das sich zur Beantwortung bereit erklärt habe, unzutreffende Auskünfte gebe. Folglich stelle sich die Frage nach einem Auskunftsverweigerungsrecht nicht.[276]

Im Hinblick auf die mit Entscheidung angeforderten Auskünfte - die erteilt werden müssten - sieht sich der Gerichtshof andererseits zu einer Prüfung nicht in der Lage.

Zunächst stellt er fest, dass das Gericht die Ansicht vertreten habe, dass die geforderten Auskünfte nicht zu Geständnissen oder zur Beschuldigung Dritter geführt hätten, da die Unternehmen entweder die Antwort verweigert oder den ihnen zur Last gelegten Sachverhalt geleugnet hätten. Bei dieser Einschätzung des Gerichts handele es sich um eine Tatsachenwürdigung, die der Kontrolle des Gerichtshofs üblicherweise entzogen ist.[277]

Die weiteren, von den Rechtsmittelführerinnen vorgetragenen, Rügen seien nach Ansicht des Gerichtshofs zu unbestimmt gewesen, als dass ihm eine Prüfung der Zulässigkeit der entsprechenden Auskunftsbegehren möglich gewesen wäre.[278]

Daher musste der Gerichtshof zur Auswirkung der Rechtsprechung des EGMR auf Auskunftsverlangen gem. VO 17/62 nicht Stellung nehmen.[279]

1.5 Rechtssache C-301/04 P - *SGL Carbon*

Auch in der Rechtssache *SGL Carbon* handelt es sich um ein Rechtsmittelverfahren gegen eine Entscheidung des Gerichts zum Umfang der Auskunftsverpflichtung, wobei dies im Rahmen der Ermäßigung einer Geldbuße geprüft wird.

Dabei macht die Kommission geltend, die von ihr bei der Rechtsmittelgegnerin angeforderten Auskünfte seien solche gewesen, die nach den *Orkem*-Kriterien hätten erteilt werden müssen, so dass ihre Erteilung

276 *EuGH*, Urteil vom 15. Oktober 2002, verb. Rs. C-238/99 P, C-244/99 P, C-245/99 P, C-247/99 P, C-250/99 P bis C-252/99 P und C-254/99 P, PVC, Rn. 279.

277 *EuGH*, Urteil vom 15. Oktober 2002, verb. Rs. C-238/99 P, C-244/99 P, C-245/99 P, C-247/99 P, C-250/99 P bis C-252/99 P und C-254/99 P, PVC, Rn. 284 f.

278 *EuGH*, Urteil vom 15. Oktober 2002, verb. Rs. C-238/99 P, C-244/99 P, C-245/99 P, C-247/99 P, C-250/99 P bis C-252/99 P und C-254/99 P, PVC, Rn. 286 ff.

279 Vgl. *Meyer/Kuhn*, WuW 2004, 880, 890; *Wils*, WorldComp 2003, 567, 576.

nicht als Zusammenarbeit im Sinne der Mitteilung über Zusammenarbeit anzusehen gewesen sei. Daher habe sie zu Recht auch das Bußgeld der Rechtsmittelgegnerin nicht reduziert.[280]

Die Rechtsmittelgegnerin führt aus, dass sie nach der Rechtsprechung des Gerichtshofes und des Europäischen Gerichtshofes für Menschenrechte nicht zur Beantwortung dieser Fragen habe gezwungen werden dürfen. Unter diesen Umständen hätte die freiwillige Übermittlung der verlangten Informationen und Beweismittel als bußgeldmindernder Beitrag berücksichtigt werden müssen.[281]

Kern der Streitigkeiten im Rechtsmittelverfahren ist der Umfang der Vorlagepflicht von Dokumenten.

1.5.1 Entscheidung des Gerichts

Dem Vortrag der Unternehmen, dass ihre Mitwirkung bußgeldmindernd zu berücksichtigen gewesen sei, war das Gericht gefolgt, nachdem es sich zuvor wie folgt zur Rechtsprechung des Gerichtshofs in der Rechtssache *PVC* geäußert hat:

> *„Wie der Gerichtshof entschieden hat […], sind zwar im Anschluss an das […] Urteil Orkem/Kommission bei der Rechtsprechung des Europäischen Gerichtshofes für Menschenrechte, der die Gemeinschaftsgerichte Rechnung zu tragen haben, mit dem […] Urteil Funke sowie mit den Urteilen Saunders/Vereinigtes Königreich […] und J. B./Schweiz […] neue Entwicklungen eingetreten, doch hat der Gerichtshof im Urteil LVM [PVC] keine Änderung seiner Rechtsprechung vorgenommen."*[282]

Dass eine konkrete Aussage des Gerichtshofs zu den Auswirkungen der EGMR-Urteile auf seine eigene Rechtsprechung in der Rechtssache *PVC* nicht notwendig war, wurde oben bereits dargestellt. Dies wird vom Gericht in seiner Entscheidung aber nicht thematisiert.

Vor dem Hintergrund der - aus Sicht des Gerichts - unveränderten Rechtsprechung hat es dann in der Folge die *Orkem*-Kriterien angewandt:

> *„Zu der Frage, inwieweit SGL nach der oben genannten Rechtsprechung [Orkem und Mannesmann] verpflichtet war, auf das Auskunftsverlangen vom 31. März 1999 zu antworten, ist festzustellen, dass die Kommission neben rein tatsächlichen Fragen und Ersuchen*

---

280 Schlussanträge des Generalanwalts *Geelhoed*, Rs. C-301/04 P, SGL Carbon, Rn. 51.

281 *EuGH*, Urteil vom 29. Juni 2006, Rs. C-301/04 P, SGL Carbon, Rn. 29.

282 *EuG*, Urteil vom 29. April 2004, Rs. T-236/01, T-239/01, T-244/01 bis T-246/01, T-251/01 und T-252/01, Tokai Carbon u. a., Rn. 405.

um Vorlage vorhandener Unterlagen SGL aufgefordert hat, Gegenstand und Ablauf sowie die Ergebnisse/Schlussfolgerungen mehrerer Treffen zu schildern, an denen SGL teilgenommen haben soll, wobei klar war, dass die Kommission den Verdacht hatte, dass Gegenstand dieser Treffen die Einschränkung des Wettbewerbs war. Folglich war ein solches Verlangen geeignet, SGL zu verpflichten, ihre Teilnahme an einer Zuwiderhandlung gegen die Wettbewerbsregeln der Gemeinschaft zuzugeben."[283]

„Da SGL nicht verpflichtet war, auf derartige Fragen im Auskunftsverlangen vom 31. März 1999 zu antworten, ist die Tatsache, dass sie gleichwohl Informationen über diese Punkte lieferte, als freiwillige Zusammenarbeit des Unternehmens anzusehen, die nach der Mitteilung über Zusammenarbeit eine Herabsetzung der Geldbuße rechtfertigen konnte."[284]

1.5.2 Schlussanträge des Generalanwalts *Geelhoed*

Auch wenn die Frage der Anwendbarkeit der *Orkem*-Kriterien auf die Verweigerung der Vorlage von Dokumenten das eigentliche Kernstück der Rechtssache *SGL Carbon* ist, nutzen sowohl der Generalanwalt als auch der Gerichtshof die Rechtssache *SGL Carbon* zu einigen generellen Äußerungen zur Rechtsprechung der europäischen Gerichte in Bezug auf die Auskunftsverweigerungsrechte.

Zunächst bestätigt der Generalanwalt *Geelhoed* in seinen Schlussanträgen, dass sich der Gerichtshof in der Rechtssache *PVC* nicht mit dem Einfluss der Rechtsprechung des EGMR auf die Auskunftsentscheidungen nach VO 17/62 beschäftigen musste:

„[...] Auch trifft es zu, dass der Gerichtshof in Anbetracht des Rechtsmittelgrundes, mit dem ein Verstoß gegen das Recht, sich nicht selbst zu belasten, geltend gemacht wird, sich mit dieser Frage [Einfluss der Rechtsprechung des EGMR] in jener Rechtssache nicht wirklich zu befassen brauchte."[285]

Gleichwohl stellt er sich die Frage:

„[...] ob es überhaupt Gründe gibt, die Rechtsprechung, die im Urteil Orkem niedergelegt worden ist und der man bis jetzt gefolgt ist, im

283 *EuG*, Urteil vom 29. April 2004, Rs. T-236/01, T-239/01, T-244/01 bis T-246/01, T-251/01 und T-252/01, Tokai Carbon u. a., Rn. 407.

284 *EuG*, Urteil vom 29. April 2004, Rs. T-236/01, T-239/01, T-244/01 bis T-246/01, T-251/01 und T-252/01, Tokai Carbon u. a., Rn. 409.

285 Schlussanträge des Generalanwalts *Geelhoed*, Rs. C-301/04 P, SGL Carbon, Rn. 62.

Licht der neueren Rechtsprechung des Europäischen Gerichtshofes für Menschenrechte zu ändern."[286]

Einleitend unterstreicht Generalanwalt *Geelhoed*, dass die Rechtsprechung des EGMR natürliche Personen im Rahmen von „klassischen" Strafverfahren betraf, Verfahren nach Art. 101 und 102 AEUV dagegen nur Geldbußen für Unternehmen vorsehen. Er vertritt die Auffassung, dass daher die Rechtsprechung des EGMR nicht unmittelbar auf Ermittlungen der Kommission in Kartellsachen - die sich nur gegen Unternehmen oder Unternehmensvereinigungen richtet - übertragbar sei.[287]

Auf der anderen Seite gesteht Generalanwalt *Geelhoed* ein, dass der EGMR bestimmte Rechte und Freiheiten der Konvention auch auf Unternehmen ausgedehnt habe. Gleiches gelte auch im Rahmen der Charta und des Gemeinschaftsrechts. Allerdings würden sowohl der EGMR als auch die Charta und das Gemeinschaftsrecht im Hinblick auf den Umfang der gewährten Rechte sehr wohl zwischen natürlichen Personen einerseits und juristischen Personen andererseits unterscheiden. So könne beispielsweise der Schutz von Geschäftsräumen geringer sein, als der Schutz von Privatwohnungen.[288]

Schließlich äußert Generalanwalt *Geelhoed* die Auffassung, dass auch die Rechtsprechung des EGMR kein absolutes Auskunftsverweigerungsrecht unter Art. 6 Konvention vorsehe. Vielmehr habe der EGMR lediglich anerkannt, dass es beim Auskunftsverweigerungsrecht in erster Linie darum gehe, den Willen eines Angeklagten, die Aussage zu verweigern, zu respektieren. Dies solle sich aber nicht auf die Verwendung von Material beziehen, das von dem Angeklagten durch Anwendung von Zwang erlangt werden kann, das aber unabhängig vom Willen des Verdächtigen existiert, wie zum Beispiel Dokumente, die aufgrund einer gerichtlichen Anordnung erlangt worden sind.[289]

Daher seien zumindest Dokumente von den Unternehmen herauszugeben, selbst wenn diese die Wahrscheinlichkeit eines Kartells oder eines abgestimmten Verhaltens zeigen. Dies sei als solches nicht selbstbelastend. Es wäre den Unternehmen immer noch möglich, diese Wahrscheinlichkeit zu widerlegen.[290]

---

286 Ebenda.

287 Schlussanträge des Generalanwalts *Geelhoed*, Rs. C-301/04 P, SGL Carbon, Rn. 63.

288 Schlussanträge des Generalanwalts *Geelhoed*, Rs. C-301/04 P, SGL Carbon, Rn. 64.

289 Schlussanträge des Generalanwalts *Geelhoed*, Rs. C-301/04 P, SGL Carbon, Rn. 65.

290 Schlussanträge des Generalanwalts *Geelhoed*, Rs. C-301/04 P, SGL Carbon, Rn. 66.

Abschließend gibt Generalanwalt *Geelhoed* noch seine Ansicht zu Verteidigungsrechten im Allgemeinen wieder:

„Schließlich muss gesagt werden, dass das Zusammenspiel zwischen den Grundrechten juristischer Personen und der Durchsetzung des Wettbewerbs ein Balanceakt bleibt: Auf dem Spiel stehen der Schutz der Grundrechte einerseits und die wirksame Durchsetzung des Wettbewerbsrechts der Gemeinschaft andererseits. […] Artikel 81 EG [ist] eine grundlegende Bestimmung, die für die Erfüllung der Aufgaben der Gemeinschaft und insbesondere für das Funktionieren des Binnenmarktes unerlässlich ist. Artikel 81 EG ist Teil der öffentlichen Ordnung. Ist die Kommission nicht mehr befugt, um die Vorlage von Dokumenten zu ersuchen, so würde die Durchsetzung des Wettbewerbsrechts durch sie in der Gemeinschaftsrechtsordnung in hohem Maße entweder von freiwilliger Mitarbeit oder von dem Einsatz anderer Zwangsmittel wie z. B. Durchsuchungen am frühen Morgen abhängig werden. Es liegt auf der Hand, dass die wirksame Durchsetzung mit angemessenen Mitteln der fundamentalen Grundsätze der öffentlichen Rechtsordnung der Gemeinschaft möglich bleiben sollte, ebenso wie es offensichtlich ist, dass auch die Verteidigungsrechte beachtet werden sollten. Meines Erachtens ist das Letztgenannte der Fall."[291]

1.5.3 Entscheidung des Gerichtshofs

Der Gerichtshof setzt sich weniger intensiv mit der Frage der Auskunftsverweigerungsrechte auseinander. Er führt hierzu lediglich aus:

„[…] hat der Gerichtshof in Randnummer 34 des genannten Urteils [Rechtssache Orkem] entschieden, dass die Kommission, um die praktische Wirksamkeit von Artikel 11 Absätze 2 und 5 der Verordnung Nr. 17 zu sichern, berechtigt ist, dieses Unternehmen zu verpflichten, ihr alle erforderlichen Auskünfte über ihm eventuell bekannte Tatsachen zu erteilen und ihr erforderlichenfalls die in seinem Besitz befindlichen Schriftstücke, die sich hierauf beziehen, zu übermitteln, selbst wenn sie dazu verwendet werden können, den Beweis für ein wettbewerbswidriges Verhalten des betreffenden oder eines anderen Unternehmens zu erbringen."[292]

Etwas anderes soll nur gelten, wenn:

„[…] die Kommission von einem Unternehmen, gegen das sich eine Untersuchung richtet, Antworten zu erlangen versucht, durch die es das Vorliegen einer Zuwiderhandlung eingestehen müsste, für die die

291 Schlussanträge des Generalanwalts *Geelhoed*, Rs. C-301/04 P, SGL Carbon, Rn. 67.

292 *EuGH*, Urteil vom 29. Juni 2006, Rs. C-301/04 P, SGL Carbon, Rn. 41.

Kommission den Beweis zu erbringen hat (vgl. Urteil Orkem/Kommission, Randnr. 35).“[293]

Der Gerichtshof zieht sich somit auf die bisherige Rechtsprechung zu den Auskunftsverweigerungsrechten zurück. Die Entwicklung der Rechtsprechung des EGMR zu diesem Thema möchte er nicht berücksichtigen und bezieht sich zur Stützung seiner diesbezüglichen Auffassung auf die Entscheidung *PVC:*

> *„Hinzuzufügen ist, dass der Gerichtshof in den Randnummern 274 bis 276 des Urteils Limburgse Vinyl Maatschappij u. a./Kommission darauf hingewiesen hat, dass im Anschluss an das Urteil Orkem/ Kommission bei der Rechtsprechung des Europäischen Gerichtshofes für Menschenrechte, der die Gemeinschaftsgerichte bei ihrer Auslegung von Grundrechten Rechnung zu tragen haben, neue Entwicklungen eingetreten sind. Der Gerichtshof hat hierzu jedoch ausgeführt, dass diese Entwicklungen nicht geeignet waren, die im Urteil Orkem/ Kommission angestellten grundsätzlichen Erwägungen in Frage zu stellen.“*[294]

Die in der Rechtssache *SGL Carbon* getätigte Aussage, der Gerichtshof habe in dem Urteil *PVC* festgestellt, die Rechtsprechung des EGMR habe keine Auswirkungen auf die grundsätzlichen Erwägungen zu den Auskunftsverweigerungsrechten überrascht.

Wie oben bereits dargestellt, musste sich der Gerichtshof in der Rechtssache *PVC* nicht zu der Rechtsprechung des EGMR äußern. Er hat die Frage des Einflusses dieser Rechtsprechung auf die *Orkem*-Kriterien vielmehr bewusst offengelassen und ausgeführt:

> *„Bei einer Prüfung des Rechtsmittelgrundes eines Verstoßes gegen das Recht, sich nicht selbst zu belasten, im Licht dieser Feststellung [dass ein Auskunftsverweigerungsrecht in jedem Fall einen Auskunftszwang voraussetzt] und der <u>konkreten Umstände des vorliegenden Falles</u> geben die Entwicklungen der Rechtsprechung des Europäischen Gerichtshofes für Menschenrechte keinen Anlass, das angefochtene Urteil zu beanstanden. [Hervorhebung v. Verf.]“*[295]

Wieso der Gerichtshof – trotz der Beschränkung der Aussage in der Rechtssache *PVC* auf den dort entschiedenen Einzelfall – zu dem Ergebnis kommt, der Gerichtshof habe zuvor Auswirkungen der Rechtsprechung des EGMR auf die *Orkem*-Kriterien generell abgelehnt, ist nicht nachvollziehbar. Damit erweckt er aber den Eindruck einer von der

293 *EuGH*, Urteil vom 29. Juni 2006, Rs. C-301/04 P, SGL Carbon, Rn. 42.

294 *EuGH*, Urteil vom 29. Juni 2006, Rs. C-301/04 P, SGL Carbon, Rn. 43.

295 *EuGH*, Urteil vom 15. Oktober 2002, verb. Rs. C-238/99 P, C-244/99 P, C-245/99 P, C-247/99 P, C-250/99 P bis C-252/99 P und C-254/99 P, PVC, Rn. 276.

Rechtsprechung des EGMR unbeeindruckten, gefestigten Rechtsprechung der Unionsgerichte zum Umfang der Auskunftsverweigerungsrechte von Unternehmen.

2 Rechtsprechung des EGMR

In einem weiteren Schritt soll nun kurz dargestellt werden, wie sich der EGMR in den grundlegenden Entscheidungen zu den Auskunftsverweigerungsrechten geäußert hat.

2.1 Rechtssache *Funke/Frankreich* (Application no. 10828/84)

Der Entscheidung des EGMR in der Rechtssache *Funke* lag der folgende Sachverhalt zugrunde. Das Haus von Herrn Funke wurde von drei Zollbeamten und einem Polizisten durchsucht. Die Durchsuchung zielte auf die Erlangung von Informationen über Herrn Funkes ausländisches Vermögen. Während der Durchsuchung wurde Herrn Funke aufgegeben, Nachweise über verschiedene ausländische Konten vorzulegen. Er sagte zunächst zu, die entsprechenden Dokumente vorzulegen, verweigerte die Vorlage allerdings später.

Herr Funke wurde daraufhin zunächst von den Zollbehörden vor das Polizeigericht (*Strasbourg police court*) geladen, das ihm eine Strafe auferlegen sollte, sowie ein Zwangsgeld in Höhe von FF 50,- pro Tag der Nichtbeibringung der Unterlagen beantragte. Darüber hinaus haben die Zollbehörden auch die Inhaftierung von Herrn Funke beantragt.

Das Polizeigericht verhängte eine Strafe von FF 1.200 und ein Zwangsgeld von FF 20,- pro Tag der Verzögerung der Vorlage. Hiergegen wandte sich Herr Funke nach Beschreitung des nationalen Rechtswegs an den EGMR. Er machte unter anderem geltend, dass das Vorgehen der nationalen Behörden und insbesondere seine Verurteilung zu einer Strafe sein Recht auf ein faires Verfahren nach Art. 6 Abs. 1 Konvention und die in Art. 6 Abs. 2 Konvention garantierte Unschuldsvermutung verletze.

In Bezug auf die Verletzung von Art. 6 Abs. 1 Konvention hat Herr Funke vorgetragen, dass die Behörden sein Recht verletzt haben, sich nicht selbst belasten zu müssen, als sie ein Strafverfahren gegen ihn eröffnet haben, um ihn zur Zusammenarbeit bei seiner eigenen Überführung zu bewegen.

Der EGMR folgte dieser Argumentation und stellte fest:

> *„[...] the customs secured Mr Funke's conviction in order to obtain certain documents which they believed must exist, although they were not certain of the fact. Being unable or unwilling to procure them by*

some other means, they attempted to compel the applicant himself to provide the evidence of offences he had allegedly committed."[296]

Die Besonderheiten des Zollrechts sind nach Ansicht des EGMR keine Rechtfertigung für einen Verstoß gegen das Jedermann zustehende Recht, in einem Strafverfahren - wobei der Begriff innerhalb des Art. 6 Konvention eine eigenständige Bedeutung habe - nicht gegen sich selbst aussagen zu müssen beziehungsweise sich nicht selbst überführen zu müssen.[297]

2.2 Rechtssache *Murray/Großbritannien* (Application no. 18731/91)

Herr Murray wurde verhaftet und angeklagt. Ihm wurde vorgeworfen, an einer Verschwörung zum Mord und einer gemeinschaftlichen Entführung teilgenommen zu haben sowie einer verbotenen Organisation - der IRA - anzugehören.

Der Beschuldigte hat sowohl während der Polizeiverhöre, als auch während des Gerichtsverfahrens geschwiegen. Insbesondere hat er keine Angaben zu dem Grund seiner Anwesenheit in dem Haus gemacht, in dem das Entführungsopfer festgehalten wurde.

Das Gericht hat Herrn Murray wegen Beihilfe zur Entführung zu einer Gefängnisstrafe verurteilt, wobei es negativ berücksichtigt hat, dass er keine Angaben während des Verfahrens gemacht und keine Belege für seine Unschuld vorgebracht habe.[298]

Dagegen wendet sich Herr Murray mit seiner Klage vor dem EGMR. Er trägt vor, die negativen Rückschlüsse, die aus seinem Schweigen gezogen wurden, haben ihn in seinen Rechten aus Art. 6 Abs. 1 und Abs. 2 Konvention verletzt.

Zum einen würden diese Rückschlüsse gegen sein Recht zu schweigen verstoßen und zum anderen ihm die Beweislast für seine Unschuld aufbürden, obgleich es Sache des Gerichts sei, die Schuld nachzuweisen.

Unter Bezug auf die bisherige Rechtsprechung des EGMR zu Art. 6 Konvention führt er an, dass das Recht zu schweigen und die Unschulds-

---

296 *EGMR*, Urteil vom 25. Februar 1993, Application no. 10828/84, Funke/Frankreich, Rn. 44.

297 Ebenda.

298 *EGMR*, Urteil vom 8. Februar 1996, Application no. 18731/91, Murray/Großbritannien, Rn. 24.

vermutung zum Kernbereich des Rechts auf ein faires Verfahren gehören würden, welche einem Beschuldigten uneingeschränkt zustünden.[299]

Amnesty International hat dem Beschuldigten in dem Verfahren vor dem EGMR beigepflichtet und unterstrichen, dass negative Rückschlüsse aus dem Schweigen von Angeklagten dazu führen würden, dass der Angeklagte keine angemessene Verteidigungsmöglichkeit mehr hätte.

Überspitzt formuliert bedeutet dies: entweder der Angeklagte gesteht oder er schweigt, was wiederum als Geständnis angesehen wird.[300]

Die *„Northern Ireland Standing Advisory Commission on Human Rights"* vertrat dagegen die Ansicht, dass das Recht zu schweigen nicht absolut sei.

Vielmehr könne es grundsätzlich im Einzelfall auch eingeschränkt werden, solange durch andere Schutzmaßnahmen sichergestellt sei, dass die Gefahr von ungerechten Urteilen kompensiert würde.[301]

Der EGMR führte zunächst aus, dass die Rechte zu schweigen und sich nicht selbst belasten zu müssen, zwar nicht ausdrücklich in Art. 6 Konvention genannt sind, dass aber kein Zweifel daran bestehen könne, dass diese Rechte als *„generally recognised international standards"* zum Kernbereich des Rechts auf ein faires Verfahren gehören.[302]

Allerdings kommt auch der EGMR zu dem Schluss, dass das Recht zu schweigen nicht absolut ist. Klar sei, dass das Recht zu schweigen uneingeschränkt dann zu gelten habe, wenn der Betroffene durch zusätzlichen Zwang zur Aussage angehalten werden soll.[303]

Weiterhin sei es eindeutig, dass eine Verurteilung nicht allein auf das Schweigen des Angeklagten gestützt werden dürfe. Allerdings soll dieses Recht auch nicht verhindern, dass Gerichte oder Behörden Schlüsse aus dem Schweigen des Angeklagten oder Beschuldigten ziehen, wenn die Situation eindeutig einer Erklärung durch ihn bedarf.[304]

---

299 *EGMR*, Urteil vom 8. Februar 1996, Application no. 18731/91, Murray/Großbritannien, Rn. 41.

300 *EGMR*, Urteil vom 8. Februar 1996, Application no. 18731/91, Murray/Großbritannien, Rn. 42.

301 Ebenda.

302 *EGMR*, Urteil vom 8. Februar 1996, Application no. 18731/91, Murray/Großbritannien, Rn. 45.

303 *EGMR*, Urteil vom 8. Februar 1996, Application no. 18731/91, Murray/Großbritannien, Rn. 50.

304 *EGMR*, Urteil vom 8. Februar 1996, Application no. 18731/91, Murray/Großbritannien, Rn. 47.

Daher wäre in jedem Einzelfall zu prüfen, ob die durch die Anklage vorgebrachten weiteren Beweise, stark genug sind, dass sie einer Erklärung des Betroffenen bedürfen:

> „*[...] The national court cannot conclude that the accused is guilty merely because he chooses to remain silent. It is only if the evidence against the accused 'calls' for an explanation which the accused ought to be in a position to give that a failure to give any explanation, may as a matter of common sense allow the drawing of an inference that there is no explanation and that the accused is guilty'.*"[305]

2.3 Rechtssache Saunders/Großbritannien (Application no. 19187/91)

Der Rechtssache *Saunders* lag folgender Sachverhalt zugrunde. Herr Saunders war Geschäftsführer der Guinness PLC (Guinness). Guinness lieferte sich mit einem anderen Unternehmen einen Bieterwettstreit um die Übernahme eines dritten Unternehmens. Da ein Teil des Kaufpreises aus Aktien des Käufers bestehen sollte, kam es im Bieterwettstreit auch speziell auf den Wert der Aktien des jeweiligen Kaufinteressenten an. Guinness gewann den Bieterwettstreit. Allerdings wurde der Vorwurf erhoben, Guinness hätte durch verschiedene Maßnahmen den eigenen Aktienwert künstlich erhöht.

Im Zusammenhang mit diesen Vorwürfen gegen Guinness wurde auch Herr Saunders mehrfach verhört. Dabei standen der verhörenden Behörde umfangreiche Befugnisse zur Verfügung. Insbesondere konnte die Behörde die Verhängung von Zwangsmaßnahmen beantragen, wenn die jeweils zu befragende Person sich weigerte, Fragen zu beantworten oder Dokumente beizubringen. Unter anderem auf der Grundlage der Ergebnisse dieser Verhöre wurde Herr Saunders angeklagt und zu einer Gefängnisstrafe verurteilt.

Gegen diese Entscheidung hat Herr Saunders nach Beschreitung des nationalen Rechtswegs Klage vor dem EGMR erhoben und insbesondere geltend gemacht, dass das Recht auf ein faires Verfahren nach Art. 6 Konvention das Recht des Einzelnen enthalte, nicht dazu gezwungen werden zu können, Beweise gegen sich selbst zu erbringen. Dieser Grundsatz sei zudem eng verknüpft mit der Unschuldsvermutung, die

305 *EGMR*, Urteil vom 8. Februar 1996, Application no. 18731/91, Murray/Großbritannien, Rn. 51.

auch vom Gerichtshof in seiner Entscheidung in Sachen *Orkem* anerkannt worden sei.[306]

Die Regierung von Großbritannien hielt diesen Vorwürfen entgegen, dass nur solche Aussagen unter den Schutz vor einer Selbstbelastung fallen könnten, die auch tatsächlich selbstbelastend wären. Das Recht sich nicht selbst belasten zu müssen sei nicht absolut. Es umfasse insbesondere nicht den Schutz davor, dass die Anklage für ihre Beweisführung selbstdiskriminierende Aussagen, Dokumente oder andere Beweisstücke verwendet, die unter Zwang erlangt worden seien. Beispielhaft verweist die Regierung hier auf die zulässige Nutzung von beschlagnahmten Dokumenten, Blut- oder Urinproben.

Ein absoluter Schutz sei auch gar nicht notwendig, solange entsprechende Schutzmechanismen in Kraft seien, die den ordnungsgemäßen Ablauf des Verfahrens garantieren würden. Als solche Schutzmaßnahmen führte die Regierung die Unabhängigkeit der befragenden Inspektoren, deren Tätigkeit einer gerichtlichen Kontrolle unterliegt sowie die Tatsache an, dass der zu Befragende rechtlichen Beistand hinzuziehen könne und die Möglichkeit habe, dass Protokoll seiner Antworten vor Verwendung zu überprüfen und gegebenenfalls zu korrigieren.[307]

Die Europäische Kommission für Menschenrechte (Menschenrechtskommission) führte aus, dass das Recht, sich nicht selbst belasten zu müssen, ein wesentliches Element des Schutzes des Einzelnen vor Unterdrückung und Zwang sei. Es stehe in einem engen Verhältnis zur Unschuldsvermutung und sollte auf alle Arten von Anschuldigungen Anwendung finden.[308]

Der EGMR stellt eingangs fest, dass auch eine verwaltungsrechtliche Untersuchung grundsätzlich eine „strafrechtliche Anklage" im Sinne des Art. 6 Konvention sein kann. Dies soll allerdings dann nicht gelten, wenn die Untersuchung einzig dazu dient, Informationen zu sammeln und festzuhalten, die in der Folge von einer weiteren Institution als Basis für eigenständige Handlungen, wie zum Beispiel Anklagen oder Disziplinarmaßnahmen, genutzt werden. Eine solche Ausweitung würde die Arbeit der Behörden unnötig behindern.[309]

---

306 *EGMR*, Urteil vom 17. Dezember 1996, Application no. 19187/91, Saunders/Großbritannien, Rn. 60.

307 *EGMR*, Urteil vom 17. Dezember 1996, Application no. 19187/91, Saunders/Großbritannien, Rn. 63.

308 *EGMR*, Urteil vom 17. Dezember 1996, Application no. 19187/91, Saunders/Großbritannien, Rn. 65.

309 *EGMR*, Urteil vom 17. Dezember 1996, Application no. 19187/91, Saunders/Großbritannien, Rn. 67.

Im Anschluss bestätigt der EGMR seine, oben bereits dargestellte, Rechtsprechung zum Recht zu schweigen und dem Selbstbelastungsschutz. Er unterstreicht, dass insbesondere das Recht, sich nicht selbst belasten zu müssen, gewährleisten soll, dass die Anklage den Vorwurf nachweist, ohne Rückgriff auf Beweise nehmen zu müssen, die vom Angeklagten unter Zwang erlangt worden sind.[310]

Allerdings sei der Kernbereich dieses Rechts dann nicht betroffen, wenn es darum gehe, Material zu verwerten, welches auch ohne Einfluss des Angeklagten besteht. Darunter fallen beschlagnahmte Dokumente ebenso wie Blut-, Urin- und Gewebeproben. Vielmehr soll der Kernbereich nur den Willen des Angeklagten schützen, nicht auszusagen.[311]

In Bezug auf den Inhalt der genutzten Aussagen widerspricht der EGMR der Regierung Großbritanniens. Das Recht, sich nicht selbst belasten zu müssen, kann nicht auf selbstbelastende Aussagen beschränkt bleiben. Auch erzwungene Aussagen, die auf den ersten Blick nicht selbstbelastend sind, wie zum Beispiel die Beantwortung faktischer Fragen, könnten im späteren Verfahren zur Belastung des Angeklagten verwandt werden, etwa um andere Aussagen in Zweifel zu ziehen oder zu widerlegen.[312]

Schließlich setzt sich der EGMR erneut mit der Frage auseinander, ob die Rechte der Angeklagten eingeschränkt werden können, wenn die Komplexität der Materie oder die Bedeutung des betroffenen Bereiches für die Öffentlichkeit eine solche Einschränkung wünschenswert erscheinen lassen. Mit folgenden Ausführungen verneint der EGMR ausdrücklich eine solche Einschränkung:

> *„It does not accept the Government's argument that the complexity of corporate fraud and the vital public interest in the investigation of such fraud and the punishment of those responsible could justify such a marked departure as that which occurred in the present case from one of the basic principles of a fair procedure. Like the Commission, it considers that the general requirements of fairness contained in Article 6*

310 *EGMR*, Urteil vom 17. Dezember 1996, Application no. 19187/91, Saunders/Großbritannien, Rn. 68.

311 *EGMR*, Urteil vom 17. Dezember 1996, Application no. 19187/91, Saunders/Großbritannien, Rn. 69.

312 *EGMR*, Urteil vom 17. Dezember 1996, Application no. 19187/91, Saunders/Großbritannien, Rn. 71.

> *(Art. 6), including the right not to incriminate oneself, apply to criminal proceedings in respect of all types of criminal offences without distinction from the most simple to the most complex."*[313]

Er unterstreicht vielmehr, dass insbesondere das besondere öffentliche Interesse an der Verfolgung von bestimmten Rechtsverstößen keine Begründung für die Einschränkung von Rechten sein kann.[314]

2.4 Rechtssache J. B./Schweiz (Application no. 31827/96)

Der EGMR bestätigt in der Rechtssache *J. B.* seine bereits in *Saunders* und *Murray* wiedergegebene Rechtsprechung, dass das Recht, sich nicht selbst belasten zu müssen und schweigen zu dürfen, ein ungeschriebener Bestandteil von Art. 6 Konvention ist und insbesondere dazu dient, zu verhindern, dass der Angeklagte durch die Gerichte oder Behörden als Beweismittel „instrumentalisiert" wird.[315]

Weiterhin äußert sich der EGMR im Hinblick auf den Anwendungsbereich des Art. 6 Konvention dahingehend, dass der Begriff der Strafanklage autonom zu bestimmen sei. Die Einordnung in der Rechtsordnung des Mitgliedstaates wäre nicht allein ausschlaggebend.[316]

Vielmehr sei anhand bestimmter Kriterien zu prüfen, ob eine Strafanklage im Sinne des Art. 6 Konvention vorliege:

> *„These are the classification of the offence under national law, the nature of the offence and the nature and degree of severity of the penalty that the person concerned risked incurring (see, among other authorities, Öztürk v. Germany, judgment of 21 February 1984, Series A no. 73, p. 18, § 50) […]."*[317]

Die Tatsache, dass ein Verfahren mehreren Zielen dient, stünde dabei einer Einordnung - auch - als Strafverfahren nicht entgegen.[318]

---

313 *EGMR*, Urteil vom 17. Dezember 1996, Application no. 19187/91, Saunders/Großbritannien, Rn. 74.

314 Ebenda.

315 *EGMR*, Urteil vom 3. Mai 2001, Application no. 31827/96, J. B./Schweiz, Rn. 64.

316 *EGMR*, Urteil vom 3. Mai 2001, Application no. 31827/96, J. B./Schweiz, Rn. 44.

317 *EGMR*, Urteil vom 3. Mai 2001, Application no. 31827/96, J. B./Schweiz, Rn. 44.

318 *EGMR*, Urteil vom 3. Mai 2001, Application no. 31827/96, J. B./Schweiz, Rn. 49.

3 Zusammenfassung der Rechtsprechung

Die Rechtsprechung der Unionsgerichte und des EGMR sollen im Folgenden kurz im Überblick dargestellt werden.

3.1 Unionsgerichte

Auch wenn die Rechtsprechung des Gerichtshofs und des Gerichts nicht immer einheitlich ist und noch nicht abschließend geklärt ist, wie die Abgrenzung zwischen unerlaubter Ausforschung und erlaubter Befragung erfolgen soll,[319] ergibt sich aus den Entscheidungen doch folgendes Leitbild, an welchem sich die Unionsgerichte orientieren:

- Die Verfahrensordnungen in Kartellsachen sehen kein ausdrückliches Recht zur Aussageverweigerung vor.
- Ein Recht zur Aussageverweigerung für juristische Personen in Kartellverfahren ist in den Mitgliedstaaten nicht allgemein anerkannt.
- Die zu Art. 6 Konvention ergangene Rechtsprechung kann nicht unmittelbar auf das Kartellverfahren vor der Kommission angewandt werden, da es sich hierbei nicht um „klassische Strafverfahren" gegen natürliche Personen handelt. Zudem sind die Bestimmungen der Konvention als solche nicht Bestandteil des Unionsrechts.
- Das Erfordernis der Wahrung der Rechte der Verteidigung gebietet lediglich Einschränkungen der Mitwirkungspflicht der Unternehmen. Daher sind Unternehmen zwar verpflichtet, der Kommission alle erforderlichen Auskünfte zu erteilen, selbst wenn diese dazu verwendet werden können, den Beweis für ein wettbewerbswidriges Verhalten des Betreffenden zu erbringen. Seine Grenze findet die Verpflichtung aber dort, wo die Unternehmen eine Zuwiderhandlung eingestehen müssten.
- Im Fall eines Streits über die Tragweite einer Frage müsse aber geprüft werden, ob eine Antwort des Adressaten tatsächlich dem Eingeständnis einer Zuwiderhandlung gleichkäme.
- Darüber hinaus müssen Unternehmen der Kommission auf deren Verlangen die von ihr genannten, den Gegenstand der Untersuchung betreffenden Dokumente vorlegen, auch wenn diese Schriftstücke von der Kommission als Beweis für das Vorliegen einer Zuwiderhandlung verwendet werden könnten. Das betreffende Unternehmen

319 Vgl. *Dannecker*, ZStW 1999, 256, 283; *Scholz*, WuW 1990, 99, 104.

kann dann lediglich später - während des Verwaltungsverfahrens oder im Verfahren vor den Unionsgerichten - geltend machen, dass die vorgelegten Dokumente einen anderen als den ihnen von der Kommission zugeschriebenen Sinn haben.

Aufgrund der Bedeutung des Art. 101 AEUV ist eine Einschränkung der Rechte der Unternehmen gerechtfertigt. Zudem würde anderenfalls die Ermittlungsarbeit der Kommission und die Durchsetzung der Vorschrift bezüglich des Auskunftsverlangens unnötig erschwert.

3.2 EGMR

Die Rechtsprechung des EGMR zu den Rechten, die Aussage zu verweigern ist deutlich konstanter. Zusammenfassend kann man festhalten, dass der EGMR diese Rechte wie folgt versteht:

- Das Recht zu schweigen und das Privileg, sich nicht selbst belasten zu müssen - hier zusammengefasst als Aussageverweigerungsrecht - sind nicht ausdrücklich in Art. 6 Konvention genannt, gehören aber unzweifelhaft zum Kernbereich des Rechts auf ein faires Verfahren gem. Art. 6 Konvention.
- Das Aussageverweigerungsrecht gilt nicht nur für die „klassische Strafanklage", sondern hat eine eigenständige Bedeutung. In jedem Fall ist es in solchen Verfahren zu beachten, die zur Verhängung einer signifikanten Geldbuße führen können.
- Das Recht, Auskünfte zu verweigern, gilt aber nicht in Verfahren, die lediglich die Entscheidung einer gesonderten Instanz vorbereiten.
- Besonderheiten des betroffenen Rechtsbereichs - Kompliziertheit der Normen oder Bedeutung für die Öffentlichkeit - sind keine taugliche Rechtfertigung für die Einschränkung von Verfahrensrechten.
- Das Aussageverweigerungsrecht ist nicht absolut. Es ist daher durchaus zulässig, aus dem Schweigen beim Vorliegen anderer Beweise Schlüsse zu ziehen. Das Erzwingen von Aussagen verstößt allerdings gegen Art. 6 Konvention.
- Das Recht, Auskünfte zu verweigern, ist nicht auf eindeutig selbstbelastende Aussagen beschränkt.
- Dokumente und andere körperliche Beweisstücke, die auch ohne Einfluss des Angeklagten bestehen, zum Beispiel beschlagnahmte Dokumente, Blut-, Urin- und Gewebeproben, unterfallen nicht dem Aussageverweigerungsrecht. Dies gilt aber nicht für Dokumente, die der Angeklagte erst noch beibringen soll.

4 Fazit

Folglich kann festgehalten werden, dass sich der EGMR intensiv mit dem Auskunftsverweigerungsrecht auseinandergesetzt hat und einen weiten Schutzbereich annimmt. Zudem nimmt er eindeutig andere Positionen zu Teilaspekten ein, als dies die Unionsgerichte tun.

Der EGMR hat sich aber - bisher - nie ausdrücklich zu der Frage geäußert, ob auch Unternehmen im Kartellverfahren das Auskunftsverweigerungsrecht zusteht.[320]

Die ungewisse Lage in der Rechtsprechung soll zum Anlass genommen werden, eine mögliche Ausweitung des Rechts, sich nicht selbst belasten zu müssen, zu untersuchen.[321]

---

320 Immenga/Mestmäcker, *Burrichter*, EG-Wettbewerbsrecht, Band 2, vor Art. 17-22, Rn. 43; *Kokott*, AöR 1996, 599, 624; *Wils*, The EU Network of Competition Authorities, 1, 25; *ders.* WorldComp 2003, 567, 577.

321 So auch *Drabek*, ERPL 2001, 529, 548.

D Grund- und Verfassungsrechtliche Ableitung eines Auskunftsverweigerungsrechts im EU-Kartellverfahren

1 Notwendigkeit eines umfassenden Auskunftsverweigerungsrechts

Bereits seit Einführung der VO 17/62 hat es immer wieder Überlegungen gegeben, ob ein Auskunftsverweigerungsrecht für Unternehmen im Kartellverfahren anerkannt werden sollte.[322] Neben der Rolle der Kommission als Ermittler, Ankläger und Richter in einer Person ist immer wieder der zu schwache Schutz der Unternehmen vor Ermittlungsmaßnahmen bemängelt worden.[323] Auch nach der Reform der Kartellverfahrensverordnung stellt sich weiterhin die Frage, ob die heutige Praxis der Kommission im Zusammenhang mit der Bekämpfung von Kartellen noch rechtsstaatlichen Ansprüchen genügt.[324] Hierbei ist zu berücksichtigen, dass die Befugnisse der Kommission im Vergleich zur VO 17/62 sogar noch ausgeweitet wurden.

Dieser Ausweitung stand keine Verstärkung der Rechte der Unternehmen entgegen.

Die oben dargestellten vom Gerichtshof entwickelten Kriterien zur Möglichkeit der Unternehmen, die Preisgabe von Informationen zu verweigern (zusammengefasst als Geständnisverweigerungsrecht), sind zunächst äußerst ungenau.[325] Unternehmen können nur schwer abschätzen, welche Informationen zwingend übermittelt werden müssen.

Darüber hinaus liegt der Schutzbereich des Geständnisverweigerungsrechts auf der Grundlage der Rechtsprechung im Einflussbereich der Kommission, die die Fragen formuliert[326] – oder anders ausgedrückt: *„Bei geschickter Frageformulierung braucht man dann auch kein Geständnis mehr.“*[327] Dies schwächt nicht nur den Schutz vor Selbstbezichtigung

322 Vgl. *Engel/Freier*, EWS 1992, 361, 365; *Klees*, Kartellverfahrensrecht, § 9, Rn. 34.

323 *Kreis*, RIW 1981, 281, 281.

324 *Schwarze*, WuW 2009, 6, 6.

325 *Hilf/Hörmann*, NJW 2003, 1, 7; *Klees*, Kartellverfahrensrecht, § 9, Rn. 34; *Kokott*, AöR 1996, 599, 624; Langen/Bunte, *Sura*, Kartellrecht, Band 2, Art. 18 VO 1/2003, Rn. 14 ff.; Loewenheim/Meessen/Riesenkampff, *Barthelmeß/Rudolf*, Kartellrecht, Art. 18 VerfVO, Rn. 43; Mäger, *Johanns*, Europäisches Kartellrecht, 11. Kapitel, Rn. 6, 29; MK, *Bischke*, Kartellrecht, Band 1, vor Art. 17-22 VO 1/2003, Rn. 14.

326 *Riley*, ELR 2000, 264, 269; *Scheer*, ZEuS 2004, 663, 686; *Scholz*, WuW 1990, 99, 104.

327 GK, *Schütz*, Kartellrecht, Art. 17, Rn. 5.

deutlich, sondern relativiert auch stark die Grundsätze der Rechtssicherheit.[328] Für die Unternehmen stellt sich zudem auch das praktische Problem, dass sie selbst einschätzen müssen, welche Fragen zu einem Eingeständnis des Verstoßes führen.[329] Dies kann angesichts der Tatsache, dass sie den Hintergrund der Fragestellung nicht kennen, oftmals schwierig sein.[330]

Auf der anderen Seite stellt ein umfassender Rechtsschutz gegenüber belastenden Maßnahmen und die Wahrung der Grundrechte aus rechtsstaatlicher Sicht eine grundlegende Forderung dar.[331] Jedwede Ausübung von Hoheitsgewalt - ob auf nationaler oder europäischer Ebene - muss untrennbar mit dem Schutz von Grundrechten verbunden sein.[332] Werden die Befugnisse zur Ausübung von Hoheitsgewalt erweitert, muss nach zutreffender Ansicht auch der Schutz des Einzelnen erhöht werden.[333] Der Gerichtshof muss also einen gerechten Ausgleich zwischen den Aufgaben und Befugnissen der Kommission im Rahmen der Art. 101 und 102 AEUV und dem Schutz der Verteidigungsrechte der Unternehmen finden.[334]

Fraglich ist, auf welcher Rechtsgrundlage dieser Ausgleich erfolgen soll. Zunächst ist erneut festzuhalten, dass sich Verteidigungsrechte im Kartellverfahren weder unmittelbar aus dem AEUV noch aus dem Sekundärrecht ergeben.[335] Dies ist zumindest insoweit verwunderlich, als das Konzept des Rechts auf ein faires Verfahren zumindest grundsätzlich in allen Mitgliedstaaten und auch der Union anerkannt ist.[336]

Auch die Unionsgerichte haben - über das dargestellte Geständnisverweigerungsrecht hinaus - noch kein umfassendes Auskunftsverweigerungsrecht entwickelt.

Die Unternehmen haben aber, wie gerade dargelegt, ein Interesse an einem wirksamen Auskunftsverweigerungsrecht.

Daher ist näher zu untersuchen, ob ein umfassendes Auskunftsverweigerungsrecht grundrechtlich geboten ist. Wenn dies der Fall ist, so wäre

---

328 *Reinalter*, ZEuS 2009, 53, 92; *Scholz*, WuW 1990, 99, 104.

329 *Engel/Freier*, EWS 1992, 361, 366; *Hilf/Hörmann*, NJW 2003, 1, 7.

330 *Scheer*, ZEuS 2004, 663, 686.

331 *Lenz/Mölls*, WuW 1991, 771, 790.

332 *Hilf/Hörmann*, NJW 2003, 1, 1; *Lindner*, Jura 2008, 401, 401; *Nicolaysen*, EuR 2003, 719, 719.

333 *Heringa/Verhey*, MJ 2001, 11, 31.

334 *Reinalter*, ZEuS 2009, 53, 55.

335 *Von Winterfeld*, RIW 1981, 801, 804.

336 *Lenaerts/Vanhamme*, CMLR 1997, 531, 533.

die bisherige Rechtsprechung des Gerichtshofs zu einschränkend[337] und die Unternehmen könnten ein umfangreiches Auskunftsverweigerungsrecht gegenüber der Kommission geltend machen.[338]

2 Rechtsquellen

Aus welchen Grundlagen ergeben sich die hierfür in Frage kommenden europäischen Rechte?

Bürger und Unternehmen sind zwar unmittelbar dem Unionsrecht unterworfen, aber die Verträge enthielten lange keine Regelungen zur Gewährung fundamentaler Individualrechte.[339] Der Schutz war gegenüber der Ausübung hoheitlicher Gewalt durch die Organe der Union nur lückenhaft.[340] Bis ins Jahr 2009 existierte kein verbindlicher Grundrechtskatalog, wie er lange gefordert worden war.[341] Vor diesem Hintergrund ist es für den Rechtsuchenden nur schwer vorhersehbar gewesen, in welchem Umfang Grundrechtsschutz durch die Gerichte gewährleistet wird.[342] Am 1. Dezember 2009 sind nun die neuen Verträge in Kraft getreten. Die Charta ist gemäß Art. 6 Abs. 1 EUV geltendes Recht, das in Bezug auf die Verträge als gleichrangig gilt.[343] Gleichwohl bleiben auch die Grundrechte, die sich aus den gemeinsamen Verfassungsüberlieferungen der Mitgliedstaaten ergeben und die Grundrechte der Konvention als allgemeine Grundsätze weiter ein Teil des Unionsrechts - Art. 6 Abs. 3 EUV. Folglich kämen diese drei Quellen als Grundlage von Auskunftsverweigerungsrechten in Betracht.

337 Vgl. *Bechtold/Bosch/Brinker/Hirsbrunner*, EG-Kartellrecht, Art. 18 VO 1/2003, Rn. 11; *Grützner/Reimann/Wissel*, Kartellamtsermittlungen, Rn. 275 f.; *von Winterfeld*, RIW 1992, 524, 527.

338 *Bechtold/Bosch/Brinker/Hirsbrunner*, EG-Kartellrecht, Art. 18 VO 1/2003, Rn. 11 f. ; *Schwarze*, WuW 2009, 6, 11; *Schwarze/Weitbrecht*, Kartellverfahrensrecht, § 5, Rn. 34.

339 *Dutheil de la Rochère*, CMLR 2004, 345, 345; *Kenntner*, ZRP 2000, 423, 423.

340 *Schilling*, EuGRZ 2000, 3, 6.

341 *Pernice*, NJW 1990, 2409, 2409.

342 *Scheer*, ZEuS 2004, 663, 664 f.

343 *Pache/Rösch*, EuR 2009, 769, 775.

2.1 Charta

Die Idee eines eigenen Grundrechtskatalogs der Union wurde über eine geraume Zeit diskutiert.[344]

Ein solcher wurde mit der am 7. Dezember 2000 proklamierten Charta geschaffen.

Es war zunächst angedacht worden, dass die Charta unmittelbar Teil des Verfassungsvertrags wird.[345]

Nach den ablehnenden Referenden Frankreichs und der Niederlande in Bezug auf den Verfassungsvertrag und die dadurch bewirkten Änderungen, nimmt Art. 6 Abs. 1 EUV nunmehr nur noch auf die - in Einzelpunkten geänderte[346] - Charta Bezug.[347] Dies geschah um Befürchtungen entgegenzuwirken, dass der Eindruck entstehen könnte, es handele sich auf Unions-Ebene um eine Art Staat.[348] Allerdings kommt der Charta zumindest eine Bedeutung zu, die dem des Primärrechts entspricht.[349]

Durch Wirksamwerden des EUV-Lissabon hat sich damit die rechtliche Qualität der Charta von einer unterstützend herangezogenen Rechtserkenntnisquelle zur unmittelbaren Rechtsquelle gewandelt.[350]

Damit wurde die Transparenz des Grundrechtsschutzes in der Union erhöht und verdeutlicht, dass die Union nicht lediglich ein Zweckverband von Staaten ist.[351]

Der Chartakonvent war bei der Schaffung der Charta bemüht gewesen, die unterschiedlichen Stränge des europäischen Konstitutionalisierungsprozesses im Grundrechtsbereich zusammenzuführen.

---

344 *Alber/Widmaier*, EuGRZ 2000, 497, 498; *Kenntner*, ZRP 2000, 423, 423 f.; *Lenaerts/de Smijter*, CMLR 2001, 273, 277; *Pache*, EuR 2001, 475, 475 f.; *Pernice*, DVBl 2000, 847, 847; *Schmitz*, EuR 2004, 691, 691.

345 *Pietsch*, ZRP 2003, 1, 2; *Rengeling*, DVBl 2004, 453, 453; *Schwartmann*, Archiv des Völkerrechts 2005, 129, 133.

346 *Pache/Rösch*, EuZW 2008, 519, 519.

347 Kritisch hierzu *Weber*, EuZW 2008, 7, 7.

348 *Baddenhausen/Deja*, Deutscher Bundestag - Wissenschaftliche Dienste, Nr. 08/08, 1, 1; *Lindner*, EuR 2008, 786, 787; *Pache/Rösch*, NVwZ 2008, 473, 474; entsprechende Bedenken hatte auch schon *Calliess* geäußert: *Calliess*, EuZW 2001, 261, 261.

349 *Lindner*, EuR 2008, 786, 788; *Pache/Rösch*, NVwZ 2008, 473, 474; *Terhechte*, EuR 2008, 143, 170; *Weber*, NJW 2000, 537, 538.

350 *Pache/Rösch*, EuR 2009, 769, 775; *Weber*, DVBl 2003, 220, 222.

351 *Baddenhausen/Deja*, Deutscher Bundestag - Wissenschaftliche Dienste, Nr. 08/08, 1, 1; *Mombaur*, DÖV 2001, 595, 595; *Schmitz*, JZ 2001, 833, 833; *Schwarze*, EuZW 2001, 517, 517.

So war die Charta als Versuch anzusehen, die bisherigen Grundrechtsquellen zu konsolidieren, zu einer neuen eigenen Synthese zusammenzufügen[352] und sichtbar zu machen.[353]

Weiterer wichtiger Bezugspunkt bei der Schaffung der Charta waren auch die internationalen Menschenrechte.[354]

Die in der Charta enthaltenen Rechte sind Ausdruck der Verfassungstraditionen der Mitgliedstaaten, der Konvention und der Rechtsprechung der Unionsgerichte zu den Grundrechten.[355]

Da die Charta somit einen Grundrechtskatalog formuliert, der zumindest in seinem Kern bereits zum rechtlich bindenden Standard im europäischen Grundrechtsschutz gehörte,[356] wurde die Charta trotz ihrer zunächst fehlenden Verbindlichkeit bereits früh von den europäischen Gerichten erwähnt.[357]

Sie diente auch schon vor ihrer Wirksamkeit der europäischen Rechtspraxis als zusätzliche Erkenntnisquelle[358] und damit als weitere Grundlage für Entscheidungen.[359]

Der Anwendungsbereich der Charta ist Art. 51 Abs. 1 Charta zu entnehmen. Dieser besagt, dass sie zunächst für die Organe und Einrich-

---

352 *Brecht*, ZEuS 2005, 355, 366; *de Witte*, MJ 2001, 81, 84 f.; *Grabenwarter*, EuGRZ 2004, 563, 566; *Lemmens*, MJ 2001, 49, 50; *Lindner*, ZRP 2007, 54, 55; *Parmar*, MJ 2001, 351, 363; *Schmitz*, JZ 2001, 833, 834; von der Groeben/Schwarze, *Beutler*, EUV/EGV, Art. 6 EUV, Rn. 98; *Weber*, NJW 2000, 537, 538.

353 *Curtin/van Ooik*, MJ 2001, 102, 102; *Rengeling*, DVBl 2004, 453, 454.

354 *Lenaerts/de Smijter*, CMLR 2001, 273, 289; *Parmar*, MJ 2001, 351, 352.

355 *Schmitz*, JZ 2001, 833, 833; *Schwarze*, FS für Kirchhoff, 245, 248; *Seitz*, EuZW 2004, 231, 234.

356 *Calliess*, EuZW 2001, 261, 267; *Grabenwarter*, DVBl 2001, 1, 10; von Bogdandy/Bast, *Kühling*, Europäisches Verfassungsrecht, S. 666 f; *Pache/Rösch*, EuR 2009, 769, 778.

357 *Eeckhout*, CMLR 2002, 945, 948 f.; *Hoffmann-Riem*, EuGRZ 2002, 473, 480 m. w. N.; *Pache/Rösch*, EuR 2009, 769, 774; *Schwartmann*, Archiv des Völkerrechts 2005, 129, 133; *Schwarze*, EuZW 2001, 517, 518 m. w. N.

358 *EuG*, Urteil vom 30. Januar 2002, Rs. T-54/99, max.mobil, Rn. 48, 57; *Schwarze/Weitbrecht*, Kartellverfahrensrecht, § 5, Rn. 3.

359 *EuGH*, Urteil vom 14. Februar 2008, Rs. C-244/06, Dynamic Medien, Rn. 41; Urteil vom 14. Februar 2008, Rs. C-450/06, Varec, Rn. 48; *EuG*, Urteil vom 8. Juli 2004, Rs. T-198/01 R, Technische Glaswerke Ilmenau, Rn. 85; Urteil vom 13. Januar 2004, Rs. T-67/01, JCB Service, Rn. 36; Urteil vom 3. Mai 2002, Rs. T-177/01, Jégo-Quéré, Rn. 42; Urteil vom 30. Januar 2002, Rs. T-54/99, max.mobil, Rn. 48; Schlussanträge des Generalanwalts *Tizzano*, Rs. C-173/99, BECTU, Rn. 28; Schlussanträge des Generalanwalts *Alber*, Rs. C-340/99, TNT Traco, Rn. 94.

tungen der Union sowie bei der Durchführung von Unionsrecht auch für die durchführenden Mitgliedstaaten gilt.

Die Charta ist kein gemeinsamer Grundrechtskatalog der Union und der Mitgliedstaaten.[360] Für Letztere soll sie nur dann Anwendung finden, wenn die Mitgliedstaaten Unionsrecht durchführen - Art. 51 Abs. 1 Charta. Die Charta enthält damit Abwehrrechte des Einzelnen gegenüber der auf Unionsrecht basierenden öffentlichen Gewalt.[361]

Im Hinblick auf den materiellen Schutzgehalt der Charta ist festzustellen, dass auch der in der Charta enthaltene Grundrechtskatalog der Auslegung und Ausformung bedarf.[362] Der Konvent, der die Charta entworfen hat, bemühte sich, den Text nicht zu überfrachten.[363] Daher ist viel Raum für die konkrete Ausgestaltung. Bezüglich der Auslegung gilt, dass die Charta nach eigenen Interpretationsmaßstäben angewandt werden muss.[364] Neben der Konvention, die für vergleichbare Rechte in der Charta zur Auslegung heranzuziehen ist,[365] dürfen die Rechte, die der Charta zugrundeliegen, nicht völlig außer Acht gelassen werden.[366] Daher sind auch die gemeinsamen Verfassungsüberlieferungen der Mitgliedstaaten durch die Gerichte zu berücksichtigen.[367]

Dies spiegelt sich auch in der Charta an verschiedenen Stellen wieder. Beispielsweise enthält die Präambel den Hinweis, dass die in der Charta aufgeführten Grundrechte eine Bekräftigung der Rechte der Konvention sind und als Quelle der Grundrechte auch die Rechtsprechung des Gerichtshofs zu berücksichtigen ist. Darüber hinaus gibt die Präambel der Charta selbst der teleologischen Auslegung der Charta wichtige Impulse.[368]

Art. 52 Abs. 3 Charta enthält eine Kongruenzklausel, die besagt, dass den Rechten der Charta, die eine Entsprechung in der Konvention finden, die gleiche Bedeutung und Tragweite zukommt wie nach der Konvention, wobei dies nicht als unmittelbare Bindung der Union an die Konvention zu verstehen ist, die vom EGMR überprüft werden könnte.[369] Vielmehr

---

360 *Schmitz*, EuR 2004, 691, 695.

361 *Lindner*, EuR 2008, 786, 789; *Mombaur*, DÖV 2001, 595, 596.

362 *Magiera*, DÖV 2000, 1017, 1018.

363 *Alber/Widmaier*, EuGRZ 2000, 497, 500; *Kenntner*, ZRP 2000, 423, 424.

364 Vgl. *Dorf*, DVBl 2005, 486, 487.

365 *Paeffgen*, EuR 2006 - Beiheft 1, 63, 75; *Schwarze*, EuZW 2001, 517, 519.

366 *Dorf*, JZ 2005, 126, 127; *Nicolaysen*, EuR 2003, 719, 728; *Rengeling*, DVBl 2004, 453, 453; *Weiß*, ZEuS 2005, 323, 327.

367 *Ameye*, ECLR 2004, 334, 335; *Calliess*, EuZW 2001, 261, 267.

368 *Dorf*, JZ 2005, 126, 130.

369 *Lindner*, Jura 2008, 401, 405; *Weiß*, ZEuS 2005, 323, 329 f.

ist dies im Sinne einer mittelbaren Bindung infolge der Maßgeblichkeit für die Auslegung zu verstehen.[370]

Der Verweis auf die gleiche Bedeutung und Tragweite ist nicht auf die Bestimmung des Schutzbereiches beschränkt, sondern umfasst auch die Rechtfertigungsmöglichkeiten.[371] Offen ist aber dabei, inwieweit der Gerichtshof bei der Interpretation der Charta die Rechtsprechung des EGMR zu den jeweiligen Konventionsrechten übernehmen wird beziehungsweise daran sogar - zumindest für die Bestimmung des Mindeststandards - gebunden wäre.[372]

Bei der Auslegung ist weiter zu berücksichtigen, dass der Schutz, den die Charta gewährt, teilweise über das hinaus geht, was bisher von den Unions- und Konventionsgrundrechten garantiert wurde.[373] Folglich ist im Rahmen der weiteren Prüfung zu berücksichtigen, ob es sich bei den in der Charta aufgefundenen Rechten nicht um Rechte handelt, die über den bisher anerkannten Grundrechtsstandard hinaus gehen.[374] Auch im Rahmen von Charta-Grundrechten mit vergleichbarem Wortlaut wie Grundrechte in anderen Rechtsquellen ist daher eine einfache Übertragung von Gehalt und Schutzniveau nicht ohne Weiteres möglich.[375]

2.2 Richterrechtliche Grund- und Verfassungsrechte

Das Fehlen geschriebener Regeln in den Verträgen zum Schutz von Individualinteressen war zunächst beabsichtigt gewesen.

Hintergrund hierfür war das Verständnis der Union als reine Wirtschaftsgemeinschaft, welches zunächst vorherrschend war.

370 *Weiß*, ZEuS 2005, 323, 325.

371 *Curtin/van Ooik*, MJ 2001, 102, 102 f.; *Grabenwarter*, DVBl 2001, 1, 2; *Heringa/Verhey*, MJ 2001, 11, 25; *Kehl*, Schutz von Informationen, S. 60; vgl. *Lemmens*, MJ 2001, 49, 53; *Pache*, EuR 2004, 393, 413; *Schmitz*, EuR 2004, 691, 710; *Schwartmann*, Archiv des Völkerrechts 2005, 129, 135, 137; *Weiß*, ZEuS 2005, 323, 330.

372 *Dorf*, DVBl 2005, 486, 487; die Diskussionen im Rahmen des Chartakonvents sprachen zumindest für eine Übertragung auch der Rechtsprechung: vgl. *Lemmens*, MJ 2001, 49, 52 f.; ausdrücklich zustimmend: *Heringa/Verhey*, MJ 2001, 11, 17; *Lenaerts/de Smijter*, MJ 2001, 90, 99.

373 *Grabenwarter*, VVDStRL 60, 290, 340; *Lenaerts/de Smijter*, CMLR 2001, 273, 280; *Schmitz*, EuR 2004, 691, 691.

374 *Weiß*, ZEuS 2005, 323, 329.

375 *Dorf*, JZ 2005, 126, 126.

Diesem Verständnis waren individualschützende Regelungen fremd.[376] Zudem waren die Grundrechte über die nationalen Verfassungen ausreichend geschützt.[377]

Die Lücke im Rechtsschutz, die insbesondere aufgrund des fehlenden verbindlichen Grundrechtskatalogs auf der Ebene der Union bestand, blieb eine Weile bestehen.[378] Erst 1969 begann der Gerichtshof Grundrechte im Wege der richterlichen Rechtsfortbildung zu entwickeln.[379] Dies sollte sicherstellen, dass der Vorrang des Unionsrechts auch dann noch durchgesetzt werden kann, wenn die Union - wie mittlerweile unzweifelhaft weit fortgeschritten[380] - über eine bloße Wirtschaftsgemeinschaft hinauswächst.[381] Anderenfalls hätten nationale Verfassungsgerichte nicht dauerhaft auf die Überprüfung von Unionsrechtsakten verzichtet.[382]

Aus Sicht des Gerichtshofs gehören die Grundrechte zu den allgemeinen Grundsätzen des Unionsrechts, die Teil des rechtlichen Erbes der Union sind.[383] Allgemeine Rechtsgrundsätze werden definiert als Sätze von allgemeiner und grundsätzlicher Bedeutung, die Rechtscharakter haben und daher sowohl Behörden als auch Gerichte binden.[384] Die allgemeinen Rechtsgrundsätze sind Ausdruck der gemeinsamen und verfassungsrechtlich gesicherten fundamentalen Überzeugungen der Mitgliedstaaten in Bezug auf die europäische Rechtsstaatlichkeit.[385]

---

376 *Schilling*, EuGRZ 2000, 3, 6; *Schohe*, EuZW 2006, 33, 33.

377 *Kenntner*, ZRP 2000, 423, 423; *Nicolaysen*, EuR 2003, 719, 721.

378 *Frenz*, Handbuch Europarecht, Band 4, Rn. 2; von Bogdandy/Bast, *Kühling*, Europäisches Verfassungsrecht, S. 662; *Zuleeg*, NJW 1994, 545, 546.

379 *Hilf/Hörmann*, NJW 2003, 1, 2; *Lenaerts/de Smijter*, MJ 2001, 90, 90; *Pache*, EuR 2001, 475, 476; *Rengeling*, DVBl 2004, 453, 453; *Schermers*, Protection of human rights, S. 7 ff.; *Schilling*, EuGRZ 2000, 3, 7; *Schmitz*, JZ 2001, 833, 835; *Schwartmann*, Archiv des Völkerrechts 2005, 129, 132.

380 *Alber/Widmaier*, EuGRZ 2000, 497, 499; *Suerbaum*, EuR 2003, 390, 390; von der Groeben/Schwarze, *Beutler*, EUV/EGV, Art. 6 EUV, Rn.1.

381 *Douglas-Scott*, CMLR 2006, 629, 661; *Dutheil de la Rochère*, CMLR 2004, 345, 347; *Ehlers*, Jura 2002; 468, 469; *Kenntner*, ZRP 2000, 423, 423; *Kingreen*, JuS 2000, 857, 858; *Limbach*, EuGRZ 2000, 417, 421; *Rengeling*, DVBl 1982, 140, 142; *Scheuing*, EuR 2005, 162, 162 f.; *Schilling*, EuGRZ 2000, 3, 7; von Bogdandy/Bast, *Kühling*, Europäisches Verfassungsrecht, S. 662.

382 *Lenaerts/de Smijter*, MJ 2001, 90, 90; *Paeffgen*, EuR 2006 - Beiheft 1, 63, 70; *Pernice*, NJW 1990, 2409, 2413; *Schermers*, Protection of human rights, S. 10; *Schwarze*, EuR 2003, 535, 560.

383 Grundlegend *EuGH*, Urteil vom 12. November 1969, Rs. 29/69, Stauder, Rn. 7; zustimmend *Pauly*, EuR 1998, 242, 261; *Scheer*, ZEuS 2004, 663, 665.

384 *Lecheler*, ZEuS 2003, 337, 339; *Penski/Elsner*, DÖV 2001, 265, 265.

385 Heselhaus/Nowak, *Nicolaysen*, Europäische Grundrechte, § 1, Rn. 59.

Die Grundrechte als Teil der allgemeinen Rechtsgrundsätze galten auch gegenüber der europäischen Hoheitsgewalt.[386] Entsprechend sah sich auch der Gerichtshof in der Verpflichtung diese Rechte zu wahren.[387] Allgemeine Rechtsgrundsätze werden generell dem primären Unionsrecht zugeordnet, so dass auch die richterrechtlichen Grundrechte diesen Status hatten und noch immer haben.[388]

Im Hinblick auf die für die Entwicklung der Grundrechte herangezogenen Rechtserkenntnisquellen äußert sich der Gerichtshof wie folgt:

> *„Der Gerichtshof hat bereits entschieden, dass die Grundrechte zu den allgemeinen Rechtsgrundsätzen gehören, die er zu wahren hat, und dass er bei der Gewährleistung dieser Rechte von den gemeinsamen Verfassungsüberlieferungen der Mitgliedstaaten auszugehen hat. Hiernach kann er keine Maßnahmen als rechtens anerkennen, die unvereinbar sind mit den von den Verfassungen dieser Staaten anerkannten und geschützten Grundrechten. Auch die internationalen Verträge über den Schutz der Menschenrechte, an deren Abschluß die Mitgliedstaaten beteiligt waren oder denen sie beigetreten sind, können Hinweise geben, die im Rahmen des Gemeinschaftsrechts zu berücksichtigen sind."*[389]

Damit trat neben die wertende Vergleichung der nationalen Verfassungen die Auslegung von in völkerrechtlichen Verträgen garantierten Menschenrechten als Rechtserkenntnisquelle für die richterrechtlich entwickelten europäischen Grundrechte.[390] Hierbei sollte der Konvention eine besondere Bedeutung zukommen.[391] Die in Frage kommenden Grundrechte wurden zunächst rechtsvergleichend festgestellt, sodann konsolidiert und unter Anpassung an die Struktur und die Ziele der Union rechtsverbindlich ausgestaltet.[392]

Allerdings ist in Bezug auf die so entwickelten Grundrechte zu beachten, dass diese gegen die Union offenbar immer nur im Rahmen des politisch

---

386 *Limbach*, EuGRZ 2000, 417, 417; *Pache/Rösch*, EuR 2009, 769, 772; *Penski/Elsner*, DÖV 2001, 265, 266.

387 *EuGH*, Urteil vom 12. November 1969, Rs. 29/69, Stauder, Rn. 7.

388 *Pache*, EuR 2001, 475, 477; *Schilling*, EuGRZ 2000, 3, 30; *von Arnauld*, EuR 2003, 191, 209; für eine Zwischenstufe zwischen Primär- und Sekundärrecht: *Heintzen*, EuR 1997, 1, 9 ff.

389 *EuGH*, Urteil vom 14. Mai 1974, Rs. 4/73, Nold, Rn. 13.

390 *Lenaerts/de Smijter*, MJ 2001, 90, 90; *Pache*, EuR 2001, 475, 476 f.; *Pernice*, NJW 1990, 2409, 2413; *Weber*, NJW 2000, 537, 537.

391 *Frenz*, Handbuch Europarecht, Band 4, Rn. 5; *Schwartmann*, Archiv des Völkerrechts 2005, 129, 132; *Suerbaum*, EuR 2003, 390, 399.

392 Streinz/Ohler, *Pechstein*, EUV/EGV, Art. 6 EUV, Rn. 9.

Gewollten gelten sollten, das heißt nur dann, wenn keine wichtige Politik der Union gestört wird.[393]

Oder wie es der Gerichtshof ausdrückt:

> *„Die Gewährleistung dieser Rechte […] muss sich aber auch in die Struktur und die Ziele der Gemeinschaft einfügen."*[394]

Diese vom Gerichtshof entwickelte Basis der Grundrechtsfindung war auch in Art. 6 Abs. 2 EUV a. F. niedergelegt worden, welcher bestimmte, dass die Union die Grundrechte achtet, wie sie in der Konvention gewährleistet sind und sich aus den Verfassungsüberlieferungen der Mitgliedstaaten als allgemeine Grundsätze des Unionsrechts ergeben.[395]

Dies ist in der neuen Fassung des EUV - Art. 6 Abs. 3 EUV - in leicht abgewandelter Form weiter enthalten. Die Konvention und die Verfassungsüberlieferungen der Mitgliedstaaten sollen danach nicht unmittelbarer Bestandteil des Unionsrechts sein, sondern im Wege der Anerkennung als allgemeine Rechtsgrundsätze in das Unionsrecht Eingang finden.[396]

Auf diesem Fundament hatte der Gerichtshof eine umfangreiche Grundrechtsprechung etabliert.[397] Diese wurde, wie oben dargestellt, bei der Schaffung der Charta mit berücksichtigt und spielt bei deren Auslegung eine wichtige Rolle. Daneben würden die Grundrechte auch zusätzlich zur Charta angewendet werden können, wenn und soweit sie weitergehen.[398]

Als Rechtsquellen für ein Auskunftsverweigerungsrecht könnten daher auch ergänzend die allgemeinen Grundsätze des Unionsrechts in Betracht kommen, wenn sie entsprechende materielle Rechte enthielten.[399]

---

393 *Calliess*, NJW 2002, 3577, 3581; *Nettesheim*, EuZW 1995, 106, 107; *Pernice*, NJW 1990, 2409, 2415; *Philippi*, ZEuS 2000, 97, 121; *Schohe*, NJW 2002, 492, 493; *Schwartmann*, Archiv des Völkerrechts 2005, 129, 147; vgl. hierzu auch *Vocke*, Ermittlungsbefugnisse, S. 35; 128; *Weiß*, EuZW 2006, 263, 264.

394 *EuGH*, Urteil vom 17. Dezember 1970, Rs. 11-70, Internationale Handelsgesellschaft, Rn. 4.

395 *Douglas-Scott*, CMLR 2006, 629, 633; Streinz/Ohler, *Pechstein*, EUV/EGV, Art. 6 EUV, Rn. 8.

396 *Grabenwarter*, EuGRZ 2004, 563, 568.

397 *Ehlers*, Jura 2002; 468, 469; mit Nachweis der jeweils entwickelten Grundrechte: *Lecheler*, ZEuS 2003, 337, 342; mit Nachweis der Rechtsprechung: Schwarze, *Stumpf*, EU-Kommentar, Art. 6 EUV, Rn. 16 ff.; *Suerbaum*, EuR 2003, 390, 399.

398 *Dutheil de la Rochère*, CMLR 2004, 345, 346.

399 *Schwarze/Bechtold/Bosch*, Studie, S. 14.

2.3 Konvention

Individualrechte könnten sich für die Unternehmen grundsätzlich auch noch aus der Konvention ergeben.

Die Konvention ist nicht Bestandteil des Unionsrechts,[400] was vor dem Hintergrund verwundert, dass alle Mitgliedstaaten der Union Vertragsstaaten der Konvention sind und es Voraussetzung für die Aufnahme als neues Mitglied der Union ist, dass der betreffende Staat Vertragspartei der Konvention ist.[401]

Art. 6 Abs. 2 EUV enthält aber nun den ausdrücklichen Auftrag des Beitritts der Union zur Konvention.

Diese wurde, wie dargestellt, aber bereits bisher zumindest als Rechtserkenntnisquelle herangezogen.

Im Weiteren soll untersucht werden, ob der Konvention darüber hinausgehend aber eventuell noch eine weitere Bedeutung zukommt und ob sie unter Umständen für die Unionsgerichte bereits jetzt bindend ist.

Wie oben ausgeführt, sind nach Art. 6 Abs. 3 EUV die Grundrechte, wie sie in der Konvention und den Grundfreiheiten gewährleistet sind und wie sie sich aus den gemeinsamen Verfassungsüberlieferungen der Mitgliedstaaten als allgemeine Grundsätze Teil des Unionsrechts. Die Beibehaltung dieses Hinweises durch den EUV-Lissabon verdeutlicht, dass der bisherige Rechtszustand in Bezug auf die Konvention - Behandlung als Rechtserkenntnisquelle - fortgeführt werden soll.[402]

Aus Art. 6 Abs. 3 EUV ist aber nicht abzuleiten, dass der Konvention eine unmittelbare Geltung im Unionsrecht zukommt.[403] Die Konvention ist lediglich zu berücksichtigen und eine Bindung hieran besteht, wie schon unter Art. 6 Abs. 2 EUV a. F., nicht.[404]

Trotzdem der Gerichtshof der Konvention bei der Ermittlung der Grundrechte eine besondere Bedeutung zumisst,[405] können sich derzeit weder juristische noch natürliche Personen unmittelbar gegenüber der

---

400 *Herdegen*, Europarecht, § 3, Rn. 58 ff.

401 *Ameye*, ECLR 2004, 332, 334; *Krüger/Polakiewicz*, EuGRZ 2001, 92, 95; *Parmar*, MJ 2001, 351, 366.

402 *Dutheil de la Rochère*, CMLR 2004, 345, 354; *Lecheler*, ZEuS 2003, 337, 347 f.; *Streinz/Ohler/Herrmann*, EU-Verfassung, S. 81; *Weiß*, ZEuS 2005, 323, 324.

403 So schon für Art. 6 Abs. 2 EUV a.F., der ebenfalls auf die Konvention Bezug nahm: *Schwartmann*, Archiv des Völkerrechts 2005, 129, 132; *Suerbaum*, EuR 2003, 390, 400.

404 *Brei*, ZWeR 2004, 107, 121; *Grabenwarter*, VVDStRL 60, 290, 326; *Lindner*, Jura 2008, 401, 405; *Scheer*, ZEuS 2004, 663, 664.

405 *Schwarze*, NJW 2005, 3459, 3461; *Suerbaum*, EuR 2003, 390, 400.

Unionsgewalt auf die Vorschriften der Konvention oder die dazu ergangene Rechtsprechung berufen.[406] Entgegen anderslautender Stimmen, die eine – zumindest faktische – unmittelbare Anwendung der Konvention schon jetzt statuieren möchten,[407] sind die Menschenrechtsverbürgungen der Konvention für den Gerichtshof nicht verbindlich, sondern „Quelle der Inspiration",[408] wobei die Konventionsrechte immer im Lichte der Unionsinteressen auszulegen sind.[409]

Dies bedeutet in der Praxis häufig, dass der Gerichtshof[410] die Konvention lediglich mittelbar anwendet[411] beziehungsweise zur Bestätigung der von ihm gefundenen Ergebnisse heranzieht[412] und nicht etwa eine unmittelbare Bindung der Unions-Organe an die Konvention statuieren möchte.[413]

In der Rechtssache *Baustahlgewebe* hat der Gerichtshof allerdings die Konvention angewandt und auch ausdrücklich die Rechtsprechung des EGMR zitiert. Daher wird vertreten, dass die Konvention mittlerweile mehr als eine bloße Quelle der Inspiration sei.[414] Vor dem Hintergrund der oben wiedergegebenen Rechtsprechung der Unionsgerichte zur Auskunftsverweigerung ist diese Interpretation allerdings fraglich. Daher gilt weiter, dass die Konvention lediglich eine Rechtserkenntnisquelle ist, deren Interpretation im Zusammenhang mit der Anwendung auf Unionsrechtsakte allein dem Gerichtshof unterliegt.[415]

2.4 Fazit

Folglich kann für die grund- und verfassungsrechtliche Prüfung auf die Charta und ergänzend auf die Konvention als Rechtserkenntnisquelle zurückgegriffen werden.[416]

---

406 *Breuer*, EuGRZ 2005, 229, 229; *Pache*, EuZW 2001, 351, 351; *Scheer*, ZEuS 2004, 663, 664.

407 *Busse*, NJW 2000, 1074, 1079; Grabitz/Hilf, *Hilf/Schorkopf*, Recht der EU, Art. 6 EUV, Rn. 48; *Pernice*, NJW 1990, 2409, 2414; *Schermers*, CMLR 1990, 249, 251 f.; *Tomuschat*, EuR 1990, 340, 357; von Bogdandy/Bast, *Kühling*, Europäisches Verfassungsrecht, S. 663.

408 *Brei*, ZWeR 2004, 107, 121; *Weiß*, EWS 1997, 253, 254.

409 *Reinalter*, ZEuS 2009, 53, 63; *Scheer*, ZEuS 2004, 663, 664.

410 Vgl. *EuGH*, Urteil vom 8. Juli 1999, Rs. C-199/92 P, Hüls, Rn. 149 f.

411 *Busse*, NJW 2000, 1074, 1075.

412 *Grabenwarter*, DVBl 2001, 1, 11; *Weiß*, EuZW 2006, 263, 265.

413 A. A. *Lorenzmeier*, ZIS 2008, 20, 26.

414 *Scheer*, ZEuS 2004, 663, 668.

415 *Harris/O'Boyle/Warbrick*, ECHR, S. 29.

416 *Pache/Rösch*, EuR 2009, 769, 785; *Weiß*, ZEuS 2005, 323, 324.

Die Charta als verbindliche, ausdrückliche und jüngste Grundrechtsquelle, soll als Ausgangspunkt der individualrechtlichen Prüfung dienen. Bei Bedarf wird diese Prüfung durch die in anderen Rechtsquellen enthaltenen Rechte entsprechend ergänzt.[417] Insbesondere die allgemeinen Rechtsgrundsätze, die vom Gerichtshof entwickelt worden sind, erweisen sich hierbei als unverzichtbare Auslegungshilfe und Mittel zur Füllung von eventuell auftretenden Lücken.[418]

Widersprüche zwischen den einzelnen Grundrechts(erkenntnis)quellen dürften eigentlich nicht auftreten, da die Grundrechte grundsätzlich Mindeststandards formulieren, die eine weitergehende Beschränkung der hoheitlichen Gewalt nicht ausschließen.[419] Sollte es doch zum Kollisionsfall kommen, wäre auf den schonendsten Ausgleich aller Rechte zu achten.[420]

3 Justizielle Grundrechte

Die Charta enthält in Abschnitt VI justizielle Grundrechte - Recht auf ein faires Verfahren, Unschuldsvermutung und rechtliches Gehör. Fraglich ist, ob sich aus diesen Rechten ein Auskunftsverweigerungsrecht für Unternehmen ableiten lässt.

Im Hinblick auf die materielle Prüfung der Grundrechte ist zunächst darauf hinzuweisen, dass der Gerichtshof bisher die Rechte häufig nur kursorisch prüft.[421] Selten bemühte er sich um eine konkrete Abgrenzung der Schutzbereiche.[422] Darüber hinaus kann der Rechtsprechung des Gerichtshofs bisher auch keine dezidierte Schrankensystematik entnommen werden.[423] Vielmehr liegt der Schwerpunkt regelmäßig auf einer undifferenzierten Verhältnismäßigkeitsprüfung.[424]

---

417 So auch *Schmitz*, EuR 2004, 691, 698.

418 *Lecheler*, ZEuS 2003, 337, 347 f.

419 *Lindner*, EuR 2007, 160, 166 ff.; *Schmitz*, JZ 2001, 833, 836; vgl. *Weiß*, ZEuS 2005, 323, 345 f.

420 *Weiß*, ZEuS 2005, 323, 346; *Schmitz*, EuR 2004, 691, 698.

421 *Lindner*, ZRP 2007, 54, 56; *Pernice*, DVBl 2000, 847, 850; *Tomuschat*, EuR 1990, 340, 357; von Bogdandy/Bast, *Kühling*, Europäisches Verfassungsrecht, S. 689.

422 Heselhaus/Nowak, *Szczekalla*, Europäische Grundrechte, § 7, Rn. 1; *Rengeling/Szczekalla*, EU-Grundrechte, § 7, Rn. 508; *Schilling*, EuGRZ 2000, 3, 11.

423 *Hilf/Hörmann*, NJW 2003, 1, 6; *Kenntner*, ZRP 2000, 423, 424; *Pache*, EuR 2001, 475, 488; *Pauly*, EuR 1998, 242, 254 f.

424 *Calliess*, EuZW 2001, 261, 262; *Dörr*, DVBl 2006, 1088, 1094; *Frenz*, Handbuch Europarecht, Band 4, Rn. 2484; Heselhaus/Nowak, *Szczekalla*, Europäische Grundrechte, § 7, Rn. 1; *Pauly*, EuR 1998, 242, 259 f.; *Pernice*, NJW 1990, 2409, 2415; *Schilling*, EuGRZ 2000, 3, 12; *Schwarze*, EuZW 2004, 135, 140.

Daher soll - trotz berechtigter Skepsis gegenüber der einfachen Übertragung deutscher Systematik auf das europäische Recht[425] - im Folgenden grundsätzlich auf die dreistufige Prüfung (Eröffnung des sachlichen und personellen Schutzbereiches, Einschränkung und Rechtfertigung) zurückgegriffen werden, wie sie im deutschen Recht geläufig ist.[426]

Dies ermöglicht die Entwicklung einer Dogmatik, auf die sich der Rechtsanwender für einen effektiven Grundrechtsschutz in der Union beziehen kann.[427] Eine solche Dogmatik wird auch in Art. 52 Abs. 1 Charta impliziert.[428]

Die Regelungen des Art. 52 Abs. 1 Charta sind grundsätzlich auch für die Rechte des Abschnitts VI anwendbar.[429] Eine einheitliche Anwendung der Grundrechtsdogmatik ist sinnvoll,[430] bedarf allerdings in einigen Fällen einer gewissen Modifikation.[431] So kann es beispielsweise bei manchen Grundrechten - wie den hier geprüften justiziellen Grundrechten - sinnvoll sein, schon im Schutzbereich auf die Beeinträchtigungshandlung einzugehen, da die Wirkung der Grundrechtsbeeinträchtigung derart prägend ist.[432] Vor diesem Hintergrund wird für die justiziellen Grundrechte grundsätzlich an dem Prüfungsschema Schutzbereich, Einschränkung und Rechtfertigung festgehalten werden,[433] wobei aber im Rahmen der Prüfung den Besonderheiten Rechnung getragen werden soll.

3.1 Eröffnung des Schutzbereichs der justiziellen Rechte

Der Schutzbereich eines Grundrechts umschreibt den Handlungsbereich, welcher durch das Grundrecht prinzipiell gewährleistet wird und dessen hoheitliche Beschränkung einer Rechtfertigung bedarf.[434] Dabei wird zwischen dem sachlichen und dem persönlichen Schutzbereich - im Fol-

425 *Suerbaum*, EuR 2003, 390, 392; *Tettinger*, DVBl 1999, 679, 683.

426 *Maurer*, Staatsrecht I, § 9, Rn. 43; *Rudolf/von Raumer*, AnwBl. 2009, 318, 320; *Zippelius/Würtenberger*, Staatsrecht, § 19, Rn. 1 ff.

427 *Rengeling*, DVBl 2004, 453, 456; *Rengeling/Szczekalla*, EU-Grundrechte, § 7, Rn. 505; von Bogdandy/Bast, *Kühling*, Europäisches Verfassungsrecht, S. 671.

428 *Jarass*, EU-Grundrechte, § 6, Rn. 8; von Bogdandy/Bast, *Kühling*, Europäisches Verfassungsrecht, S. 688.

429 *Rengeling/Szczekalla*, EU-Grundrechte, § 7, Rn. 435.

430 So auch *Rengeling/Szczekalla*, EU-Grundrechte, § 7, Rn. 488.

431 *Jarass*, EU-Grundrechte, § 6, Rn. 1.

432 Vgl. *Jarass*, EU-Grundrechte, § 6, Rn. 10.

433 So auch *Frenz*, Handbuch Europarecht, Band 4, Rn. 5066.

434 *Jarass*, EU-Grundrechte, § 6, Rn. 6; von Bogdandy/Bast, *Kühling*, Europäisches Verfassungsrecht, S. 689.

genden unter dem Punkt Anwendbarkeit auf juristische Personen geprüft - unterschieden.

3.1.1 Sachlicher Schutzbereich

Art. 47 Abs. 2 Charta schützt das Recht auf ein faires Verfahren. Dieses Recht entspricht Art. 6 Abs. 1 Konvention.[435]

In Art. 48 Charta werden darüber hinaus, entsprechend ihrem Pendant in der Konvention - Art. 6 Abs. 2 -, die Unschuldsvermutung und die Verteidigungsrechte geschützt.[436] Art. 47 Abs. 1 Charta und Art. 6 sowie Art. 13 Konvention gewähren einen Anspruch auf rechtliches Gehör. Damit ein Auskunftsverweigerungsrecht aus diesen Rechten abgeleitet werden kann, müsste zunächst deren Anwendungsbereich eröffnet sein.

Der Anwendungsbereich der Art. 47 und 48 Charta überschneidet sich mit dem von Art. 6 Konvention, mit der Besonderheit, dass der Geltungsbereich des Art. 47 Abs. 2 Konvention - Recht auf ein faires Verfahren - abweichend von Art. 6 Abs. 1 Konvention nicht auf zivilrechtliche Ansprüche oder eine strafrechtliche Anklage beschränkt, sondern umfassender ist.[437] Art. 48 Charta gleicht dagegen im Umfang und Bedeutung dem Art. 6 Abs. 2 Konvention. Beschränkt sich also auf eine strafrechtliche Anklage.[438]

Daher stellt sich die Frage, welcher Vorschrift der Schutzbereich entnommen werden soll. Die Charta löst diese Frage grundsätzlich durch das folgende Prüfungsschema. Zunächst muss untersucht werden, ob Rechte der Charta solchen der Konvention entsprechen. Wenn dies der Fall ist, haben die Chartarechte die gleiche Bedeutung und Tragweite wie die Konventionsrechte. In einem nächsten Schritt ist dann gem. Art. 52 Abs. 3 Charta zu überprüfen, ob Rechte der Charta im Einzelfall über den Schutz der Konvention hinausgehen. In einem solchen Fall gilt gem. Art. 52 Abs. 3 Satz 2 Charta der höhere Schutz der Charta, wenn hierdurch nicht gleichzeitig der Schutz eines anderen Konventionsrechts

---

435 Erläuterungen zur Charta, ABl. 2007 Nr. C 303/17, die gemäß Art. 52 Abs. 7 Charta bei deren Auslegung zu berücksichtigen sind; *Heringa/Verhey*, MJ 2001, 11, 18; *Lampert/Niejahr/Kübler/Weidenbach*, Praxiskommentar, Rn. 344; Meyer, *Eser*, EU-Charta, Art. 47, Rn. 20; *Scheer*, ZEuS 2004, 663, 689; *Schwarze/Weitbrecht*, Kartellverfahrensrecht, § 5, Rn. 33 f.

436 Meyer, *Eser*, EU-Charta, Art. 48, Rn. 2.

437 *Calliess*, EuZW 2001, 261, 263 f.; *Grabenwarter*, DVBl 2001, 1, 8; Heselhaus/Nowak, *Schorkopf*, Europäische Grundrechte, § 53, Rn. 8; *Lemmens*, MJ 2001, 49, 65; Meyer, *Eser*, EU-Charta, Art. 47, Rn. 26; *Pache*, EuR 2001, 475, 482.

438 *Lemmens*, MJ 2001, 49, 65 f.

eingeschränkt werden würde - Art. 53 Charta.[439] Allerdings hat auch bei einer engeren Reichweite der Konvention das Chartarecht im Bereich der Überschneidung die gleiche Bedeutung und Tragweite wie das Konventionsrecht.[440]

Zusammengefasst bedeutet dies, dass grundsätzlich die grundrechtsfreundlichste Norm Anwendung findet, wobei die Konvention nicht eingeschränkt werden darf und somit als unantastbarer Mindeststandard fungiert.[441]

(a) Anwendbarkeit von Art. 6 Konvention

Zunächst soll überprüft werden, ob das Kartellverfahren von der strafrechtlichen Anklage im Sinne des Art. 6 Konvention erfasst wird. Wenn dies der Fall sein sollte, erübrigt sich eine gesonderte Prüfung des weiter gefassten Anwendungsbereichs des Art. 47 Abs. 2 Charta.

Insoweit wird vertreten, dass es sich bei den Verfahren der Kommission in Kartellsachen um rein administrative Verfahren handelt, die nach dem klaren Willen des Unionsgesetzgebers gerade keinen strafrechtlichen Bezug haben sollen.[442] Daher sei eine Anwendbarkeit von Art. 6 Konvention - dessen Wortlaut eine strafrechtliche Anklage voraussetzt - zu verneinen.[443]

Nach Auffassung des EGMR ist der Begriff der Strafanklage im Anwendungsbereich des Art. 6 Konvention aber autonom zu bestimmen. Hierfür ist die Einordnung in der Rechtsordnung des Konventionsmitgliedes nicht allein ausschlaggebend. Vielmehr muss anhand bestimmter zusätzlicher alternativer Kriterien, wie der Natur des verfolgten Verstoßes und der Natur und Schwere der drohenden Sanktion, geprüft werden, ob eine Strafanklage im Sinne des Art. 6 Konvention vorliegt.[444]

Die Natur des verfolgten Verstoßes - hier ein Verstoß gegen Kartellrecht - spricht nicht generell gegen eine Einordnung als strafrechtliche Anklage. Es gibt durchaus Mitgliedstaaten, in denen ein Kartellrechtsverstoß

---

439 *Kehl*, Schutz von Informationen, S. 60; *Schwartmann*, Archiv des Völkerrechts 2005, 129, 135 f.

440 *Brecht*, ZEuS 2005, 355, 367.

441 *Grabenwarter*, EuGRZ 2004, 563, 566; *Lemmens*, MJ 2001, 49, 55; *Lenaerts/de Smijter*, MJ 2001, 90, 98; *Paeffgen*, EuR 2006 - Beiheft 1, 63, 75; *Schwartmann*, Archiv des Völkerrechts 2005, 129, 135 f.

442 *Joshua*, ECLR 1982, 173, 179.

443 Gleichfalls Schlussanträge des Generalanwalts *Darmon*, verb. Rs. 374/87 und 27/88, Orkem und Solway, Rn. 134.

444 *EGMR*, Urteil vom 3. Mai 2001, Application no. 31827/96, J. B./Schweiz, Rn. 44; Urteil vom 8. Juni 1976, Application no. 5100/71; 5101/71; 5102/71; 5354/72; 5370/72, Engel u. a./Niederlande, Rn. 82.

als Straftat geahndet wird.[445] In den letzten Jahren war in Europa sogar verstärkt die Tendenz zu beobachten, dass die Kriminalisierung von Kartellrechtsverstößen eingeführt oder erwogen wurde.[446]

Daher kann der Hinweis in Art. 23 Abs. 5 VO 1/2003, dass es sich bei den Bußgeldentscheidungen nicht um Strafen handelt, eine Anwendung der Konvention nicht verhindern, da die Rechtsqualität und nicht die Bezeichnung die Einordnung einer Maßnahme bestimmt.[447] Anderenfalls würde es den Konventionsmitgliedern obliegen, den Anwendungsbereich von Art. 6 Konvention zu bestimmen.[448]

Art. 23 Abs. 5 VO 1/2003 hat ohnehin eher eine kompetenzrechtliche Bedeutung. Man wollte klarstellen, dass die Union durch die VO 1/2003 keine strafrechtlichen Kompetenzen für sich in Anspruch nehmen würde, die ihr nicht zustehen.[449]

Trotz dieses Hinweises in der VO 1/2003 handelt es sich beim EU-Kartellverfahren zur Verhängung von Bußgeldern um Strafrecht im weiteren Sinne.[450] Wie auch das deutsche Ordnungswidrigkeitenrecht ist das EU-Kartellverfahren als repressive Ahndung eines rechtswidrigen Verhaltens durch staatliche Missbilligung in einem besonderen Verfahren, in dem die Verantwortlichkeit des Betroffenen verbindlich festgestellt wird, anzusehen.[451]

Diese Elemente deuten auf die wesentlichen Grundbausteine der Gefährdungslage hin, die für das Strafrecht typisch sind und denen mit den speziellen strafprozessualen Garantien begegnet werden soll.[452] Entsprechend wendet der EGMR auch die Garantien des Art. 6 Konvention auf

445 *Schwarze/Weitbrecht*, Kartellverfahrensrecht, § 8, Rn. 22.

446 *Harding*, MJ 2002, 393, 393; *Lampert/Götting*, ECLR 2003, 30, 31; *MacNeil*, ECLR 2003, 151, 157, *Nazzini*, ECLR 2003, 483, 483.

447 *Ameye*, ECLR 2004, 334, 337; *van Overbeek*, ECLR 1994, 127, 130; *Weiß*, EWS 1997, 253, 255; *Wolf*, WuW 1962, 645, 659.

448 Frowein/Peukert, *Peukert*, EMRK, Art. 6, Rn. 35; Karl, *Vogler*, IntKommEMRK, Art. 6, Rn. 195; *Meyer-Ladewig*, EMRK, Art. 6, Rn. 15 a.

449 *Dannecker/Fischer-Fritsch*, EG-Kartellrecht in der Bußgeldpraxis, S. 6; FK, *Kindhäuser*, Kartellrecht, Art. 81 EG, bußgeldrechtliche Folgen, Rn. 12; Immenga/Mestmäcker, *Dannecker/Biermann*, EG-Wettbewerbsrecht, Band 2, Art. 23 VO 1/2003, Rn. 290; Schröter/Jakob/Mederer, *de Bronett*, Europäisches Wettbewerbsrecht, Art. 15 VO Nr. 17, Rn. 2; *Schwarze*, EuR 2009, 171, 181; *Winkler*, Die Rechtsnatur der Geldbuße, S. 53; *Wolf*, WuW 1962, 645, 659.

450 Erklärung der deutschen Delegation zu Art. 2 VO 1/2003 - abgedruckt in: *Schwarze/Weitbrecht*, Kartellverfahrensrecht, S. 269.

451 *Appel*, Verfassung und Strafe, S. 239; *Jeschek/Weigend*, Strafrecht AT, S. 58 f.; *Schwarze*, EuZW 2003, 261, 264; *Winkler*, Die Rechtsnatur der Geldbuße, S. 51.

452 *Appel*, Verfassung und Strafe, S. 239.

das Ordnungswidrigkeitenrecht und damit das Strafrecht im weiteren Sinne an.[453]

Auch die Art und Schwere der Sanktionen, die im EU-Kartellverfahren von der Kommission verhängt werden können und die mit den Sanktionen im deutschen Ordnungswidrigkeitenrecht vergleichbar sind,[454] könnte vorliegend für eine strafrechtliche Anklage sprechen.[455]

Strafrechtlicher Art ist eine Sanktion dann, wenn sie nicht vorrangig einen Ausgleich verursachter Schäden leisten soll, sondern im Schwerpunkt der Repression und Prävention dient.[456]

Nach der Rechtsprechung der Unionsgerichte ist der Zweck der in diesen Verfahren verhängten Bußgelder neben der Vorbeugung weiterer Verstöße die Ahndung bereits erfolgter unerlaubter Handlungsweisen.[457] Daher erfüllen die nach der VO 1/2003 verhängten Bußgelder repressive und präventive und damit zumindest auch strafrechtliche – „punitive" – Zwecke.[458] Entsprechendes kann auch den Leitlinien für das Verfahren zur Festsetzung von Geldbußen der Kommission entnommen werden.

In der hierzu ausgegebenen Pressemitteilung führt die Kommission aus:

> *„Das bedeutet, dass mit der Geldbuße nicht nur das vergangene Verhalten geahndet werden soll, sondern dass deren Höhe das betreffende Unternehmen wie auch andere Unternehmen von künftigen rechtswidrigen Verhaltensweisen abhalten soll."*[459]

---

453 *EGMR*, Urteil vom 25. August 1987, Application no. 9912/82, Lutz/Deutschland, Rn. 51 ff.; Urteil vom 21. April 1984, Application no. 8544/79, Öztürk/Deutschland, Rn. 51 ff.

454 *Dannecker/Fischer-Fritsch*, EG-Kartellrecht in der Bußgeldpraxis, S. 7; FK, *Kindhäuser*, Kartellrecht, Art. 81 EG, bußgeldrechtliche Folgen, Rn. 12; Immenga/Mestmäcker, *Dannecker/Biermann*, EG-Wettbewerbsrecht, Band 2, Art. 23 VO 1/2003, Rn. 295.

455 *Forrester*, ELR 2009, 817, 826.

456 *Harris/O'Boyle/Warbrick*, ECHR, S. 206; *Lenaerts*, EuR 1997, 17, 19; *Meyer-Ladewig*, EMRK, Art. 6, Rn. 15c; *Schwarze*, EuZW 2003, 261, 265.

457 *EuGH*, Urteil vom 7. Juni 1983, verb. Rs. 100 bis 103/80; Musique diffussion française (Pionier), Rn. 105; Urteil vom 15. Juli 1970, Rs. 41/69, ACF Chemiefarma, Rn. 172 ff.; Urteil vom 15. Juli 1970, Rs. 45/69, Boehringer, Rn. 53; *EuG*, Urteil vom 10. März 1992, Rs. T-11/89, Shell, Rn. 369.

458 *Dannecker/Fischer-Fritsch*, EG-Kartellrecht in der Bußgeldpraxis, S. 6; FK, *Kindhäuser*, Kartellrecht, Art. 81 EG, bußgeldrechtliche Folgen, Rn. 12; *Heitzer*, Punitive Sanktionen, S. 21; Immenga/Mestmäcker, *Dannecker/Biermann*, EG-Wettbewerbsrecht, Band 2, Art. 23 VO 1/2003, Rn. 296 f.; *Forrester*, ELR 2009, 817, 828; *Scheer*, ZEuS 2004, 663, 683; *Schwarze/Bechtold/Bosch*, Studie, S. 23; *Soltész/Steinle/Bielesz*, EuZW 2003, 202, 206; *Winkler*, Die Rechtsnatur der Geldbuße, S. 26 f.

459 *Kommission*, Pressemitteilung vom 28. Juni 2006, IP/06/857.

Dass die Bußgelder aber rein restitutiven Zwecken dienen sollen, wird nicht angeführt.[460] Hiergegen spricht auch die Tatsache, dass die Bußgeldbemessung durch die Kommission mittlerweile nicht mehr allein von dem Umsatz abhängt, der mit den vom Kartellverstoß betroffenen Produkten erzielt wurde.[461]

Ein weiteres Argument für die Anwendung von Art. 6 Konvention in Kartellverfahren ist die Tatsache, dass der Grundsatz der Wahrung der Verteidigungsrechte, welcher in Art. 6 Konvention enthalten ist, von den Unionsgerichten nicht mehr nur in Verfahren angewandt worden ist, die der Verhängung von Sanktionen dienen, sondern in allen Verfahren, die sich gegen eine Person richten und in einer Maßnahme enden können, die diese Person negativ beeinflusst.[462] Selbst in Verwaltungsprozessen soll der Grundsatz des Rechts auf ein faires Verfahrens anwendbar sein.[463]

Abzulehnen ist darüber hinaus das Argument der Kommission, Art. 6 Konvention sei nicht auf sie anwendbar, da es sich bei der Kommission nicht um ein Gericht im Sinne dieser Vorschrift handele. Die Kommission vereint Ermittlungs- und Entscheidungsbefugnisse und unterscheidet sich insoweit von einer reinen Ermittlungsbehörde, bei der man die Anwendbarkeit bestimmter Aspekte des Art. 6 Konvention, beispielsweise die Unschuldsvermutung, durchaus in Abrede stellen kann.[464]

Zugegebenermaßen ist die Kommission kein Gericht. Ihr wird nicht von verschiedenen Parteien ein Sachverhalt vorgetragen, den sie dann rechtlich zu würdigen hat, sondern sie ermittelt den Sachverhalt zum überwiegenden Teil selbst und trifft sodann die rechtliche Würdigung. Dieser Vergrößerung der Kompetenzen gegenüber den Gerichten und die aus der fehlenden Trennung von Anklage- und Entscheidungsgremium folgende Gefahr der einseitigen Entscheidungen kann aber nicht mit einer Verringerung der Schutzrechte der Betroffenen begegnet werden.[465]

460 Für die insoweit vergleichbaren Bußen nach § 30 OWiG: *Weiß*, JZ 1998, 289, 294.

461 *Korthals/Bangard*, BB 1998, 1013, 1014; *Schwarze*, EuZW 2003, 261, 263; vgl. Erwägungsgrund (6) Bußgeldleitlinien.

462 *Lenaerts/Vanhamme*, CMLR 1997, 531, 535.

463 Frowein/Peukert, *Peukert*, EMRK, Art. 6, Rn. 19; Grote/Marauhn, *Grabenwarter/Pabel*, EMRK/GG, Kap. 14, Rn. 17; *Pache*, NVwZ 2001, 1342, 1343; *Schwarze*, EuGRZ 1993, 377, 377.

464 In diese Richtung auch *EGMR*, Urteil vom 17. Dezember 1996, Application no. 19187/91, Saunders/Großbritannien, Rn. 67.

465 Im Gegenteil gehörte die Abschaffung der Funktion des Richters als Ankläger, Inquirent, Urteilers und Verteidigers in Personalunion zu den Forderungen der Umgestaltung des Strafprozesses im 19. Jahrhundert. Der Betroffene sollte

Vielmehr muss der größeren Kompetenz der Kommission auch eine Erhöhung der Verteidigungsrechte der Betroffenen gegenübergestellt werden.

Auch der EGMR bestätigt, dass ein Konventionsstaat die Feststellung und Verfolgung von Ordnungswidrigkeiten auf eine Behörde übertragen kann, anstatt diese Aufgabe einem Gericht zuzuweisen. Diese Übertragung verletzt nicht *per se* Art. 6 Konvention, solange die jeweilige Entscheidung der Behörde vor einem Gericht überprüft werden kann, welches sich seinerseits an Art. 6 Konvention halten muss.[466] Dies bedeutet aber nicht, dass das Verfahren vor der Behörde den Anforderungen des Art. 6 Konvention nicht entsprechen muss.[467] Dieser vom EGMR entwickelte Grundsatz ist auch auf die Verfahren der Kommission anwendbar.[468]

Weiteres Argument für die Anwendung von Art. 6 Konvention auf das EU-Kartellverfahren ist, dass es sich nicht zu Lasten des Unternehmens auswirken kann, dass dem Gerichtsverfahren ein behördliches Verfahren vorgeschaltet ist.[469] Auch der Gerichtshof hat anerkannt, dass Verfahrensrechte bereits im Rahmen des Voruntersuchungsverfahrens der Kommission gewährt werden müssen, da anderenfalls die Rechte des Unternehmens irreparabel verletzt werden können.[470]

Folglich ist anzuerkennen, dass das behördliche Ermittlungsverfahren bei EU-Kartellverfahren grundsätzlich einen Vorwurf enthalten kann, der einer strafrechtlichen Anklage im Sinne von Art. 6 Konvention entspricht, so dass die entsprechenden Garantien auf diese Verfahren Anwendung finden.[471]

---

nicht mehr einer schrankenlosen Generalinquisition ausgesetzt sein. Dem sollte gerade auch das Schweigerecht dienen, dessen Anwendbarkeit die Kommission unter Verweis auf ihre umfassenden Kompetenzen verneinen möchte. Vgl. hierzu *Reiß*, Besteuerungsverfahren, S. 186.

466 *EGMR*, Urteil vom 24. Februar 1994, Application no. 12547/86, Bendenoun/Frankreich, Rn. 46; Urteil vom 21. April 1984, Application no. 8544/79, Öztürk/Deutschland, Rn. 56.

467 *EGMR*, Urteil vom 21. April 1984, Application no. 8544/79, Öztürk/Deutschland, Rn. 49.

468 *Forrester*, ELR 2009, 817, 821; *Lenaerts/Vanhamme*, CMLR 1997, 531, 556.

469 *Harris/O'Boyle/Warbrick*, ECHR, S. 232.

470 *EuGH*, Urteil vom 18. Oktober 1989, Rs. 374/87, Orkem, Rn. 33; *EuG*, Urteil vom 20. Februar 2001, Rs. T-112/98, Mannesmannröhren-Werke, Rn. 64; Urteil vom 8. März 1995, Rs. T-39/90, Société Générale, Rn. 73 f.

471 *Drabek*, ERPL 2001, 529, 532; Ehlers, *Grabenwarter*, Grundrechte und Grundfreiheiten, § 6, Rn. 34; *Hilf/Hörmann*, NJW 2003, 1, 8; *Lenaerts*, EuR 1997, 17, 37 f.; Meyer, *Eser*, EU-Charta, Art. 48, Rn. 11; *Rudolf/von Raumer*, AnwBl. 2009,

Daher ist es ohne Belang, dass die Vorschrift des Art. 47 Abs. 2 Charta weiter gefasst ist. Die Verfahren der Kommission fallen allerdings selbstverständlich unter Art. 47 Abs. 2 Charta.[472]

Weiterhin müsste Art. 6 Konvention aber auch das Recht enthalten, sich nicht selbst belasten zu müssen. Dieses Recht könnte sowohl aus dem Recht auf ein faires Verfahren, der Unschuldsvermutung als auch aus dem Anspruch auf rechtliches Gehör abgeleitet werden.

(b) Materielle Gewährleistungen

(i) Faires Verfahren

Unter den Grundsatz des fairen Verfahrens nach Art. 47 Abs. 2 Charta und Art. 6 Konvention fallen die - weit gefächerten[473] - Rechte der Verteidigung[474], die neben anderen Garantien[475] Ausfluss des Rechtsstaatsprinzips sind.[476]

Wesen des Prinzips des fairen Verfahrens ist es, dass grundsätzlich jeder Betroffene eines Verfahrens mit straf- oder strafähnlichem Charakter das Recht haben soll, zulässige Verfahrensrechte geltend machen zu können.[477] Dies gilt selbst dann, wenn durch diese Geltendmachung eine materiell vielleicht unrichtige, aber für ihn günstige Entscheidung einer Behörde oder eines Gerichts herbeigeführt wird.[478]

Das Recht auf ein faires Verfahren ist ein im gesamten Verfahrensgang einzuhaltendes Prinzip und findet daher grundsätzlich auch schon im Voruntersuchungsverfahren Anwendung.[479]

Wesentlicher Bestandteil des Prinzips des fairen Verfahrens ist unter anderem die prozessuale Waffengleichheit.[480]

318, 322; *Scheer*, ZEuS 2004, 663, 685; *Schuler*, JR 2003, 265, 269; *Weiß*, NJW 1999, 2236, 2236; *Wils*, WorldComp 2004, 201, 209.

472 Heselhaus/Nowak, *Schorkopf*, Europäische Grundrechte, § 53, Rn. 12.

473 *De la Serre*, EPL 2006, 225, 232.

474 *Pache*, NVwZ 2001, 1342, 1346; *Seitz*, EuZW 2004, 231, 234.

475 *Bieber/Epiney/Haag*, EU, § 2, Rn. 17; Calliess/Ruffert, *Calliess*, EUV/EGV, Art. 6 EUV, Rn. 22 ff.; *Classen*, EuR 2008 - Beiheft 3, 7, 12 ff. m. w. N.; Dauses, *Bleckmann/Pieper*, EU-Wirtschaftsrecht, B.I, Rn. 99 ff.; *Jarass*, EU-Grundrechte, § 7, Rn. 41 ff.; Schwarze, *Stumpf*, EU-Kommentar, Art. 6 EUV, Rn. 15 m. w. N.

476 *Dannecker*, wistra 2004, 361, 362; *Schneider*, Strafrechtliches Selbstbegünstigungsprinzip, S. 42; *Streinz*, Europarecht, Rn. 776.

477 Vgl. Schwarze, *Stumpf*, EU Kommentar, Art. 6 EUV, Rn. 38.

478 *Hoffmann*, Verfahrensgerechtigkeit, S. 159; *Minoggio*, wistra 2003, 121, 128.

479 Karl, *Miehsler/Vogler*, IntKommEMRK, Art. 6, Rn. 345; *Frenz*, Handbuch Europarecht, Band 4, Rn. 5034.

480 *Harris/O'Boyle/Warbrick*, ECHR, S. 246; Meyer, *Eser*, EU-Charta, Art. 47, Rn. 34; a. A. *Müller*, der den Grundsatz der prozessualen Waffengleichheit

Mit dem Grundsatz der Waffengleichheit soll erreicht werden, dass ein Gleichgewicht an Rechten und Pflichten der Beteiligten am Verfahren besteht und sich die Verfahrensbetroffenen effektiv am Verfahren beteiligen können.[481] Überträgt man diesen Grundsatz auf das hier untersuchte europäische Kartellverfahren, so ist festzustellen, dass den erheblichen Ermittlungs- und Entscheidungsbefugnissen der Kommission keine ausreichenden Verteidigungsmittel der Unternehmen gegenüberstehen.[482] Lediglich das in Erwägungsgrund (23) VO 1/2003 wiedergegebene Geständnisverweigerungsrecht schafft einen gewissen, aber nicht vollständigen Ausgleich, auch wenn der Gerichtshof erkennbar darum bemüht ist, das Gegenteil zu beteuern.[483]

Das Recht, die Auskunft verweigern zu können, wenn sich das Unternehmen anderenfalls selbst belasten würde, könnte dagegen einen Ausgleich zu den Ermittlungsbefugnissen der Kommission schaffen und somit eine Waffengleichheit herbeiführen. Der Beschuldigte bekäme dadurch die Möglichkeit, das Verfahren mitzugestalten.[484] Darüber hinaus würde dieses Recht den Betroffenen vor Benachteiligungen schützen.[485] Wenn die Unternehmen frei entscheiden können, ob und wie weitgehend sie der Kommission belastende Informationen übermitteln wollen, würde sich der Ablauf des Kartellverfahrens den Ansprüchen an eine rechtsstaatliche Wahrheitsfindung in einem fairen Verfahren deutlich annähern.

Der Grundsatz des fairen Verfahrens erfasst nicht die Zulässigkeit von Beweismitteln an sich, aber sehr wohl die Frage, ob die Art der Erlangung der Beweismittel nicht das Verfahren insgesamt als unfair erscheinen lässt.[486] Die Ausübung von Druck auf den Tatverdächtigen, beispielsweise durch Verhängung von Zwangsgeldern bei der Verweigerung einer Aussage, verstößt gegen den Grundsatz der fairen Vorgehensweise bei der Erlangung von Beweisen und ist daher geeignet, das

nicht aus dem *fair trial* ableiten will, sondern ihm eine eigenständige Bedeutung zugedenkt: *Müller*, NJW 1976, 1063, 1066; *Roxin*, Strafverfahrensrecht, § 11, Rn. 13.

481 *Braum*, ZRP 2002, 508, 512; *de la Serre*, EPL 2006, 225, 233; Ehlers, *Grabenwarter*, Grundrechte und Grundfreiheiten, § 6, Rn. 40; *Harris/O'Boyle/Warbrick*, ECHR, S. 251; Heselhaus/Nowak, *Schorkopf*, Europäische Grundrechte, § 53, Rn. 29; *Schwarze*, Europäisches Verwaltungsrecht, S. 1201; *Vocke*, Ermittlungsbefugnisse, S. 83.

482 *De la Serre*, EPL 2006, 225, 227 f.

483 Heselhaus/Nowak, *Nowak*, Europäische Grundrechte, § 6, Rn. 21; *Scheer*, ZEuS 2004, 663, 681; *Schwarze*, NJW 2005, 3459, 3461.

484 *Lesch*, JR 2005, 302, 303.

485 *Kehl*, Schutz von Informationen, S. 74.

486 *Frenz*, Handbuch Europarecht, Band 4, Rn. 5035.

Recht auf ein durchgängig faires Verfahren zu verletzen. Einer solchen Verletzung könnte mit der Einräumung eines Auskunftsverweigerungsrechts entgegengewirkt werden.

Folglich kann aus dem Grundsatz des fairen Verfahrens ein Recht auf Auskunftsverweigerung begründet werden.[487]

Dies entspricht auch der Auffassung des EGMR.[488]

(ii) Unschuldsvermutung

Ein Auskunftsverweigerungsrecht könnte sich auch aus der Unschuldsvermutung im Sinne von Art. 48 Abs. 1 Charta und Art. 6 Abs. 2Konvention ergeben. Die Unschuldsvermutung ist ein allgemein anerkanntes Unterprinzip des Rechtsstaatsprinzips.[489]

Inhaltlich ist das Auskunftsverweigerungsrecht in jedem Fall eng mit der Unschuldsvermutung verbunden.[490] Ein vom Beschuldigten durch Zwang erlangtes Beweismittel kann nicht die Unschuldsvermutung widerlegen.[491]

Darüber hinaus obliegt gem. Art. 2 VO 1/2003 der Behörde die Beweislast für eine Zuwiderhandlung gegen das Kartellrecht, wenn sie einen entsprechenden Vorwurf erhebt. Folglich muss auch nach der VO 1/2003 das beschuldigte Unternehmen zunächst als unschuldig gelten.

Auch der EGMR vertritt in den Entscheidungen, die auf die Rechtssache *Funke* folgten, die Auffassung, dass das Recht, sich nicht selbst belasten zu müssen, gewährleisten soll, dass die Anklage den Vorwurf nachweist, ohne Rückgriff auf Beweise nehmen zu müssen, die vom Angeklagten unter Zwang erlangt worden sind. Daher gelte, dass das Auskunftsverweigerungsrecht:

---

487 Ehlers, *Grabenwarter*, Grundrechte und Grundfreiheiten, § 6, Rn. 44; *Harris/O'Boyle/Warbrick*, ECHR, S. 259; *Pache*, NVwZ 2001, 1342, 1346; *Scheer*, ZEuS 2004, 663, 677; *Stessens*, ELR 1997, Checklist No. 1, HRC/45, HRC/53.

488 *EGMR*, Urteil vom 8. Februar 1996, Application no. 18731/91, Murray/Großbritannien, Rn. 45; Urteil vom 25. Februar 1993, Application no. 10828/84, Funke/Frankreich, Rn. 44.

489 *Dannecker*, wistra 2004, 361, 362; *Schneider*, Strafrechtliches Selbstbegünstigungsprinzip, S. 42; *Streinz*, Europarecht, Rn. 776.

490 *Harris/O'Boyle/Warbrick*, ECHR, S. 300; Ausdrücklich *Rudolf/von Raumer*, AnwBl. 2009, 318, 322.

491 Karl, *Vogler*, IntKommEMRK, Art. 6, Rn. 466; *Frenz*, Handbuch Europarecht, Band 4, Rn. 5099.

"[…] is closely linked to the presumption of innocence contained in Article 6 para. 2 of the Convention (Art. 6-2)." [492]

Die Berücksichtigung der Unschuldsvermutung als Grundlage des *„nemo tenetur"*-Prinzips ist auch nachvollziehbar, da nicht einerseits zugunsten des Beschuldigten vermutet werden kann, dass er unschuldig ist, während er auf der anderen Seite zu einer Selbstbelastung und damit seiner eigenen Überführung verpflichtet wird.[493]

Daneben spricht die gemeinsame Entstehungsgeschichte[494] beider Aspekte - Abkehr vom „Inquisitionsprozess" - für eine enge Verknüpfung.

Auch das BVerfG sieht insoweit eine Verbindung, wenn es ausführt:

„Die Rechtsprechung hat seit langem das Recht des Zeugen, etwaige Verfehlungen geheimzuhalten, als ein Persönlichkeitsrecht anerkannt (BGHSt 1, 39 [40]; 10, 186 [169]; 11, 213 [216 f.]; 17, 245 [246]). Es ist von der Achtung vor seiner menschlichen Würde geprägt, die sich darin mit den rechtsstaatlichen Grundsätzen der Unschuldsvermutung und der Einlassungsfreiheit verbindet."[495]

Es gibt aber auch Stimmen, die eine Herleitung des Auskunftsverweigerungsrechts aus der Unschuldsvermutung ablehnen. Die Aussagepflicht sei zunächst nur auf die Sachverhaltsaufklärung gerichtet. Mit der Sachverhaltsaufklärung allein sei aber keine Vorverurteilung des Beschuldigten verbunden.[496]

Dem kann zutreffend entgegengehalten werden, dass auf der Basis der ermittelten Informationen die Entscheidung der Behörde oder des Gerichts erfolgt. Auch wenn dies zunächst nur Tatsachen sind, kann der Beschuldigte auf die spätere Würdigung nur wenig Einfluss nehmen,[497] so dass die Unschuldsvermutung wertlos wird, wenn der Beschuldigte gezwungen werden kann, die Tatsachen für den Nachweis seiner Schuld beizubringen.

Die Unschuldsvermutung bliebe formelhaft, wenn der Beschuldigte zur Aussage gegen sich selbst und damit zu seiner Überführung gezwungen

---

492 *EGMR*, Urteil vom 17. Dezember 1996, Application no. 19187/91, Saunders/Großbritannien, Rn. 68.

493 *Arndt*, NJW 1966, 869, 870 f.; *Dingeldey*, JA 1984, 407, 409; *Guradze*, FS für Loewenstein, 151, 163; Meyer, *Eser*, EU-Charta, Art. 48, Rn. 10a; *Meyer-Ladewig*, EMRK, Art. 6, Rn. 85; *Müller-Dietz*, ZStW 1981, 1177, 1263; *Rüping*, JR 1974,135, 138; *Wessels*, JuS 1966, 169, 171.

494 *Guradze*, FS für Loewenstein, 151, 152 ff.

495 BVerfGE 38, 105, 114 f.

496 *Bosch*, *„nemo tenetur"*-Prinzip, S. 96; *Kehl*, Schutz von Informationen, S. 90; *Puppe*, GA 1978, 289, 299 (Fn 42).

497 *Böse*, GA 2002, 98, 126; *Vocke*, Ermittlungsbefugnisse, S. 146.

werden kann. Durch die Unschuldsvermutung wird dem Beschuldigten der Druck genommen, seine Unschuld beweisen zu müssen, was wiederum ein Schweigen erst ermöglicht.[498] Daher kann es letztlich dahinstehen, ob das Auskunftsverweigerungsrecht auf der Unschuldsvermutung basiert oder es lediglich einen Zusammenhang zu dieser gibt. Jedenfalls sind beide Prinzipien eng miteinander verbunden.[499]

Die Unschuldsvermutung findet wegen der Art der in Rede stehenden Verstöße sowie wegen der Schwere der möglichen Sanktionen im Kartellverfahren Anwendung, wenn dieses zu Geldbußen oder Zwangsgeldern führen kann.[500]

(iii) Rechtliches Gehör

Das Recht, sich nicht selbst belasten zu müssen, wird darüber hinaus auch als Kehrseite des Anspruchs auf rechtliches Gehör anerkannt.

Das Recht auf rechtliches Gehör und des effektiven Zugangs zu einem Gericht ergibt sich aus Art. 47 Abs. 1 Charta. Zudem lässt es sich auch aus Art. 6 und 13 Konvention ableiten, die der Gerichtshof gem. Art. 6 Abs. 2 EUV als Rechtserkenntnisquelle berücksichtigen muss.[501]

Der Anspruch auf rechtliches Gehör wird als Fundamentalprinzip eines ordentlichen Verfahrens bezeichnet und soll garantieren, dass der Beschuldigte eine eigene konsistente Verteidigungsposition bestimmen kann.[502] Der Anspruch auf rechtliches Gehör soll schon im Ermittlungsverfahren Anwendung finden.[503] Diese Anwendung im Vorverfahren wird mit der Gefahr begründet, dass der Anspruch schon hier irreparabel beeinträchtigt werden könnte.[504]

---

498 So auch *Böse*, GA 2002, 98, 124; *Müller*, EuGRZ 2001, 546, 550; *Vocke*, Ermittlungsbefugnisse, S. 156.

499 Ehlers, *Grabenwarter*, Grundrechte und Grundfreiheiten, § 6, Rn. 34; Grote/Marauhn, *Grabenwarter/Pabel*, EMRK/GG, Kap. 14, Rn. 153; Heselhaus/Nowak, *Szczekalla*, Europäische Grundrechte, § 52, Rn. 1; Meyer, *Eser*, EU-Charta, Art. 48, Rn. 10a; *Meyer-Ladewig*, EMRK, Art. 6, Rn. 52.

500 Vgl. Frowein/Peukert, *Peukert*, EMRK, Art. 6, Rn. 156; Heselhaus/Nowak, *Szczekalla*, Europäische Grundrechte, § 52, Rn. 1.

501 *Calliess*, NJW 2002, 3577, 3577; *Fredriksen*, ZEuS 2005, 99, 101.

502 *Hoffmann*, Verfahrensgerechtigkeit, S. 110 ff. m. w. N.; *Vocke*, Ermittlungsbefugnisse, S. 83.

503 *De la Serre*, EPL 2006, 225, 232; *Hilf/Hörmann*, NJW 2003, 1, 5; *Vocke*, Ermittlungsbefugnisse, S. 85.

504 Ausdrücklich hierzu *EuGH*, Urteil vom 18. Oktober 1989, Rs. 374/87, Orkem, Rn. 33; Urteil vom 21. September 1989, verb. Rs. 46/87 und 227/88, Hoechst, Rn. 15; *EuG*, Urteil vom 20. Februar 2001, Rs. T-112/98, Mannesmannröhren-Werke, Rn. 64; Urteil vom 8. März 1995, Rs. T-39/90, Société Générale, Rn. 73.

Im Hinblick auf das Auskunftsverweigerungsrecht könnte man argumentieren, dass in den Fällen, in denen ein Unternehmen im EU-Kartellverfahren verpflichtet ist, bestimmte Fragen der Kommission zu beantworten, das Recht negiert wird, sich durch Beibringen von Fakten und Argumenten zu verteidigen.[505]

Darüber hinaus würde durch ein Auskunftsverweigerungsrecht gewährleistet, dass die frei bestimmten Äußerungen des Beschuldigten auch ein Wirkungspotential entfalten können, da das Verfahren ergebnisoffen gehalten würde.[506] Hintergrund wäre auch hier, dass der Beschuldigte nachdem er Informationen preisgeben musste, realistischerweise wenig Aussicht hat, an der Bewertung der festgestellten Tatsachen mitzuwirken.[507]

Diese Argumentation würde aber den Kern des rechtlichen Gehörs verkennen. Das rechtliche Gehör als Verteidigungsrecht im Verwaltungsverfahren soll sicherstellen, dass das Unternehmen sich sachgerecht zu den erhobenen Vorwürfen äußern kann. Hierfür sollen ihm die zur Last gelegten Gesichtspunkte, wie den ihm vorgeworfenen Sachverhalt, dessen Einstufung und die von der Kommission herangezogenen Beweismittel, mitgeteilt werden.[508] Das Unternehmen hat durch das rechtliche Gehör ein Recht zur Äußerung, aber keine Pflicht. Ein Anspruch die Äußerung zu verweigern ist nicht notwendig. Folglich kann dem rechtlichen Gehör ein Recht zur Auskunftsverweigerung nicht entnommen werden, auch wenn das Auskunftsverweigerungsrecht das rechtliche Gehör unterstützt.

3.1.2 Anwendbarkeit auf juristische Personen

(a) Allgemeine Erwägungen

Am umstrittensten in Rechtsprechung und Literatur ist sicherlich die Frage, ob Auskunftsverweigerungsrechte generell auch juristischen Personen zugestanden werden sollen.[509]

Hiergegen wird zum einen angeführt, dass es befremdlich anmutet, einem Unternehmen, welches selbst an sich nicht sprechen kann, ein Recht zum Schweigen einzuräumen.[510] Darüber hinaus würden juristische Personen nicht selbst handeln, sondern müssten lediglich das Handeln ihrer Vertreter dulden.

505 *Lenz/Mölls*, WuW 1991, 771, 785 f.

506 *Böse*, GA 2002, 98, 126.

507 *Böse*, GA 2002, 98, 126; *Vocke*, Ermittlungsbefugnisse, S. 146.

508 *EuGH*, Urteil vom 2. Oktober 2003, Rs. C-176/99 P, Arbed, Rn. 20 m.w.N.

509 *Schuler*, JR 2003, 265, 265.

510 *Minoggio*, wistra 2003, 121, 121.

Das Dulden wiederum würde aber vom Selbstbelastungsschutz nicht umfasst. Zudem haben Unternehmen kein Gewissen, welches durch ein Auskunftsverweigerungsrecht geschützt werden müsste.[511]

Zum anderen wird ein solches Recht mit der Begründung abgelehnt, dass weder dem Wortlaut des Art. 6 Konvention noch der dazu ergangenen Rechtsprechung des EGMR ein Auskunftsverweigerungsrecht für Unternehmen entnommen werden kann.[512]

Auch sehen nicht alle Rechtsordnungen der Mitgliedstaaten ausdrücklich ein solches Recht für juristische Personen vor.[513]

Der Verweis einiger Autoren[514] auf das deutsche Gesetz über Ordnungswidrigkeiten - das auch im nationalen Kartellverfahren Anwendung findet[515] - mit seiner pauschalen Bezugnahme auf die Vorschriften der deutschen Strafprozessordnung kann nicht ohne Weiteres als Beleg für die Anwendbarkeit dienen.

Das BVerfG hat in einer Entscheidung Auskunftsverweigerungsrechte für juristische Personen ausdrücklich verneint.[516] Es begründet seine Auffassung damit, dass bei juristischen Personen im Hinblick auf die Aussagepflicht keine vergleichbare Situation wie bei natürlichen Personen bestünde. Natürliche Personen müssten aufgrund ihrer Menschenwürde vor einem Zwang bei ihrer Willensentschließung geschützt werden. Juristische Personen würden ihren „Willen" allerdings nur abgeleitet aus den Handlungen ihrer Organe bilden. Zudem unterliegen sie im System des deutschen Gesetzes über Ordnungswidrigkeiten lediglich einer abgeleiteten Haftung. Vor diesem Hintergrund sei das Auskunftsverweigerungsrecht seinem Wesen nach nicht auf juristische Personen anwendbar.[517]

Inwiefern diese Auffassung für das deutsche Recht zutreffend ist, wird intensiv diskutiert.[518] Diese Diskussion soll an dieser Stelle aber nicht vertieft werden. Gegenstand der Entscheidung des BVerfG war die Frage

---

511 *Arzt*, JZ 2003, 456, 457.

512 Immenga/Mestmäcker, *Burrichter*, EG-Wettbewerbsrecht, Band 2, vor Art. 17, Rn. 43 f.

513 Schlussanträge des Generalanwalts *Darmon*, verb. Rs. 374/87 und 27/88, Orkem und Solway, Rn. 112 ff.

514 *Kehl*, Schutz von Informationen, S. 76 f.; *von Winterfeld*, RIW 1992, 524, 528.

515 *Bechtold*, GWB, vor § 81, Rn. 1; *Fischer/Iliopoulos*, NJW 1983, 1031, 1032; *Kühlhorn*, WuW 1986, 7, 10, 14.

516 *BVerfG*, Urteil vom 26. Februar 1997, Az. 1 BvR 2172/96, Rn. 85.

517 *BVerfG*, Urteil vom 26. Februar 1997, Az. 1 BvR 2172/96, Rn. 85.

518 *Hilf/Hörmann*, NJW 2003, 1, 5; *Schuler*, JR 2003, 265, 265 ff.; *Minoggio*, wistra 2003, 121, 125 ff.; *Weiß*, JZ 1998, 289, 289 ff.

nach einem Schweigerecht bei spezialgesetzlicher Auskunftspflicht nach den Landesmediengesetzen. Zu Auskunftsverweigerungsrechten in Kartellverfahren hat sich das BVerfG nicht geäußert. Die Auffassung des BVerfG ist zudem für den Gerichtshof ohnehin nicht bindend.

Darüber hinaus ist die Übertragung der Argumente des BVerfG auf die Rechtslage im EU-Kartellrecht bestenfalls eingeschränkt möglich.[519] Hier werden nicht die handelnden Organe, sondern die Unternehmen für Verstöße gegen das Kartellrecht verantwortlich gemacht. Ihnen gegenüber wird unmittelbar und nicht nur abgeleitet der Schuldvorwurf in Form einer vorsätzlichen oder fahrlässigen Verletzung der Kartellrechtsvorschriften erhoben. Eine Haftung des Organs oder der persönlich Handelnden gibt es dagegen nicht.[520]

Für das europäische Kartellverfahren überzeugt es daher nicht, den juristischen Personen in dieser Situation ein Auskunftsverweigerungsrecht pauschal zu versagen.

Die Rechtsprechung des BVerfG ist daher rein national fokussiert, zu kurz und ignoriert zudem fälschlicherweise die Konvention.[521]

Auf der anderen Seite ist die Tatsache, dass nicht alle Mitgliedstaaten ein Recht zur Aussageverweigerung vorsehen, kein taugliches Argument gegen ein solches Recht auf europäischer Ebene. Zunächst darf hierbei nicht unberücksichtigt bleiben, dass die Mitgliedstaaten ihr nationales Kartellrecht immer weiter an das europäische Recht anpassen.[522]

Darüber hinaus verkennt diese Argumentation ein weiteres, grundsätzlicheres Problem. Eine einfache Erhebung, welche Mitgliedstaaten im Kartellverfahren einem Unternehmen ein Auskunftsverweigerungsrecht zugestehen, ist nicht zielführend. Dabei würden die speziellen Ausformungen der nationalen Verfahren verkannt. Die Ausgestaltung der Verteidigungsrechte hängt immer auch von den jeweiligen Eingriffsbefugnissen der nationalen Behörden ab.[523] Nicht alle Kartellbehörden verfügen beispielsweise über so weitgehende Ermittlungsbefugnisse wie die Kommission.[524] Dementsprechend können die Verteidigungsrechte der Unternehmen schwächer ausgebildet sein.

---

519 *Schwarze*, EuR 2009, 171, 197.

520 Vgl. *Schwarze/Bechtold/Bosch*, Studie, S. 38.

521 *Weiß*, NJW 1999, 2236, 2237.

522 *Braun/Seifert*, in: *Behrens/Braun/Nowak*, Europäisches Wettbewerbsrecht nach der Reform, 49, 49 f.; *Gerber/Cassinis*, ECLR 2006, 10, 14; *Kehl*, Schutz von Informationen, S. 63; *Weiß*, EuZW 2006, 263, 264.

523 *Dannecker*, wistra 2004, 361, 365; *Wils*, WorldComp 2003, 567, 573.

524 *Von Winterfeld*, RIW 1992, 524, 528.

Selbst wenn das Ergebnis einer solchen Untersuchung ergeben sollte, dass ein entsprechendes Recht unter den gleichen Voraussetzungen nicht von allen Mitgliedstaaten anerkannt wird, könnte gleichwohl ein solches Recht auf europäischer Ebene anerkannt werden.[525] Es spricht nichts dagegen, dass sich der Gerichtshof an dem weitesten Schutzbereich einer Norm anstatt an dem kleinsten gemeinsamen Nenner orientiert.[526]

Ein weiteres Argument gegen die zu enge Ausrichtung auf das Recht in den Mitgliedstaaten ist die Tatsache, dass sich die Union in einem stetigen Erweiterungsprozess befindet. Wäre die Anerkennung eines Rechts in allen Mitgliedstaaten der Maßstab für dessen Auslegung auf europäischer Ebene, stellt sich die Frage, was mit den bisher entwickelten allgemeinen Rechtsgrundsätzen geschehen soll, wenn neue Mitgliedstaaten ein entsprechendes Recht nicht vorsehen.[527]

In die gleiche Richtung gingen auch die Überlegungen im Konvent, der den Entwurf eines Vertrages über eine Verfassung für Europa erarbeitet hat.

Nach den Präsidiumserklärungen heißt es im Hinblick auf die gemeinsamen Verfassungsüberlieferungen:

> *„Anstatt einem restriktiven Ansatz eines ‚kleinsten gemeinsamen Nenners' zu folgen, sind die Charta-Rechte dieser Regel [Art. II-112 Abs. 4 Verfassungsvertrag] zufolge so auszulegen, dass sie ein hohes Schutzniveau bieten, das dem Unionsrecht angemessen ist und mit den gemeinsamen Verfassungsüberlieferungen im Einklang steht."*[528]

Auch dies ist ein Beispiel dafür, dass eine zu enge, die Rechte einschränkende, Berücksichtigung der Regelungen in den Mitgliedstaaten im Zusammenhang mit Grundrechten gerade nicht erfolgen soll.

Daher können die Vorschriften in den Mitgliedstaaten zwar Anhaltspunkte für die Bewertung geben und - eine Vergleichbarkeit der Verfahren vorausgesetzt - die insoweit vorhandenen nationalen Diskussionen zur Bewertung herangezogen werden, aber eine eigenständige Interessenabwägung für die VO 1/2003 ersetzt dies nicht.

---

525 Generell zu einem Vergleich von in den Rechtsordnungen der Mitgliedstaaten enthaltenen Regelungen und deren Auswirkung auf die Charakterisierung eines Prinzips als gemeineuropäisch: *Müller-Graff*, EuR 1997, 433, 439.

526 *Kehl*, Schutz von Informationen, S. 54; *Kühlhorn*, WuW 1986, 7, 12; *Lenz/Mölls*, WuW 1991, 771, 779; gegen eine solche Ausweitung: *Pernice*, NJW 1990, 2409, 2414.

527 Ebenso *Kehl*, Schutz von Informationen, S. 63; vgl. zu den unterschiedlichen Grundrechtsstandarts in den Mitgliedstaaten der Union auch *Hoffmann-Riem*, EuGRZ 2002, 473, 474.

528 CONV 828/1/03 REV 1, S. 51.

Die Regelungen in den Mitgliedstaaten wirken sich somit zunächst einmal weder positiv noch negativ aus.

Gleichwohl könnte darüber nachgedacht werden, bei Bejahung eines Auskunftsverweigerungsrechts auf europäischer Ebene die nationalen Wettbewerbsbehörden zu einer Achtung zu verpflichten, wenn sie europäisches Kartellrecht anwenden.[529]

Dies müsste insbesondere gelten, wenn solche Rechte grundrechtlich geboten sind.[530] Eine Anerkennung würde zudem zur Erhöhung des Schutzes und der Verbesserung der Gleichbehandlung von Unternehmen beitragen, die derzeit in Kartellverfahren aufgrund einer fehlenden einheitlichen europäischen Prozessordnung unterschiedlichen nationalen Schutzniveaus unterworfen sind.[531]

In eine ähnliche Richtung gehen die Überlegungen der Kommission in ihrem Grünbuch zu Verfahrensgarantien in Strafverfahren innerhalb der Union.[532]

Hier führt sie aus, dass es derzeit noch unterschiedliche Verfahrensstandards in den Mitgliedstaaten gibt. Dies stelle keinen Verstoß gegen die Konvention dar, sollte aber im Hinblick auf die Steigerung des gegenseitigen Vertrauens beseitigt werden.[533]

Das Strafrecht würde hier also als Mittel europäischer Integration genutzt.[534] Eine gleiche Rolle könnte auch das Kartellverfahrensrecht einnehmen.[535]

Zudem sprechen keine überzeugenden Argumente gegen eine Anerkennung eines Auskunftsverweigerungsrechts für Unternehmen auf europäischer Ebene. Wie oben dargestellt, gibt es entsprechende Rechte durchaus auf nationaler Ebene.[536] Früher wurde argumentiert, dass das Fehlen eines Auskunftsverweigerungsrechts auf europäischer Ebene diese weiter gehenden, nationalen Verteidigungsrechte nicht verletze, da die durch die Kommission gewonnenen Informationen nicht unmittelbar

529 Für das Prinzip des *legal privilege* ebenso: *Kapp/Schröder*, WuW 2002, 555, 561.

530 Vgl. *Buntscheck*, WuW 2007, 229, 239.

531 *Dannecker*, wistra 2004, 361, 368; *Reichelt*, CMLR 2005, 745, 747; *Weiß*, EuZW 2006, 263, 266.

532 Grünbuch der Kommission - Verfahrensgarantien in Strafverfahren innerhalb der Europäischen Union, KOM/2003/0075 endg.

533 Grünbuch der Kommission - Verfahrensgarantien in Strafverfahren innerhalb der Europäischen Union, KOM/2003/0075 endg., S. 10 f.

534 *Braum*, ZRP 2002, 508, 508.

535 *Gerber/Cassinis*, ECLR 2006, 10, 11.

536 Schlussanträge des Generalanwalts *Darmon*, verb. Rs. 374/87 und 27/88, Orkem und Solway, Rn. 121.

von den nationalen Behörden verwandt werden durften.[537] Dieses Argument verfängt nach der Einführung der VO 1/2003 nicht mehr.[538]

Vielmehr sind die nationalen Kartellbehörden jetzt ermächtigt, für Verstöße gegen Art. 101 und 102 AEUV nationale Sanktionen zu verhängen, welche durchaus härter ausfallen können als die Sanktionen der Kommission,[539] und hierfür auch Informationen zu nutzen, die ihnen von den Kartellbehörden anderer Mitgliedstaaten übermittelt worden sind.[540]

Aus rechtspolitischer Sicht spricht gegen eine pauschale Verweigerung von Auskunftsverweigerungsrechten für Unternehmen, dass die Gewährung solcher Rechte geeignet wäre, dass Vertrauen der Bürger in die Union zu stärken.

Wie bereits ausgeführt, ist der einzelne Bürger noch nicht im gleichen Maße unmittelbar von Hoheitsakten der Union beziehungsweise ihrer Organe betroffen, wie das bei Unternehmen der Fall ist. Unternehmen spielen aber eine wichtige Rolle in der Alltagserfahrung der Menschen, sei es als Lieferant von Produkten oder aber - noch wesentlicher - als Arbeitgeber.[541]

Daher kann nicht verleugnet werden, dass der Umgang mit Unternehmen durch die Union von den Bürgern wahrgenommen wird und dass das für den Bürger als Indiz dafür gesehen werden kann, wie die Union mit ihm umgehen würde, wenn sie die entsprechenden Kompetenzen hätte.

Wären aber speziell die Grundrechtsverbürgungen der Charta auf juristische Personen anwendbar? Ein entsprechender ausdrücklicher Hinweis fehlt in der Charta.[542]

Nach einer in der Literatur vertretenen Auffassung unterstellt die Charta alle Grundrechte dem Muttergrundrecht der Menschenwürde.[543] Dies könnte einer Erstreckung der Chartarechte auf juristische Personen entgegengehalten werden.

537 Vgl. *Pache*, EuZW 2001, 351, 352.

538 *Reichelt*, CMLR 2005, 745, 777.

539 *Canenbley/Rosenthal*, ECLR 2005, 106, 107; *Dannecker*, wistra 2004, 361, 361; *Schwab/Steinle*, ECLR 2008, 523, 523; *Wils*, WorldComp 2003, 567, 572.

540 *Canenbley/Rosenthal*, ECLR 2005, 106, 112; *Weiß*, EuZW 2006, 263, 267; *Wils*, The EU Network of Competition Authorities, S. 5.

541 *Hax*, Unternehmen in der Marktwirtschaft, S. 5.

542 *Schwarze*, EuZW 2001, 517, 518.

543 *Mombaur*, DÖV 2001, 595, 596.

Allerdings ist bei der Auslegung der Charta auch die bisher ergangene Rechtsprechung des Gerichtshofs zu den allgemeinen Unionsgrundrechten zu berücksichtigen.

Hier hat der Gerichtshof schon bisher Grundrechte, die er aus den gemeinsamen Verfassungstraditionen der Mitgliedstaaten oder den ratifizierten Abkommen ableitet, auch auf juristische Personen angewendet.[544]

Dabei hat er grundsätzlich im Einzelfall geprüft, ob juristische Personen vom Schutzbereich eines Unionsgrundrechts erfasst werden.[545] Daher wird gefordert, dass auch die Anwendung der Charta im Wege der Auslegung auf juristische Personen ausgedehnt wird.[546]

Eine solche Ausdehnung käme in Betracht, wenn die durch die Grundrechte geschützten Interessen auch bei juristischen Personen gegeben sind, beziehungsweise die geschützten Handlungsweisen sowohl von juristischen als auch von natürlichen Personen ausgeübt werden können[547] - also das jeweilige Grundrecht seiner Natur beziehungsweise seinem Wesen nach auf juristische Personen Anwendung findet.[548]

Damit wird dem Gedanken Rechnung getragen, dass die Anwendung von Grundrechten beziehungsweise rechtlichen Grundlagen auf juristische Personen nur insoweit gerechtfertigt werden kann, wie es der Durchblick auf die dahinter stehenden natürlichen Personen sinnvoll und erforderlich erscheinen lässt.[549]

Im Hinblick auf die Rechte der Konvention gilt, dass deren Anwendung generell nicht auf natürliche Personen beschränkt ist.[550] Ein wichtiges Indiz hierfür ist Art. 34 Konvention. Nach dieser Vorschrift dürfen auch Personengruppen den Gerichtshof anrufen.[551] Dies wäre überflüssig, wenn diesem Personenkreis nicht auch Rechte aus der Konvention erwachsen würden, die sie mit diesen Befugnissen geltend machen können.

---

544 *Brecht*, ZEuS 2005, 355, 361; *Schwarze*, EuZW 2001, 518.

545 *EuGH*, Urteil vom 21. September 1989, verb. Rs. 46/87 und 227/88, Hoechst, Rn. 19; Urteil vom 26. Juni 1980, Rs. 136/79, National Panasonic, Rn. 17, 19.

546 *Magiera*, DÖV 2000, 1017, 1022.

547 *Brecht*, ZEuS 2005, 355, 363; *Rengeling*, DVBl 2004, 453, 455; *Weiß*, JZ 1998, 289, 293.

548 Ehlers, *Ehlers*, Grundrechte und Grundfreiheiten, § 13, Rn. 26; Heselhaus/ Nowak, *Nowak*, Europäische Grundrechte, § 6, Rn. 14.

549 *Hilf/Hörmann*, NJW 2003, 1, 4.

550 *Weiß*, EWS 1997, 253, 256.

551 *Lorenzmeier*, ZIS 2008, 20, 26; *Weiß*, JZ 1998, 289, 291; von Bogdandy/Bast, *Kühling*, Europäisches Verfassungsrecht, S. 687.

Somit muss vielmehr gelten, dass die Rechte der Konvention juristischen Personen insoweit zustehen, als deren Auslegung ergeben würde, dass sie auf juristische Personen Anwendung finden.[552]

Im Ergebnis können daher auch die europäischen Grundrechte grundsätzlich auf juristische Personen anwendbar sein.[553]

Im Hinblick auf das Auskunftsverweigerungsrecht stellt sich somit die Frage, ob die juristische Person in gleicher Weise in Situationen geraten kann, in denen einer natürlichen Person ein Auskunftsverweigerungsrecht zugestanden wird.[554]

Hierbei ist zunächst festzuhalten, dass auch juristische Personen Beteiligte in einem gegen sie gerichteten Kartellverfahren sein können und hier in die Gefahr der Selbstbelastung bei Verpflichtung zur Aussage geraten können.[555] Im EU-Kartellverfahren ist dies sogar der Regelfall, da sich die Kartellverfahren der Kommission grundsätzlich nur gegen Unternehmen oder Unternehmensvereinigungen, nicht aber gegen Privatpersonen richten. Einzig der weite Unternehmensbegriff des europäischen Kartellrechts[556] führt dazu, dass auch natürliche Personen - in ihrer Eigenschaft als Unternehmen - Betroffene eines Kartellverfahrens der Kommission sein können.

Wenn aber juristische Personen von der Ausübung hoheitlicher Gewalt betroffen sein können, müssen sie auch ebenso vom Schutz profitieren.

Unternehmen können somit in Situationen geraten, in denen natürliche Personen die Aussage verweigern dürfen.

(b) Anwendbarkeit im Hinblick auf die materiellen Gewährleistungen

Fraglich ist allerdings, ob sie sich auch auf die gleichen Schutzgüter berufen können, um ein Auskunftsverweigerungsrecht zu bejahen.

---

552 *Grabenwarter*, EMRK, § 17, Rn. 5; Karl, *Rogge*, IntKommEMRK, Art. 34, 139 f.; *Vocke*, Ermittlungsbefugnisse, S. 132; von Bogdandy/Bast, *Kühling*, Europäisches Verfassungsrecht, S. 687; *Weiß*, NJW 1999, 2236, 2237; für das deutsche Recht in Bezug auf grundrechtsgleiche Rechte: *Jarass/Pieroth*, GG, Art. 19, Rn. 15; von Münch/Kunig, *Krebs*, GG, Art. 19, Rn. 30.

553 *Curtin/van Ooik*, MJ 2001, 102, 103; Dauses, *Bleckmann*/Pieper, EU-Wirtschaftsrechts, BI Rechtsquellen, Rn. 136; *Hilf/Hörmann*, NJW 2003, 1, 5; *Kingreen*, JuS 2000, 857, 861; *Penski/Elsner*, DÖV 2001, 265, 265; Schwarze, *Stumpf*, EU-Kommentar, Art. 6 EUV, Rn. 16.

554 *Weiß*, JZ 1998, 289, 294.

555 *Weiß*, JZ 1998, 289, 296.

556 Langen/Bunte, *Bunte*, Kartellrecht, Band 2, Art. 81, Rn. 5; MK, *Säcker/Hermann*, Kartellrecht, Band 1, Einl., Rn. 1600.

(i) Faires Verfahren

Im Hinblick auf den Grundsatz des fairen Verfahrens ist anzumerken, dass auch der Gerichtshof wiederholt zum Ergebnis kam, dass sich Unternehmen darauf berufen können, dass ihre Verteidigungsrechte gewahrt werden.[557]

Unterstützt wird er hierin durch die Generalanwaltschaft. So führt Generalanwalt *Geelhoed* für das EU-Kartellverfahren aus, dass

> *„[...] es offensichtlich ist, dass auch die Verteidigungsrechte beachtet werden sollten."*[558]

In verschiedenen Entscheidungen hat die Menschenrechtskommission zudem ausdrücklich bestätigt, dass Art. 6 Konvention auf kartellrechtliche Verfahren Anwendung findet.[559] Auch in der Literatur wird anerkannt, dass Art. 6 Konvention auf juristische Personen grundsätzlich anwendbar ist.[560]

Für die Rechtsnatur eines Gesetzesverstoßes sowie für die verfahrensmäßige Stellung ist es darüber hinaus gleichgültig, ob eine natürliche oder eine juristische Person betroffen ist.[561] Juristische Personen haben ebenfalls einen Anspruch auf Rechtsschutzgarantien.[562]

Dies wird noch deutlicher, wenn man berücksichtigt, dass der Grundsatz des fairen Verfahrens aus dem Rechtsstaatsprinzip abgeleitet wird. Der Souverän schafft die Voraussetzungen, dass sich natürliche Personen in juristischen Personen zusammenschließen können und gibt ihnen ein Recht zur selbständigen Existenz. Dann kann aber die Rechtsstaatlichkeit nicht diese Rechtssubjekte ausklammern.

Darüber hinaus ist in Bezug auf die Union zu bedenken, dass diese nicht den juristischen Personen ihre Existenz verleiht. Dies sind - trotz des

557 Für den speziellen Fall der Auskunftsverlangen zuletzt *EuGH*, Urteil vom 29. Juni 2006, Rs. C-301/04 P, SGL Carbon, Rn. 49; ausdrücklich auch für das europäische Kartellverfahren: *EuGH*, Urteil vom 17. Dezember 1998, Rs. C-185/95 P, Baustahlgewebe, Rn. 21.

558 Schlussanträge des Generalanwalts *Geelhoed*, Rs. C-301/04 P, SGL Carbon, Rn. 67.

559 *Menschenrechtskommission*, Entscheidung vom 9. Februar 1990, Application no. 13258/87, M. & Co./Deutschland, S. 8; Entscheidung vom 11. Juli 1989, Application no. 11598/85, Société Stenuit, D. R. 61, 131, 136.

560 Vgl. hierzu auch *Drabek*, ERPL 2001, 529, 533 m. w. N.; Heselhaus/Nowak, *Schorkopf*, § 53, Rn. 11; *Reinalter*, ZEuS 2009, 53, 91 m. w. N.; *Rengeling*, DVBl 2004, 453, 455; *Schwarze*, FS für Kirchhoff, 245, 255; *van Overbeek*, ECLR 1994, 127, 130; *Willis*, ECLR 2001, 313, 314.

561 *Von Winterfeld*, RIW 1981, 801, 805; *Weiß*, NJW 1999, 2236, 2237.

562 *Schwarze*, EuZW 2001, 517, 521.

mittlerweile in großem Maße harmonisierten Gesellschaftsrechts[563] - vielmehr die jeweiligen Mitgliedstaaten. Selbst die Verordnung über die Europäische Gesellschaft (SE-VO)[564] sieht vor, dass die Gründung einer solchen Gesellschaft abgesehen von den Spezialvorschriften der Verordnung dem jeweiligen nationalen Recht unterliegt, in dem die europäische Gesellschaft ihren Sitz hat - Art. 15 Abs. 1 SE-VO.

Vor diesem Hintergrund verfängt das Argument der von Beginn an - im Hinblick auf bestimmte Rechte - beschränkten Existenz von juristischen Personen im Zusammenhang mit der Union nicht.

Darüber hinaus ist zu beachten, dass es sich bei der Union noch immer vorrangig um eine Wirtschaftsgemeinschaft handelt.[565] Hauptakteure im Binnenmarkt sind Unternehmen, die häufig als juristische Person organisiert sind.[566]

Seit dem *Schuman*-Plan ist die Verschmelzung der Wirtschaften Basis, Mittel und wichtiges Ziel der Gemeinschaften und nun der Union.[567] Daraus kann aber nur geschlossen werden, dass auch die wirtschaftlichen Unternehmungen des Menschen, die durch die Union zusammengeführt werden sollen, unabhängig von ihrer Rechtsform schützenswert sind.

Die zögerliche Gewährung von Rechtsschutz für Unternehmen verwundert umso mehr, wenn man bedenkt, dass die Entwicklung der europäischen Grundrechte vor allem der Sicherung wirtschaftlicher Freiheit diente.[568]

Berücksichtigt man darüber hinaus, dass das europäische Einigungswerk über einen begrenzten wirtschaftsbezogenen Bereich inzwischen weit hinaus geht,[569] sollte das zu einer Stärkung und nicht zu einer Re-

---

563 Manz/Mayer/Schröder, *Schröder/Fuchs*, Europäische Aktiengesellschaft, Vorbem., Rn. 23.

564 Verordnung (EG) Nr. 2157/2001 des Rates vom 8. Oktober 2001 über das Statut der Europäischen Gesellschaft, ABl. 2001 Nr. L 294/1.

565 *Heringa/Verhey*, MJ 2001, 11, 13; *Parmar*, MJ 2001, 351, 353; *Rengeling*, DVBl 2004, 453, 455; *Schilling*, EuGRZ 2000, 3, 6.

566 *Hilf/Hörmann*, NJW 2003, 1, 5.

567 Vgl. hierzu *Schohe*, der auf die Erklärung des französischen Außenministers *Robert Schuman* vom 9. Mai 1950 verweist: *Schohe*, NJW 2002, 492, 492; *Schwarze*, EuZW 2004, 135, 135.

568 *Frenz*, EWS 2005, 15, 16; *Parmar*, MJ 2001, 351, 355 f.; *Schilling*, EuGRZ 2000, 3, 11.

569 So jedenfalls *Frenz*, EuR 2002, 603, 615; *Hoffmann-Riem*, EuGRZ 2002, 473, 473; *Pietsch*, ZRP 2003, 1, 2; *Schilling*, EuGRZ 2000, 3, 7; *Schwarze*, NJW 2005, 3459, 3460; vgl. von Bogdandy/Bast, *Kühling*, Europäisches Verfassungsrecht, S. 660.

duzierung des grundrechtlichen Schutzes - auch von Unternehmen - führen.

Unabhängig von der Proklamation der Charta ist die Union schon seit vielen Jahren auch eine Grundrechtsgemeinschaft.[570] Diese Entwicklung darf aber nicht die Unternehmen außen vor lassen. Die Union darf nicht zum Selbstzweck werden.[571] Folglich müssen die aus dem Rechtsstaatsprinzip abgeleiteten Rechte grundsätzlich auch für Unternehmen gelten.

Unternehmen können sich daher auf das Schutzgut des fairen Verfahrens und des daraus abgeleiteten Auskunftsverweigerungsrechts berufen.

(ii) Unschuldsvermutung

Auch im Hinblick auf die Unschuldsvermutung gilt, dass Unternehmen sich im Kartellverfahren hierauf berufen können. Dies ist vom Gericht unter Bezugnahme auf Art. 48 Charta ausdrücklich anerkannt worden.[572]

Ein weiteres Argument für die Geltung ergibt sich zudem aus der VO 1/2003. Die Unschuldsvermutung ist implizit in der Beweislastregelung des Art. 2 VO 1/2003 enthalten.[573] Danach trägt die Kommission die volle Beweislast für einen Verstoß des Unternehmens gegen Art. 101 und 102 AEUV.[574] Von den in der VO 1/2003 vorgesehenen Verfahren sind lediglich Unternehmen betroffen. Folglich kann davon ausgegangen werden, dass die Unschuldsvermutung des Art. 2 Abs. 1 VO 1/2003 grundsätzlich auch für juristische Personen gelten soll.

Wie auch der Grundsatz des fairen Verfahren ist die Unschuldsvermutung Ausfluss des Rechtstaatsprinzips. Dies spricht, wie oben dargestellt, für eine Anwendbarkeit auch auf Unternehmen.

Vor diesem Hintergrund muss auch das Auskunftsverweigerungsrecht als Ausprägung der Unschuldsvermutung auf juristische Personen Anwendung finden.

3.2 Zwischenergebnis

Als Zwischenergebnis kann festgehalten werden, dass Art. 6 Konvention auf Verfahren von der Art des EU-Kartellverfahrens grundsätzlich anwendbar ist. Ein Rückgriff auf den weiteren Schutzbereich der Charta ist somit nicht notwendig.

---

570 *Pache*, EuR 2001, 475, 476; *Terhechte*, EuR 2008, 143, 170;

571 *Schohe*, NJW 2002, 492, 493.

572 *EuG*, Urteil vom 12. Oktober 2007, Rs. T-474/04, Pergan Hilfsstoffe, Rn. 75.

573 MK, *Böge/Bardong*, Kartellrecht, Band 1, Art. 2 VO 1/2003, Rn. 8.

574 Langen/Bunte, *Sura*, Kartellrecht, Band 2, Art. 2 VO 1/2003, Rn. 7.

Art. 6 Konvention und damit auch Art. 47 und 48 Charta enthält ein umfassendes Auskunftsverweigerungsrecht, welches sich als Ausfluss des Grundsatzes des fairen Verfahrens und der Unschuldsvermutung ergibt. Auf die Auskunftsverweigerungsrechte aus Konvention und Charta können sich auch juristische Personen berufen.[575]

3.3 Einschränkung

Eine Einschränkung von Grundrechten liegt zunächst vor, wenn ein Grundrechtsadressat eine Regelung trifft, die für den Grundrechtsinhaber einen Nachteil bezweckt oder unmittelbar bewirkt.[576] Als Eingriff in europäische Grundrechte kommen aber neben unmittelbaren auch mittelbare Beeinträchtigungen in Betracht.[577]

Es stellt sich die Frage, ob die Ermittlungen der Kommission die Rechte der Unternehmen einschränken und ob die Durchführung der Ermittlungen im Rahmen der Auskunftsverlangen daher mit den Verfahrensrechten der Unternehmen vereinbar sind.

VO 1/2003 sieht umfangreiche Mitwirkungspflichten der Unternehmen im Rahmen von Kartellermittlungen vor. Die Kommission kann, wie oben dargestellt, Zwangsgelder festsetzen, wenn die Unternehmen sich weigern dem Auskunftsverlangen nachzukommen.

Eine ausdrückliche Beschränkung der Kooperationspflichten für bestimmte Fälle enthält die VO 1/2003 nicht. Lediglich Erwägungsgrund (23) VO 1/2003 gibt das richterrechtlich entwickelte Geständnisverweigerungsrecht wieder. Dieses Recht erlaubt den Unternehmen aber nicht, eine Antwort auf tatsächliche Fragen zu verweigern, selbst wenn die Antworten dazu genutzt werden könnten, die Unternehmen eines Verstoßes zu überführen.

Der Gerichtshof ist insoweit der Ansicht, dass er mit dem EGMR bei der Bestimmung des Umfangs des Schutzes vor Selbstbelastung übereinstimmen würde, so dass der durch ihn gewährte Schutz gleichwertig

575 Frowein/Peukert, *Peukert*, EMRK, Art. 6, Rn. 4; *Meyer-Ladewig*, EMRK, Art. 6, Rn. 53; *Schwarze*, EuZW 2001, 517, 519.

576 *EuGH*, Urteil vom 28. April 1998, Rs. C-200/96, Metronome Musik, Rn. 28.

577 *Frenz*, Handbuch Europarecht, Band 4, Rn. 493; Heselhaus/Nowak, *Nowak*, Europäische Grundrechte, § 31, Rn. 41; *Jarass*, EU-Grundrechte, § 6, Rn. 19 ff.; *Penski/Elsner*, DÖV 2001, 265, 267; *Rengeling/Szczekalla*, EU-Grundrechte, § 7, Rn. 516; Tettinger/Stern, *von Danwitz*, Kölner Gemeinschaftskommentar, Art. 52, Rn. 32.

zum Schutz sei, den Art. 6 Konvention vorsieht.[578] Dies ist allerdings nicht der Fall.[579]

Es liegt in der Hand der Kommission, durch geschickte Formulierung der Fragen, eine Selbstbelastung der Unternehmen zu erreichen. Die Unternehmen müssen alle Tatsachen mitteilen, die die Voraussetzung eines Verstoßes gegen das Kartellrecht darstellen. Ihnen wird lediglich erlassen, die Subsumtion der Kommission - ein Verstoß liegt vor - zu bestätigen. Ein vergleichbar weites Auskunftsverweigerungsrecht, wie es Art. 6 Konvention nach der Rechtsprechung des EGMR gewährt, ist damit aber nicht verbunden.

Zudem kann beobachtet werden, dass Aussagen der Beschuldigten im Rahmen von Ermittlungen häufig ein Risiko für die spätere Verteidigung darstellen, da die reale Gefahr besteht, dass die Ermittlungsbehörden die erlangten Informationen im Sinne des gewünschten Ermittlungsergebnisses interpretieren.[580]

Folglich sind die Auskunftsverlangen der Kommission in Kartellverfahren nicht mit dem Recht der Unternehmen auf ein faires Verfahren und der Unschuldsvermutung vereinbar.

3.4 Rechtfertigung

3.4.1 Primärrecht

Zunächst sind alle Grundrechte im Einklang mit dem Primärrecht auszulegen und unterliegen insofern immanenten Schranken des Primärrechts.[581]

Als solche Schranke kämen vorliegend die Wettbewerbsregeln - Art. 101 und 102 AEUV - in Betracht. Kurz gesagt dienen diese Vorschriften zur Schaffung und Erhaltung eines Systems, welches den Wettbewerb vor Verfälschungen schützt. Dem müssten sich unter Umständen auch die justiziellen Grundrechte unterordnen. Insoweit muss aber vorliegend zwischen den eigentlichen Verstößen und den Rechten von Unternehmen im Verfahren zur Ermittlung dieser Verstöße unterschieden werden. Das Recht der Unternehmen auf Achtung ihrer justiziellen Rechte im Kartellermittlungsverfahren verstößt nicht gegen die Wettbewerbsregeln.

---

578 *EuGH*, Urteil vom 15. Oktober 2002, verb. Rs. C-238/99 P, C-244/99 P, C-245/99 P, C-247/99 P, C-250/99 P bis C-252/99 P und C-254/99 P, PVC, Rn. 275 ff.

579 *Schwarze*, EuR 2009, 171, 191.

580 *Lesch*, JR 2005, 302, 303.

581 *Penski/Elsner*, DÖV 2001, 265, 272.

Die Ausübung eines entsprechenden Verweigerungsrechts dient auch nicht dazu, Verstöße gegen Art. 101 und 102 AEUV zu rechtfertigen. Art. 101 und 102 AEUV verlangen auch nicht ausdrücklich eine Einschränkung oder Nichtbeachtung der justiziellen Grundrechte.

Zudem dürfte auch die grundsätzliche Bedeutung der justiziellen Grundrechte dafür sprechen, einen unbedingten Vorrang der Wettbewerbsregeln zu verneinen. Vielmehr sollte im Rahmen einer Interessenabwägung ein angemessener Ausgleich gesucht werden.

Weitere primärrechtliche Vorschriften, die eine Beschränkung der justiziellen Rechte im Rahmen des EU-Kartellverfahrens erfordern würden, sind nicht ersichtlich.

3.4.2 Grundrechtliche Rechtfertigung

Auch wenn dies häufig nicht problematisiert wird,[582] werden auch Verfahrensrechte nicht uneingeschränkt gewährt.[583]

Vielmehr können auch diese Rechte teilweise Gegenstand von Abwägungsvorgängen sein.[584]

Art. 52 Abs. 1 Charta enthält eine allgemeine Schrankenregelung, die sich an der Rechtsprechung des Gerichtshofs und des EGMR orientiert.[585] Danach können die Grundrechte dann eingeschränkt werden, wenn die Beschränkung tatsächlich dem Gemeinwohl dienenden Zielen der Union entspricht und nicht im Hinblick auf den verfolgten Zweck unverhältnismäßig ist.

Eine Einschränkung des Grundrechts ist auch dann nicht möglich, wenn durch diese Einschränkung der Wesensgehalt des Grundrechts angetastet würde.[586]

---

582 So enthalten die Ausführungen zu den Verfahrensgrundrechten bei folgenden Autoren keinen Hinweis auf eine Einschränkbarkeit: Frowein/Peukert, *Peukert*, EMRK, Art. 6; *Harris/O'Boyle/Warbrick*, ECHR, S. 201 ff.; Macdonald/Matscher/Petzold, *Jacot-Guillarmond*, European protection of human rights, Kapitel 15; *Meyer-Ladewig*, EMRK, Art. 6; *Rengeling/Szczekalla*, EU-Grundrechte, §§ 44 und 45.

583 Meyer, *Eser*, EU-Charta, Art. 47, Rn. 5.

584 *Frenz*, Handbuch Europarecht, Band 4, Rn. 5110; Grote/Marauhn, *Grabenwarter/Marauhn*, EMRK/GG, Kap. 7, Rn. 64; *Jarass*, EU-Grundrechte, § 41, Rn. 11, 30; a. A. *Müller*, EuGRZ 2001, 546, 554.

585 Erläuterungen des Präsidiums des Europäischen Konvents, CONV 828/1/03 REV 1, S. 48; *Heringa/Verhey*, MJ 2001, 11, 23.

586 *Dorf*, JZ 2005, 126, 128 (Fn 20); *Schmitz*, JZ 2001, 833, 838.

Folglich enthält die Charta - wie auch schon der durch den Gerichtshof entwickelte allgemeine Grundrechtsschutz[587] - keine grundrechtsspezifischen Schranken, sondern vielmehr einen allgemeinen Schrankenvorbehalt, der auch die Prüfung der Verhältnismäßigkeit umfasst.[588]

Die daraus resultierende mangelnde Präzision bei der Prüfung der Rechtfertigung eines Eingriffs in ein Unionsgrundrecht wird kritisiert und als Schwachstelle des europäischen Grundrechtsschutzes bezeichnet.[589] Zudem sei zweifelhaft, ob der Gerichtshof bei der allgemeinen Formulierung der Schranken auch weiter einen Anreiz dafür haben wird, die Prüfungsintensität hinsichtlich der Zulässigkeit von Grundrechtseingriffen zu verschärfen.[590] Insoweit ist abzuwarten, ob der geschriebene Grundrechtskatalog, wie er durch die rechtsverbindliche Charta besteht, den Gerichtshof zu einer Änderung seiner Prüfung veranlassen wird. Gleichwohl ist die allgemeine Schrankenregelung sowohl aus dogmatischer als auch rechtsvergleichender Sicht akzeptabel.[591]

Bei Maßnahmen, die strafrechtlicher Natur sind, können aber bei der Abwägung im Rahmen der Verhältnismäßigkeitsprüfung Zweckmäßigkeits- und Effizienzmaßnahmen nur bis zu einer bestimmten Grenze berücksichtigt werden. Vielmehr müssen hier die grundlegenden strafrechtlichen und strafverfahrensrechtlichen Garantien angewendet werden.[592] Daher verbietet sich eine klassische grundrechtliche Prüfung, die den Besonderheiten des strafverfahrensrechtlichen Hintergrunds nicht gerecht würde.[593] Zulässig sind vor diesem Hintergrund nur angemessene und unbedingt notwendige Eingriffe in die Verteidigungsrechte.[594]

Es wird vertreten, dass bei Ordnungswidrigkeits- oder Verwaltungsverfahren mit strafähnlichen Sanktionen die Anforderungen im Rahmen der

587 Zum Umfang der Grundrechtsgewährung im Rahmen der richterrechtlich herausgebildeten europäischen Grundrechte: *Pernice*, NJW 1990, 2409, 2415 f.

588 *Calliess*, EuZW 2001, 261, 264; *Grabenwarter*, DVBl 2001, 1, 2; *Pache*, EuR 2002, 767, 781; äußerst kritisch zu diesem System der Grundrechtsprüfung: *Scholz*, WuW 1990, 99, 104; *Schwartmann*, Archiv des Völkerrechts 2005, 129, 137.

589 Vgl. *Kenntner*, ZRP 2000, 423, 424; *Lemmens*, MJ 2001, 49, 51; *Pache*, EuR 2001, 475, 488; *Schmitz*, JZ 2001, 833, 838.

590 *Kenntner*, ZRP 2000, 423, 425; Streinz/Ohler, *Pechstein*, EUV/EGV, Art. 6 EUV, Rn. 23.

591 *Weber*, DVBl 2003, 220, 224 m. w. N.

592 *Schwarze*, EuZW 2003, 261, 266.

593 Grote/Marauhn, *Grabenwarter/Pabel*, EMRK/GG, Kap. 14, Rn. 163.

594 *EGMR*, Urteil vom 20. Dezember 2001, Application no. 33900/96, P. S. /Deutschland, Rn. 23.

Abwägung üblicherweise etwas weniger streng sind, da davon ausgegangen wird, dass die drohende Sanktion nicht so gravierend ist.[595]

Ob dieses Argument im Fall der klassischen Ordnungswidrigkeitenverfahren, wie beispielsweise bei Verkehrsdelikten, zutrifft, mag dahinstehen. Für das EU-Kartellverfahren kann dem angesichts der teilweise existenzbedrohend wirkenden Höhe der mittlerweile verhängten Geldbußen allerdings nicht gefolgt werden. Hier sollte vielmehr der strengere Maßstab für Strafverfahren angewandt werden.

Daher wäre die Abweichung des Geständnisverweigerungsrechts von den Verfahrensgarantien nur zulässig, wenn das mit dem Geständnisverweigerungsrecht verfolgte Ziel den strengeren Vorgaben in Bezug auf die Angemessenheit von Einschränkungen von Verfahrensrechten gerecht wird.

(a) Gesetzliche Grundlage

Die Eingriffe bedürfen einer gesetzlichen Grundlage, die hinreichend klar und genau formuliert sein muss.[596]

Als gesetzliche Grundlagen kommen im Unionsrecht insoweit neben dem Primärrecht auch Verordnungen sowie Richtlinien mit nationalen Umsetzungsakten in Betracht.[597]

Die gesetzliche Grundlage für die Mitwirkungspflicht der Unternehmen ist Art. 18 Abs. 1 VO 1/2003, welcher es der Kommission gestattet, zur Erfüllung ihrer Aufgaben von Unternehmen zu verlangen, dass diese alle erforderlichen Auskünfte erteilen. Wie dargestellt, besteht ein Recht der Unternehmen zur Verweigerung der Kooperation nur in einem – oben als Geständnisverweigerungsrecht bezeichneten – engen Umfang. Dabei ergibt sich, wie bereits mehrfach problematisiert, in der praktischen Anwendung für die Unternehmen oftmals die Schwierigkeit, dass sie nicht genau abschätzen können, welche Informationen sie herausgeben müssen und welche sie zulässigerweise verweigern dürfen. Dieses Problem wird verstärkt, wenn die Kommission die Fragen bewusst unklar formuliert.

Daher ist es zweifelhaft, ob die derzeitige Regelung der Auskunftsverpflichtung der Unternehmen im EU-Kartellverfahren dem Bestimmtheitsgebot genügt.

---

595 *Frenz*, Handbuch Europarecht, Band 4, Rn. 5110; *Jarass*, EU-Grundrechte, § 41, Rn. 31.

596 *Jarass*, EU-Grundrechte, § 21, Rn. 17; *Pauly*, EuR 1998, 242, 255; *Rengeling*, DVBl 2004, 453, 462; von Bogdandy/Bast, *Kühling*, Europäisches Verfassungsrecht, S. 691.

597 Von Bogdandy/Bast, *Kühling*, Europäisches Verfassungsrecht, S. 691.

Insbesondere, wenn man die Machtfülle der Kommission im Kartellverfahren - Ermittler, Ankläger und Richter in einer Person - berücksichtigt, muss gelten, dass die gesetzlichen Regelungen klare und eindeutige Richtlinien vorgeben, wie die eingeräumten Befugnisse zu gebrauchen sind.[598] Die derzeitige Situation ermöglicht es dagegen der Kommission durch geschickte Formulierung der Fragen, das Geständnisverweigerungsrecht nahezu nutzlos werden zu lassen.[599]

(b) Verhältnismäßigkeit

Der Grundsatz der Verhältnismäßigkeit ist schon früh als der wichtigste Grundsatz im Bereich des Wirtschafts-(Verwaltungs-)Rechts in der Union bezeichnet worden.[600]

Auch primärrechtlich wird die Wahrung dieses Grundsatzes durch Art. 5 Abs. 4 EUV gefordert. Für den Bereich der Charta verlangt Art. 52 Abs. 1 Satz 2 Charta die Beachtung des Grundsatzes der Verhältnismäßigkeit unter Berücksichtigung der Geeignetheit und Notwendigkeit.[601]

Daneben durchzieht die Verpflichtung zur Beachtung der Verhältnismäßigkeit die ganze Konvention.[602] Der EGMR verlangt einen „fairen Ausgleich" zwischen den widerstreitenden Interessen.[603]

Für Maßnahmen der Unionsorgane bedeutet dies, dass jedes Organ bei der Ausübung seiner Befugnisse verpflichtet ist, den Verhältnismäßigkeitsgrundsatz zu beachten.[604]

In der Anwendung heißt das, dass die finanzielle und administrative Belastung der Bürger und der Wirtschaft grundsätzlich auf das erforderliche Maß beschränkt werden und im angemessenen Verhältnis zum angestrebten Ziel stehen muss.[605] Wie oben bereits ausgeführt, gelten hierfür im Rahmen der justiziellen Grundrechte aufgrund deren Bedeutung aber noch strengere Maßstäbe.

---

598 *Soltész/Steinle/Bielesz*, EuZW 2003, 202, 207; *Bellamy*, in: *van Gerven/Zuleeg*, Durchsetzung des Gemeinschaftsrechts, S. 115.

599 GK, *Schütz*, Kartellrecht, Art. 17, Rn. 5; *Reinalter*, ZEuS 2009, 53, 92.

600 *Le More*, EuZW 2007, 722, 724; *Rengeling*, EuR 1984, 331, 337; *Schiller*, RIW 1983, 928, 929.

601 Heselhaus/Nowak, *Heselhaus*, Europäische Grundrechte, § 32, Rn. 84.

602 *Heringa/Verhey*, MJ 2001, 11, 23 f.; *Rudolf*, EuGRZ 1996, 573, 575.

603 *Rudolf/von Raumer*, AnwBl 2009, 318, 319.

604 *Schilling*, EuGRZ 2000, 3, 6.

605 Rat der Europäischen Gemeinschaften, Europäischer Rat Edinburgh, 11.-12. Dezember 1992, Schlussfolgerungen des Vorsitzes, Leitlinien, Abs. 3, abrufbar unter: <http://europa.eu/rapid/pressReleasesAction.do?reference=DOC/92/8&format=HTML&aged=1&language=DE&guiLanguage=en>.

(i) Verfolgtes Ziel

Die VO 1/2003 dient der einheitlichen und wirksamen Anwendung der Art. 101 und 102 AEUV. Das Kartellverfahrensrecht dient dazu, dass die Kartellregeln eingehalten werden und dass die Verhaltensweisen tatsächlich vermieden werden, deren Vermeidung mit dem Kartellrecht erreicht werden soll.[606] Diese kohärente und effektive Anwendung der Vorschriften des AEUV soll wiederum sicherstellen, dass ein System geschaffen und erhalten wird, welches Wettbewerbsverfälschungen verhindert.[607]

Es ist unbestritten, dass Art. 101 AEUV eine grundlegende Bestimmung ist, die für die Erfüllung der Aufgaben der Union und insbesondere für das Funktionieren des Binnenmarktes unerlässlich ist. Art. 101 AEUV ist Teil der öffentlichen Ordnung und für die Durchsetzung des Wettbewerbsrechts anerkanntes vorrangiges Unionsgut.[608]

Verstöße gegen Art. 101 AEUV sind bußgeldbedroht.

Im nationalen Recht sind Kartellrechtsverstöße Ordnungswidrigkeiten, in manchen Mitgliedstaaten sogar Straftaten. Daher besteht an der Aufklärung der Verstöße und deren Abstellung ein öffentliches Interesse.

Dieses öffentliche Interesse wird begründet durch den volkswirtschaftlichen Schaden, den Kartelle verursachen.[609] So führt die OECD zu den Folgen so genannter *„hard core"*-Kartelle aus:

> *„In the last few years, OECD Members' actions against price fixing and other such 'hard core' cartels have halted billions of dollars in secret overcharges to individual consumers and business purchasers. The lesson of these successful cases is that such cartels are much more prevalent and harmful to the global economy than previously believed. A global citric acid cartel raised prices by as much as 30% and collected overcharges estimated at almost $1.5 billion. Another global cartel lasted five years, raised the price of graphite electrodes 50% in various markets, and extracted monopoly profits on an estimated $7 billion in world-wide sales."*[610]

---

606 *Wils*, WorldComp 2003, 473, 478.

607 VO 1/2003, Erwägungsgrund (1).

608 Unter Verweis auf die Ausführungen in der Rs. Hoechst: *Kenntner*, ZRP 2000, 423, 424.

609 Vgl. *Beaton-Wells*, WorldComp 2008, 205, 212; *Harding*, MJ 2002, 393, 414 f.; *Rosochowicz*, ECLR 2004, 752, 756; *Zagrosek*, Kronzeugenregelungen, S. 41 f. m. w. N.

610 OECD Reports - Hard Core Cartels - 2000, abrufbar unter: <http://www.oecd.org/dataoecd/39/63/2752129.pdf>.

Die Unionsgerichte scheinen - gestützt auf die Rechtsprechung des Gerichtshofs in der Rechtssache *Orkem* - ihrer Abwägung aber ein anderes Ziel zugrundezulegen. Sie führen in ständiger Rechtsprechung aus, dass die - abgesehen vom Geständnisverweigerungsrecht - unbedingte Mitwirkungspflicht der Unternehmen dazu diene, *„die praktische Wirksamkeit von Artikel 11 Absätze 2*[611] *und 5 der Verordnung Nr. 17 zu sichern"*.[612]

Betrachtet man dieses Argument genauer, so drängt sich der Schluss auf, dass eine konsequente Anwendung bedeuten würde, dass Rechtsschutz- und Verteidigungsmöglichkeiten gegen staatliche Eingriffe generell abgelehnt werden müssen, da sie immer die Gefahr bergen, dass die Eingriffsbefugnisse dadurch sinnlos werden.

Dies ist aber schlicht der falsche Ansatz. Die wirksame Durchsetzung einer Norm kann keine Begründung für die Verletzung von Rechten sei.[613] Nicht einmal für die Ahndung von schweren und schwersten Straftaten dürfen Verfahrensgarantien durchbrochen werden.[614]

Wenn ein Verteidigungsrecht, wie beispielsweise das Auskunftsverweigerungsrecht, verfassungsrechtlich geboten ist, kann seine Anwendung nicht mit dem Argument verneint werden, dass dies die Eingriffsmöglichkeit obsolet machen würde.[615] Vielmehr würde das Eingriffsrecht gegen ein höherrangiges Recht verstoßen und wäre daher rechtswidrig. In Bezug auf das Auskunftsverlangen nach Art. 18 VO 1/2003 bedeutet dies, dass die Vorschrift nicht mehr angewendet werden darf, wenn den Unternehmen Auskunftsverweigerungsrechte zustehen, die verfassungsrechtlich abgeleitet werden können. Daher ist die wirksame Durchsetzung einer Norm kein zulässiges Ziel für die Einschränkung funda-

---

611 Der Hinweis auf Art. 11 Abs. **2** VO 17/62 muss ein redaktionelles Versehen sein. Art. 11 Abs. 2 VO 17/62 lautete: *„Richtet die Kommission ein Auskunftsverlangen an ein Unternehmen oder an eine Unternehmensvereinigung, so übermittelt sie der zuständigen Behörde des Mitgliedstaats, in dessen Hoheitsgebiet sich der Sitz des Unternehmens oder der Unternehmensvereinigung befindet, gleichzeitig eine Abschrift dieses Verlangens."* Dies steht in keinem Zusammenhang mit dem Recht, Auskünfte zu verweigern, mit dem sich die Ausführungen des Gerichtshofs befassten. Zudem wurde Art. 11 Abs. 2 VO 17/62 vom Gerichtshof in diesem Zusammenhang nicht geprüft. Gegenstand der vorherigen Erörterungen des Gerichtshofs waren vielmehr Art. 11 Abs. **1** und Abs. 5 VO 17/62 - *EuGH*, Urteil vom 18. Oktober 1989, Rs. 374/87, Orkem, Rn. 23.

612 *EuGH*, Urteil vom 29. Juni 2006, Rs. C-301/04 P, SGL Carbon, Rn. 41; Urteil vom 18. Oktober 1989, Rs. 374/87, Orkem, Rn. 34.

613 *De la Serre*, EPL 2006, 225, 245; unter Verweis auf die Rechtsprechung des Gerichtshofs in der Rechtssache *Hoechst: Lenz/Mölls*, WuW 1991, 771, 786.

614 *Müller*, EuGRZ 2001, 546, 553 f.

615 Vgl. *Kühlhorn*, WuW 1986, 7, 12; *Schermers*, CMLR 1990, 97, 103 f.

mentaler Verfahrensrechte. Die Ermittlungen dürfen nicht Selbstzweck sein.[616]

(ii) Eignung

Das beste Mittel zur Durchsetzung des Kartellrechts ist neben der effektiven „Bestrafung“ und Abstellung von Kartellverstößen die Abschreckung.[617] Eine wirkungsvolle Abschreckung bedarf einer glaubhaften Sanktionsdrohung. Unternehmen müssen im Rahmen der Business-Entscheidung, ob sie eine Kartellvereinbarung eingehen oder nicht, die Wahrscheinlichkeit einer Sanktionsverhängung berücksichtigen.[618] Ist die Auferlegung einer Sanktion unwahrscheinlich, so steigt der Anreiz der Unternehmen die wirtschaftlichen Vorteile einer Kartellvereinbarung zu nutzen. Daher ist es für die Kommission essentiell, vermutete Kartellrechtsverstöße effektiv und schnell aufklären zu können, denn nur so kann sie auch Sanktionen verhängen.[619]

Zweifellos ist die Durchführung eines Kartellverfahrens für die Kommission mit erheblichen Kosten verbunden.[620] Zudem ist die Kommission in Bezug auf die Erfüllung ihrer Aufgaben im Bereich des Wettbewerbsrechts überlastet. Da ein Großteil ihrer sachlichen und personellen Ressourcen anderweitig beansprucht waren, konnte sie beispielsweise die Freistellungsanträge unter der VO 17/62 nur mit teilweise jahrelangen Verzögerungen bearbeiten.[621]

Daher wurde das System der Legalausnahme und die Dezentralisierung in die neue VO 1/2003 aufgenommen.[622] Aber auch mit der Erleichterung ihrer Arbeit durch den Systemwechsel steht die Kommission im Bereich der Kartellbekämpfung vor einer schweren Aufgabe. Die Überwachung von 27 Mitgliedstaaten mit einer durch die Einführung der Wirtschafts- und Währungsunion wesentlich intensivierten wirtschaftlichen Verflechtung bedeuten eine ständige Herausforderung.[623] Daher war es nach Ansicht des Rates notwendig, dass die Kommission ihre

---

616 *Frenz*, Handbuch Europarecht, Band 4, Rn. 2657; Heselhaus/Nowak, *Nowak*, Europäische Grundrechte, § 30, Rn. 59.

617 *Rosochowicz*, ECLR 2004, 752, 757; *Wils*, WorldComp 2008, 335, 342.

618 Vgl. *Azevedo*, ELCR 2003, 400, 403; *Puffer-Mariette*; Kronzeugenregelungen, S. 17; *Wils*, WorldComp 2003, 473, 478.

619 Vgl. *Harker/Hviid*, WorldComp 2008, 279, 279; *Wils*, WorldComp 2008, 335, 343 f.; für die Rechte der deutschen Regulierungsbehörde Telekommunikation und Post: *Holznagel/Schulz*, MMR 2002, 364, 368.

620 *Wils*, WorldComp 2008, 335, 342 f.

621 *Lissel*, RdE 2006, 47, 47.

622 *Dannecker*, wistra 2004, 361, 361; *Eilmansberger*, JZ 2001, 365, 366; *Gerber/Cassinis*, ECLR 2006, 10, 11; *Riley*, ECLR 2003, 604, 613.

623 *Lissel*, RdE 2006, 47, 47.

Aufgabe einer wirksamen Überwachung nur bei möglichst einfacher Verwaltungskontrolle erfüllen kann.[624]

Verteidigungsrechte von Unternehmen behindern und verzögern die Aufklärung von vermuteten Kartellrechtsverstößen und können im Extremfall eine Aufklärung sogar ganz verhindern. Daher stehen aus Sicht der Kommission solche Rechte dem Ziel einer effektiven Durchsetzung des Kartellrechts entgegen.[625]

Die durch Bußgelder oder Zwangsmaßnahmen unterstützte Nutzung von Auskunftsverlangen kann wirksam zur Ermittlung und damit auch zur Abstellung von Kartellrechtsverstößen durch die Kommission beitragen und hat auch mehrere Vorteile.

Zunächst trägt das Unternehmen den weit überwiegenden Teil der Kosten. Darüber hinaus ist die Kommission nicht auf Informationen beschränkt, die bereits schriftlich existieren beziehungsweise den konkret befragten Personen bekannt sind. Schließlich ist es für die Kommission einfacher, nach Informationen zu fragen, als diese selbständig im Unternehmen zu „suchen". Allerdings benötigt die Kommission auch für diese Art der Ermittlung bereits eine Vorstellung davon, welche Informationen sie erlangen möchte. Ohne diese Vorstellung würde die Auskunftsentscheidung wage bleiben. Die Kommission ist aber verpflichtet, den Zweck der Entscheidung hinreichend genau zu umschreiben.[626]

Zudem besteht bei ungenauen Fragen die Gefahr, dass das Unternehmen erkennt, dass die Kommission bisher so gut wie keine Information zum vorgeworfenen Verhalten hat und daher auch entsprechend ausweichend antwortet. Schlimmstenfalls könnte das Unternehmen sogar versuchen, irreführende Angaben zu machen, ohne dass es befürchten müsste, dass die Kommission hieraus schließen könnte, dass es nicht angemessen kooperiert.[627]

Weiterhin stellt sich für die Kommission die Frage, inwiefern sie auf die Richtigkeit der erlangten Informationen vertrauen kann. Durch Zwang erlangte Informationen müssen immer mit Vorsicht verwertet werden. Zum einen können Unternehmen, die tatsächlich einen Kartellrechtsverstoß begangen haben, versucht sein, die Ermittlungen der Kommission durch die bewusste Übermittlung von falschen Informationen zu behindern. Zwar ist die Übermittlung der falschen Informationen sanktions-

---

624 Erwägungsgrund (2) VO 1/2003.

625 *EuG*, Urteil vom 20. Februar 2001, Rs. T-112/98, Mannesmannröhren-Werke, Rn. 55.

626 Schlussanträge des Generalanwalts *Jacobs*, Rs. C-36/92 P, SEP, Rn. 30, ausdrücklich bestätigt durch *EuGH*, Urteil vom 19. Mai 1994, Rs. C-36/92 P, SEP, Rn. 21.

627 *Wils*, WorldComp 2003, 567, 583.

bedroht, das Unternehmen könnte aber, wie zuvor ausgeführt, gerade bei unklaren Auskunftsverlangen hoffen, dass die Kommission die Unrichtigkeit der Informationen nicht nachweisen kann.

Trotz dieser Bedenken ist die Informationserlangung durch Auskunftsverlangen ein häufig genutztes Mittel der Kommission. Die Unwägbarkeiten scheint die Kommission aufgrund der Vorteile im Hinblick auf Aufwand und Kosten hinzunehmen. Würde zu diesen Unwägbarkeiten allerdings eine weitere Einschränkung der zulässigen Fragen durch Auskunftsverweigerungsrechte hinzutreten, würde die Ermittlungsarbeit der Kommission aus ihrer Sicht zumindest erschwert.[628]

Daher ist eine Beschränkung der Verteidigungsmöglichkeiten der Unternehmen auf ein Geständnisverweigerungsrecht geeignet, dem Auskunftsverlangen zu größtmöglicher Wirksamkeit zu verhelfen und damit das Ziel einer wirksamen Aufklärung und Abstellung von Kartellverstößen zu erreichen.

(iii) Erforderlichkeit

Als nächster Schritt ist die Erforderlichkeit der Grundrechtsbeschränkung zu prüfen.[629] Auch der Gerichtshof hat immer wieder betont, dass Maßnahmen der Union nicht über das Maß hinausgehen dürfen, das unbedingt erforderlich ist, damit die Verwaltung die ihr gestellten Ziele erreichen kann.[630] Es darf also nicht weniger einschneidende, gleich wirksame Mittel geben, die Dritte und die Allgemeinheit nicht stärker belasten.[631]

(1) Kein anderes Mittel

Würde das Auskunftsverlangen das einzige Ermittlungsinstrument darstellen, wäre die Verneinung eines umfassenden Auskunftsverweigerungsrechts eine zulässige Einschränkung der Verfahrensrechte, da er für die Durchsetzung des Kartellrechts unerlässlich ist.

Die Kommission kann im Bereich des Kartellrechts aber grundsätzlich auf verschiedene Informationsquellen zurückgreifen.[632]

Beispielsweise können Beschwerdeführer oder Geschädigte wichtige Hinweise geben. Auch andere dritte Parteien, wie Wettbewerber, können die Kommission auf verdächtiges Verhalten anderer Unternehmen hin-

---

628 Vgl. *EuG*, Urteil vom 20. Februar 2001, Rs. T-112/98, Mannesmannröhren-Werke, Rn. 55.

629 Von Bogdandy/Bast, *Kühling*, Europäisches Verfassungsrecht, S. 695.

630 *Schiller*, RIW 1983, 928, 929 m. w. N.

631 *Jarass*, EU-Grundrechte, § 21, Rn. 20; *Rengeling*, DVBl 2004, 453, 460.

632 *Puffer-Mariette*; Kronzeugenregelungen, S. 18.

weisen.[633] Schwierig wird der Rückgriff auf diese Alternative aber in den Fällen, in denen es um die Ermittlung eines so genannten *„hard core"*-Verstoßes geht, da diese häufig im Geheimen vereinbart werden.[634] Aus diesem Grund befinden sich die verlässlichsten und umfangreichsten Informationen in der Regel in der Hand der beteiligten Unternehmen.[635]

Darüber hinaus kann nicht ausgeschlossen werden, dass Dritte aus Furcht vor Repressalien nur zögerlich von sich aus Informationen übermitteln.[636]

Insoweit argumentiert die Kommission, wie oben ausgeführt, dass sie zur effektiven Erfüllung ihrer Aufgaben dringend darauf angewiesen ist, dass die Unternehmen ohne Auskunftsverweigerungsrecht zur Auskunft verpflichtet sind.

Wörtlich heißt es:

> *„[...] ohne die Pflicht der Unternehmen zur aktiven Mitwirkung bei der Sachverhaltsaufklärung [ist es] praktisch unmöglich, das gemeinschaftliche Kartellrecht durchzusetzen. Daher müsse sie die Unternehmen dazu verpflichten können, im kartellrechtlichen Voruntersuchungsverfahren auch selbstbelastende Auskünfte zu erteilen."*[637]

Auch wenn somit dritte Quellen nicht immer zur Ermittlung und Abstellung von Kartellrechtsverstößen geeignet sind, kann die Kommission auch in Bezug auf die Informationserlangung unter Einbeziehung der betroffenen Unternehmen auf unterschiedliche Möglichkeiten zurückgreifen.

Sie kann die Informationen zunächst durch unmittelbare Anwendung von Zwangsmaßnahmen, wie Nachprüfungen oder Zeugenvernehmungen, und damit ohne aktive Mitwirkung des Unternehmens einholen.

Darüber hinaus könnte die Kommission den Unternehmen Anreize dafür bieten, dass sie freiwillig mit ihr kooperieren - Kronzeugenregelung und Vergleich. Die im Rahmen der Ermittlungsbefugnisse (oben B. 4. 1) dargestellte Sektoruntersuchung eignet sich dagegen nicht als Ermittlungsmaßnahme im Fall eines konkreten Verdachts, sondern soll ihrerseits vielmehr Hinweise für einen solchen Verdacht zu Tage fördern.

---

633 *Harker/Hviid*, WorldComp 2008, 279, 280; *Wils*, WorldComp 2003, 567, 567.

634 *Arbault/Peiró*, Competition Policy Newsletter 2002, 15, 15; *Puffer-Mariette*; Kronzeugenregelungen, S. 18; Wissmann/Dreyer/Witting, *Wissmann*, Ermittlungen im Unternehmen, § 7, Rn. 23.

635 *Vocke*, Ermittlungsbefugnisse, S. 27; *Wils*, WorldComp 2003, 567, 567.

636 *Harker/Hviid*, WorldComp 2008, 279, 280.

637 *EuG*, Urteil vom 20. Februar 2001, Rs. T-112/98, Mannesmannröhren-Werke, Rn. 55.

Folglich kann zunächst festgehalten werden, dass es neben der Pflicht der Unternehmen zur Mitwirkung zwei weitere Optionen zur Erlangung der Informationen gibt. Dies wird implizit auch vom Generalanwalt *Geelhoed* bestätigt, welcher ausführt, dass für den Fall, dass die Kommission nicht mehr befugt wäre, die Mitwirkung von Unternehmen im Rahmen von Auskunftsverlangen zu erzwingen, die Durchsetzung des Kartellrechts in hohem Maße entweder von freiwilliger Mitarbeit der Unternehmen oder von

dem Einsatz anderer Zwangsmittel abhängig wäre.[638]

Das Argument, dass die Durchsetzung ohne eine Verpflichtung der Unternehmen zur Kooperation praktisch unmöglich ist, verfängt daher nicht.

(2) Kein milderes Mittel

Der Rechtsprechung der Unionsgerichte kann entnommen werden, dass diese an der verpflichtenden Mitwirkung der Unternehmen - trotz weiterer Ermittlungsmöglichkeiten - festhalten möchten.[639] Dies könnte in Anbetracht der Eignung der Beschränkung der Auskunftsverweigerungsrechte zur Verwirklichung des verfolgten Ziels auch zulässig sein.

Eine Beschränkung der Verfahrensrechte der Unternehmen wäre aber nur dann zulässig, wenn die oben angeführten anderen Mittel zwar gleich effektiv sind, aber aus Sicht des Unternehmens im Hinblick auf die Beeinträchtigung ihrer Rechte nicht milder.

Wie oben im Abschnitt über die Grundlagen des Kartellverfahrens beschrieben, kann die Kommission Informationen im Weg von Nachprüfungen in Geschäfts- oder anderen Räumen sowie durch Befragung von Mitarbeitern erlangen.

Wobei in diesem Zusammenhang angemerkt werden muss, dass es der Kommission nicht gestattet ist, eine selbständige Durchsuchung der Unternehmensräume durchzuführen.

Vielmehr darf sie auch im Rahmen von Nachprüfungen nur nach bestimmten Unterlagen fragen beziehungsweise die Öffnung von Räumen und Möbeln verlangen. Unmittelbaren Zwang kann sie nicht anwenden.[640]

---

638 Vgl. Schlussanträge des Generalanwalts *Geelhoed*, Rs. C-301/04 P, SGL Carbon, Rn. 67.

639 Vgl. *EuGH*, Urteil vom 29. Juni 2006, Rs. C-301/04 P, SGL Carbon, Rn. 41; *EuG*, Urteil vom 20. Februar 2001, Rs. T-112/98, Mannesmannröhren-Werke, Rn. 62.

640 Schlussanträge des Generalanwalts *Mischo*, verb. Rs. 46/87 und 227/88, Hoechst, Rn. 42.

Gleichwohl eröffnet ihr dieses Instrument die Möglichkeit, relativ frei Informationen im Unternehmen zu sammeln.

Diese Kompetenz wird durch das Recht der Kommission ergänzt, die Behörden der Mitgliedstaaten um die Anwendung der jeweiligen nationalen Zwangsmaßnahmen zu bitten, wenn die Unternehmen die Kooperation verweigern.[641]

Ein genereller Nachteil dieser Ermittlungsmethode ist zunächst, dass hierdurch nur Informationen erlangt werden können, die schriftlich im Unternehmen vorliegen beziehungsweise auf welche die konkret befragten Personen Zugriff haben.

Darüber hinaus setzt eine effektive Ermittlung unter Nutzung von Zwangsmaßnahmen voraus, dass die Kommission schon bereits eine gute Vorstellung davon haben muss, wonach sie sucht.[642]

Anderenfalls wäre diese Art der Ermittlung sehr aufwändig, da sich die Kommission durch eine große Menge an Dokumenten arbeiten müsste, um die gewünschten Informationen zu erlangen.[643] Dies würde einen hohen Kosten- und Personalaufwand für die Kommission bedeuten.[644]

Weiterer Nachteil ist, dass das Recht zur Befragung nur eingeschränkt nutzbar ist. Bei der allgemeinen Befragung im Sinne von Art. 19 VO 1/2003 müssen die Betroffenen der Befragung zustimmen. Sollen die Ergebnisse der Befragung später gegen das Unternehmen verwendet werden, wird zudem vertreten, dass die Unternehmen zustimmen müssen.[645] Die Nichtbeantwortung von Fragen beziehungsweise die Erteilung von falschen oder irreführenden Informationen kann nicht sanktioniert werden.[646]

---

641 Dalheimer/Feddersen/Miersch, *Miersch*, Kartellverfahrensverordnung, Art. 20, Rn. 61; *de Bronett*, Kartellverfahrensrecht, Art. 20, Rn. 25; MK, *Bischke*, Kartellrecht, Band 1, Art. 20 VO 1/2003, Rn. 29.

642 *Puffer-Mariette*; Kronzeugenregelungen, S. 18; vgl. Wissmann/Dreyer/Witting, *Wissmann*, Ermittlungen im Unternehmen, § 3, Rn. 82.

643 *Wils*, WorldComp 2003, 567, 582.

644 *Puffer-Mariette*; Kronzeugenregelungen, S. 19.

645 Immenga/Mestmäcker, *Burrichter*, EG-Wettbewerbsrecht, Band 2, Art. 19 VO 1/2003, Rn. 13; Loewenheim/Meessen/Riesenkampff, *Barthelmeß/Rudolf*, Kartellrecht, Art. 19 VerfVO, Rn. 4; MK, *Bischke*, Band 1, Art. 19 VO 1/2003, Rn. 4; Wissmann/Dreyer/Witting, *Wissmann*, Ermittlungen im Unternehmen, § 3, Rn 151; a. A. Dalheimer/Feddersen/Miersch, *Miersch*, Kartellverfahrensverordnung, Art. 19, Rn. 6; Langen/Bunte, *Sura*, Kartellrecht, Band 2, Art. 19 VO Nr. 1/2003, Rn. 6.

646 *De Bronett*, Kartellverfahrensrecht, Art. 19, Rn. 6; Immenga/Mestmäcker, *Burrichter*, EG-Wettbewerbsrecht, Band 2, Art. 19 VO 1/2003, Rn. 20; Loewen-

Im Gegensatz hierzu hat die Kommission die Möglichkeit, im Rahmen von Nachprüfungen Mitarbeiter des Unternehmens zu befragen und sie unter Androhung von Sanktionen gegen das Unternehmen zur vollständigen und richtigen Auskunft zu zwingen.[647] Allerdings darf die Kommission im Rahmen dieser Befugnis lediglich Fragen zu bei der Nachprüfung aufgefundenen beziehungsweise bereits bekannten Information stellen - Art. 20 Abs. 2 lit. e VO 1/2003.

Insgesamt spricht insbesondere die Beschränkung des Zugriffs auf vorhandene - entweder schriftlich niedergelegte oder den Befragten bekannte - Informationen bei der Anwendung von Zwangsmaßnahmen gegen eine gleichwertige Effektivität.

Daneben stellen diese Ermittlungen auch einen erheblichen Eingriff in den Geschäftsablauf der Unternehmen dar. Die Unternehmen müssen der Kommission im Rahmen der Nachprüfung alle Räume, Möbel und Dienstfahrzeuge öffnen. Gewünschte Unterlagen müssen vorgelegt werden und Daten auf Zentralservern auch außerhalb der Union können eingesehen werden. Die Kommission ist zwar inhaltlich bei ihrer Einsichtnahme auf den Nachprüfungsgegenstand beschränkt, aber faktisch müssen zahllose Informationen vom Unternehmen und dessen Mitarbeitern offengelegt werden.

Zudem sind Nachprüfungen mit nicht unerheblichen Kosten verbunden. Die Unternehmen müssen Begleitpersonen für die Kommission während der Untersuchung bereitstellen und werden sich in der Regel schon während der Durchführung der Nachprüfung rechtlich beraten lassen. Zudem werden durch die Nachprüfung die Arbeitsabläufe im Unternehmen unterbrochen. Auch diese Störung generiert Kosten für das Unternehmen.

Insgesamt handelt es sich insoweit also nicht um ein milderes Mittel.

Ein zweiter möglicher Ansatz besteht darin, die Unternehmen durch Anreize dazu zu bewegen, an der Aufklärung von Kartellverstößen mitzuwirken.[648] Diese Anreize können, wie im Beispiel der Kronzeugenregelung, zunächst darin bestehen, dass Bußgelder

nicht erhoben oder aber erheblich reduziert werden.[649]

---

heim/Meessen/Riesenkampff, *Barthelmeß/Rudolf,* Kartellrecht, Art. 19 VerfVO, Rn. 10.

647 *Lissel,* RdE 2006, 47, 51; Loewenheim/Meessen/Riesenkampff, *Barthelmeß/Rudolf,* Kartellrecht, Art. 19 VerfVO, Rn. 12; Wissmann/Dreyer/Witting, *Wissmann,* Ermittlungen im Unternehmen, § 3, Rn. 159.

648 *Azevedo,* ELCR 2003, 400, 403; *Wils,* WorldComp 2008, 335, 337.

649 *Schwab/Steinle,* ECLR 2008, 523, 523.

Darüber hinaus kann für die Unternehmen der Anreiz zur Zusammenarbeit auch darin bestehen, dass, wie im Rahmen des neu geschaffenen Vergleichsverfahrens nun möglich, das Verfahren erheblich verkürzt wird. Der zweite Ansatz macht es sich insbesondere zunutze, dass für die Unternehmen mit fortschreitender Dauer des Verfahrens immer höhere Kosten entstehen.[650] Es ist allein den Unternehmen überlassen, ob sie hiervon Gebrauch machen oder stattdessen ihre Verteidigungsrechte geltend machen.[651] Dies setzt allerdings voraus, dass den Unternehmen keine Nachteile daraus erwachsen, dass sie nicht von diesen Mitteln Gebrauch machen. Ein Bespiel hierfür wäre eine Erhöhung der ursprünglichen Geldbuße, die die Kommission ohne das Angebot zum Vergleich verhängt hätte.[652]

Wie oben dargestellt, dient das Vergleichsverfahren aber primär dazu, das Verfahren dadurch zu beschleunigen, dass Unternehmen ihre Teilnahme am Kartell und ihre entsprechende Haftung eingestehen. Die freiwillige Vorlage von Beweisen zur Unterstützung oder Initiierung einer Untersuchung der Kommission ist nicht Aufgabe des Vergleichsverfahrens.[653] Folglich ist das Vergleichsverfahren kein gleich effektives Mittel zur Erlangung der benötigten Information.

Mit Hilfe der Kronzeugenregelung können allerdings zusätzliche Informationen erlangt werden. Der Vorteil hierbei liegt darin, dass die Unternehmen auch hier die Informationen selbst bereitstellen und es dadurch der Kommission ersparen, in langwierigen Nachprüfungen und deren Auswertung die Informationen zusammenzutragen.

Zudem ist die Information nicht auf bereits schriftlich erfasste Tatsachen beschränkt. Auch im Hinblick auf die Kosten ist dieses System für die Kommission attraktiv, da die Arbeitsbelastung bei den Unternehmen liegt.[654]

Für die Unternehmen hat die Kronzeugenregelung den Vorteil, dass den durch die Informationszusammenstellung entstehenden Kosten mögliche Bußgeldreduzierungen gegenüberstehen.[655]

---

650 *Kroes*, Settlements in cartel cases, S. 3; *Wils*, WorldComp 2003, 567, 580.

651 *Wils*, WorldComp 2008, 335, 349 f.

652 *Wils*, WorldComp 2008, 335, 351.

653 Vergleichsmitteilung, Rn. 1.

654 *Puffer-Mariette*; Kronzeugenregelungen, S. 25.

655 *Arbault/Peiró*, Competition Policy Newsletter 2002, 15, 16; *Schwab/Steinle*, ECLR 2008, 523, 523; *Soltész*, EWS 2000, 240, 244; *Wils*, WorldComp 2008, 335, 344; *ders.*, WorldComp 2003, 567, 584.

Darüber hinaus verwenden Unternehmen die Aufdeckung eines Kartells, an dem sie beteiligt sind, auch durchaus als Wettbewerbsmittel.[656] Wenn ihre Konkurrenten ein Bußgeld zahlen müssen, während sie selbst davon verschont bleiben, stellt dies bei der heutigen Höhe der Bußgelder einen entscheidenden Wettbewerbsvorteil dar.[657] Es liegt also durchaus im Interesse der Unternehmen, die Arbeitskraft zur Zusammenstellung der Informationen zu investieren.

Daher ist im Gegensatz zur Einsetzung von Zwangsmitteln zur Erlangung der Informationen auch das Risiko geringer, dass die Unternehmen falsche oder irreführende Informationen übermitteln.[658]

Für die Kommission ist der einzige Nachteil an dieser Form der Ermittlung, dass sie die Nutzung nur äußerst eingeschränkt selbst steuern kann. Wenn die Unternehmen von der Kronzeugenregelung keinen Gebrauch machen wollen, so werden der Kommission die entsprechenden Informationen nicht übermittelt.

Dem kann aber durch eine entsprechende Ausgestaltung der Regelung zumindest größtenteils abgeholfen werden. Der Anreiz muss einfach groß genug sein. Hierfür hat es sich beispielsweise ausgezahlt, dass die Kommission in ihrer Mitteilung zur Kronzeugenregelung vorsieht, dass nicht nur das erste Unternehmen von der Kooperation profitiert, sondern bis zu einem gewissen Umfang auch die nachfolgenden Unternehmen.

Daher ist es mittlerweile zur festen Praxis geworden, dass Unternehmen nach entsprechender rechtlicher Beratung unverzüglich einen Kronzeugenantrag stellen, nachdem bei ihnen eine Nachprüfung durchgeführt wurde. Nach dem ersten Antrag folgen dann häufig in schneller Folge die weiteren Anträge.[659]

Damit kann die Kommission im Fall eines konkreten Verdachtes – wie er für eine Auskunftsentscheidung im Übrigen auch notwendig wäre[660] – die Unternehmen durch eine Nachprüfung oder aber ein einfaches Auskunftsverlangen dazu animieren, einen Kronzeugenantrag zu stellen.[661]

---

656 *Schwarze*, EuR 2009, 171, 194.

657 *Azevedo*, ELCR 2003, 400, 403

658 Schlussanträge des Generalanwalts *Mischo*, Rs. C-298/98 P, Finnboard, Rn. 24-27.

659 *Kiriazis*, Investigation of international cartels, S. 7.

660 Immenga/Mestmäcker, *Burrichter*, EG-Wettbewerbsrecht, Band 2, Art. 18 VO 1/2003, Rn. 9.

661 *Hammond*, Detecting and deterring cartels, S. 5; *Puffer-Mariette*; Kronzeugenregelungen, S. 23.

Im Hinblick auf den Kosten-Nutzen-Aufwand wäre die Verwendung eines einfachen Auskunftsverlangens sicherlich vorzugswürdig.

Die Anreizwirkung kann weiter dadurch gesteigert werden, dass die Berechenbarkeit des zu erwartenden Vorteils für das Unternehmen bei Inanspruchnahme der Kronzeugenregelung erhöht wird.[662] Dann kann das Unternehmen absehen, welche Folgen ein entsprechender Antrag hat.[663]

Daher steht der Kommission mit der Möglichkeit der Anreizschaffung durch die Kronzeugenregelung ein vermutlich sogar effektiveres, aber zumindest gleich effektives System zur Ermittlung von Kartellrechtsverstößen zur Verfügung.[664] Die verfügbaren Informationen sind nicht wie bei Nachprüfung und Befragung beschränkt und die Wertigkeit und Reliabilität der erlangten Informationen ist höher als bei der Verpflichtung der Unternehmen zur Mitwirkung.

Darüber hinaus steht auch zu erwarten, dass in Fällen, in denen die Unternehmen an der Aufklärung der Verstöße mitgewirkt haben, die Wahrscheinlichkeit einer Anfechtung der Kommissionsentscheidung deutlich sinkt. Hierdurch würde sich der Kosten- und Zeitaufwand auf Seiten der Kommission erheblich senken, so dass sie diese Ressourcen für andere Verfahren nutzen kann.[665]

Die Kommission geht ebenfalls davon aus, dass die Kronzeugenregelung das wirkungsvollste Instrumentarium zur Durchsetzung des Kartellrechts ist:

> *„Geldbußen mit ausreichender Abschreckungswirkung sind in Verbindung mit einer wirksamen Kronzeugenregelung das effizienteste Instrument, das der Kommission insbesondere zur Bekämpfung von Kartellen zur Verfügung steht."*[666]

Fraglich ist allerdings, ob die Schaffung von Anreizen aus Sicht der Unternehmen sich auch als ein Mittel erweist, das weniger in ihre Rechte eingreift.

---

662 *Puffer-Mariette*, Kronzeugenregelungen, S. 34.

663 *Engelsing*, ZWeR 2006, 179, 184; *Hammond*, Detecting and deterring cartels, S. 6 ff.; *Lutz*, BB 2000,677; 682; *Soltész*, EWS 2000, 240, 244 f.

664 Vgl. *Puffer-Mariette*; der sogar so weit geht, den Kronzeugenprogrammen eine alternativlose Effektivität und Effizienz zu bescheinigen: *Puffer-Mariette*, Kronzeugenregelungen, S. 28; wie hier *Arbault/Peiró*, Competition Policy Newsletter 2002, 15, 15; *Azevedo*, ECLR 2003, 400, 400; *Riley*, ELR 2000, 264, 280; *Schwab/Steinle*, ECLR 2008, 523, 523; *Steinberg*, WuW 2006, 719, 720.

665 *Wils*, WorldComp 2008, 335, 344.

666 Mitteilung der Kommission vom 29. April 2009, Bericht über das Funktionieren der Verordnung (EG) Nr. 1/2003 des Rates, KOM (2009) 206 endg.

Nachteilig für die Unternehmen ist bei der Kronzeugenregelung zunächst die Tatsache, dass die übermittelten Informationen von Dritten in späteren Schadensersatzklagen genutzt werden könnten. Dem hat die Kommission aber dadurch zu begegnen versucht, dass sie es ermöglicht hat, dass Informationen von den Unternehmen auch mündlich übermittelt werden können.[667]

Der Förderung von Kronzeugenregelungen als Ermittlungsmaßnahme könnte weiter entgegengehalten werden, dass sie nur für die Unternehmen milder sind, die in den Genuss einer deutlichen Reduzierung der Bußgelder kommen. Für alle anderen Unternehmen sei die Verwendung dieses Mittels aber um so drastischer. Der Sachverhalt wird der Kommission von dem Kronzeugen übermittelt. Die anderen Unternehmen befinden sich dann in der misslichen Situation, dass sie nicht nur den Verdacht der Kommission ausräumen, sondern auch konkret die vom Kronzeugen vorgetragenen Vorwürfe widerlegen müssen, die sie zunächst nicht einmal näher einschätzen können. Es kann insbesondere nicht ausgeschlossen werden, dass die Vorwürfe des Kronzeugen haltlos, undifferenziert oder zu weitreichend sind. Daher wird vertreten, dass die Kronzeugenregelung selbst gegen das Auskunftsverweigerungsrecht abgeleitet aus dem Grundsatz des fairen Verfahrens und der Unschuldsvermutung verstößt.[668]

Die Gefahr, dass sich ein Unternehmen in einem Kartellverfahren

gegen nicht begründete oder jedenfalls überzogene Vorwürfe wehren muss, ist sicherlich vorhanden. Wie oben ausgeführt, kann nicht ausgeschlossen werden, dass Kartellmitglieder den Kronzeugenantrag bewusst als Wettbewerbsmittel einsetzen. Diese Gefahr dürfte insbesondere bestehen, wenn die Zusammenarbeit im Kartell nicht mehr als lohnend empfunden wird. Zudem ist auch die Belastung der anderen Unternehmen durch eine entsprechende Aussage des Kronzeugen hoch. Sie könnten tatsächlich gezwungen sein, diese Aussagen aktiv zu widerlegen, da anderenfalls für sie negative Rückschlüsse aus den vorliegenden Informationen gezogen werden. Solche Rückschlüsse sind auch aus Sicht des EGMR nicht *per se* unzulässig:

> *"On the one hand, it is self-evident that it is incompatible with the immunities under consideration to base a conviction solely or mainly on the accused's silence or on a refusal to answer questions or to give evidence himself. On the other hand, the Court deems it equally obvious that these immunities cannot and should not prevent that the accused's*

667 Vgl. *Kommission*, Presseerklärung vom 6. Dezember 2006 zur Einführung der neuen Kronzeugenregelung, IP/06/1705.

668 So *Brinker*, in: Schwarze, Wirtschaftsverfassungsrechtliche Garantien, S. 197; *Schwarze*, WuW 2009, 6, 10; *Soltész*, EWS 2000, 240, 241.

silence, in situations which clearly call for an explanation from him, be taken into account in assessing the persuasiveness of the evidence adduced by the prosecution."[669]

Hierbei darf aber nicht übersehen werden, dass es gerade die Rechtsnatur der wettbewerbsbeschränkenden Vereinbarungen im Sinne des EU-Kartellrechts ist, dass mehrere Unternehmen daran beteiligt sind. Folglich könnte sich auch unabhängig von einer Kronzeugenregelung und bei Bejahung eines Auskunftsverweigerungsrechts die Situation ergeben, dass ein Unternehmen Auskünfte erteilt und die anderen nicht. Auch hier könnten die anderen Unternehmen dann plötzlich in die Verlegenheit geraten, selbst Auskünfte erteilen zu müssen, um falsche oder unhaltbare Vorwürfe zu korrigieren. Allerdings läge diese Entscheidung bei Anerkennung eines Auskunftsverweigerungsrechts noch immer in ihrer Sphäre. Sie könnten nicht durch die Kommission zur Aussage gezwungen werden.

Auch im Rahmen der Kronzeugenregelung erfolgt kein unmittelbarer Zwang durch die Kommission. Vielmehr ergibt sich der Zwang durch die anderen Unternehmen, die wiederum eine von der öffentlichen Gewalt geschaffene Möglichkeit nutzen. Hierin könnte man aber zumindest eine mittelbare Zwangsausübung sehen. Dies wäre insbesondere der Fall, wenn die Kronzeugenregelung genau aus diesem Grund gefördert würde. Auch wenn man die Befürchtungen, die Kronzeugenregelung könnte ihrerseits gegen den „*nemo tenetur*"-Grundsatz verstoßen mit der Begründung verneint, dass die Unternehmen selbst über eine Teilnahme entscheiden können[670], räumt dies nicht vollständig die Gefahr eines mittelbaren Zwangs durch die anderen Unternehmen aus.

Einige negative Effekte der Kronzeugenregelung könnten sicherlich ausgeglichen werden. So könnte man die Transparenz und Offenheit des Verfahrens erhöhen und insbesondere den anderen Unternehmen Fragerechte einräumen.[671] Die Fragerechte würden es ermöglichen, den Kronzeugen zu verpflichten, seine Vorwürfe zu substantiieren, so dass die Gefahr von haltlosen oder überhöhten Vorwürfen verringert würde, ohne das die anderen Unternehmen Aussagen zum eigenen Verhalten machen müssen. Solche Fragerechte sind ebenfalls Bestandteil des Rechts auf ein faires Verfahren.[672] Derzeit ist dies aber nicht vorgesehen. Die

---

669 *EGMR*, Urteil vom 8. Februar 1996, Application no. 18731/91, Murray/Großbritannien, Rn. 47.

670 *Puffer-Mariette*; Kronzeugenregelungen, S. 33; *Wils*, WorldComp 2003, 567; 580; in Bezug auf die Auslegung der verschiedenen Regelungen differenzierend: *Zagrosek*, Kronzeugenregelungen, 197.

671 *Schwarze*, EuR 2009, 171, 196.

672 *EGMR*, Urteil vom 15. Juni 1992, Application no. 12433/86, Lüdi/Schweiz, Rn. 47.

Möglichkeit, im Rahmen des Verfahrens nach Mitteilung der Beschwerdepunkte zu den Vorwürfen Stellung zu nehmen, ist hierfür gerade nicht ausreichend.

Folglich ist die Kronzeugenregelung aufgrund des dadurch faktisch geschaffenen Aussagezwangs für die anderen Unternehmen derzeit nicht als das mildere Mittel anzusehen. Zudem ergeben sich weitere Bedenken daraus, dass die Reduzierung der Bußgelder ungleich verteilt ist, was zu einem, durch die Regelung eigentlich nicht vorgesehenen, Wettbewerbsvorteil bei manchen Kronzeugen führen kann.

Somit ist die Nutzung des Auskunftsverlangens in der derzeitigen Form erforderlich.

(iv) Angemessenheit

Die Beschränkung der Unschuldsvermutung und des Rechts auf ein faires Verfahren durch das Geständnisverweigerungsrecht müssten auch angemessen sein. Wie oben bereits ausgeführt, ist hierbei aber die besondere Stellung der Verfahrensrechte zu beachten. Die Interessen der Allgemeinheit an der Ermittlung und Abstellung von Kartellen müssten deutlich die Interessen der Unternehmen überwiegen, damit die Einschränkung der Verfahrensrechte angemessen ist.

Die Allgemeinheit hat ein Interesse an der Aufklärung und Abstellung von Kartellrechtsverstößen. Diese Interessen umfassen neben dem grundsätzlichen Interesse der Allgemeinheit an der Einhaltung der Gesetze auch finanzielle und wirtschaftliche Interessen. Wie oben bereits dargestellt, ist der volkswirtschaftliche Schaden von Kartellen nicht unerheblich. Der Verbraucher hat oft unmittelbar unter kartellbedingt erhöhten Preisen zu leiden.

Zudem ist ein funktionierender Wettbewerb Grundlage eines einheitlichen Binnenmarkts. Hieran ändert auch die Tatsache nichts, dass die Verträge selbst nunmehr nicht mehr die ausdrückliche Verpflichtung vorsehen, dass die Union ein System schafft, dass den Wettbewerb vor Verfälschungen schützt - früher Art. 3 Abs. 1 lit. g EGV.[673] Der Wettbewerb ist weiterhin wesentlicher Bestandteil des Verständnisses der Wirtschaftspolitik, welches die Union kennzeichnet. Entsprechend sieht Art. 119 AEUV vor, dass die Tätigkeit der Union auch die Einführung einer Wirtschaftspolitik umfasst, die auf einer engen Koordinierung der Wirtschaftspolitik der Mitgliedstaaten, dem Binnenmarkt und der Festlegung gemeinsamer Ziele beruht und dem Grundsatz einer offenen Marktwirtschaft mit freiem Wettbewerb verpflichtet ist. Zudem haben

673 *Basedow*, EuZW 2008, 225, 225; *Behrens*, EuZW 2008, 193, 193; *Terhechte*, EuR 2008, 143, 170; *Weber*, EuZW 2008, 7, 7.

die Mitgliedstaaten das Prinzip Wettbewerb auf primärrechtlicher Ebene durch das Wettbewerbsprotokoll zum EUV-Lissabon festgeschrieben.

Auf Seiten der Unternehmen ist dagegen zunächst zu berücksichtigen, dass mit der Beantwortung eines Auskunftsverlangens ein hoher finanzieller und Arbeitsaufwand für das Unternehmen verbunden ist. Es muss die geforderten Informationen im Unternehmen sammeln und hierfür je nach Umfang des Auskunftsverlangens eine nicht geringe Anzahl an Mitarbeitern einbinden.[674]

Zudem werden Unternehmen, die Adressaten einer Auskunftsentscheidung sind, ihre Antworten rechtlich überprüfen lassen. Die hierdurch entstehenden Rechtsberatungskosten können ebenfalls ein beträchtliches Ausmaß erreichen. Die Notwendigkeit einer solchen rechtlichen Überprüfung wird durch den Umstand erhöht, dass die Voraussetzungen des Geständnisverweigerungsrechts, wie oben beschrieben, sehr unklar sind. Da die unrechtmäßige Verweigerung von Informationen sanktioniert wird, ist es für die Unternehmen wichtig zu wissen, welche Informationen sie übermitteln müssen und welche nicht.

Auf der anderen Seite könnten Vertreter oder befragte Mitarbeiter von Unternehmen, die keinen Verstoß begangen haben, aufgrund des mit der Befragung verbundenen Drucks vorschnell ungenaue oder sogar falsche Angaben machen, um die unangenehme Situation der Befragung so schnell wie möglich zu beenden.[675] Dieses Risiko steigt ebenfalls, wenn die Kommission eher vage Fragen stellt, da gerade unerfahrene Befragte leicht Vermutungen anstellen, welche Informationen die Kommission sucht und auf der Basis dieser Vermutungen unter Umständen irreführende Informationen übermitteln.

Diese Gefahr kann durch Inanspruchnahme einer spezialisierten Rechtsberatung zwar gemindert werden, aber nicht jedes Unternehmen ist in der Lage, die hierfür erforderlichen Kosten zu tragen.

Weiterhin haben die Unternehmen ein Interesse daran, die gegen sie geführten Verfahren mitgestalten zu können und nicht von vornherein nur in der passiven Rolle als „Stichwortgeber" beziehungsweise Beweislieferant zu fungieren. Zudem soll die Unschuldsvermutung dem Unternehmen einen Schutz davor bieten, zu einem bloßen Objekt des Verfahrens und zu einem Werkzeug bei der eigenen Überführung degradiert zu werden. Beide Aspekte basieren, wie oben dargestellt auf dem Recht-

674 *Wils*, WorldComp 2003, 567, 583.

675 *Wils*, WorldComp 2003, 567, 584.

staatsprinzip[676], welches somit auch mittelbar das Auskunftsverweigerungsrecht umfasst.[677]

Das Interesse der Unternehmen an Beachtung des Rechtsstaatsprinzips mit seinen Ausprägungen tritt daher neben das finanzielle Interesse, nicht mit den erheblichen Kosten der Ermittlungsarbeit belastet zu werden.

Stellt man diese Interessen den Interessen der Allgemeinheit gegenüber, so ist festzustellen, dass die Interessen der Allgemeinheit nicht zwangsnotwendig und offensichtlich überwiegen.

Nicht berücksichtigt werden darf insbesondere, dass die Ermittlung der Kommission durch die Verneinung eines Auskunftsverweigerungsrechts mit geringeren Kosten für die Allgemeinheit verbunden ist. Rein wirtschaftliche Erwägungen dürfen, insbesondere bei strafrechtsähnlichen Verfahren, nicht zur Rechtfertigung von Eingriffen in Verfahrensgarantien herangezogen werden.[678] Es kann sich nicht zu Lasten des Betroffenen - sei er nun natürliche oder juristische Person - auswirken, dass die Ausstattung der Behörde nicht ausreichend ist beziehungsweise dass Kostengründe für Eingriffe in seine Rechte sprechen.

Gegen eine solche Einschränkung der Verfahrensrechte der Betroffenen zur bloßen Erleichterung der Ermittlungsarbeit der Behörden hat sich auch der EGMR ausgesprochen. Insoweit hat er ausdrücklich bestätigt, dass die reine Komplexität einer Materie einen Eingriff in die Verfahrensrechte nicht rechtfertigen kann, selbst wenn dies für die Behörden einen erhöhten Aufwand bedeutet.[679]

Auch bei genauerer Betrachtung überwiegen die Interessen an der Ermittlung und Abstellung von Kartellrechtsverstößen weder unter dem wirtschaftlichen Aspekt noch unter dem Aspekt der Einhaltung der gesetzlichen Regelungen zum Schutz des Wettbewerbs. Vielmehr ist das Interesse der Unternehmen an der Beachtung ihrer Verfahrensgarantien, die sich aus dem Rechtsstaatsprinzip ableiten, vorrangig.

Das Rechtsstaatsprinzip enthält neben der - in den Verfahrensgrundrechten enthaltenen - subjektiven Schutzwirkung auch objektive Garan-

---

676 *Dannecker*, wistra 2004, 361, 362; *Schneider*, Strafrechtliches Selbstbegünstigungsprinzip, S. 42; *Streinz*, Europarecht, Rn. 776.

677 *Böse*, GA 2002, 98, 123; *Dannecker*, ZStW 1999, 257, 286; *Grünwald*, JZ 1968, 752, 752; *Minoggio*, wistra 2003, 121, 124; *Paeffgen*, Untersuchungshaft, S. 71; *Reiß*, Besteuerungsverfahren, S. 177; *Schneider*, Strafrechtliches Selbstbegünstigungsprinzip, S. 41; *Weiß*, Verteidigungsrechte im EG-Kartellverfahren, S. 372.

678 *De la Serre*, EPL 2006, 225, 245; *Schwarze*, EuZW 2003, 261, 266.

679 *EGMR*, Urteil vom 17. Dezember 1996, Application no. 19187/91, Saunders/Großbritannien, Rn. 74.

tien, die unmittelbar die Unionsorgane binden.[680] Der Grundsatz der Rechtsstaatlichkeit stellt eines der konstitutionellen Prinzipien des Unionsrechts dar.[681] Schon in der dritten Präambelerwägung des EUV wird die Rechtsstaatlichkeit als Fundament der Union und damit als theoretische Begründung justizieller Rechte hervorgehoben.[682] Bestärkt wird dieses Bekenntnis durch Art. 2 EUV.[683]

Auch die Unionsgerichte beteuern immer wieder, dass das Rechtsstaatsprinzip ein *„fundamentaler Grundsatz der Gemeinschaftsordnung"* sei und daher geachtet werden müsse.[684]

Sinn und Zweck der aus dem Prinzip abgeleiteten Rechte ist eine umfassende Kontrolle der hoheitlichen Gewalt, die auch in der Union unstreitig gewährleistet werden soll.[685] Die Freiheit des Einzelnen soll dadurch gesichert werden, dass jede Ausübung hoheitlicher Gewalt - insbesondere durch geordnete Verfahren - an das Recht gebunden wird.[686]

Nach dem Rechtsstaatsprinzip kann nur eine solche Sanktion rechtmäßig sein, deren Legitimität in einem Verfahren festgestellt worden ist, in dem alle Freiheitsrechte des Beschuldigten beachtet worden sind.[687] Nur durch die Einbettung in eine rechtsstaatliche Ordnung können die erforderlichen Freiheitseingriffe legitimiert werden.[688] Hierfür spricht auch die Entstehung des Auskunftsverweigerungsrechts. Als Abkehr vom Inquisitionsprozess markierte sie eine Neubestimmung des Verhältnisses

---

680 *Heintzen*, EuR 1997, 1, 9; *Zuleeg*, NJW 1994, 545, 547.

681 *Geiger*, EUV/EGV, Art. 6 EUV, Rn. 1; Grabitz/Hilf, *Hilf/Schorkopf*, Recht der EU, Art. 6 EUV, Rn. 8; Schwarze, *Stumpf*, EU-Kommentar, Art. 6, Rn. 7; *Ipsen*, in: Schwarze, Der Europäische Gerichtshof, 29, 58 f.; *Zuleeg*, FS für Carstens, Band 1, 289, 299.

682 *Schmitz*, EuR 2004, 691, 704.

683 Lenz/Borchardt, *Bitterlich*, EUV/EGV, Art. 6 EUV, Rn. 1.

684 *EuGH*, Urteil vom 23. April 1986, Rs. 294/83, Les Verts, Rn. 23; Urteil vom 13. Februar 1979, Rs. 101/78, Granaria, Rn. 5; *Heintzen*, EuR 1997, 1, 9; Schwarze, *Stumpf*, EU-Kommentar, Art. 6 EUV, Rn. 15 m. w. N; *Zuleeg*, NJW 1994, 545, 546.

685 *Calliess*, NJW 2002, 3577, 3577; Heselhaus/Nowak, *Nicolaysen*, Europäische Grundrechte, § 1, Rn. 60; *Müller-Graff*, EuR 1997, 433, 438; *Nicolaysen*, in: *Nowak*/Cremer, Individualrechtsschutz in der EG, 2002, S. 17; *Zuleeg*, NJW 1994, 545, 545.

686 Calliess/Ruffert, *Calliess*, EUV/EGV, Art. 6 EUV, Rn. 21; *Classen*, EuR 2008 - Beiheft 3, 7, 8; *Drabek*, ERPL 2001, 529, 531; Schwarze, *Stumpf*, EU-Kommentar, Art. 6 EUV, Rn. 15.

687 *Hoffmann*, Verfahrensgerechtigkeit, S. 159; *Vocke*, Ermittlungsbefugnisse, S. 110.

688 So auch *Bosch*, *„nemo tenetur"*-Prinzip, S. 71.

zwischen Staat und Individuum im konstitutionellen Verfassungsstaat.[689]

Insbesondere die Wahrung der individuellen Verfahrensrechte ermöglicht es den Betroffenen eines Verfahrens, ihre persönlichen Rechts- und Interessenpositionen effektiv gegenüber der Hoheitsgewalt geltend zu machen, so dass sie das Ergebnis eines Verfahrens eher akzeptieren können, da sie zumindest mit dessen Ablauf einverstanden sind.[690] Dies gilt grundsätzlich auch für das EU-Kartellverfahren.[691]

Je weiter die Ermittlungs- und Entscheidungsbefugnisse der Hoheitsgewalt ausgestaltet sind, umso wichtiger wird die Wahrung von Verfahrensrechten.

Wie bereits oben dargestellt, hat die Kommission umfangreiche Ermittlungsbefugnisse im europäischen Kartellverfahren. Diese wurden durch die Novellierung der Kartellverfahrensordnung noch ausgeweitet. Im Hinblick auf die Entscheidungsbefugnisse ist der Rahmen der Bußgeldhöhe zu erwähnen, der der Kommission zur Verfügung steht und den sie in letzter Zeit intensiver ausschöpft.[692]

Die Feststellung eines Verstoßes gegen die Vorschriften des Kartellrechts führt darüber hinaus zu schwerwiegenden Konsequenzen für die Unternehmen - Stichwort Bußgelder und Schadensersatzklagen.

Auch vor diesem Hintergrund ist es notwendig, dass die Ausübung der Ermittlungs- und Entscheidungsbefugnisse der Kommission dem Beschuldigten gegenüber ausreichend legitimiert ist und durch die Wahrung des Grundsatzes des fairen Verfahrens und der Unschuldsvermutung als Ausdruck des Rechtsstaatsprinzips abgesichert wird.

Geht man davon aus, dass die Existenz einer effektiven gerichtlichen Kontrollmöglichkeit hoheitlichen Handelns ein Kernstück der Rechtsstaatlichkeit ist,[693] so dient das Auskunftsverweigerungsrecht zumindest dem Schutz dieser Kontrollmöglichkeit, denn es ist für die Unternehmen schwierig, vor Gericht nachzuweisen, dass den von der Kommission im

689 *Reiß*, Besteuerungsverfahren, S. 185; *Schneider*, Strafrechtliches Selbstbegünstigungsprinzip, S. 40 f.

690 BVerfGE 53, 30, 64 ff.; *Bosch*, *„nemo tenetur“*-Prinzip, S. 71; *de la Serre*, EPL 2006, 225, 233; *Lesch*, JR 2005, 302, 303.

691 *Weiß*, Verteidigungsrechte im EG-Kartellverfahren, S. 372.

692 *Schwarze*, EuZW 2003, 261, 263; *Soltész/Steinle/Bielesz*, EuZW 2003, 202, 203; Wissmann/Dreyer/Witting, *Wissmann*, Ermittlungen im Unternehmen, § 1, Rn. 3.

693 *Calliess*, NJW 2002, 3577, 3577; *EuGH*, Urteil vom 23. April 1986, Rs. 294/83, Les Verts, Rn. 23; *Fredriksen*, ZEuS 2005, 99, 101; *Nicolaysen*, in: *Nowak*/Cremer, Individualrechtsschutz in der EG, S. 18.

Rahmen eines Auskunftsverlangens übermittelten Fakten eine andere Bedeutung zuzumessen ist.[694]

Vielmehr ist davon auszugehen, dass sich das Gericht insbesondere bei wirtschaftlich komplexen Sachverhalten - unter Hinweis auf deren Eigenständigkeit - der Bewertung der Kommission anschließt, wenn nicht eindeutige Faktoren für eine falsche Bewertung durch die Kommission sprechen.[695] Oder wie es der Gerichtshof formuliert:

> *„Nach der Rechtsprechung des Gerichtshofes [...] nimmt der Gemeinschaftsrichter zwar grundsätzlich eine umfassende Prüfung der Frage vor, ob die Tatbestandsmerkmale des Artikel 85 Absatz 1 des Vertrages [Anm. d. Verf.: jetzt Art. 101 EGV] erfüllt sind, er hat aber seine Überprüfung der Würdigung komplexer wirtschaftlicher Gegebenheiten durch die Kommission notwendig auf die Frage zu beschränken, ob die Verfahrensvorschriften eingehalten worden sind, ob die Begründung ausreichend ist, ob der Sachverhalt zutreffend festgestellt worden ist und ob keine offensichtlich fehlerhafte Würdigung des Sachverhalts und kein Ermessensmißbrauch vorliegen."*[696]

Zwingt man das Unternehmen somit im Rahmen der Ermittlungsverfahren der Kommission die Auskünfte uneingeschränkt zu erteilen, verkürzt man hiermit die Möglichkeiten der Unternehmen, um Rechtsschutz zu ersuchen. Die Fakten liegen vor und bei der Bewertung hat die Kommission einen großen Beurteilungsspielraum. Statt effektivem Rechtsschutz bleibt lediglich die Evidenzkontrolle. Somit ist die Beachtung eines Auskunftsverweigerungsrechts auch unter dem Aspekt der wirksamen gerichtlichen Kontrolle wichtig.

In Anbetracht der Bedeutung die Verfahrensrechte für die Wahrung des Rechtsstaatsprinzips haben, ist die Erschwerung der Durchsetzung der Wettbewerbsregeln, die durch Gewährung von Verfahrensrechten unter Umständen eintritt, hinzunehmen. In diesem Zusammenhang soll aber noch einmal unterstrichen werden, dass es vorliegend nicht darum geht, die Anwendung der Kartellrechtsregeln an sich zu verhindern. Es soll also nicht unter Berufung auf den Rechtsstaat[697] - Einforderung von Ver-

---

694 *Schwarze*, EuR 2009, 171, 191 f.

695 *EuGH*, Urteil vom 28. Mai 1998, Rs. C-7/95 P, John Deere, Rn. 34; Urteil vom 17. November 1987, verb. Rs. 142/84 und 156/84, Reynolds, Rn. 62; Urteil vom 11. Juli 1985, Rs. 42/84, Remia u. a., Rn. 34; *EuG*, Urteil vom 30. Januar 2007, Rs. T-340/03, France Télécom, Rn. 129.

696 *EuGH*, Urteil vom 28. Mai 1998, Rs. C-7/95 P, John Deere, Rn. 34.

697 Teilweise wird aufgrund der fehlenden Staatlichkeit der Union dafür plädiert, vorzugsweise von einer Rechtsgemeinschaft anstatt von einem Rechtsstaat zu sprechen - *Nicolaysen*, EuR 2003, 719, 720; Schwarze, *Stumpf*, EU-Kommentar, Art. 6, Rn. 7; von der Groeben/Schwarze, *Beutler*, EUV/EGV, Art. 6 EUV, Rn. 35.

fahrensrechten - ein anderer Aspekt des Rechtsstaats - Durchsetzung der Gesetze - ausgehebelt werden. Vielmehr geht es darum, die Durchsetzung der Gesetze in ein rechtsstaatliches Gerüst zu kleiden. Sollte dies im Einzelfall dazu führen, dass Gesetze weniger effektiv durchgesetzt werden können, so ist dies im Hinblick auf die große Bedeutung des Rechtsstaatsprinzips hinzunehmen.

Die rein finanziellen Interessen - seien es die Interessen der Allgemeinheit an der Vermeidung der volkswirtschaftlichen Schäden oder die Interessen an der Senkung der Administrationskosten - sind vor diesem Hintergrund erst recht nicht geeignet, eine Einschränkung fundamentaler Prinzipien der Rechtsordnung der Union zu rechtfertigen.

Folglich ist die Beschränkung der Verteidigung auf ein Geständnisverweigerungsrecht und damit die Verletzung des Auskunftsverweigerungsrechts der Unternehmen aus Art. 47 und 48 Charta sowie Art. 6 Konvention - abgeleitet aus dem Grundsatz des fairen Verfahrens und der Unschuldsvermutung - nicht angemessen und somit auch nicht verhältnismäßig.

3.4.3 Zwischenergebnis

Die derzeitige Beschränkung von Verfahrensrechten im Rahmen des EU-Kartellverfahrens auf ein Geständnisverweigerungsrecht ist unangemessen und verstößt daher gegen die justiziellen Grundrechte der Art. 47 und 48 Charta sowie Art. 6 Konvention.

4 Recht auf eine gute Verwaltung

Ein Recht auf Auskunftsverweigerung im Kartellverfahren könnte sich auch aus Art. 41 Charta ergeben. So bestimmt Art. 41 Abs. 1 Charta, dass jede Person ein Recht darauf hat, dass ihre Angelegenheit von den Organen der Union gerecht behandelt wird.

4.1 Eröffnung des Schutzbereichs

Die in dieser Vorschrift zusammengefassten Regelungen ergeben sich aus der Rechtsprechung des Gerichtshofs und teilweise auch aus dem AEUV.[698]

Auch in den Verfassungen einzelner Mitgliedstaaten wird ein solches Recht gewährleistet.[699]

---

698 Noch für den EGV: *Frenz*, Handbuch Europarecht, Band 4, Rn. 4519 f.; Meyer, *Magiera*, EU-Charta, Art. 41, Rn. 1; Tettinger/Stern, *Galetta/Grzeszick*, Kölner Gemeinschaftskommentar, Art. 41, Rn. 1.

699 Heselhaus/Nowak, *Heselhaus*, Europäische Grundrechte, § 57, Rn. 1; Meyer, *Magiera*, EU-Charta, Art. 41, Rn. 5; a. A. *Galetta*, EuR 2007, 57, 58.

Mit der ausdrücklichen Regelung in der Charta wurden die vorher bestehenden begrenzten Einzelrechte zu einem übergreifenden Recht zusammengefasst.[700]

Das Recht auf eine gute Verwaltung gilt ausdrücklich auch in EU-Kartellverfahren.[701]

Der Konvention kann ein Recht auf gute Verwaltung nicht entnommen werden. Allerdings enthält Art. 6 Konvention, wie oben dargestellt, zumindest einige Elemente des fairen Verfahrens, die auch auf Verwaltungsverfahren Anwendung finden können.[702]

Art. 41 Charta betrifft vorrangig die Außenbeziehung der Verwaltung, indem er jeder Person bestimmte Rechte gegenüber der Verwaltung einräumt.[703] Hierzu gehören neben den in Art. 41 Abs. 2 Charta ausdrücklich aufgeführten Rechten auch elementare Grundsätze, wie Rechtmäßigkeit, Nichtdiskriminierung, Verhältnismäßigkeit und das Missbrauchsverbot.[704] Zudem ergibt sich die Verpflichtung der Organe der Union, sorgfältig und unparteiisch alle relevanten Gesichtspunkte des Einzelfalls zu untersuchen.[705] Diese Grundsätze sollen allerdings auch durch die oben dargestellten justiziellen Grundrechte gewahrt werden.[706]

Daher stellt sich die Frage, in welchem Verhältnis die justiziellen Grundrechte zu Art. 41 Charta stehen. Insoweit wird vertreten, dass Art. 41 Charta das Verhalten der Verwaltung im Hinblick auf die vorzunehmende Maßnahme *ex ante* betrifft, während die justiziellen Rechte aus verwaltungsrechtlicher Sicht die „*ex post*"-Perspektive betreffen.[707] Diese Abgrenzung mag zwar aus Sicht der Verwaltung zutreffen, wird aber der Tatsache nicht gerecht, dass Grundrechte primär Rechte des Einzelnen sind, die dieser gegenüber der Hoheitsgewalt geltend macht.

---

700 *Galetta*, EuR 2007, 57, 59; Meyer, *Magiera*, EU-Charta, Art. 41, Rn. 5.

701 *EuG*, Urteil vom 18. Juni 2008, Rs. T-410/03, Hoechst GmbH, Rn. 129.

702 Vgl. *Drabek*, ERPL 2001, 529, 536; *Frenz*, Handbuch Europarecht, Band 4, Rn. 4521; Frowein/Peukert, *Peukert*, EMRK, Art. 6, Rn. 19; Grote/Marauhn, *Grabenwarter/Pabel*, EMRK/GG, Kap. 14, Rn. 17; Heselhaus/Nowak, *Heselhaus*, Europäische Grundrechte, § 57, Rn. 16; *Pache*, NVwZ 2001, 1342, 1343; *Schwarze*, EuGRZ 1993, 377, 377; Tettinger/Stern, *Galetta/Grzeszick*, Kölner Gemeinschaftskommentar, Art. 41, Rn. 2.

703 Meyer, *Magiera*, EU-Charta, Art. 41, Rn. 7.

704 *Frenz*, Handbuch Europarecht, Band 4, Rn. 4550; Meyer, *Magiera*, EU-Charta, Art. 41, Rn. 17; *Rengeling/Szczekalla*, EU-Grundrechte, Rn. 1089; Tettinger/Stern, *Galetta/Grzeszick*, Kölner Gemeinschaftskommentar, Art. 41, Rn. 42.

705 *EuG*, Urteil vom 18. Juni 2008, Rs. T-410/03, Hoechst GmbH, Rn. 129.

706 *Frenz*, Handbuch Europarecht, Band 4, Rn. 4589.

707 Heselhaus/Nowak, *Heselhaus*, Europäische Grundrechte, § 57, Rn. 4.

Vielmehr erscheint es vorzugswürdig, die Anwendung der justiziellen Rechte oder des Art. 41 Charta vom jeweilig zugrunde liegenden Verfahren abhängig zu machen. Handelt es sich bei dem Verfahren um ein reines Verwaltungsverfahren, so wäre Art. 41 Charta anwendbar, bei Gerichtsverfahren die justiziellen Rechte. Das Kartellverfahren ist eigentlich als Verwaltungsverfahren konzipiert, aufgrund der strafähnlichen Sanktionen, die in Form von Bußgeldern drohen, sollen insoweit aber, wie oben ausgeführt, strafprozessuale Garantien Anwendung finden, die sich aus den justiziellen Grundrechten ergeben.[708] Daher sind zumindest für EU-Kartellverfahren, in denen Sanktionen verhängt werden, die justiziellen Rechte im Vergleich zum Art. 41 Charta die spezielleren Rechte mit einer entsprechenden Verdrängungswirkung.[709] Wie oben dargestellt, erfolgt im Rahmen der EU-Kartellverfahren keine strikte Trennung zwischen reinen Verwaltungsverfahren und Bußgeldverfahren. Folglich wäre hier zumindest in Verfahren, in denen ein Bußgeld nicht ausgeschlossen werden kann, ein Auskunftsverweigerungsrecht nach den justiziellen Rechten zu bejahen.

Allerdings bestehen auch in reinen Verwaltungsverfahren, oftmals umfangreiche Auskunfts- und Mitwirkungsrechte, die gewährleisten sollen, dass die Behörden entscheidungsrelevante Informationen übermittelt bekommen, die sie für die Erfüllung ihrer Aufgaben benötigen.[710] Auch hier stellt sich natürlich die Frage, inwieweit die Befragten Auskunftsverweigerungsrechte gelten machen können. In Deutschland sind hierfür in fast allen nachkonstitionellen Gesetzen, in denen eine erzwingbare Auskunftspflicht enthalten ist, Regelungen aufgenommen worden, die den Betroffenen das Recht einräumen, die Auskunft zu verweigern, wenn sie sich anderenfalls der Gefahr einer straf- beziehungsweise bußgeldrechtlichen Verfolgung aussetzen würden.[711] Unklar ist insoweit lediglich, inwiefern sich diese Auskunftsverweigerungsrechte auch auf die Erstellung und Vorlage schriftlicher Aufzeichnungen beziehen oder ob insoweit lediglich ein Verwertungsverbot besteht.[712] Entsprechend könnte auch für das EU-Recht überlegt werden, bei Auskunftsverpflichtungen in reinen Verwaltungsverfahren zumindest dann ein Auskunftsverweigerungsrecht anzunehmen, wenn die Gefahr einer bußgeldrechtlichen Verwertung in einem anderen Verfahren besteht. Ein solches

---

708 *Frenz*, Handbuch Europarecht, Band 4, Rn. 4589; Meyer, *Eser*, EU-Charta, Art. 48, Rn. 11; *Schwarze*, EuZW 2003, 261, 264.

709 *Frenz*, Handbuch Europarecht, Band 4, Rn. 4589.

710 *Bärlein/Pananis/Rehmsmeier*, NJW 2002, 1825, 1826.

711 *Bärlein/Pananis/Rehmsmeier*, NJW 2002, 1825, 1827; *Dingeldey*, NStZ 1984, 529, 534.

712 *Hartung*, NJW 1988, 1070, 1071; *Michalke*, NJW 1990, 417, 419; *Verrel*, NStZ 1997, 361, 363.

Recht wäre dann unter Umständen mangels Anwendbarkeit strafprozessualer Garantien auf das Grundrecht der guten Verwaltung zu stützen.

4.2 Zwischenergebnis

Ein Auskunftsverweigerungsrecht für das EU-Kartellverfahren kann nicht aus dem Recht auf gute Verwaltung abgeleitet werden.

5 Wirtschaftliche Grundrechte

Neben den justiziellen Grundrechten könnte sich ein Auskunftsverweigerungsrecht auch aus den wirtschaftlichen Grundrechten ableiten, da diese Rechte Eingriffe der Organe der Union in die Wirtschaftstätigkeit regeln sollen.[713] Dies wäre dann der Fall, wenn die bisherige Praktizierung der Auskunftsentscheidung gegen diese Grundrechte verstößt.

Bedenkt man das ursprüngliche Wesen der Union - als primär ökonomischer Verbund[714] - verwundert es nicht, dass die Freiheit der wirtschaftlichen Betätigung als Ausgangspunkt der Entwicklung der europäischen Grundrechte bezeichnet wird.[715]

Die in der Charta enthaltenen wirtschaftlichen Grundrechte sind das Recht auf Berufsfreiheit (Art. 15), die unternehmerische Freiheit (Art. 16) und die Eigentumsfreiheit (Art. 17).[716]

Diese Rechte sind in einem unterschiedlichen Umfang auch in der Konvention und den anderen Grundrechtsquellen enthalten.

Daher stellt sich wie auch bei den justiziellen Rechten die Frage, welcher Quelle Schutzbereich und Beschränkungsmöglichkeit entnommen werden sollen. Wie oben erläutert, findet grundsätzlich die grundrechtsfreundlichste Norm Anwendung, wobei die Konvention nicht eingeschränkt werden darf und somit als unantastbarer Mindeststandard fungiert.[717]

5.1 Berufsfreiheit

5.1.1 Eröffnung des Schutzbereichs

Das wirtschaftliche Grundrecht der Berufsfreiheit ist in der Union vor allem als Freiheit der Marktbürger und Wirtschaftsteilnehmer zu verste-

713 *Rengeling/Szczekalla*, EU-Grundrechte, Rn. 771; *Schwarze*, EuZW 2004, 135, 139.

714 *Heringa/Verhey*, MJ 2001, 11, 13.

715 *Schilling*, EuGRZ 2000, 3, 11; *Schwarze*, FS für Kirchhoff, 245, 253; *ders.*, EuZW 2001, 517, 519; *Zuleeg*, NJW 1994, 545, 546.

716 *Grabenwarter*, DVBl 2001, 1, 5.

717 *Grabenwarter*, EuGRZ 2004, 563, 566; *Lemmens*, MJ 2001, 49, 55; *Lenaerts/de Smijter*, MJ 2001, 90, 98; *Schwartmann*, Archiv des Völkerrechts 2005, 129, 135 f.

hen und geht neben der Rechtsprechung des Gerichtshofs[718] auf verfassungsrechtliche Bestimmungen zurück, die es in diesem Bereich in fast allen Mitgliedstaaten gibt.[719]

Eine der Berufsfreiheit entsprechende Regelung existiert in der Konvention nicht.[720] Allerdings versucht der EGMR dies durch eine extensive Auslegung der Eigentumsfreiheit aus Art. 1 des ersten Zusatzprotokolls zur Konvention vom 20. März 1952 (ZP Nr. 1 Konvention) teilweise zu kompensieren. So subsumiert er Verhaltensweisen unter die Eigentumsgarantie, die üblicherweise der Berufsfreiheit unterfallen.[721]

Die Berufsfreiheit schützt jede Tätigkeit, die in der Regel gegen Entgelt erbracht wird und deren Umfang nicht völlig untergeordnet oder unwesentlich ist. Aus der Berufsfreiheit folgt, dass weder die Mitgliedstaaten noch die Union aktive Schritte unternehmen dürfen, um Menschen an der Arbeitsaufnahme oder deren Durchführung zu hindern.[722] Neben der Berufswahl schützt die Berufsfreiheit daher auch die Ausübung des Berufs.[723]

Die Berufsfreiheit steht als wirtschaftliches Grundrecht in Zusammenhang mit den anderen Grundrechten des entsprechenden Abschnitts der Charta. So weist sie eine enge Verzahnung mit der unternehmerischen Freiheit - Art. 16 Charta - auf.[724]

Auch ein Zusammenspiel zwischen Eigentumsfreiheit und Berufsfreiheit besteht, wobei beide Rechte danach abgegrenzt werden, ob das als Ergebnis einer Betätigung Erworbene oder aber die individuelle Erwerbstä-

---

718 *EuGH*, Urteil vom 30. Juli 1996, Rs. C-84/95, Bosphorus, Rn. 21; Urteil vom 13. Dezember 1994, Rs. C-306/93, Winzersekt, Rn. 22; Urteil vom 5. Oktober 1994, Rs. C-280/93, Bananen, Rn.78; Urteil vom 10. Januar 1992, Rs. C-177/90, Kühn, Rn. 15; Urteil vom 11. Juli 1989, Rs. 265/87, Schräder, Rn. 15; Urteil vom 14. Mai 1974, Rs. 4/73, Nold, Rn. 14.

719 Ehlers, *Ruffert*, Grundrechte und Grundfreiheiten, § 16, Rn. 5; *Frenz*, Handbuch Europarecht, Band 4, Rn. 2489; Meyer, *Bernsdorff*, EU-Charta, Art. 15, Rn. 1 f.; *Rengeling*, DVBl 2004, 453, 456; Tettinger/Stern, *Blanke*, Kölner Gemeinschaftskommentar, Art. 15, Rn. 10, 15.

720 Ehlers, *Wegener*, Grundrechte und Grundfreiheiten, § 5, Rn. 61; *Hilf/Hörmann*, NJW 2003, 1, 7; *Penski/Elsner*, DÖV 2001, 265, 270; Tettinger/Stern, *Blanke*, Kölner Gemeinschaftskommentar, Art. 15, Rn. 1.

721 *Frenz*, Handbuch Europarecht, Band 4, Rn. 2488; Grote/Marauhn, *Richter*, EMRK/GG, Kap. 9, Rn. 41; Heselhaus/Nowak, *Nowak*, Europäische Grundrechte, § 30, Rn. 14.

722 Tettinger/Stern, *Blanke*, Kölner Gemeinschaftskommentar, Art. 15, Rn. 22.

723 *Jarass*, EU-Grundrechte, § 20, Rn. 8; *Rengeling*, DVBl 2004, 453, 453; *Rengeling/Szczekalla*, EU-Grundrechte, Rn. 773; *Schwarze*, FS für Kirchhoff, 245, 252; Tettinger/Stern, *Blanke*, Kölner Gemeinschaftskommentar, Art. 15, Rn. 28.

724 Meyer, *Bernsdorff*, EU-Charta, Art. 15, Rn. 12.

tigkeit betroffen ist.[725] Aus Sicht des Gerichtshofs ist die Berufsfreiheit vor dem Hintergrund einer binnenmarktbezogenen Sichtweise als umfassende Gewährleistung der wirtschaftlichen Betätigungsfreiheit zu interpretieren und wurde daher bisher vom Gerichtshof häufig gemeinsam mit anderen Grundrechten geprüft.[726] Eine genaue Definition beziehungsweise Abgrenzung der Schutzbereiche nimmt der Gerichtshof - wie so häufig - dabei aber nicht vor.[727] Ob eine solche Abgrenzung im Bereich der ungeschriebenen Unions-Grundrechte notwendig ist,[728] soll an dieser Stelle nicht diskutiert werden. Im Rahmen der Prüfung der Charta ist sie allerdings unausweichlich, da neben der Berufsfreiheit auch die unternehmerische Freiheit und die Eigentumsfreiheit jeweils ausdrücklich in eigenen Vorschriften geschützt werden.[729]

Wird das Vorliegen einer erwerbsgepägten wirtschaftlichen Betätigung von gewisser Dauer für die Eröffnung des Schutzbereichs der Berufsfreiheit als ausreichend betrachtet,[730] könnte der Schutzbereich bei allen unternehmerischen Tätigkeiten eröffnet sein. Insbesondere die von Auskunftsverlangen betroffenen Unternehmen gehen einer solchen Tätigkeit nach, da die Ausrichtung der - wirtschaftlichen - Tätigkeit auf die Erzielung von Gewinn ein wichtiger Bestandteil der Unternehmensdefinition im europäischen Kartellrecht ist.[731]

Einen ersten Anhaltspunkt für die Abgrenzung der Berufsfreiheit von der Freiheit der wirtschaftlichen Betätigung ergibt sich aus der Erwägung zur Schaffung einer expliziten Vorschrift zum Schutz der Letzteren.

---

725 *Frenz*, Handbuch Europarecht, Band 4, Rn. 2502; *Jarass*, EU-Grundrechte, § 22, Rn. 4; Meyer, *Bernsdorff*, EU-Charta, Art. 15, Rn. 12; *Penski/Elsner*, DÖV 2001, 265, 269; *Rengeling/Szczekalla*, EU-Grundrechte, Rn. 781.

726 Meyer, *Bernsdorff*, EU-Charta, Art. 15, Rn. 17; *Penski/Elsner*, DÖV 2001, 265, 271; *Rengeling*, DVBl 2004, 453, 457; *Schwarze*, EuZW 2001, 517, 519.

727 Ehlers, *Ruffert*, Grundrechte und Grundfreiheiten, § 16, Rn. 9; *Frenz*, Handbuch Europarecht, Band 4, Rn. 2484; Heselhaus/Nowak, *Nowak*, Europäische Grundrechte, § 30, Rn. 12; *Schilling*, EuGRZ 2000, 3, 11.

728 Dagegen *Günter*, Berufsfreiheit und Eigentumsfreiheit, S. 23.

729 *Frenz*, Handbuch Europarecht, Band 4, Rn. 2507; Heselhaus/Nowak, *Nowak*, Europäische Grundrechte, § 31, Rn. 24.

730 Ehlers, *Ruffert*, Grundrechte und Grundfreiheiten, § 16, Rn. 11; *Frenz*, Handbuch Europarecht, Band 4, Rn. 2517; Heselhaus/Nowak, *Nowak*, Europäische Grundrechte, § 30, Rn. 38; *Jarass*, EU-Grundrechte, § 20, 7; Meyer, *Bernsdorff*, EU-Charta, Art. 15, Rn. 17.

731 Beispielsweise Langen/Bunte, *Bunte*, Kartellrecht, Band 2, Art. 81, Rn. 5; etwas differenzierter und nur eine Betätigung verlangend, die potentiell gegen Entgelt ausgeübt werden könnte: Loewenheim/Meessen/Riesenkampff, *Gippini-Fournier/Mojzesowicz*, Kartellrecht, Art. 81 Abs. 1 EG, Rn. 41.

Die unternehmerische Freiheit wurde explizit in die Charta aufgenommen, weil es im Konvent Vertreter gab, die befürchteten, dass die Charta im Rahmen der wirtschaftlichen Rechte zu sehr auf die

abhängige Beschäftigung ausgerichtet sei.[732]

Folglich bietet sich eine Abgrenzung danach an, ob die jeweilige Tätigkeit in einem Abhängigkeitsverhältnis ausgeführt wird oder nicht. Selbständige Tätigkeiten wären von der unternehmerischen Freiheit geschützt, wohingegen abhängige Tätigkeiten von der Berufsfreiheit erfasst würden.[733]

Juristische Personen agieren unabhängig im Wirtschaftsleben. Sie führen keine unselbständige Tätigkeit aus. Weisungsgebunden sind sie nur für den Fall, dass sie von anderen juristischen Personen beherrscht werden. Dies hat allerdings lediglich zur Folge, dass der Verbund aus Tochter- und Muttergesellschaft im Rahmen des EU-Kartellrechts als Einheit betrachtet wird.[734] Es folgt jedoch hieraus nicht, dass die Tochtergesellschaft eine abhängige Tätigkeit für die Muttergesellschaft ausübt. Folglich würde die Tätigkeit der juristischen Personen, die unter Umständen durch umfassende Aussagepflichten eingeschränkt wird, aufgrund der Selbständigkeit nicht der Berufsfreiheit, sondern der unternehmerischen Freiheit unterfallen.[735]

Diese Ansicht zur Abgrenzung der beiden Grundrechte wird aber nicht umfassend geteilt. Es gibt Meinungen in der Literatur, die unter die Berufsfreiheit sowohl selbständige als auch unselbständige Tätigkeiten fassen möchten.[736] Für die Abgrenzung wird hier auf die Eigenschaft des jeweils Handelnden abgestellt. Die Berufsfreiheit habe eher personalen Charakter.[737]

Wird der Handelnde daher den Unternehmen zugeordnet, so wäre Art. 16 Charta einschlägig, anderenfalls die Berufsfreiheit. Relevant wäre eine solche Unterscheidung bei Freiberuflern, die nach dieser Auffas-

---

732 Meyer, *Bernsdorff*, EU-Charta, Art. 16, Rn. 6; Tettinger/Stern, *Blanke*, Kölner Gemeinschaftskommentar, Art. 16, Rn. 1; von der Groeben/Schwarze, *Beutler*, EUV/EGV, Art. 6 EUV, Rn. 143.

733 Calliess/Ruffert, *Ruffert*, EUV/EGV, Art. 16 GRCh, Rn. 1; Ehlers, *Ruffert*, Grundrechte und Grundfreiheiten, § 16, Rn. 14; *Frenz*, Handbuch Europarecht, Band 4, Rn. 2686; *Günter*, Berufsfreiheit und Eigentumsfreiheit, 23; *Jarass*, EU-Grundrechte, § 20, Rn. 2.

734 Vgl. MK, *Engelsing/Schneider*, Kartellrecht, Band 1, Art. 23 VO 1/2003, Rn. 41.

735 *Jarass*, EU-Grundrechte, § 20, Rn. 10.

736 *Frenz*, Handbuch Europarecht, Band 4, Rn. 2516; *Rengeling/Szczekalla*, EU-Grundrechte, Rn. 774.

737 Heselhaus/Nowak, *Nowak*, Europäische Grundrechte, § 31, Rn. 4; Meyer, *Bernsdorff*, EU-Charta, Art. 16, Rn. 10; *Rengeling*, DVBl 2004, 453, 455.

sung zwar selbständig arbeiten, aber - anders als im Rahmen der weiten Definition, die im Kartellrecht Anwendung findet - kein Unternehmen seien.[738]

Diese Abgrenzung kann, wie bereits erwähnt, aufgrund der unterschiedlichen Definition von Unternehmen in der Praxis schwierig zu handhaben sein. Unabhängig hiervon würde sie im Rahmen der vorliegenden Frage aber zum gleichen Ergebnis kommen, da die juristischen Personen unzweifelhaft den Unternehmen zugeordnet werden können, mit der Folge, dass die Berufsfreiheit keine Anwendung findet.

Eine Abgrenzung könnte auch nach der Spezialität der Regelungen vorgenommen werden.[739] Hierbei wäre die unternehmerische Freiheit als das speziellere Grundrecht anzusehen, dass auch Teilaspekte der Berufsfreiheit umfasst.[740] Alle wirtschaftlichen Betätigungen, die nicht unter das Grundrecht der unternehmerischen Freiheit fallen würden, würden dann aber wieder von der Berufsfreiheit geschützt.[741] Zudem scheint es gerechtfertigt, zumindest für Selbständige die Grundrechte der Berufsfreiheit und der unternehmerischen Freiheit parallel anzuwenden, wenn es in dem speziellen Fall um Sachverhalte geht, die die Ausformung der Persönlichkeit des Menschen betreffen.[742]

Die parallele Anwendung der Berufsfreiheit und der unternehmerischen Freiheit kann für die vorliegende Untersuchung in den weit überwiegenden Fällen ausgeschlossen werden. Wie bereits ausgeführt, handelt es sich bei den vom Auskunftsverlangen der Kommission betroffenen Unternehmen vorrangig um juristische Personen. Sachverhalte, betreffend die Ausformung der Persönlichkeit des Menschen, sind insoweit naturgemäß nicht zu erwarten.

Gegenstand der Untersuchung ist die Mitwirkungspflicht von Unternehmen bei der Ermittlung von Kartellverstößen.

Diese Pflicht schränkt unter Umständen das Recht der Unternehmen ein, ihr Verhalten im Wirtschaftsleben selbst zu bestimmen. Ohne der ent-

---

738 *Frenz*, Handbuch Europarecht, Band 4, Rn. 2506.

739 Zum Vorrang speziellerer Regeln: *Lindner*, EuR 2007, 160, 163; *Scholz*, AöR 1975, 80, 113 (Fn 178) m. w. N.

740 *Frenz*, Handbuch Europarecht, Band 4, Rn. 2505; Heselhaus/Nowak, *Nowak*, Europäische Grundrechte, § 31, Rn. 30; *Jarass*, EU-Grundrechte, § 20, Rn. 4; Meyer, *Bernsdorff*, EU-Charta, Art. 16, Rn. 4.

741 *Frenz*, Handbuch Europarecht, Band 4, Rn. 489; *Jarass*, EU-Grundrechte, § 20, Rn. 4; Meyer, *Bernsdorff*, EU-Charta, Art. 15, Rn. 17; *Rengeling/Szczekalla*, EU-Grundrechte, Rn. 780.

742 Meyer, *Bernsdorff*, EU-Charta, Art. 16, Rn. 10; Streinz/Ohler, *Streinz*, EUV/EGV, Art. 15 Charta, Rn. 7; Tettinger/Stern, *Blanke*, Kölner Gemeinschaftskommentar, Art. 15, Rn. 25.

sprechenden Prüfung vorweggreifen zu wollen, kann festgestellt werden, dass dieser Sachverhalt deutlich näher an der unternehmerischen Freiheit als an der Berufsfreiheit liegt. Daher spricht auch die Anwendung der Abgrenzung nach Spezialität vorliegend für eine Verdrängung der Berufsfreiheit durch die unternehmerische Freiheit.

Hierbei ist zu beachten, dass der Gerichtshof diese Abgrenzung bisher nicht vorgenommen hat, so dass insoweit auch eine mögliche Verletzung der unternehmerischen Freiheit der bisherigen Rechtsprechung zur Berufsfreiheit unterfallen würde. Da vorliegend die richterrechtlich entwickelten Grundrechte aber nur ergänzend herangezogen werden sollen und mit der Prüfung der unternehmerischen Freiheit als eigenständiges Grundrecht keine Verkürzung des Rechtsschutzes verbunden ist, soll die undifferenzierte Prüfung des Gerichtshofs an dieser Stelle unberücksichtigt bleiben.

5.1.2 Zwischenergebnis

Auch wenn die Berufsfreiheit grundsätzlich auch auf juristische Personen anwendbar sein mag,[743] wird sie vorliegend durch die unternehmerische Freiheit verdrängt.

5.2 Unternehmerische Freiheit

5.2.1 Eröffnung des Schutzbereichs

(a) Sachlicher Schutzbereich

Art. 16 Charta enthält das Recht auf Anerkennung der unternehmerischen Freiheit.

Der Schutz der selbständigen unternehmerischen Freiheit wird aus dem Recht auf freie Berufsausübung abgeleitet[744] und steht wie diese in enger Beziehung zur Eigentumsfreiheit.[745] Der Gerichtshof fasst, wie oben erwähnt, dieses Recht ebenfalls als Unterfall der Berufsfreiheit auf und spricht insoweit von „wirtschaftlicher Betätigung“ oder „unternehmeri-

743 Ausdrücklich *Frenz*, Handbuch Europarecht, Band 4, Rn. 2534; *Rengeling*, DVBl 2004, 453, 455; Tettinger/Stern, *Blanke*, Kölner Gemeinschaftskommentar, Art. 15, Rn. 36.

744 Heselhaus/Nowak, *Nowak*, Europäische Grundrechte, § 31, Rn. 1; Meyer, *Bernsdorff*, EU-Charta, Art. 16, Rn. 1; Tettinger/Stern, *Blanke*, Kölner Gemeinschaftskommentar, Art. 16, Rn. 9; vgl. für das deutsche Recht: *Sodan*, DÖV 2000, 361, 363.

745 *Frenz*, Handbuch Europarecht, Band 4, Rn. 2652; *Hilf/Hörmann*, NJW 2003, 1, 5 f.

scher Freiheit".[746] In den Mitgliedstaaten ist das Recht auf unternehmerische Freiheit zum Teil eigenständig, auf jeden Fall aber als Teilgewährleistung anderer Rechte anerkannt.[747]

Vor diesem Hintergrund gehörte das Recht der unternehmerischen Freiheit bereits bisher zum geltenden Primärrecht in Form der Grundrechte.[748] Nun ist es in Art. 16 Charta auch ausdrücklich verankert.

In Bezug auf die Konvention kann festgestellt werden, dass der EGMR in letzter Zeit dazu übergegangen ist, Art. 1 ZP Nr. 1 Konvention weit auszulegen und die wirtschaftliche Freiheit, insbesondere die Freiheit Verträge zu schließen, darunter fasst.[749]

Eine ausdrückliche Gewährleistung einer unternehmerischen oder Gewerbefreiheit enthält die Konvention aber nicht.[750]

Das Recht der unternehmerischen Freiheit im Sinne von Art. 16 Charta setzt ein Unternehmen sowie eine unternehmerische Betätigung voraus.[751] Geschützt wird für diese - in Anlehnung an die Grundrechtsjudikatur des Gerichtshofs - die Freiheit der Ausübung einer Wirtschafts- und Geschäftstätigkeit einschließlich der Wettbewerbs- und Vertragsfreiheit.[752]

Unternehmen im Sinne der VO 1/2003 unterfallen zweifelsfrei dem Unternehmensbegriff des Art. 16 Charta. Unter die geschützten Tätigkeiten

---

746 *EuGH*, Urteil vom 9. September 2004, Rs. C-184/02, Spanien/Parlament und Rat, Rn. 51; Beschluss vom 13. November 2000, Rs. C-317/00 P(R), „Invest" Import und Export und Invest Commerce, Rn. 57; Urteil vom 14. Oktober 1999, Rs. C-104/97, Atlanta, Rn. 41; Urteil vom 21. März 1999, Rs. C-359/89, SAFA, Rn. 14; Urteil vom 21. Februar 1991, verb. Rs. C-143/88 und C-92/89, Zuckerfabrik Süderdithmarschen und Zuckerfabrik Soest, Rn. 76.

747 *Frenz*, Handbuch Europarecht, Band 4, Rn. 2656 f.; Heselhaus/Nowak, *Nowak*, Europäische Grundrechte, § 31, Rn. 10, 20; Meyer, *Bernsdorff*, EU-Charta, Art. 16, Rn. 2; *Müller*, Berufsfreiheit des Arbeitgebers, S. 22; Tettinger/Stern, *Blanke*, Kölner Gemeinschaftskommentar, Art. 16, Rn. 16.

748 *Jarass*, EU-Grundrechte, § 21, Rn. 1; *Parmar*, MJ 2001, 351, 356.

749 *Frenz*, Handbuch Europarecht, Band 4, Rn. 2658; Meyer, *Bernsdorff*, EU-Charta, Art. 16, Rn. 13; *Rengeling/Szczekalla*, EU-Grundrechte, Rn. 799.

750 Ehlers, *Wegener*, Grundrechte und Grundfreiheiten, § 5, Rn. 61; Heselhaus/Nowak, *Nowak*, Europäische Grundrechte, § 31, Rn. 5; *Hilf/Hörmann*, NJW 2003, 1, 7; Tettinger/Stern, *Blanke*, Kölner Gemeinschaftskommentar, Art. 16, Rn. 4.

751 *Jarass*, EU-Grundrechte, § 21, Rn. 6.

752 *Grabenwarter*, DVBl 2001, 1, 5; Heselhaus/Nowak, *Nowak*, Europäische Grundrechte, § 31, Rn. 30; *Jarass*, EU-Grundrechte, § 21, Rn. 1; Meyer, *Bernsdorff*, EU-Charta, Art. 16, Rn. 11; *Rengeling*, DVBl 2004, 453, 459; *Rengeling/Szczekalla*, EU-Grundrechte, Rn. 795; *Schwarze*, EuZW 2004, 135, 139; Tettinger/Stern, *Blanke*, Kölner Gemeinschaftskommentar, Art. 16, Rn. 6.

sind sämtliche Aktivitäten zu fassen, die erwerbsbezogen sind. Hierbei ist aber zu beachten, dass in Abgrenzung zur Berufsfreiheit eine selbständige Tätigkeit vorliegen muss.[753] Geschützt werden insbesondere neben der Aufnahme und Beendigung einer unternehmerischen Betätigung auch deren Durchführung.[754]

Insoweit stellt sich die Frage, ob die - durch ein Auskunftsverweigerungsrecht ermöglichte - Entscheidung, Aussagen zu erteilen oder zu verweigern in den Schutzbereich der von Art. 16 Charta geschützten selbständigen, erwerbsbezogenen Tätigkeiten fällt. Zweifel hieran könnten bestehen, da diese Entscheidung zunächst originär keinen unmittelbaren Einfluss auf die gemäß dem jeweiligen Unternehmenszweck ausgeübten wirtschaftlichen Tätigkeiten hat.

Versteht man die unternehmerische Freiheit - ebenso wie die Berufsfreiheit - aber als spezielle Ausprägung der allgemeinen Handlungsfreiheit,[755] so ist der Schutzbereich des Art. 16 Charta entsprechend weit auszulegen.[756]

Folglich enthält Art. 16 Charta die Freiheit, dass das Unternehmen, vertreten durch das jeweils zum Handeln befugte Organ, selbständig und in eigener Verantwortung unabhängig von nicht am Unternehmen beteiligten Personen nach selbstgesetzten Zielen

betrieben werden kann.[757]

Dieses Recht wäre dann nicht auf das Marktverhalten im engeren Sinne - also beispielsweise Geschäftsentscheidungen - begrenzt, sondern würde auch die hier geprüften Entscheidungen über das Verhalten im Fall von Ermittlungsmaßnahmen umfassen, die eher im Bereich der Administration angesiedelt sind. Für diese Auslegung spricht, dass der Gerichtshof offenbar auch den Schutz vor Offenlegungsverpflichtungen in Bezug auf Geschäftsunterlagen vom Anwendungsbereich der unternehmerischen Freiheit umfasst ansehen will.[758]

---

753 Tettinger/Stern, *Blanke*, Kölner Gemeinschaftskommentar, Art. 16, Rn. 10; *Jarass*, EU-Grundrechte, § 21, Rn. 6.

754 *Jarass*, EU-Grundrechte, § 21, Rn. 7; *Sodan*, DÖV 2000, 361, 364.

755 *Frenz*, Handbuch Europarecht, Band 4, Rn. 2657; Heselhaus/Nowak, *Nowak*, Europäische Grundrechte, § 30, Rn. 59; gegen eine zu enge Anlehnung an die allgemeine Handlungsfreiheit: Ehlers, *Ruffert*, Grundrechte und Grundfreiheiten, § 16, Rn. 10.

756 *Frenz*, Handbuch Europarecht, Band 4, Rn. 2691; Heselhaus/Nowak, *Nowak*, Europäische Grundrechte, § 30, Rn. 28.

757 *Müller*, Berufsfreiheit des Arbeitgebers, S. 22.

758 *EuGH*, Beschluss vom 23. September 2004, verb. Rs. C-435/02 und C-103/03, Axel Springer, Rn. 48 f.

Darauf, ob die Tätigkeit erlaubt ist, kommt es nicht an.[759] Daher ist es ohne Belang, dass die Verweigerung einer Auskunft unter Umständen dazu dient, begangene Verstöße gegen das Kartellrecht zu verschleiern.

Durch die Verurteilung von Unternehmen zur Zahlung von Geldbußen können diese Unternehmen in erhebliche finanzielle Nöte geraten. Zwar ist der Höchstbetrag der Geldbuße auf 10 % des jeweiligen im vorausgegangenen Geschäftsjahr erzielten Gesamtumsatzes begrenzt, gleichwohl stellt diese Eingrenzung nicht sicher, dass dem Unternehmen vom Umsatz tatsächlich genügend verfügbare Geldmittel verblieben sind, um die Buße zu bezahlen.

Dieses Problem kann sich im Fall von Geldbußen gegen verbundene Unternehmen sogar noch verstärken. Hier orientiert sich die Höchstgrenze der Geldbußen, am Umsatz der ganzen Unternehmensgruppe.

Folglich kann es passieren, dass die gegen ein Unternehmen dieser Gruppe verhängte Geldbuße dieses Unternehmen sogar komplett zahlungsunfähig macht, weil beispielsweise die Muttergesellschaft zu einer wirtschaftlichen Unterstützung nicht bereit ist. Damit wird das Unternehmen vollständig handlungsunfähig.[760]

Selbst wenn eine Zahlungsunfähigkeit nicht eintritt, so werden die Bußgelder in der Regel den Verhaltensspielraum von Unternehmen auf dem Markt empfindlich einschränken. Eine Mitwirkung hieran widerspricht dem Selbsterhaltungsinteresse der Unternehmen.

Folglich ist das Recht der Unternehmen, auf Durchführung ihrer unternehmerischen Tätigkeit berührt, wenn sie selbst bei der Gefahr dieser gravierenden Folgen zur Kooperation mit der Kommission verpflichtet sind.

Selbst wenn man - entgegen der soeben geäußerten Ansicht - davon ausgehen möchte, dass administrative Tätigkeiten nicht unmittelbar vom Schutzbereich des Art. 16 Charta umfasst sind, würde eine Auskunftsverpflichtung, wie sie mangels Auskunftsverweigerungsrechten besteht, die unternehmerische Freiheit berühren.

Vor diesem Hintergrund fällt das Recht der Unternehmen, im Rahmen von Auskunftsverlangen selbst über ihre Kooperation mit der Kommission zu entscheiden, in den Schutzbereich des Art. 16 Charta.

---

759 *Jarass*, EU-Grundrechte, § 21, Rn. 6.

760 Dieses Risiko sieht bei der heutigen Bußgeldhöhe auch *Wagner-von Papp*, WuW 2010, 268, 271.

(b) Anwendbarkeit auf juristische Personen

Es wurde bereits festgestellt, dass auch der Gerichtshof die Auffassung vertritt, dass juristische Personen grundsätzlich Träger von Grundrechten sein können.[761]

Die wirtschaftsbezogenen Grundrechte sind schon ihrer Natur nach in besonderer Weise für eine Anwendung auf juristische Personen geeignet, da die überwiegende Zahl der Wirtschaftsteilnehmer der Union zu diesem Kreis gehören dürfte.[762]

Zudem sind die Unternehmen in der Union den gleichen Regeln und Eingriffen in ihre Rechtspositionen ausgesetzt, wie es natürliche Personen sind.[763]

Vor diesem Hintergrund schützt Art. 16 Charta nicht nur die unternehmerische Freiheit natürlicher Personen, sondern auf diesen Schutz können sich auch juristische Personen berufen.[764] Art. 16 Charta steht als Jedermann-Recht auch natürlichen und juristischen Personen aus Drittländern zu.[765]

5.2.2 Einschränkung

Auch mittelbare Beeinträchtigungen der Grundrechte gelten als eine rechtfertigungsbedürftige Einschränkung.[766] Eine solche liegt daher im Rahmen der unternehmerischen Freiheit immer dann vor, wenn sich Maßnahmen der Union wahrnehmbar auf die Aufnahme oder Durchführung einer selbständigen wirtschaftlichen Tätigkeit auswirken.[767]

---

761 Vgl. *Schwarze*, FS für Kirchhoff, 245, 251; *ders.*, EuZW 2001, 517, 518.

762 *Frenz*, Handbuch Europarecht, Band 4, Rn. 2671; Heselhaus/Nowak, *Nowak*, Europäische Grundrechte, § 31, Rn. 39; *Rengeling*, DVBl 2004, 453, 455; Streinz/Ohler, *Streinz*, EUV/EGV, Art. 16 Charta, Rn. 7.

763 Meyer, *Bernsdorff*, EU-Charta, Art. 16, Rn. 16.

764 Calliess/Ruffert, *Ruffert*, EUV/EGV, Art. 16 GRCh, Rn. 3; Heselhaus/Nowak, *Nowak*, Europäische Grundrechte, § 31, Rn. 39; *Jarass*, EU-Grundrechte, § 21, Rn. 9; Meyer, *Bernsdorff*, EU-Charta, Art. 16, Rn. 16; *Rengeling*, DVBl 2004, 453, 459; *Schwarze*, EuZW 2001, 517, 518.

765 *Frenz*, Handbuch Europarecht, Band 4, Rn. 2673; *Jarass*, EU-Grundrechte, § 21, Rn. 9; Meyer, *Bernsdorff*, EU-Charta, Art. 16, Rn. 17; Tettinger/Stern, *Blanke*, Kölner Gemeinschaftskommentar, Art. 16, Rn. 15.

766 *Frenz*, Handbuch Europarecht, Band 4, Rn. 493; Heselhaus/*Nowak*, *Nowak*, Europäische Grundrechte, § 31, Rn. 41; *Jarass*, EU-Grundrechte, § 6, Rn. 19 ff.; *Penski/Elsner*, DÖV 2001, 265, 267; *Rengeling/Szczekalla*, EU-Grundrechte, § 7, Rn. 516; *Tettinger/Stern*, *von Danwitz*, Kölner Gemeinschaftskommentar, Art. 52, Rn. 32.

767 Tettinger/Stern, *Blanke*, Kölner Gemeinschaftskommentar, Art. 16, Rn. 19 i. V. m. Art. 15, Rn. 41.

Art. 18 VO 1/2003 verpflichtet die Unternehmen zur Kooperation mit der Kommission im Rahmen der Auskunftsentscheidung. Ein Auskunftsverweigerungsrecht ist, wie dargestellt, nicht vorgesehen. Lediglich ein Geständnis dürfen die Unternehmen verweigern.

Verweigern die Unternehmen die Mitarbeit, so kann die Kommission Zwangsgelder gegen sie verhängen. Nach Ansicht des Gerichtshofs stellen Sanktionsmaßnahmen, wie etwa Zwangsgelder, die wegen eines bestimmten unternehmerischen Verhaltens verhängt wurden, Eingriffe in das Grundrecht auf unternehmerische Freiheit dar.[768]

Zum anderen ist die Beantwortung einer Auskunftsentscheidung oft mit einem hohen organisatorischen Aufwand im Unternehmen verbunden. Auch solche, einen administrativen Aufwand auslösende Verpflichtungen wirken sich unmittelbar auf die Ausübung der unternehmerischen Freiheit aus, so dass ein Eingriff vorliegt. [769]

Unternehmen werden ihr Verhalten stets darauf ausrichten, dass das Unternehmen gefördert und nicht gefährdet wird.

Die Verhängung von Bußgeldern bedroht die Handlungsfähigkeit der Unternehmen durch die damit verbundenen finanziellen Belastungen. Folglich würden Unternehmen nicht ohne Weiteres an der Ermittlung von vermuteten eigenen Kartellrechtsverstößen teilhaben, da die Aufklärung die Voraussetzung für die Verhängung von Bußgeldern ist.

Durch das fehlende Auskunftsverweigerungsrecht im Rahmen der Auskunftsentscheidungen werden sie aber zu diesem - ihren Interessen zuwiderlaufendem - Verhalten gezwungen. Daher stellt Art. 18 VO 1/2003 auch unter diesem Aspekt einen Eingriff in die unternehmerische Freiheit dar.

Darüber hinaus kann sich der Betroffene von den Äußerungen anderer - seien es Zeugenaussagen oder Beschuldigungen der Ermittlungsbehörden - leichter distanzieren. An seinen eigenen Aussagen wird er aber zunächst festgehalten werden. Er kann sich hiervon nicht lösen, ohne das seine Aussagen insgesamt inkonsistent erscheinen, was sich wiederum nicht nur negativ auf das weitere Verfahren, sondern auch auf sein Bild in der Öffentlichkeit auswirkt.[770]

---

768 *EuGH*, Beschluss vom 13. November 2000, Rs. C-317/00 P(R), „Invest“ Import und Export und Invest Commerce, Rn. 59; Urteil vom 30. Juli 1996, Rs. C-84/95, Bosphorus, 22.

769 *Penski/Elsner*, DÖV 2001, 265, 271; ausdrücklich für die vergleichbaren Fälle der Einschränkung der Berufsfreiheit: *Holznagel/Schulz*, MMR 2002, 364, 369.

770 *Böse*, GA 2002, 98, 100.

Eine Aussageverpflichtung zwingt dem Unternehmen damit auch eine gewisse Außendarstellung auf, was wiederum die unternehmerische Freiheit beschränkt.

Zudem wird der Beschuldigte durch eine Auskunftspflicht gezwungen, sich einen Teil des staatlichen Vorwurfs zu eigen zu machen, indem er - auch schon durch reine Tatsachenangaben - dessen Grundlage wiedergibt. Die spätere Möglichkeit, an der Bewertung der Tatsachen mitzuwirken, die das Gericht hervorhebt,[771] hat realistischerweise wenig Aussicht auf Erfolg.[772]

Eine Pflicht zur Übermittlung belastender Informationen schränkt somit auch die Möglichkeiten des Unternehmens zur Festlegung einer effektiven eigenen Verteidigung im Kartellverfahren ein.

5.2.3 Rechtfertigung

(a) Primärrecht

Wie bereits ausgeführt, sind alle Grundrechte im Einklang mit den Verträgen auszulegen und unterliegen insofern immanenten Schranken des Primärrechts.[773]

Als solche Schranke kämen vorliegend ebenfalls die Wettbewerbsregeln - Art. 101 und 102 AEUV - in Betracht. Wie oben bereits dargestellt, dienen diese Vorschriften zur Schaffung und Erhaltung eines Systems, welches den Wettbewerb vor Verfälschungen schützt und auch nicht durch die unternehmerische Freiheit ausgehebelt werden kann.

Allerdings muss auch im Rahmen der Prüfung der unternehmerischen Freiheit zwischen den eigentlichen Verstößen und den Rechten von Unternehmen im Verfahren zur Ermittlung dieser Verstöße unterschieden werden. Das Recht der Unternehmen, im Ermittlungsverfahren ihr Verhalten selbst zu bestimmen - und notfalls die Aussage zu verweigern - verstößt selbst nicht gegen die Wettbewerbsregeln und dient auch nicht der Rechtfertigung entsprechender Verstöße. Zudem ist, wie oben geprüft, eine unbedingte Auskunftspflicht zur Durchsetzung des Kartellrechts nicht zwingend erforderlich. Daher ist eine Einschränkung der unternehmerischen Freiheit durch das EU-Kartellrecht insoweit nicht angezeigt.

771 *EuG*, Urteil vom 20. Februar 2001, Rs. T-112/98, Mannesmannröhren-Werke, Rn. 78.

772 *Böse*, GA 2002, 98, 126; *Vocke*, Ermittlungsbefugnisse, S. 146.

773 *Penski/Elsner*, DÖV 2001, 265, 272.

Weitere primärrechtliche Vorschriften, die eine Beschränkung des Rechts der Unternehmen, ihr Verhalten im Ermittlungsverfahren selbst zu bestimmen, erfordern würden, sind nicht ersichtlich.

(b) Grundrechtliche Rechtfertigung

Die Unionsgerichte haben in ihrer bisherigen Rechtsprechung zu den wirtschaftlichen Grundrechten immer wieder betont, dass diese aber auch abseits der Schranken des Primärrechts nicht einschränkungslos gewährt werden, sondern gewisse Eingriffe zulässig sind.[774]

Ausdrücklich heißt es für die unternehmerische Freiheit:

> *„Folglich kann die wirtschaftliche Betätigungsfreiheit namentlich im Rahmen einer gemeinsamen Marktorganisation Beschränkungen unterworfen werden, sofern diese Beschränkungen tatsächlich dem Gemeinwohl dienenden Zielen der Gemeinschaft entsprechen und keinen im Hinblick auf den verfolgten Zweck unverhältnismäßigen, nicht tragbaren Eingriff darstellen, der die so gewährleisteten Rechte in ihrem Wesensgehalt antastet (vgl. Urteil des Gerichtshofes vom 11. Juli 1989 in der Rechtssache 265/87, Schräder, Slg. 1989, 2237, Randnr. 15).“*[775]

Die Unionsgerichte gehen in ihrer Prüfung aber insbesondere im Rahmen der Verhältnismäßigkeitsprüfung sehr kursorisch vor. Häufig ist die Prüfung der Verhältnismäßigkeit darauf beschränkt, verfolgtes Unionsinteresse und betroffenes Individualinteresse gegeneinander abzuwägen, ohne vorher ausreichend die Geeignetheit und Erforderlichkeit geprüft zu haben.[776]

Gleichwohl genügt diese Regelung der Grundrechtseinschränkung bei rechtsvergleichender Betrachtung rechtsstaatlichen Ansprüchen, wenn die Interessen der Parteien auch bei dieser kursorischen Prüfung grundsätzlich ausreichend berücksichtigt werden und hiermit keine Verkürzung des Rechtsschutzes einhergeht.[777]

Wie oben ausgeführt, können nach der Charta Einschränkungen der in ihr enthaltenen Rechte gerechtfertigt sein - Art. 52 Abs. 1 Charta.[778]

---

774 *Schilling*, EuGRZ 2000, 3, 11; *Zuleeg*, NJW 1994, 545, 547.

775 *EuG*, Urteil vom 11. Dezember 1996, Rs. T-521/93, Atlanta, Rn. 62 - bestätigt durch *EuGH*, Urteil vom 14. Oktober 1999, Rs. C-104/97 P, Atlanta, Rn. 41 ff.

776 *Hilf/Hörmann*, NJW 2003, 1, 6; *Pache*, EuR 2001, 475, 488.

777 Vgl. *Schwarze*, FS für Kirchhoff, 245, 248; *ders.*, EuZW 2001, 517, 521. a. A. *Kenntner*, ZRP 2000, 423, 425; *Pache*, EuR 2001, 475, 489 f.

778 *Jarass*, EU-Grundrechte, § 20, Rn. 13; *Rengeling/Szczekalla*, EU-Grundrechte, Rn. 790; Tettinger/Stern, *Blanke*, Kölner Gemeinschaftskommentar, Art. 15, Rn. 42.

Die allgemeine Schrankenregelung gilt aber nicht für Grundrechte, welche speziellere Schranken enthalten, die die Anwendung des Art. 52 Abs. 1 Charta ausschließen.[779]

Art. 16 Charta enthält eine Formulierung, die als eigenständiger Vorbehalt - der zu der allgemeinen Schranke des Art. 52 Abs. 1 Charta hinzutritt - verstanden werden könnte.[780]

Die unternehmerische Freiheit wird danach nach dem Unionsrecht sowie den einzelstaatlichen Rechtsvorschriften und Gepflogenheiten anerkannt. Würde man dies tatsächlich als eigenständigen Vorbehalt anerkennen, so würde sich hieraus eine sehr weitgehende Beschränkungsmöglichkeit ergeben.[781] Teilweise wird versucht, diese Ausweitung der Beschränkung dadurch zu mildern, dass die Vorgaben des Art. 52 Abs. 1 Charta gleichwohl beachtet werden müssen.[782]

Eine andere Ansicht will den Hinweis auf das „Unionsrecht" und die „einzelstaatlichen Rechtsvorschriften und Gepflogenheiten" im Wortlaut der Vorschrift nicht als speziellen Vorbehalt, sondern als eine Umschreibung des Schutzbereichs verstehen.[783] Die Einschränkungen dagegen sollen allein an Art. 52 Abs. 1 Charta gemessen werden.[784]

Der zweiten Ansicht ist zu folgen. Zunächst ist nicht einzusehen, warum die unternehmerische Freiheit in einem stärkeren Maße eingeschränkt werden können soll als die Berufsfreiheit. Beide Chartarechte basieren auf dem vom Gerichtshof bisher einheitlich geprüften Recht der „wirtschaftlichen Betätigung". Würde man jetzt für die - lange umstrittene[785] - eigenständige Garantie der unternehmerischen Freiheit eine weitere Beschränkungsmöglichkeit vorsehen, so würde das Chartagrundrecht hinter den bisherigen Schutzstandard zurückfallen.[786]

---

779 *Grabenwarter*, DVBl 2001, 1, 2.

780 Meyer, *Bernsdorff*, EU-Charta, Art. 16, Rn. 15; *Schwarze*, EuZW 2001, 517, 519.

781 *Grabenwarter*, DVBl 2001, 1, 5; *Jarass*, EU-Grundrechte, § 21, Rn. 16; *Schwarze*, FS für Kirchhoff, 245, 257; *ders.*, EuZW 2001, 517, 521.

782 Calliess/Ruffert, *Ruffert*, EUV/EGV, Art. 16 GRCh, Rn. 5; Heselhaus/Nowak, *Nowak*, Europäische Grundrechte, § 31, Rn. 44; Meyer, *Bernsdorff*, EU-Charta, Art. 16, Rn. 15; *Rengeling/Szczekalla*, EU-Grundrechte, Rn. 797; *Schwarze*, EuZW 2004, 135, 140.

783 *Frenz*, Handbuch Europarecht, Band 4, Rn. 2667; Tettinger/Stern, *Blanke*, Kölner Gemeinschaftskommentar, Art. 16, Rn. 2.

784 Tettinger/Stern, *Blanke*, Kölner Gemeinschaftskommentar, Art. 16, Rn. 19.

785 Heselhaus/Nowak, *Nowak*, Europäische Grundrechte, § 31, Rn. 25; Meyer, *Bernsdorff*, EU-Charta, Art. 16, Rn. 4 ff.; *Rengeling/Szczekalla*, EU-Grundrechte, Rn. 797.

786 *Frenz*, Handbuch Europarecht, Band 4, Rn. 2662.

Darüber hinaus ist es ohnehin selbstverständlich, dass Grundrechte auch Regelungen des Unionsrechts zumindest berücksichtigen müssen. Gleichfalls unterliegen aber auch diese Rechte wiederum den Vorgaben des Art. 52 Abs. 1 Charta.[787] Der Ausgleich zwischen diesen Polen kann im Rahmen der Prüfung der Verhältnismäßigkeit erfolgen.

Die Aufnahme des Hinweises auf das Unionsrecht und die Rechte und Gepflogenheiten der Mitgliedstaaten diente daher anderen Zielen. Der Sinn des Zusatzes liegt zunächst darin, dass klargestellt werden sollte, dass die Grundrechtecharta nicht in die verfassungsmäßige Ordnung der Mitgliedstaaten eingreift.[788]

Zudem erfolgte die Aufnahme dieses Passus, um jenen Vertretern im Konvent ein Zugeständnis zu machen, die gegen eine eigenständige Aufnahme der unternehmerischen Freiheit in die Charta waren.

Eigenständige Schranken sollten hiermit nicht geschaffen werden.[789]

Daher ist auch im Rahmen der Verletzung der unternehmerischen Freiheit zunächst zu prüfen, ob der Eingriff von einer gesetzlichen Ermächtigungsgrundlage gedeckt ist. Danach ist zu prüfen, ob die Beschränkung des Grundrechtes einem legitimen Ziel dient, wobei die Beschränkung insgesamt verhältnismäßig sein muss. Abschließend wird gem. Art. 52 Abs. 1 Satz 1 Charta geprüft, ob die Wesensgehaltsgarantie beachtet wurde.[790]

(i) Gesetzliche Grundlage

Wie bereits oben festgestellt, ist die Bestimmtheit der gesetzlichen Grundlage für die Auskunftsverweigerungsrechte - Art. 18 Abs. 1 VO 1/2003 - zweifelhaft.

(ii) Verhältnismäßigkeit

Auch Eingriffe in die unternehmerische Freiheit müssen aber verhältnismäßig sein.

---

787 Meyer, *Bernsdorff*, EU-Charta, Art. 16, Rn. 15; *Rengeling*, in: Schwarze, Verfassungsentwurf, S. 349.

788 *Calliess*, EuZW 2001, 261, 264 f.; *Frenz*, Handbuch Europarecht, Band 4, Rn. 2664; *Pietsch*, ZRP 2003, 1, 4; *Schwarze*, EuR 2003, 535, 561 f.; Tettinger/Stern, *Blanke*, Kölner Gemeinschaftskommentar, Art. 16, Rn. 8.

789 Heselhaus/Nowak, *Nowak*, Europäische Grundrechte, § 31, Rn. 25; *Rengeling/Szczekalla*, EU-Grundrechte, Rn. 797.

790 *Penski/Elsner*, DÖV 2001, 265, 272; *Pernice*, NJW 1990, 2409, 2415; *Schmitz*, EuR 2004, 691, 709; von Bogdandy/Bast, *Kühling*, Europäisches Verfassungsrecht, S. 691.

Folglich wird geprüft, ob die Maßstäbe der Geeignetheit, Erforderlichkeit und Angemessenheit im Hinblick auf die Erreichung des legitimen Ziels beachtet werden.[791]

Auch der Gerichtshof überprüft schon jetzt die Einschränkung von Grundrechten im Hinblick darauf, ob:

> *„[...] die Handlungen der Gemeinschaftsorgane nicht die Grenzen dessen überschreiten, was zur Erreichung der mit der fraglichen Regelung zulässigerweise verfolgten Ziele geeignet und erforderlich ist. [...] [und] die verursachten Nachteile in angemessenem Verhältnis zu den angestrebten Zielen stehen."*[792]

Im Rahmen von Grundrechtsbeeinträchtigungen, die auf einem Unionsrechtsakt basieren, ist die Kontrollierbarkeit durch den Gerichtshof aber beschränkt. Dem Unionsgesetzgeber wird ein Ermessen eingeräumt, wie er der politischen Verantwortung gerecht wird, die ihm mit den Regelungen des Primärrechts übertragen werden.

Den Rahmen für dieses Ermessen geben die Ziele der Union vor. Soll die Regelung einen Ausgleich zwischen divergierenden Interessen herbeiführen oder verlangt die Maßnahme des Unionsorgans eine Beurteilung eines komplexen wirtschaftlichen Sachverhalts, wird die Kontrolldichte weiter verringert.[793] Diese Verringerung kann soweit führen, dass der Gerichtshof lediglich noch eine Evidenzkontrolle durchführt.[794]

(1) Legitimes Ziel

Aus Sicht des Gerichtshofs sind Beschränkungen der Grundrechte darüber hinaus nur zulässig, wenn sie von dem Gemeinwohl dienenden Zielen gedeckt sind.[795] Folglich muss auch jede Einschränkung der unternehmerischen Freiheit zunächst der Verfolgung eines Einschränkungsziels dienen.[796] Bei der Bestimmung dieses Ziels räumt der Gerichtshof dem europäischen Gesetzgeber ein weites Ermessen ein.[797]

---

791 *Calliess*, EuZW 2001, 261, 264; *le More*, EuZW 2007, 722, 725; *Pauly*, EuR 1998, 242, 259; *Rengeling*, EuR 1984, 331, 337; *Schiller*, RIW 1983, 928, 929.

792 *EuGH*, Urteil vom 5. Mai 1998, Rs. C-180/96, Vereinigtes Königreich/Kommission, Rn. 96.

793 *Calliess*, EuZW 2001, 261, 262; *Dörr*, DVBl 2006, 1088, 1094; Heselhaus/Nowak, *Heselhaus*, Europäische Grundrechte, § 32, Rn. 86; *Lenaerts*, EuR 1997, 17, 42; *Pache*, DVBl 1998, 380, 385; *Pernice*, NJW 1990, 2409, 2415.

794 *Kenntner*, ZRP 2000, 423, 424; *Pache*, EuR 2001, 475, 488; *Penski/Elsner*, DÖV 2001, 265, 273; *Schilling*, EuGRZ 2000, 3, 23.

795 *EuGH*, Urteil vom 13. Juli 1989, Rs. 5/88, Wachauf, Rn. 18; Urteil vom 14. Mai 1974, Rs. 4/73, Nold, Rn. 14.

796 *Jarass*, EU-Grundrechte, § 21, Rn. 19; *Rengeling*, DVBl 2004, 453, 460.

797 *Schilling*, EuGRZ 2000, 3, 23.

Die als legitimes Ziel in Frage kommenden Unionsinteressen reichen von wirtschaftlichen Erwägungen bis zu organisatorischen Interessen.[798]

Wie bereits oben dargestellt, dienen die Ermittlungsbefugnisse der VO 1/2003 dazu, es der Kommission zu ermöglichen, die Einhaltung der Wettbewerbsregeln der Art. 101 und 102 AEUV sicherzustellen. Dies wiederum ist notwendig für die Errichtung eines europäischen Binnenmarkts, wie er von Art. 3 Abs. 3 EUV vorgesehen ist.

Aus Sicht der Kommission ist das Instrument der Auskunftsentscheidung für die Ermittlung von Kartellverstößen von großer Wichtigkeit und die - mit einem Eingriff in die unternehmerische Freiheit - verbundene Mitwirkungspflicht dient der effektiven Durchsetzung dieser Befugnis.[799]

(2) Geeignetheit

Jede Einschränkung der unternehmerischen Freiheit muss weiter zur Erreichung des verfolgten Ziels geeignet sein.[800]

Es ist unstreitig, dass die Verpflichtung der Unternehmen zur Mitwirkung an den Ermittlungen unter Nichteinräumung eines Auskunftsverweigerungsrechtes die Aufklärung und damit auch Sanktionierung von Kartellrechtsverstößen erleichtert und beschleunigt. Da, wie oben beschrieben, die Effektivität der Kartellbekämpfung auch von der Wahrscheinlichkeit und Schnelligkeit der Verhängung von Sanktionen abhängt, ist das bisherige System geeignet, die Einhaltung der Art. 101 und 102 AEUV zu fördern.

(3) Erforderlichkeit

Auch die Beschränkung der unternehmerischen Freiheit müsste erforderlich sein.

Wie bereits ausführlich dargestellt, kann die Kommission neben der Verpflichtung der Unternehmen zur Mitwirkung auf zwei weitere Kategorien von Ermittlungsansätzen zurückgreifen. Dies sind zum einen die unmittelbare Anwendung von Zwangsmaßnahmen und zum anderen die Schaffung von Anreizen zur freiwilligen Mitarbeit.

Hierbei ist die Anwendung von Zwangsmaßnahmen nicht in gleicher Weise effektiv. Sie ist beschränkt auf vorhandene Informationen- schriftlich oder als Kenntnis von vernommenen Zeugen. Darüber hinaus ist sie mit erheblich höheren Kosten und höherem Aufwand für die Behörde

798 Von Bogdandy/Bast, *Kühling*, Europäisches Verfassungsrecht, S. 692.

799 *EuG*, Urteil vom 20. Februar 2001, Rs. T-112/98, Mannesmannröhren-Werke, Rn. 55.

800 *Jarass*, EU-Grundrechte, § 21, Rn. 19; *Rengeling*, DVBl 2004, 453, 460.

verbunden.[801] Dieses Argument kann im Rahmen der unternehmerischen Freiheit berücksichtigt werden, da dieses Grundrecht im Hinblick auf die Einschränkbarkeit nicht den strengen Vorgaben der justiziellen Rechte unterliegt. Die entsprechenden Kosten würden die Allgemeinheit belasten, die durch ihre Steuern mittelbar auch den Verwaltungsapparat der Kommission finanzieren.

Zudem handelt es sich bei der Anwendung von unmittelbaren Zwangsmaßnahmen um kein milderes Mittel. Es steht zu erwarten, dass die Eingriffe in die Unternehmensabläufe - die mit Nachprüfungen oder Befragungen verbunden sind - vom Unternehmen als unangenehmer und schwerwiegender empfunden werden als der Zwang zur Kooperation im Rahmen einer Auskunftsentscheidung.[802]

Daher schließt die Möglichkeit der Ermittlung durch Zwangsmaßnahmen nicht die Erforderlichkeit von Auskunftsverlangen aus.[803]

Im Hinblick auf die Förderung der Kooperation durch Anreizsysteme gilt dagegen, wie oben dargestellt, dass die Vergleichsverfahren nicht im gleichen Maße effektiv zur Ermittlung von Kartellverstößen sind. Die Nutzung von Kronzeugenregelungen dagegen ist zunächst effektiver und kostenschonender als die Verpflichtung der Unternehmen zur Kooperation durch Androhung von Zwangsmitteln.

Wie auch bei den Auskunftsentscheidungen besteht im Rahmen der freiwilligen - durch den Anreiz - ausgelösten Kooperation unter der Kronzeugenregelung nicht die oben erläuterte Beschränkung der Informationen, die von der Kommission erlangt werden können.

Durch die Kronzeugenregelung entstehen der Kommission und damit auch der Allgemeinheit keine höheren Kosten, als bei den Auskunftsentscheidungen. Die Unternehmen stellen die Informationen zusammen und übermitteln sie dann der Kommission.

Für die Unternehmen ist der Personal- und Kostenaufwand der Informationszusammenstellung vergleichbar mit dem Aufwand bei Auskunftsentscheidungen. Anders als bei den Auskunftsentscheidungen stehen diesen Kosten aber Vorteile in Form eines ermäßigten Bußgelds gegenüber. Die Förderung der Kooperation durch Kronzeugenregelungen ist, wenn sie wie oben erläutert, nachhaltig Anreize generiert, auch in gleichem Maße effektiv zur Ermittlung von Kartellrechtsverstößen.

Das Unternehmen arbeitet unter der Kronzeugenregelung freiwillig mit der Kommission zusammen, so dass zum einen die erlangten Informati-

801 *Wils*, WorldComp 2003, 567, 582.

802 *Engel/Freier*, EWS 1992, 361, 365; *Holznagel/Schulz*, MMR 2002, 364, 365; *Joshua*, ECLR 1982, 173, 173.

803 A. A. *von Winterfeld*, RIW 1992, 524, 528.

onen verlässlicher sind und zum anderen die Unternehmen immer noch selbst entscheiden können, ob sie kooperieren oder nicht.[804]

Allerdings können, wie oben dargelegt, bei Kronzeugenregelung negative Einflüsse durch Dritte - faktischer Zwang zur Widerlegung von Vorwürfen dieser Unternehmen - nicht ausgeschlossen werden. Zudem bedingt die Begünstigung eines Unternehmens in Form des Erlasses oder der Reduzierung der Geldbuße hier häufig auch die finanzielle Benachteiligung der Unternehmen, die nicht in den Genuss einer Ermäßigung kommen. Dies kann sich für diese Unternehmen als Wettbewerbsnachteil erweisen. Daher greift die Verwendung der Kronzeugenregelung in die Rechte Dritter ein. Eine verstärkte Nutzung der Anreizsysteme, wie sie mit der Gewährung von Auskunftsverweigerungsrechten einhergingen, würde eine Häufung solcher Eingriffe bewirken. Daher stellt die Kronzeugenregelung derzeit kein taugliches milderes Mittel dar.

Mangels eines milderen Mittels ist die erzwungene Verpflichtung der Unternehmen zur Kooperation im Wege der unbedingten Auskunftsverlangen erforderlich.

(4) Angemessenheit

Eine Einschränkung der unternehmerischen Freiheit wäre zudem immer dann unzulässig, wenn sie gegen sonstige Bestimmungen des EUV oder AEUV verstößt.[805]

Ein solcher Verstoß ist vorliegend nicht ersichtlich.

Darüber hinaus sind Eingriffe in die unternehmerische Freiheit nur dann gerechtfertigt, wenn sie in einem angemessenen Verhältnis zu dem verfolgten Ziel stehen. Es muss also eine Abwägung der entgegenstehenden Interessen erfolgen, wobei gilt, dass die Grundrechtsträger umso höhere Belastungen hinnehmen müssen, je wichtiger die mit einer Regelung verfolgten Ziele sind.[806]

Das Interesse eines Unternehmens ist darauf gerichtet, Gewinne zu erwirtschaften und diese für die weitere Tätigkeit zu nutzen. Die Verhängung von Geldbußen wegen Kartellverstößen verringert zunächst unmittelbar den Gewinn eines Unternehmens und damit seinen Handlungsspielraum im Wirtschaftsleben.

Vor diesem Hintergrund liegt es im (Selbsterhaltungs-)Interesse der Unternehmen einer Auferlegung einer Geldbuße zu entgehen. Jede Behinderung der Ermittlungstätigkeit der Kommission trägt hierzu bei, indem zumindest die Möglichkeit besteht, dass das volle Ausmaß eines Versto-

---

804 *Puffer-Mariette*; Kronzeugenregelungen, S. 33.

805 *Jarass*, EU-Grundrechte, § 21, Rn. 30.

806 *Jarass*, EU-Grundrechte, § 21, Rn. 21.

ßes verschleiert werden kann, so dass sich das Bußgeld verringert. Unter Umständen kann die Verhängung eines Bußgeldes ganz vermieden werden.

Darüber hinaus erhöht ein umfassendes Auskunftsverweigerungsrecht die Rechtssicherheit des Unternehmens, da es anders als bei dem jetzt bestehenden Geständnisverweigerungsrecht nicht die Zulässigkeit der Fragen bewerten muss.[807]

Neben dem wirtschaftlichen Selbsterhaltungsinteresse und der Erhöhung der Rechtssicherheit haben die Unternehmen aber auch ein Interesse am Erhalt ihrer Selbstbestimmung. Sie möchten ihr Verhalten frei wählen können. Durch eine Auskunftspflicht wird das betroffene Unternehmen aber vom Staat zum bloßen Objekt degradiert, es wird also zum Werkzeug gegen sich selbst gemacht.[808]

Im Hinblick auf die Verteidigung im Kartellverfahren ist das Unternehmen daran interessiert, eine möglichst effektive Verteidigungsstrategie aufzubauen. Daher liegt es auch im Interesse der Unternehmen, die Ermittlungsverfahren so lange wie möglich ergebnisoffen zu halten und so wenige Informationen wie möglich zu übermitteln.

Auf der anderen Seite liegt die mit der Beschränkung der unternehmerischen Freiheit durch die Verpflichtung der Unternehmen zur Kooperation verbundene Durchsetzung des EU-Kartellrechts im Interesse der Allgemeinheit, da mit Kartellrechtsverstößen hohe Schäden für die Verbraucher und die Volkswirtschaft insgesamt verbunden sind.

Dem Interesse der Allgemeinheit an der Durchsetzung des Kartellrechts wird dadurch zusätzliches Gewicht verliehen, dass ein solcher Wettbewerb, wie oben dargestellt, für einen einheitlichen Binnenmarkt wichtig ist und insoweit - noch immer - primärrechtlich verankert ist.

Die Errichtung und Erhaltung eines europäischen Binnenmarktes mit funktionierendem Wettbewerb ist sicherlich ein wichtiges Anliegen der Union. Aber auch die Rechte der Unternehmen, die die treibenden Kräfte der europäischen Wirtschaftsverfassung sind,[809] müssen beachtet werden. Die Freiheit der wirtschaftlichen Tätigkeit und der diesbezüglichen rechtlichen Rahmenbedingungen sind im Hinblick auf die bestmögliche Förderung des Gemeinwohls von enormer Bedeutung.[810]

---

807 Das Problem der fehlenden Rechtssicherheit im Zusammenhang mit der derzeitigen Regelung des Auskunftsverweigerungsrechts sehen auch *Reinalter* und *Scholz*: *Reinalter*, ZEuS 2009, 53, 92; *Scholz*, WuW 1990, 99, 104.

808 *Müller*, EuGRZ 2001, 546, 546 f. m. w. N.

809 *Frenz*, Handbuch Europarecht, Band 4, Rn. 2653.

810 *Sodan*, DÖV 2000, 361, 361; *Vocke*, Ermittlungsbefugnisse, S. 24.

Ebenso ist es zur Sicherung des wirtschaftlichen Wachstums und zur Erhaltung der Marktwirtschaft wichtig, die Staatseingriffe in den Wirtschaftsablauf nur in engen Grenzen zu gestatten.[811]

Folglich ist die höchstmögliche Selbständigkeit der Unternehmen für einen solchen Binnenmarkt förderlich.

Nur, wenn die Unternehmen das Gefühl haben, dass ihre Rechte im höchstmöglichen Umfang geachtet werden, werden sie zur Förderung des Binnenmarktes und damit zur Erreichung der in Art. 3 Abs.3 EUV aufgeführten Ziele der Union - nachhaltiges und ausgewogenes Wirtschaftswachstum, Erhaltung einer wettbewerbsfähigen sozialen Marktwirtschaft und Förderung des wissenschaftlichen und technischen Fortschritts - aktiv beitragen.

Dieses Vertrauen der Unternehmen könnte durch Verteidigungsrechte im Kartellverfahren gefördert werden.

Hiergegen wird aber stellenweise angeführt, dass solche Verteidigungsrechte und insbesondere das Auskunftsverweigerungsrecht nicht den Interessen der Unternehmen entsprechen würden. So seien die Unternehmen im Falle von Kartellrechtsverstößen nicht immer nur Täter, sondern auch Opfer.

Ein Auskunftsverweigerungsrecht, welches durch die Vertreter ausgeübt wird, die vermutlich den Verstoß begangen haben, schütze vor allem die Vertreter und verhindere damit die Anerkennung der Opferrolle des Unternehmens.[812]

Dies verkennt aber, dass es sich bei den aussagepflichtigen Personen nach Vorstellung der VO 1/2003 um die bei juristischen Personen und Gesellschaften nach Gesetz oder Satzung zur Vertretung berufenen Personen handelt. Diese sind verpflichtet, das Wohl des Unternehmens zu wahren.[813]

Dazu gehört auch die Abwägung, ob in einem konkreten Fall die Erteilung einer Auskunft den Interessen des Unternehmens entspricht. Verstoßen sie gegen diese Pflicht, so sehen die nationalen Gesellschaftsrechtsregime ausreichende Maßnahmen vor, diese Verstöße zu ahnden.[814] Dagegen ist es aber nicht Aufgabe des Kartellverfahrensrechts, die Einhaltung der Interessenswahrungspflichten sicherzustellen.

---

811 *Sodan*, DÖV 2000, 361, 362.

812 *Arzt*, JZ 2003, 456, 458.

813 Beispielsweise für den Vorstand der deutschen Aktiengesellschaft in § 76 Abs. 1 AktG geregelt.

814 Als Beispiel soll hier auf die Pflicht des Vorstandes zur ordnungsgemäßen Geschäftsführung in § 76 Abs. 1 AktG in Deutschland verwiesen werden, die gem. § 93 Abs. 2 AktG schadensersatzbedroht ist.

Als weiteres Argument für eine möglichst schnelle Beendigung der Kartellverfahren und damit gegen eine zu weite Gewährung von Verteidigungsrechten wird der Kostenfaktor vorgetragen. Kartellverfahren sind auf Seiten der Kommission personal- und kostenintensiv. Aber auch für Unternehmen entstehen mit fortschreitender Dauer des Verfahrens immer höhere Kosten.[815]

Daher sei es aus praktischer Sicht für Unternehmen ohnehin wertlos auf Auskunftsverweigerungsrechte zurückzugreifen, da sie eher darum bemüht seien, eine rasche Beendigung des Verfahrens zu erreichen, als eine gerechte Entscheidung.[816] Eine schnelle Tatsachenermittlung, durch umfangreiche Ermittlungsbefugnisse käme daher den Unternehmen sogar zugute, da eine zu lange Verfahrensdauer für diese im Hinblick auf die Rechtsunsicherheit und die Kosten nachteilig sei.[817]

In diesem Zusammenhang ist zunächst schon zweifelhaft, ob dieses Kostenargument bei den enorm hohen Bußgeldern der Kommission weiterhin verfängt.

Darüber hinaus sollte es den Unternehmen freigestellt sein, selbst zu entscheiden, ob sie lieber eine schnelle Beendigung des Verfahrens wünschen oder aber ihre Verteidigungsrechte geltend machen möchten. Schließlich bedeutet das Recht, die Auskunft zu verweigern nicht eine entsprechende Pflicht.[818]

Oder anders ausgedrückt:

> *„Persons are always free to incriminate themselves if in doing so they are exercising their own will; […].“*[819]

Hohe Kosten könnten unter Umständen zusätzlich dadurch vermieden werden, dass die Kommission zumindest dann auf weniger kostenintensive Maßnahmen verwiesen wird, wenn diese gleich wirkungsvoll wären. So könnte, wie oben ausgeführt, die Kommission beispielsweise auf Informationen verwiesen werden, die durch interessierte dritte Parteien übermittelt werden.[820] Auch wenn diese Art der Ermittlung nicht für alle vermuteten Verstöße geeignet ist, wäre sie nicht nur für Kommission und betroffene Unternehmen kostengünstiger, sie würde auch nicht in das schützenswerte Interesse der Unternehmen an ihrer Selbstbestimmung eingreifen.

---

815 *Wils*, WorldComp 2003, 567, 580.

816 *Arzt*, JZ 2003, 456, 460.

817 *Kreis*, RIW 1981, 281, 297; *Wils*, WorldComp 2003, 567, 580.

818 *Wils*, WorldComp 2003, 567, 580.

819 Zustimmendes Votum von Richter *Walsh* zu *EGMR*, Urteil vom 17. Dezember 1996, Application no. 19187/91, Saunders/Großbritannien.

820 *Wils*, WorldComp 2003, 567, 581.

Insgesamt kann festgehalten werden, dass die Gewährung eines Auskunftsverweigerungsrechts den Interessen der Unternehmen nicht zuwiderläuft.

Vielmehr gilt, dass das Schweigerecht eines Beschuldigten eine der wichtigsten verfassungs- und verfahrensrechtlichen Garantien darstellt.[821]

Niemand soll gezwungen werden, sich zum Beweismittel gegen sich selbst und dadurch zum bloßen Objekt staatlichen Handelns zu machen.[822] Auch die Aufdeckung von Zuwiderhandlungen - deren Abstellung im Interesse der Allgemeinheit liegt - kann es nicht rechtfertigen, dass die Kommission ihre Ermittlungsbefugnisse grenzenlos gebraucht. Vielmehr ist es wichtig, dass ein Gegengewicht zur Exekutivgewalt der Kommission existiert.[823]

Gegen ein Auskunftsverweigerungsrecht der Unternehmen wird eingewandt, dass hierdurch die Abwägung zwischen Wahrung des Rechtschutzes und Aufdeckung von Verstößen einseitig zugunsten der Unternehmen verschoben wird, da die Arbeit der Kommission erheblich gefährdet wird. Auskunftsverweigerungsrechte würden nur dazu dienen, die Befugnisse der Kommission zu schwächen und die Verfolgung von Verstößen gegen die Wettbewerbsregeln zu erschweren.[824]

Gleichfalls würde die Vorschrift bezüglich des Auskunftsverlangens sinnlos werden, wenn die Unternehmen durch die Geltendmachung eines Auskunftsverweigerungsrechts ihre Mitwirkungspflichten bei der Informationsbeschaffung im Kartellverfahren umgehen können.[825]

Darüber hinaus wird neben der unmittelbaren Behinderung der Ermittlungstätigkeit der (Kartell-)Behörden eine Ausweitung dieser Rechte befürchtet.

Arzt führt hierzu entsprechend aus:

> *„Wer heute der juristischen Person Schweigerechte gewährt, wird ihr morgen Lügenrechte und übermorgen Rechte zur selbst begünstigenden Manipulation ihrer Aufzeichnungen einräumen."*[826]

---

821 *Bärlein/Pananis/Rehmsmeier*, NJW 2002, 1825, 1825.

822 *Minoggio*, wistra 2003, 121, 121; *Reiß*, Besteuerungsverfahren, S. 184; *von Winterfeld*, RIW 1981, 801, 805.

823 *Reinalter*, ZEuS 2009, 53, 55.

824 *Kreis*, RIW 1981, 281, 282.

825 *Joshua*, ECLR 1982, 173, 179.

826 *Arzt*, JZ 2003, 456, 459.

Diese Erschwerung der Ermittlungen würden dann am Ende die Bürger mit einem Verlust ihrer Freiheiten - durch Zahlung von Steuern - „bezahlen".[827]

Auch hier gilt aber, dass die Effizienz bei der Aufdeckung und Verfolgung von Kartellen nicht jedes Mittel rechtfertigen kann.[828] Vielmehr ist - vergleichbar mit den Ausführungen in Bezug auf die Durchsetzung der Auskunftsverpflichtung (siehe oben D 3.4) - festzuhalten, dass verfassungsrechtlich notwendige Beschränkungen der Befugnisse der Unionsorgane nicht mit der Begründung abgelehnt werden können, es bestünde die Gefahr, dass die Anwendung der Abwehrrechte dann ausgedehnt beziehungsweise die Tätigkeit der Organe behindert wird. Die Arbeit der Kommission ist kein Selbstzweck.

Zudem verfängt das Argument, dass die Vorschrift sinnlos werden würde, auch praktisch nicht. Denn es steht, wie oben ausgeführt, den Unternehmen selbst bei einem bestehenden Auskunftsverweigerungsrecht frei, die Auskunft gleichwohl zu erteilen, so dass eine Pflicht zur Erteilung der korrekten Auskunft für diese Fälle sinnvoll bleibt. Die freiwillige Erteilung von Auskünften durch die Unternehmen ist zudem auch nicht selten. Insbesondere im Rahmen von Vergleichsverfahren beziehungsweise Kronzeugenanträgen werden die Unternehmen freiwillig Informationen bereitstellen. Würde man generell davon ausgehen, dass Unternehmen Auskünfte nie freiwillig erteilen, wäre im Übrigen schon jetzt das einfache Auskunftsverlangen obsolet, da es nie Anwendung fände.

Darüber hinaus verkennt dieses Argument, dass die Auskunftsverlangen nach Art. 18 VO 1/2003 nicht auf Auskünfte der von den Ermittlungen betroffenen Unternehmen beschränkt sind. Vielmehr ermöglicht es diese Vorschrift der Kommission grundsätzlich von allen Unternehmen Informationen abzufragen.

Das vorliegend geprüfte Auskunftsverweigerungsrecht würde nicht grundsätzlich gelten, sondern nur dann, wenn das Unternehmen durch die Beantwortung der Fragen Informationen übermitteln würde, durch die es selbst belastet werden könnte. Folglich bliebe sehr wohl ein Anwendungsbereich für die sanktionsbedrohte Auskunftsentscheidung, da die Kommission hiermit auch andere Unternehmen zur Kooperation zwingen könnte, die anderenfalls einfach aufgrund des mit der Beantwortung verbundenen Aufwandes von der Beantwortung von Auskunftsentscheidungen absehen könnten.

---

827 *Arzt*, JZ 2003, 456, 458.

828 *Schwarze*, WuW 2009, 6, 11.

Es sprechen somit - abgesehen von dem Interesse der Allgemeinheit an der Durchsetzung des Kartellrechts - keine zwingenden weiteren Argumente für eine Einschränkung der Rechte der Unternehmen.

Der durch Auskunftsverweigerungsrechte gewährte Schutz wäre aber für die Durchsetzung des Kartellrechts durch die Kommission nicht übermäßig beeinträchtigend. Ihr stehen, wie oben dargestellt, neben dem Auskunftsverlangen auch noch eine Reihe weiterer effektiver Ermittlungsinstrumente zur Verfügung, so dass sie ihre

Aufgaben auch weiterhin wirkungsvoll erfüllen könnte.[829]

Die Kritik an der bisherigen Handhabung der Auskunftsverweigerung der Kommission dient auch nicht dazu, die Befugnisse der Kommission zu schwächen, um dadurch die Verfolgung von Verstößen zu erschweren. Vielmehr soll sichergestellt werden, dass die elementaren Grundsätze der Rechtsstaatlichkeit gewahrt werden, an die auch die Organe der Union gebunden sind.[830] Die Union - die sich ausdrücklich auf ihre rechtsstaatlichen Wurzeln beruft - muss auch in der Unionsrechtsordnung gewisse Verfahrensgarantien praktizieren.[831]

Derzeit zeigt die Praxis der Kommission und der Unionsgerichte aber, dass ein faires Gleichgewicht zwischen Sanktionsinteresse und Verteidigungsrechten nicht existiert.[832] Stattdessen wird einseitig zugunsten der Ermittlungsbefugnisse entschieden. Dadurch drängt sich der Eindruck auf, dass die Kommission und die Unionsgerichte Unternehmen, die potentiell Kartellrechtsverstöße begangen haben, nicht durch übermäßig strenge Auflagen für die Kommission schützen wollen.[833]

Somit würde das Interesse der Allgemeinheit an der Durchsetzung des EU-Kartellrechts durch die Gewährung von Auskunftsverweigerungsrechten nicht erheblich beschränkt, eine solche Gewährung würde aber die Interessen der Unternehmen deutlich besser berücksichtigen.[834]

Damit sind das Fehlen von Auskunftsverweigerungsrechten und die damit verbundene Beschränkung der unternehmerischen Freiheit unangemessen.

---

829 So schon *von Winterfeld*, RIW 1981, 801, 806.

830 *Drabek*, ERPL 2001, 529, 531.

831 *Von Winterfeld*, RIW 1981, 801, 801.

832 *Schwarze/Bechtold/Bosch*, Studie, S. 12; *Vocke*, Ermittlungsbefugnisse, S. 26.

833 *Schwarze*, WuW 2009, 6, 9.

834 *Drabek*, ERPL 2001, 529, 531; *van Overbeek*, ECLR 1994, 127, 133.

(iii) Wesensgehaltskontrolle

Im Anschluss an die Prüfung der Verhältnismäßigkeit ist zu untersuchen, ob der Wesensgehalt des Grundrechts trotz der Beschränkung erhalten bleibt.[835]

Die Wesensgehaltgarantie, ist sowohl in der Rechtsprechung des Gerichtshofs als auch in den Mitgliedstaaten anerkannt.[836]

Die Versagung von Auskunftsverweigerungsrechten und die damit verbundene erzwungene Kooperation der Unternehmen im Kartellverfahren hat - abgesehen von den Extremfällen, in denen die Feststellung und Sanktionierung des Verstoßes zur Einstellung des Geschäftsbetriebes führt - keinen unmittelbaren Einfluss auf die sonstige unternehmerische Tätigkeit des Unternehmens. Daher ist die Wesensgehaltsgarantie hierdurch nicht verletzt.

5.2.4 Zwischenergebnis

Die Verpflichtung der Unternehmen zur Kooperation im Rahmen der Auskunftsentscheidung bei einem EU-Kartellermittlungsverfahren beruht auf einer Gesetzesgrundlage, deren Bestimmtheit zumindest zweifelhaft ist. Darüber hinaus ist die damit verbundene Einschränkung der unternehmerischen Freiheit nicht angemessen, so dass ein Verstoß gegen dieses Grundrecht vorliegt.

5.3 Eigentumsfreiheit

5.3.1 Eröffnung des Schutzbereichs

Die Gewährung des Eigentumsrechts ist auf europäischer und nationaler Ebene anerkannt,[837] auch wenn es für die Union bisher an einer ausdrücklichen, schriftlichen Kodifizierung fehlte. Lediglich der Vorschrift des Art. 295 EGV a.F. (jetzt Art. 345 AEUV) konnten vor dem Wirksamwerden der Charta Bezüge zum Eigentumsschutz entnommen werden.[838] Diese Vorschrift regelt allerdings die Befugnisse der Mitgliedstaaten in Bezug auf das Eigentum und sollte der Besorgnis Rechnung tra-

---

835 *Frenz*, Handbuch Europarecht, Band 4, Rn. 2765; *Nicolaysen*, EuR 2003, 719, 726; *Pauly*, EuR 1998, 242, 260; *Penski/Elsner*, DÖV 2001, 265, 274; *Rengeling*, DVBl 2004, 453, 460; *Weber*, NJW 2000, 537, 543.

836 *Weber*, NJW 2000, 537, 543.

837 *Frenz*, EuR 2002, 603, 606 f.; *Jarass*, EU-Grundrechte, § 22, Rn. 1; *Pernice*, NJW 1990, 2409, 2413; *Peukert*, EuGRZ 1981, 97, 97; Tettinger/Stern, *Depenheuer*, Kölner Gemeinschaftskommentar, Art. 17, Rn. 19.

838 Meyer, *Bernsdorff*, EU-Charta, Art. 17, Rn. 4; *Schilling*, EuGRZ 2000, 3, 5; Tettinger/Stern, *Depenheuer*, Kölner Gemeinschaftskommentar, Art. 17, Rn. 16.

gen, dass die mitgliedstaatlichen Eigentumsordnungen durch europäisches Recht beeinflusst werden könnten.[839] Schutzrechte lassen sich hieraus nicht ableiten.[840] Gleichwohl hat der Gerichtshof wiederholt festgehalten, dass der Schutz des Eigentums auch unabhängig von Art. 295 EGV a.F. (jetzt Art. 345 AEUV) grundrechtlich gewährleistet ist.[841]

In der Charta wird das Grundrecht auf Eigentum in Art. 17 geschützt. Art. 17 Charta entspricht im Wesentlichen der Bestimmung des Art. 1 ZP Nr. 1 Konvention,[842] welcher wiederum als Synthese der Grundprinzipien der Konventionsstaaten gesehen werden kann.[843] Diese Synthese wurde bei der Entwicklung des Art. 17 Charta durch die bisherige Rechtsprechung des Gerichtshofs ergänzt.[844] Allerdings ist bei Heranziehung des Art. 1 ZP Nr. 1 Konvention für die Auslegung der Charta zu berücksichtigen, dass die Konvention keine spezifische Regelung für die Berufsfreiheit und die Freiheit der wirtschaftlichen Tätigkeit enthält, so dass die Gewährleistungen des Art. 1 ZP Nr. 1 Konvention vom EGMR sehr weit verstanden werden und Sachverhalte umfassen, die üblicherweise diesen anderen Rechte zugeordnet werden können.[845]

Wie bereits oben erwähnt, schützt das Eigentumsgrundrecht in Abgrenzung zur Berufsfreiheit und der unternehmerischen Freiheit das bereits Erworbene.[846]

---

839 *Frenz*, Handbuch Europarecht, Band 4, Rn. 2783; Heselhaus/Nowak, *Heselhaus*, Europäische Grundrechte, § 32, Rn. 14.

840 *Frenz*, Handbuch Europarecht, Band 4, Rn. 2784; *Jarass*, EU-Grundrechte, § 22, Rn. 5; *Thiel*, JuS 1991, 274, 276.

841 *EuGH*, Urteil vom 30. Juli 1996, Rs. C-84/95, Bosphorus, Rn. 21; Urteil vom 13. Dezember 1994, Rs. C-306/93, Winzersekt, Rn. 22; Urteil vom 5. Oktober 1994, Rs. C-280/93, Bananen, Rn.78; Urteil vom 10. Januar 1992, Rs. C-177/90, Kühn, Rn. 15; Urteil vom 11. Juli 1989, Rs. 265/87, Schräder, Rn. 15; Urteil vom 13. Dezember 1979, Rs. 44/79, Hauer, Rn. 17; Urteil vom 14. Mai 1974, Rs. 4/73, Nold, Rn. 14.

842 *Frenz*, Handbuch Europarecht, Band 4, Rn. 2774; *Lemmens*, MJ 2001, 49, 61; Meyer, *Bernsdorff*, EU-Charta, Art. 17, Rn. 1; *Rengeling*, DVBl 2004, 453, 459; *Rengeling/Szczekalla*, EU-Grundrechte, Rn. 804; *Schwarze*, FS für Kirchhoff, 245, 253.

843 *Peukert*, EuGRZ 1981, 97, 99.

844 Erläuterungen des Präsidiums des Europäischen Konvents, CONV 828/1/03 REV 1, S. 21 (diese sind bei der Auslegung der Charta angemessen zu berücksichtigen: *Weiß*, ZEuS 2005, 323, 329); *Jarass*, EU-Grundrechte, § 22, Rn. 1; Tettinger/Stern, *Depenheuer*, Kölner Gemeinschaftskommentar, Art. 17, Rn. 11.

845 Ehlers, *Wegener*, Grundrechte und Grundfreiheiten, § 5, Rn. 12; Heselhaus/Nowak, *Heselhaus*, Europäische Grundrechte, § 32, Rn. 27; *Jarass*, EU-Grundrechte, § 22, Rn. 13; *Rengeling/Szczekalla*, EU-Grundrechte, Rn. 809.

846 *Jarass*, EU-Grundrechte, § 22, Rn. 4.

Im Zusammenhang mit der hier untersuchten Ermittlung und Bebußung von Kartellrechtsverstößen stellt sich naturgemäß die Frage, wie Eigentum zu behandeln ist, welches im Zusammenhang mit Gesetzesverstößen erworben wurde.

Art. 17 Abs. 1 Satz 1 Charta beschränkt den Schutz auf rechtmäßig erworbenes Eigentum. Diese Einschränkung erfasst nicht solches Eigentum, das zwar aufgrund von Straftaten, sonst aber im Rahmen der Gesetze erworben wurde.[847] Ist dagegen die Zuordnung der vermögenswirksamen Position auf subjektive Eigenmacht zurückzuführen, kommt eine Berufung auf Art. 17 Charta nicht in Betracht.[848]

Vorliegend ist es durchaus möglich, dass etwaige schützenswerte Eigentumspositionen im Zusammenhang mit den Kartellverstößen erlangt wurden. Dies stellt aber keine subjektive Eigenmacht dar, sondern wurde innerhalb der Rechtsordnung - wenn auch „gefördert" durch Kartellrechtsverstöße - erreicht. Folglich kann die Beeinträchtigung der Eigentumsfreiheit nicht von vornherein ausgeschlossen werden.

Das rechtliche Verständnis von Eigentum ist vielgestaltig.[849] Der Schutz des Eigentums nach Charta und Konvention kann - bestätigt durch die Rechtsprechung des Gerichtshofs[850] und des EGMR[851] - in drei verschiedene Regelungsbereiche unterteilt werden.

Dies sind die Institutsgarantie, die Regelung des Eigentumsentzugs und die Regelung der Nutzung des Eigentums.[852]

Der Schutz des Eigentums gewährt den Berechtigten die Garantie, die mit dem Eigentum wesensmäßig verbundenen Rechte auszuüben.[853] Dies umfasst neben dem Schutz des Bestands der Rechtsposition insbesondere auch die Befugnis, das Eigentum zu nutzen und es zu übertragen.[854]

---

847 *Frenz*, Handbuch Europarecht, Band 4, Rn. 2881; *Jarass*, EU-Grundrechte, § 22, Rn. 7; Meyer, *Bernsdorff*, EU-Charta, Art. 17, Rn. 16; *Rengeling/Szczekalla*, EU-Grundrechte, Rn. 808.

848 Tettinger/Stern, *Depenheuer*, Kölner Gemeinschaftskommentar, Art. 17, Rn. 23.

849 *Fiedler*, EuGRZ 1996, 354, 354.

850 Meyer, *Bernsdorff*, EU-Charta, Art. 17, Rn. 14 m. w. N.

851 Grote/Marauhn, *Richter*, EMRK/GG, Kap. 22, Rn. 65 m. w. N.

852 *Bröhmer*, EuZW 2006, 71, 72; Frowein/Peukert, *Peukert*, EMRK, Art. 1 des 1. ZP, Rn. 24; Meyer, *Bernsdorff*, EU-Charta, Art. 17, Rn. 14; *Mittelberger*, EuGRZ 2001, 364, 366.

853 Meyer, *Bernsdorff*, EU-Charta, Art. 17, Rn. 14.

854 *Jarass*, EU-Grundrechte, § 22, Rn. 14; Meyer, *Bernsdorff*, EU-Charta, Art. 17, Rn. 16; *Rengeling/Szczekalla*, EU-Grundrechte, Rn. 817.

Eine eindeutige Definition des Begriffs Eigentum durch den Gerichtshof oder den EGMR liegt nicht vor.[855] Allerdings wird der Eigentumsbegriff üblicherweise weit verstanden.[856] Von Art. 17 Charta werden wie in Art. 1 ZP Nr. 1 Konvention neben dem klassischen Eigentum an beweglichen und unbeweglichen Sachen sämtliche wohlerworbenen vermögenswerten Rechte geschützt.[857] Zu diesen Rechten zählen insbesondere auch Anteile an Handelsgesellschaften und ähnliche konkrete geldwerte Vermögenspositionen.[858]

Vom Schutz umfasst sind auch öffentlich-rechtliche Ansprüche, die auf eigenen Leistungen der Anspruchsberechtigten beruhen, nicht aber bloße Erwartungen oder Chancen.[859] Vielmehr werden nur bestimmbare Rechtspositionen geschützt.[860] Ebenfalls nicht vom Schutz erfasst ist das Vermögen als solches.[861]

Daher könnte es zweifelhaft sein, ob ein Auskunftsverweigerungsrecht zum Schutz des Eigentums der Unternehmen notwendig ist.

Durch ein solches Auskunftsverweigerungsrecht könnten die Unternehmen im Falle von Auskunftsentscheidungen der Kommission zunächst Auskünfte verweigern, ohne Gefahr zu laufen, dass die Kommis-

---

855 *Penski/Elsner*, DÖV 2001, 265, 268.

856 Heselhaus/Nowak, *Heselhaus*, Europäische Grundrechte, § 32, Rn. 36; *Jarass*, EU-Grundrechte, § 22, Rn. 6; Tettinger/Stern, *Depenheuer*, Kölner Gemeinschaftskommentar, Art. 17, Rn. 22.

857 Calliess/Ruffert, *Calliess*, EUV/EGV, Art. 17 GRCh, Rn. 5; Ehlers, *Wegener*, Grundrechte und Grundfreiheiten, § 5, Rn. 8; *Frenz*, Handbuch Europarecht, Band 4, Rn. 2825; Macdonald/Matscher/Petzold, *Frowein*, European protection of human rights, Kapitel 20, S. 516 f.; Meyer, *Bernsdorff*, EU-Charta, Art. 17, Rn. 15; *Peukert*, EuGRZ 1981, 97, 99; *Rudolf*, EuGRZ 1996, 573, 574; von Danwitz/Depenheuer/Engel, *von Danwitz*, Bericht zur Lage des Eigentums, S. 224.

858 Vgl. *EGMR*, Urteil vom 8. Juli 1986, Application no. 9006/80; 9262/81; 9263/81; 9265/81; 9266/81; 9313/81; 9405/81, Lithgow/Großbritannien, Rn. 107; *Frowein*, FS für Rowedder, 49, 50; *Harris/O'Boyle/Warbrick*, ECHR, S. 656; *Peukert*, EuGRZ 1981, 97, 103; von Danwitz/Depenheuer/Engel, *von Danwitz*, Bericht zur Lage des Eigentums, S. 229.

859 *Frenz*, Handbuch Europarecht, Band 4, Rn. 2822; *Harris/O'Boyle/Warbrick*, ECHR, S. 657; Meyer, *Bernsdorff*, EU-Charta, Art. 17, Rn. 15; *Penski/Elsner*, DÖV 2001, 265, 269; Tettinger/Stern, *Depenheuer*, Kölner Gemeinschaftskommentar, Art. 17, Rn. 22; a. A *Frowein*, FS für Rowedder, 49, 51 und *Rudolf/von Raumer*, AnwBl. 2009, 318, 321, die auch das Vertrauen auf den Erhalt einer geldwerten Rechtsposition als geschützt ansehen wollen.

860 *Jarass*, EU-Grundrechte, § 22, Rn. 12.

861 Calliess/Ruffert, *Calliess*, EUV/EGV, Art. 17 GRCh, Rn. 4; Heselhaus/Nowak, *Heselhaus*, Europäische Grundrechte, § 32, Rn. 54; *Rengeling*, DVBl 2004, 453, 460; a. A. *Frenz*, Handbuch Europarecht, Band 4, Rn. 2859.

sion sie hierfür mit Zwangsgeldern sanktioniert. Dies würde allerdings lediglich unmittelbar das Vermögen der Unternehmen schonen, dessen Schutz von Art. 17 Charta gerade nicht umfasst sein soll.

Gleichzeitig werden der Kommission durch die Gewährung von Auskunftsverweigerungsrechten die Ermittlungen von Kartellverstößen erschwert, da hiermit bei Inanspruchnahme ein Ermittlungsinstrument wegfällt. Dies kann im Extremfall dazu führen, dass die Kommission den vermuteten Verstoß nicht aufdecken kann und daher auch kein Bußgeld verhängt. Auch hierdurch wäre aber lediglich das Vermögen als solches betroffen.

Teilweise wird vertreten, dass auch Steuer- und Abgabenpflichten den Schutz des Eigentums berühren.[862] Die Erfüllung dieser Pflichten erfolgt im Ergebnis durch Abführung einer konkreten Eigentumsposition und berühre hiermit das geschützte Eigentum.[863] Gleiches müsste dann für die Erhebung von Zwangs- oder Bußgeldern gelten. Würde dem gefolgt werden, so könnte der Eingriff hierin lediglich in einer Entziehung dieser konkreten Eigentumsposition gesehen werden, denn die Übertragung des Eigentums auf die Kommission kann nicht als Regelung zur Nutzung des Eigentums angesehen werden, möchte man nicht generell den Schutz vor Entziehung des Eigentums lediglich als Unterfall der Nutzungsregelung - gewissermaßen als umfassendste Regelung - ansehen.

Dies würde aber wiederum bedeuten, dass Eigentumsentziehungen in Form von Zwangs- und Bußgeldern entschädigungspflichtig wären, was dem Sinn der Auferlegung zuwiderliefe.[864]

Gegen eine solche weite Auslegung spricht auch Art. 1 Abs. 2 ZP Nr. 1 Konvention, aus dem sich ergibt, dass die Befugnis zur Auferlegung von Steuern und sonstigen Abgaben, deren Erlöse für öffentliche Zwecke verwandt werden, Sache der Konventionsstaaten ist.[865] Der EGMR und die Menschenrechtskommission haben sich zwar ausdrücklich vorbehalten, Steuern, Abgaben und Geldstrafen daraufhin zu prüfen, ob sie missbräuchlich oder unverhältnismäßig sind,[866] dies dürfte allerdings höchstens schwerwiegende oder evidente Fälle betreffen.[867]

---

862 *Frenz*, Handbuch Europarecht, Band 4, Rn. 2774

863 *Frenz*, GewArch. 2006, 282, 284 f.; Tettinger/Stern, *Depenheuer*, Kölner Gemeinschaftskommentar, Art. 17, Rn. 38.

864 *Rengeling/Szczekalla*, EU-Grundrechte, Rn. 810.

865 *Peukert*, EuGRZ 1981, 97, 112.

866 *EGMR*, Urteil vom 27. Februar 1980, Application no. 6903/75, Deweer/Belgien, Rn. 58; *Menschenrechtskommission*, Entscheidung vom 3. März 1978, Application no. 7287/75, D.R. 13, 27 (30); Entscheidung vom 13. Mai 1976, Application no. 6087/73, D.R. 5, 10 (11).

867 *Harris/O'Boyle/Warbrick*, ECHR, S. 693.

Daher gilt, dass Regelungen zur Auferlegung von Zwangs- und Bußgeldern nicht das Grundrecht auf Eigentum berühren.

Wie oben ausgeführt, ist das Interesse eines Unternehmens darauf gerichtet, Gewinne zu erwirtschaften und den Unternehmenswert zu steigern. Der Unternehmenswert und der wirtschaftliche Erfolg eines Unternehmens hängen in hohem Maße auch von der Reputation des Unternehmens ab.[868] Folge einer „Verurteilung" zu einer Kartellbuße ist für das Unternehmen neben dem Entzug von Vermögen in Form eines Bußgeldes gerade auch der Verlust des Ansehens in der Öffentlichkeit durch Bekanntmachung der Entscheidung der Kommission.[869]

Selbst wenn einer Buße für ein Unternehmen tatsächlich kein ethisches Unwerturteil anhaftet - wie es das BVerfG ausführt[870] -, leidet in jedem Fall die öffentliche Wahrnehmung des Unternehmens. Es ist zuzugestehen, dass ein Unternehmen keine Ehre im klassischen Sinne hat, gleichwohl ist sein Ansehen und sein Name ein wichtiger Bestandteil des Unternehmenswerts. Dieser ist jedenfalls potentiell durch die Verurteilung zu einem Bußgeld bedroht, da diese Verurteilung durch die Kommission üblicherweise bekannt gemacht wird.

Darüber hinaus kann sich der Betroffene von den Äußerungen anderer – seien es Zeugenaussagen oder Beschuldigungen der Ermittlungsbehörden - leichter distanzieren. An seinen eigenen Aussagen wird er aber zunächst festgehalten werden.

Er kann sich hiervon nicht lösen, ohne dass seine Aussagen insgesamt inkonsistent erscheinen, was sich wiederum nicht nur negativ auf das weitere Verfahren, sondern auch auf sein Bild in der Öffentlichkeit und damit den Unternehmenswert auswirkt.[871]

Ein Recht auf den Schutz des eingerichteten und ausgeübten Gewerbebetriebs ist nicht eindeutig als Teil der Eigentumsfreiheit anerkannt.[872] Allerdings wird der *Goodwill* (geschäftliche Beziehungen, die sich ein Unternehmen in der Vergangenheit erarbeitet hat und die den Vermögens-

868 *Frey/von Rosenstiel/Hoyos*, Wirtschaftspsychologie, S. 362; Piwinger/Zerfass, *Buß*, Unternehmenskommunikation, S. 233.

869 *Böse*, GA 2002, 98, 106; *Minoggio*, wistra 2003, 121, 128.

870 *BVerfG*, Urteil vom 26. Februar 1997, Az. 1 BvR 2172/96, Rn. 86.

871 *Böse*, GA 2002, 98, 100.

872 Grote/Marauhn, *Richter*, EMRK/GG, Kap. 22, Rn. 47 ff.; *Günter*, Berufsfreiheit und Eigentumsfreiheit, S. 37; Heselhaus/Nowak, *Heselhaus*, Europäische Grundrechte, § 32, Rn. 45; *Jarass*, EU-Grundrechte, § 22, Rn. 13; *Rengeling*, DVBl 2004, 453, 460; *Rengeling/Szczekalla*, EU-Grundrechte, Rn. 809; a. A. *Penski/Elsner*, DÖV 2001, 265, 266; für Art. 1 ZP Nr. 1 Konvention bejahend: *Peukert*, EuGRZ 1981, 97, 103; Tettinger/Stern, *Depenheuer*, Kölner Gemeinschaftskommentar, Art. 17, Rn. 14, 31; *Thiel*, JuS 1991, 274, 279.

wert des Unternehmens über den Substanzwert hinaus beeinflussen) sehr wohl von Art. 1 ZP Nr. 1 Konvention und damit auch von Art. 17 Charta erfasst.[873]

Folglich bietet es sich an, den Schutzbereich des Art. 17 Charta zumindest dann als eröffnet anzusehen, wenn die Substanz des Unternehmens einschließlich des *Goodwills* betroffen ist.[874] Bei der Berücksichtigung des *Goodwill* ist aber zu beachten, dass der Schutzbereich auch hier nur berührt sein kann, wenn die dadurch verkörperten vermögenswerten Positionen in ihrem Bestand gefährdet sind.[875]

Der EGMR geht noch ein wenig weiter und lässt bereits die erhebliche Beeinträchtigung der wirtschaftlichen Interessen des Unternehmens genügen:

> *"[...] the Court has already found that the maintenance of the licence was one of the principal conditions for the carrying on of the applicant company's business, and that its withdrawal had adverse effects on the goodwill and value of the restaurant [...] Such withdrawal thus constitutes, in the circumstances of the case, an interference with TTA's right to the ‚peaceful enjoyment of [its] possessions'."*[876]

Dies kann aber, wie oben dargestellt, auch darauf zurückzuführen sein, dass die Konvention weder die Berufs- noch die unternehmerische Freiheit schützt.

Fraglich ist daher, ob die vorliegend untersuchte Verpflichtung zur Übermittlung belastender Informationen, die die Reputation beeinträchtigen kann, den *Goodwill* des Unternehmens im Bestand gefährdet.

---

873 Ehlers, *Wegener*, Grundrechte und Grundfreiheiten, § 5, Rn. 11 m. w. N; *Frenz*, Handbuch Europarecht, Band 4, Rn. 2846; Frowein/Peukert, *Peukert*, EMRK, Art. 1 des 1. ZP, Rn. 6; Heselhaus/Nowak, *Heselhaus*, Europäische Grundrechte, § 32, Rn. 45; *Jarass*, EU-Grundrechte, § 22, Rn. 13; Macdonald/Matscher/Petzold, *Frowein*, European protection of human rights, Kapitel 20, S. 517; *Meyer-Ladewig*, EMRK, Zusatzprotokoll, Art. 1, Rn. 12; Tettinger/Stern, *Depenheuer*, Kölner Gemeinschaftskommentar, Art. 17, Rn. 14, 31; *Rengeling/Szczekalla*, EU-Grundrechte, Rn. 809; von Danwitz/Depenheuer/Engel, *von Danwitz*, Bericht zur Lage des Eigentums, S. 224.

874 *Frenz*, Handbuch Europarecht, Band 4, Rn. 2844; *Müller-Michaels*, Eigentumsschutz in der Union, S. 40; *Rengeling/Szczekalla*, EU-Grundrechte, Rn. 809.

875 Heselhaus/Nowak, *Heselhaus*, Europäische Grundrechte, § 32, Rn. 42; *Rengeling/Szczekalla*, EU-Grundrechte, Rn. 809; Tettinger/Stern, *Depenheuer*, Kölner Gemeinschaftskommentar, Art. 17, Rn. 33; noch weiter *Jarass*, der in Bezug auf den Unternehmensschutz andeutet, dass Art. 17 Charta nur anzuwenden sei, wenn die Existenz des Unternehmens gefährdet wäre - *Jarass*, EU-Grundrechte, § 22, Rn. 13.

876 *EGMR*, Urteil vom 7. Juli 1989, Application no. 10873/84, Tre Traktörer/Schweden, Rn. 53.

Zunächst ist festzuhalten, dass die Unternehmen ihren Geschäftsbetrieb trotz Auskunftsverpflichtung fortsetzen können. Die Reputation ist zwar wichtig für ein Unternehmen, aber nicht der alleinige Faktor für die Bestimmung des Unternehmenswertes.

Zudem droht durch die Auskunftsverpflichtung lediglich eine Verringerung des Unternehmenswerts durch Beschädigung des öffentlichen Ansehens. Zwar wird dem Unternehmen durch die sanktionierte Verpflichtung zur Kooperation auferlegt, an der Reduzierung des eigenen Ansehens mitzuwirken, die geschäftlichen Beziehungen beziehungsweise der Kundenstamm werden hierdurch aber nicht in ihrem Bestand angegriffen. Diese bleiben vielmehr weiter erhalten. Die Beschränkung in der Handlungsfreiheit und die eventuell negativen Auswirkungen auf den Geschäftsbetrieb des Unternehmens berühren nicht die Substanz des Unternehmens oder den Bestand seines *Goodwill*, sondern vielmehr seine wirtschaftliche Handlungsfreiheit, so dass insoweit das oben erörterte Grundrecht auf die unternehmerische Freiheit anwendbar ist und die Eigentumsfreiheit vorliegend hier hinter zurücktritt.[877]

5.3.2 Zwischenergebnis

Auch wenn die Eigentumsfreiheit grundsätzlich auch auf juristische Personen anwendbar ist,[878] wird sie im Hinblick auf die Verpflichtung zur Erteilung einer Aussage ohne Einräumung eines Auskunftsverweigerungsrechts durch die unternehmerische Freiheit verdrängt.

6 Menschenwürde

Die Nichtbeachtung des *„nemo tenetur"*-Grundsatzes für Unternehmen könnte auch die Menschenwürde verletzen.[879]

Hierfür müsste zunächst der Schutzbereich eröffnet sein.

---

877 So auch Jarass, der eine Abgrenzung nach Substanzpflichten und handlungsbezogenen Pflichten vornimmt - *Jarass*, EU-Grundrechte, § 22, Rn. 6.

878 *Brecht*, ZEuS 2005, 355, 363; Ehlers, *Wegener*, Grundrechte und Grundfreiheiten, § 5, Rn. 8; *Frenz*, Handbuch Europarecht, Band 4, Rn. 2806; *Frowein*, FS für Rowedder, 49, 49; Grote/Marauhn, *Richter*, EMRK/GG, Kap. 22, Rn. 56; Heselhaus/Nowak, *Heselhaus*, Europäische Grundrechte, § 32, Rn. 59; *Hilf/Hörmann*, NJW 2003, 1, 7; *Jarass*, EU-Grundrechte, § 22, Rn. 16; *Peukert*, EuGRZ 1981, 97, 109; *Schwarze*, FS für Kirchhoff, 245, 253; Tettinger/Stern, *Depenheuer*, Kölner Gemeinschaftskommentar, Art. 17, Rn. 42.

879 Ausdrücklich hierzu *Grabenwarter*: *Grabenwarter*, EMRK, § 24, Rn. 119; *Müller*, EuGRZ 2001, 546, 547.

6.1 Eröffnung des Schutzbereichs

6.1.1 Sachlicher Schutzbereich

Die Menschenwürde ist durch Art. 1 Charta geschützt, der Art. 1 Abs. 1 GG nachgebildet ist.[880] Darüber hinaus hat der Gerichtshof anerkannt, dass die Menschenwürde Teil des Unionsrechts ist.[881]

Die Konvention enthält keine Vorschrift, die die Menschenwürde spezifisch schützt. Lediglich aus Art. 3 Konvention - Verbot der erniedrigenden Behandlung - lassen sich gewisse Elemente des Menschenwürdeschutzes ableiten.[882]

Gleichwohl erkennt auch der Gerichtshof an, dass die Achtung der Menschenwürde das Wesen der Konvention sei.[883]

Insbesondere soll verhindert werden, dass der Mensch zum bloßen Objekt degradiert wird.[884]

Eine Ableitung des Auskunftsverweigerungsrechts aus der Menschenwürde berücksichtigt, dass es erheblicher Überwindung bedarf, das Unrecht seiner eigenen Tat einzugestehen.[885]

Der Selbstschutz ist ein naturrechtlicher Gedanke und jedwede gezwungene Überwindung des Selbsterhaltungstriebs durch den Druck zur Selbstüberführung wäre menschenunwürdig.[886]

Auch den Ausführungen des EGMR zu Art. 6 Konvention kann die Ausrichtung auf den Schutz des Willens des Beschuldigten entnommen werden. Hier heißt es:

> „*The right not to incriminate oneself, in particular, presupposes that the prosecution in a criminal case seek to prove their case against the*

---

880 *Frenz*, Handbuch Europarecht, Band 4, Rn. 808; Meyer, *Borowsky*, EU-Charta, Art. 1, Rn. 1; *Schmitz*, EuR 2004, 691, 700.

881 *EuGH*, Urteil vom 9. Oktober 2001, Rs. C-377/98, Pays-Bas/Parlament und Rat, Rn. 70.

882 *Rengeling/Szczekalla*, EU-Grundrechte, § 11, Rn. 565.

883 *EGMR*, Urteil vom 11. Juli 2002, Application no. 28957/95, Christine Goodwin/Großbritannien, Rn. 90; Urteil vom 29. April 2002, Application no. 2346/02, Pretty/Großbritannien, Rn. 65.

884 *Frenz*, Handbuch Europarecht, Band 4, Rn. 824; *Jarass*, EU-Grundrechte, § 8, Rn. 6; Grote/Marauhn, *Richter*, EMRK/GG, Kap. 9, Rn. 23.

885 *Günther*, GA 1978, 192, 194.

886 *Hassemer*, FS für Maihofer, 183, 203; SK, *Rogall*, StPO, vor § 133, Rn. 132; *Schmidt*, NJW 1969, 1137, 1139.

accused without resort to evidence obtained through methods of coercion or oppression in defiance of the will of the accused."[887]

Zudem kann dem Einzelnen nicht zugemutet werden, dass er an seiner – unter Umständen existenzvernichtenden – Verurteilung selbst mitwirken muss.

Vielmehr ist es in solchen Situationen durchaus legitim, dem Beschuldigten zuzugestehen, dass er seine Rechtsgüter verteidigt.[888]

Die Gewährung eines Schutzes vor dem Zwang zur Selbstbezichtigung dient also auch dazu sicherzustellen, dass der Beschuldigte nicht in einen notstandsähnlichen Zwiespalt gerät und entscheiden muss, ob er dem Zwang der staatlichen Organe nachgibt oder seine Rechtsgüter verteidigt.[889]

Der Schutz vor Selbstbelastung des Beschuldigten ist danach auch Ausfluss des Grundrechts der Menschenwürde,[890] welches grundsätzlich im Unionsrecht anerkannt wird.[891]

Der Gedanke, dass das Recht, sich nicht selbst belasten zu müssen, auch aus der Menschenwürde abgeleitet wird, wäre aber nach einer weiteren Auffassung um den Gesichtspunkt zu ergänzen, dass der Mensch nicht zum reinen Objekt der Staatsgewalt werden soll, da alle Staatsgewalt von ihm ausgehe.[892]

Dieser Gedanke ist im Hinblick auf seine Anwendbarkeit auf Handlungen der Organe der Union – die Gegenstand der vorliegenden Untersuchung sind – zu überprüfen.

Zunächst ist festzuhalten, dass die Union im Wesentlichen ein Verbund souveräner Staaten und kein Staat in sich ist. Vor diesem Hintergrund könnte man argumentieren, dass der Schutz der Menschen vor der Hoheitsgewalt der Union schwächer ausgestaltet werden kann, da sie an der Übertragung ohnehin nur bedingt und zudem mittelbar beteiligt waren. Allerdings dürfte unstreitig sein, dass der Schutz des Staates gegenüber seinen Bürgern nicht dadurch eingeschränkt werden darf, dass er seinerseits Kompetenzen an eine übergeordnete Instanz überträgt.

---

887 *EGMR*, Urteil vom 17. Dezember 1996, Application no. 19187/91, Saunders/Großbritannien, Rn. 68.

888 *Günther*, JR 1978, 89, 91.

889 Vgl. BVerfGE 56, 37, 41 f.; *Eser*, ZStW 1967, 565 (213), 571 (219) (Fn 24).

890 SK, *Rogall*, StPO, vor § 133, Rn. 132.

891 *EuGH*, Urteil vom 9. Oktober 2001, Rs. C-377/98, Pays-Bas/Parlament und Rat, Rn. 70.

892 *Bosch*, *„nemo tenetur"*-Prinzip, S. 37; Isensee/Kirchhof, *Isensee*, Staatsrecht, Band II, § 15, Rn. 122; *Köhler*, ZStW 1995, 10, 17.

Entsprechendes hat der EGMR auch im Hinblick auf die Rechte der Konvention entschieden.[893] Folglich kann der Gedanke - der Mensch, der dem Staat beziehungsweise der Union Rechte übertragen hat, dürfe nur bis zu einem bestimmten Punkt durch die Hoheitsgewalt in seinen Rechten beschränkt werden - auch auf die Union übertragen werden. Die Grenze wäre spätestens dort zu ziehen, wo der Mensch zum Objekt der hoheitlichen Willkür durch die Union wird.

Somit kann festgehalten werden, dass die Menschenwürde als Ergebnis der Übertragung der Hoheitsgewalt vom Menschen auf einen übergeordneten Souverän grundsätzlich auch auf europäischer Ebene zu beachten ist.

6.1.2 Anwendbarkeit auf juristische Personen

Fraglich ist allerdings, inwiefern auch Unternehmen im europäischen Kartellverfahren auf diesen Grundsatz Bezug nehmen können.

Arzt weist zunächst zutreffend darauf hin, dass es nicht selbstverständlich ist, jemandem ein Schweigerecht zuzugestehen, der nicht reden kann. Juristische Personen haben zudem kein Gewissen und können somit auch keinem Gewissenskonflikt unterliegen.[894]

Auch die oben beschriebene Zwangslage, die sich daraus ergibt zu entscheiden, ob man das Recht zur Verteidigung wahrnimmt oder dem Zwang zur Aussage nachgibt, ist bei Unternehmen nicht in gleichem Maße gegeben.[895]

Auf der anderen Seite sind die unmittelbar aussagenden Personen auch im europäischen Kartellverfahren natürliche Personen, die grundsätzlich in einen Gewissenskonflikt geraten könnten. Allerdings besteht gegen sie, wie oben bereits erwähnt, keine Sanktionsdrohung.

Verschiedentlich wird ausgeführt, dass sich ein Gewissenskonflikt aber gleichwohl in der Person der unmittelbar Aussagenden - die den „Willen" der juristischen Person bilden - entwickeln könnte.[896] Sie müssten im Falle eines Auskunftsverlangens Fehlverhalten des Unternehmens eingestehen, dass auch häufig ihr eigenes ist, da juristische Personen auch nur durch ihre Vertreter handeln können.[897] Sie seien zwar nicht unmittelbar durch die Kommission mit einem eigenen Verfahren be-

893 Beispielsweise *EGMR*, Urteil vom 30. Juni 2005, Application no. 45036/98, Bosphorus/Irland, Rn. 153 ff.

894 *Arzt*, JZ 2003, 456, 457.

895 Insoweit ist dem *BVerfG* zuzustimmen. Vgl. *BVerfG*, Urteil vom 26. Februar 1997, Az. 1 BvR 2172/96, Rn. 86.

896 *Schuler*, JR 2003, 265, 268.

897 *Dannecker*, ZStW 1999, 256, 287.

droht, müssten aber die - wenn auch durch Art. 12 Abs. 3 VO 1/2003 eingeschränkte - Verwendung der Informationen in nationalen Verfahren befürchten.[898]

Darüber hinaus seien die natürlichen Personen auch mittelbar selbst von den gegen das Unternehmen verhängten Bußgeldern betroffen, da hinter jedem Unternehmen natürliche Personen stehen würden.[899] Daher würden sie gezwungen, eigenes Fehlverhalten einzugestehen und dazu beizutragen, dass sie - zumindest mittelbar - selbst bestraft würden.

Da die Verlagerung des Gewissenskonflikts auf die Vertretungsberechtigten dem Wesen der juristischen Person entspreche, soll auch ein wesensmäßig vergleichbarer Gewissenskonflikt der natürlichen und juristischen Person vorliegen.[900]

Diese Ansicht zur Heranziehung der Menschenwürde für die Begründung eines Auskunftsverweigerungsrechts für Unternehmen kann nicht in allen Fällen überzeugen. Für den Fall, dass es sich bei den vom Kartellverfahren betroffenen Unternehmen um Einzelunternehmen handelt, mag man den geschilderten Gewissenskonflikt bejahen und ein Auskunftsverweigerungsrecht auf Basis der Menschenwürde anerkennen.

Bei Unternehmen in Form von juristischen Personen greifen die von vorstehender Auffassung angeführten Argumente allerdings nur äußerst eingeschränkt.

Zunächst bestimmt Art. 18 Abs. 4 VO 1/2003, wer ein Auskunftsverlangen der Kommission zu beantworten hat. Dies sind bei juristischen Personen und Gesellschaften die nach Gesetz oder Satzung zur Vertretung berufenen Personen.

Danach erteilen bei Gesellschaften mit beschränkter Haftung die Geschäftsführer und bei Aktiengesellschaften die Vorstandsmitglieder die verlangten Auskünfte im Namen des betreffenden Unternehmens.[901] Diese Personen sind allerdings nicht zwingend und bei größeren Unternehmen sogar äußerst selten mit den Eigentümern der Unternehmen identisch.

Die oben erwähnten natürlichen Personen, die hinter dem Unternehmen stehen und mittelbar von Geldbußen für das Unternehmen betroffen sein sollen, dürften aber gerade die Eigentümer sein, da sich durch die Geldbußen und den Ansehensverlust unter Umständen der Unternehmenswert verringert.

---

898 *Kehl*, Schutz von Informationen, S. 85 f.

899 *Eichler/Peukert*, AnwBl 2002, 189, 195.

900 *Kehl*, Schutz von Informationen, S. 88.

901 Immenga/Mestmäcker, *Burrichter*, EG-Wettbewerbsrecht, Band 2, Art. 18 VO 1/2003, Rn. 51.

Die vertretungsberechtigten Personen sind dagegen üblicherweise Angestellte des Unternehmens und als solche nicht unmittelbar von der Verringerung des Unternehmenswertes betroffen. Folglich führen ihre Aussagen gegen das Unternehmen nur selten zu ihrer eigenen - mittelbaren - Bestrafung.

Auch das zweite Argument - das Eingeständnis eigenen Fehlverhaltens - verfängt nur in den Fällen, in denen die vertretungsberechtigten Personen bereits zum Zeitpunkt des Verstoßes vertretungsberechtigt waren.

Folgen sie den eigentlich handelnden Personen zeitlich nach, so wäre mit der Aussage zu Verstößen des Unternehmens kein Eingeständnis eigenen Fehlverhaltens verbunden.

Würde mit den obigen Argumenten ein Gewissenskonflikt bei den aussagenden Personen bejaht, würde dies zu der kuriosen Situation führen, dass die Geltendmachung des auf der Menschenwürde basierenden Auskunftsverweigerungsrechts von Unternehmen davon abhängig wäre, ob die zur Vertretung berufenen Personen selbst am Verstoß beteiligt waren beziehungsweise ob sie (Mit-)Eigentümer des Unternehmens sind.

Weiß entwickelt einen etwas abgewandelten Gedanken im Hinblick auf die Gewissenskonflikte bei juristischen Personen. Er führt hierzu Folgendes aus:

> *„Die Vertreter sollen die Interessen der juristischen Person wahren, dürfen aber bei deren Belastung nicht schweigen. Eine Konfliktlage besteht somit in der Person der Vertreter.“*[902]

Dem hält *Arzt* entgegen, dass sich für die Vertreter gerade bei Bejahung eines Selbstbelastungsschutzes für Unternehmen ein Gewissenskonflikt ergeben könnte. Der Vertreter dürfte kein Geständnis mehr im Namen des Unternehmens ablegen, wenn es sich für das Unternehmen voraussichtlich lohnen würde, keine Aussage zu tätigen. Gibt er trotzdem ein Geständnis ab, würde er sich der Untreue strafbar machen.[903]

Dieses Argument ist zwar grundsätzlich nicht von der Hand zu weisen, allerdings bestehen die gleichen Risiken für den Unternehmensvertreter auch im Hinblick auf die Frage, ob er die oben beschriebenen Möglichkeiten des Vergleichs und der Kronzeugenregelung für das Unternehmen in Anspruch nehmen soll. Auch hier bedarf es einer sorgfältigen Abwägung der Interessen des Unternehmens. Allein die Schwierigkeiten und Unsicherheiten bei der Abwägung führen aber nicht dazu, dass das Auskunftsverweigerungsrecht für den Vertretungsberechtigten wertlos wird.

---

902 *Weiß*, JZ 1998, 289, 296.

903 *Arzt*, JZ 2003, 456, 457.

Gegen die Übertragung des Gewissenskonfliktes des Vertretungsberechtigten - unabhängig davon, auf welcher Grundlage dieser angenommen wird - auf die juristische Person spricht zudem das zutreffende Argument, dass keine vollständige Identität zwischen juristischer Person und handelnder natürlicher Person besteht.

Nicht alle Merkmale des Vertreters werden der juristischen Person zugerechnet.

Im Falle des Auskunftsverlangens ist der Vertretungsberechtigte eher mit einem Zeugen zu vergleichen. Es besteht nicht die Gefahr, dass er sich selbst belastet, sondern nur die Gefahr der Belastung einer Einheit, für die er die Interessen wahren soll. Erst durch die Zurechnung seiner Aussage zur juristischen Person würde sich die Gefahr der Belastung eines Dritten in die Gefahr der Selbstbelastung umwandeln. Folglich hat der Vertretungsberechtigte kein Merkmal aufzuweisen, dass auf das Unternehmen übertragen werden könnte.[904]

Die Berufung auf den Schutz der Persönlichkeit beziehungsweise auf andere höchstpersönliche Rechte ist juristischen Personen auch in den Mitgliedstaaten der Union üblicherweise verwehrt.[905]

6.2 Zwischenergebnis

Der Schutzbereich des Rechtes auf Schutz der Persönlichkeit ist für juristische Personen nicht eröffnet.[906] Daher kann die Menschenwürde als Grundlage eines Auskunftsverweigerungsrechts für Unternehmen nur im Hinblick auf einige wenige Unternehmenstypen herangezogen werden. Insbesondere für den Fall, dass juristische Personen betroffen sind, ist dies abzulehnen. Für eine generelle Herleitung des Auskunftsverweigerungsrechts kann die Menschenwürde daher nicht herangezogen werden.

7 Allgemeine Handlungsfreiheit

7.1 Eröffnung des Schutzbereichs

Ein Grundrecht der allgemeinen Handlungsfreiheit ist in der Charta nicht enthalten.[907]

---

904 Ebenso *Vocke*, Ermittlungsbefugnisse, S. 141 ff.

905 *Weber*, NJW 2000, 537, 541.

906 *Jarass*, EU-Grundrechte, § 8, Rn. 8; Meyer, *Borowsky*, EU-Charta, Art. 1, Rn. 36; *Rengeling/Szczekalla*, EU-Grundrechte, § 11, Rn. 576.

907 Heselhaus/Nowak, *Haratsch*, Europäische Grundrechte, § 18, Rn. 6; *Lindner*, ZRP 2007, 54, 56.

Entsprechende Vorschläge wurden nicht realisiert.[908] Die Vorschrift des Art. 6 Charta - Recht auf Freiheit und Leben - kann nicht als Verbürgung der allgemeinen Handlungsfreiheit verstanden werden.

Art. 6 Charta entspricht wörtlich Art. 5 Abs. 1 Satz 1 Konvention, der aber wiederum nur die körperliche Freiheit der Person schützt.[909] Folglich kann auch Art. 6 Charta aufgrund von Art. 52 Abs. 3 Charta nicht als Gewährleistung der allgemeinen Handlungsfreiheit ausgelegt werden. Auch die Konvention enthält keine entsprechende Bestimmung.[910]

Das Fehlen einer entsprechenden Vorschrift in Konvention und Charta bedeutet allerdings nicht von vornherein, dass die allgemeine Handlungsfreiheit nicht geschützt ist. Sowohl Charta als auch Konvention begreifen sich lediglich als Mindeststandard, der weitergehenden Schutz nicht ausschließt.[911] Daher ist auch trotz Geltung der Charta und im Fall des Beitritts zur Konvention der Rückgriff auf richterrechtlich entwickelte Grundrechte weiter möglich - Art. 6 Abs. 3 EUV und Art. 53 Charta.[912]

Es wird vertreten, dass der Gerichtshof das Grundrecht der allgemeinen Handlungsfreiheit in seiner Rechtsprechung der Sache nach als allgemeinen Rechtsgrundsatz des Gemeinschaftsrechts anerkannt hat.[913]

Tatsächlich nennt der Gerichtshofs in der Rechtssache *Rau* den Grundsatz der allgemeinen Handlungsfreiheit als einen allgemeinen Rechtsgrundsatz der Gemeinschaft, ohne aber hierbei den Grundsatz näher zu definieren.[914] Seitdem wurde der Begriff durch die Unionsgerichte nicht mehr ausdrücklich erwähnt.[915] Lediglich die Generalanwältin *Trstenjak* verweist in einem ihrer Schlussanträge auf die allgemeine Handlungs-

---

908 *Rengeling/Szczekalla*, EU-Grundrechte, § 14, Rn. 636.

909 *Lemmens*, MJ 2001, 49, 57; *Schmitz*, EuR 2004, 691, 708; *Suerbaum*, EuR 2003, 390, 406.

910 Grabitz/Hilf, *Pernice*, Recht der EU, nach Art. 6 EUV, Rn. 75; *Lindner*, EuR 2007, 160, 166; *Schwarze*, FS für Kirchhoff, 245, 257.

911 *Lemmens*, MJ 2001, 49, 50.

912 *De Witte*, MJ 2001, 81, 85; Heselhaus/Nowak, *Haratsch*, Europäische Grundrechte, § 18, Rn. 6; ausdrücklich zu Art. 6 Abs.3 EUV n.F.: *Pache/Rösch*, EuR 2009, 769, 772; a. A. *Lindner*, ZRP 2007, 54, 56.

913 Bleckmann, *Pieper*, Europarecht, Rn. 110; *Ehlers*, JURA 2000, 468, 472; Heselhaus/Nowak, *Haratsch*, Europäische Grundrechte, § 18, Rn. 6; *Haratsch/Koenig/Pechstein*, Europarecht, Rn. 62; *Hilf/Willms*, EuGRZ 1989, 189, 189; *Kingreen*, JuS 2000, 857, 861; *Lindner*, ZRP 2007, 54, 56; *Oppermann/Classen/Nettesheim*, Europarecht, § 6, Rn. 34; *Schilling*, EuGRZ 2000, 3, 14; Schwarze, *Stumpf*, EU-Kommentar, Art. 6 EUV, Rn. 22; Steinberger, VVDStRL 50, 9, 26; von der Groeben/Schwarze, *Beutler*, EUV/EGV, Art. 6 EUV, Rn. 78.

914 *EuGH*, Urteil vom 21. Mai 1987, verb. Rs. 133 bis 136/85, Rau Lebensmittelwerke u. a., Rn. 15.

915 Heselhaus/Nowak, *Haratsch*, Europäische Grundrechte, § 18, Rn. 8.

freiheit, die als ein Teil der Grundfreiheiten, als Mittel zur Abwehr gegenüber normabweichendem Verhalten aller öffentlichen Stellen der Mitgliedstaaten und grundsätzlich auch der Organe der Gemeinschaft gelten soll.[916] Ob aus diesen Verweisen ein dem deutschen Grundrecht auf allgemeine Handlungsfreiheit im Sinne von Art. 2 Abs. 1 GG vergleichbares Grundrecht abgeleitet werden kann, ist fraglich.

Verschiedentlich werden die Ausführungen des Gerichtshofs in der Rechtssache *Hoechst*[917] als Beleg dafür gedeutet, dass der Gerichtshof die allgemeine Handlungsfreiheit als Schutz jeder natürlichen oder juristischen Person gegen willkürliche oder unverhältnismäßige Eingriffe in die Sphäre der privaten Betätigung versteht.[918] Dieser Schutz soll eingreifen, wenn nicht der Schutzbereich eines speziellen Grundrechts betroffen ist.[919]

Es gibt eine Auffassung, die ein richterrechtlich entwickeltes Gemeinschaftsgrundrecht der allgemeinen Handlungsfreiheit ablehnt.[920] Begründet wird dies damit, dass eine entsprechende Regelung bisher nicht vom Gerichtshof herangezogen worden sei. Die Ausführungen in der Rechtssache *Hoechst* werden lediglich als Bestätigung der rechtsstaatlichen Garantie des Gesetzesvorbehalts gegen willkürliche und unverhältnismäßige Eingriffe verstanden - der Gerichtshof also im Wesentlichen ein Willkürverbot statuiert habe.[921] Dieser Auffassung ist zu Gute zu halten, dass der Gerichtshof in der Rechtssache *Hoechst* tatsächlich nicht ausdrücklich auf eine allgemeine Handlungsfreiheit Bezug nimmt. Vielmehr könnten seine Ausführungen auch als Bestätigung eines Willkürverbots verstanden werden.

Im Ergebnis kann die Frage nach einem Grundrecht auf allgemeine Handlungsfreiheit vorliegend offenbleiben. Selbst wenn es bejaht werden würde, würde es im Wege des - generell anerkannten[922] - Grund-

---

916 Schlussanträge der Generalanwältin *Trstenjak*, Rs. C-285/06, Heinrich Stefan Schneider/Land Rheinland-Pfalz, Fn 39.

917 *EuGH*, Urteil vom 21. September 1989, verb. Rs. 46/87 und 227/88, Hoechst; Rn. 19.

918 Heselhaus/Nowak, *Haratsch*, Europäische Grundrechte, § 18, Rn. 7; *Pauly*, EuR 1998, 242, 254; *Rengeling/Szczekalla*, EU-Grundrechte, § 14, Rn. 634.

919 Grabitz/Hilf, *Pernice*, Recht der EU, nach Art. 6 EUV, Rn. 75; Heselhaus/Nowak, *Haratsch*, Europäische Grundrechte, § 18, Rn. 12; *Rengeling/Szczekalla*, EU-Grundrechte, § 14, Rn. 639; *Schilling*, EuGRZ 2000, 3, 14; von der Groeben/Schwarze, *Beutler*, EUV/EGV, Art. 6 EUV, Rn. 78.

920 Dreier, *Dreier*, GG, Band 1, Art. 2 I, Rn. 12; *Hilf/Hörmann*, NJW 2003, 1, 6; *Jarass*, EU-Grundrechte, § 2, Rn. 16.

921 *Hilf/Hörmann*, NJW 2003, 1, 6.

922 *Lindner*, EuR 2007, 160, 163; *Scholz*, AöR 1975, 80, 113 (Fn 178) m. w. N.

satzes der Spezialität von dem Grundrecht der unternehmerischen Freiheit verdrängt.

7.2 Zwischenergebnis

Die allgemeine Handlungsfreiheit - soweit als Grundrecht anerkannt - ist neben der Spezialgewährleistung der unternehmerischen Freiheit nicht anwendbar.

8 Fazit

Neben der Verletzung der justiziellen (Verfahrens-) Grundrechte liegt in der bisherigen Handhabung der Auskunftsverlangen durch Kommission und Unionsgerichte auch eine Verletzung der unternehmerischen Freiheit.

Die von den Unionsgerichten vorgetragenen Argumente gegen ein umfassendes Auskunftsverweigerungsrecht (siehe oben C 3.1) greifen nicht.

Die Verletzungen der Rechte können entweder jeweils für sich geltend gemacht werden oder in Form der Geltendmachung des Grundrechts verstärkt durch die Verfahrensgrundrechte als *sedes materiae* des effektiven Schutzes von Grundrechten.[923]

---

923 *Rudolf*, EuGRZ 1996, 573, 576; für eine vergleichbare Lösung in der deutschen Grundrechtsdogmatik: *Hesse*, EuGRZ 1978, 427, 435 f.

E Umfang des Auskunftsverweigerungsrechts

1 Kein umfassendes Aussageverweigerungsrecht

Das Auskunftsverweigerungsrecht umfasst den Schutz vor Selbstbelastung. Dass heißt, das Unternehmen kann die Beantwortung von Fragen, beispielsweise im Rahmen einer Auskunftsentscheidung der Kommission, verweigern, wenn es durch die Beantwortung dieser Fragen der Gefahr ausgesetzt wäre, sich selbst zu belasten.

Ein generelles Aussageverweigerungsrecht sollte den Unternehmen aber nicht eingeräumt werden. Ein solches Recht würde den Unternehmen in einem gegen sie gerichteten EU-Kartellverfahren erlauben, die Übermittlung jeglicher Informationen zu verweigern.[924]

Dies würde aber zunächst dem System des EU-Kartellrechts widersprechen, welches auch bei anderen Ermittlungsmethoden, wie beispielsweise der Nachprüfung, eine Mitwirkung der Unternehmen verlangt.[925]

Zudem ist ein solches Recht auch nicht notwendig. Für den Schutz der Interessen der Unternehmen, insbesondere an ihrer eigenen Bestrafung nicht mitwirken zu müssen, ist es ausreichend, dass diese die Antworten auf solche Fragen verweigern können, deren Beantwortung sie selbst belasten würde.

2 Vorlage von Dokumenten

Im Hinblick auf den Umfang des Selbstbezichtigungsschutzes muss den Betroffenen das Recht zustehen, jede aktive Form der Mitwirkung an der Überführung zu verweigern.[926]

Es kann keinen Unterschied machen, ob die Überführung aufgrund von erzwungenen Aussagen oder aufgrund der erzwungenen Vorlage von Urkunden oder Augenscheinsobjekten ermöglicht wird.[927]

Erzwingt man die Vorlage, werden die Unternehmen nicht nur zu einem Geständnis gezwungen - bestimmte Urkunden können schon für sich so aussagekräftig sein, dass ihre Vorlage einem Geständnis gleichkommt -, sondern ihnen wird auch ein „Geständnisbonus" verweigert.[928] Diesen

924 *Joshua*, ECLR 1982, 173, 179.

925 *De Bronett*, Kartellverfahrensrecht, Art. 17-22, Rn. 5; *Kehl*, Schutz von Informationen, S. 99; MK, *Burrichter*, Kartellrecht, Band 1, Art. 20 VO 1/2003, Rn. 6; *Schwarze/Weitbrecht*, Kartellverfahrensrecht, § 4, Rn. 19.

926 *Müller*, EuGRZ 2001, 546, 555.

927 *Bärlein/Pananis/Rehmsmeier*, NJW 2002, 1825, 1826; *Kühlhorn*, WuW 1986, 7, 13.

928 *Bärlein/Pananis/Rehmsmeier*, NJW 2002, 1825, 1828.

könnten sie anderenfalls durch freiwillige Vorlage von Unterlagen erlangen.[929]

Daher darf ein Beschuldigter nicht mit Zwangsmitteln dazu verpflichtet werden, in seinen Händen vermutetes Beweismaterial herauszugeben.[930] Insbesondere kann nicht als Argument vorgebracht werden, dass die Dokumente bereits existieren würden. Denn allein die Tatsache, dass etwas niedergeschrieben wurde, bedeutet noch nicht zwangsläufig, dass es veröffentlicht werden soll oder dass der Verfasser zukünftig auf Rechte verzichten wollte.[931]

Dem steht auch nicht entgegen, dass die juristische Person unter Umständen im Hinblick auf die vorzulegenden Dokumente Aufzeichnungs-, Dokumentations- und Vorlagepflichten zu erfüllen hat. Es gibt keine kartellrechtlichen Aufzeichnungspflichten.

Folglich sind die entsprechenden Dokumente zumindest nicht zum Zwecke der kartellrechtlichen Ermittlungen angefertigt worden. Es gibt Dokumente, die das Unternehmen im Hinblick auf nationale Aufzeichnungsvorschriften erstellen muss. Diese Aufzeichnungspflichten sind aber das Ergebnis einer eigenen, nationalen Interessenabwägung. Werden sie durch die Kommission für das EU-Kartellverfahren genutzt, würde dies in das Verhältnis zwischen Unternehmen und nationaler Behörde eingreifen.

Zudem sind die Aufzeichnungs-, Dokumentations- und Vorlagepflichten nicht eingeführt worden, um hiermit repressive Verfahren erleichtern zu können. Daher kann die Verwendung in diesen Verfahren nicht verlangt werden. Die durchaus berechtigten Interessen der anderen Behörden an der Wahrnehmung ihrer Aufsichtsbefugnisse werden hierdurch auch nicht über Gebühr behindert, da lediglich die Verwendung in repressiven Verfahren ausgeschlossen wird.[932]

Abzulehnen ist die Auffassung, die die Äußerungen des EGMR in den Rechtssachen *Funke* und *Saunders* bezüglich der Vorlage von Dokumenten dahingehend versteht, dass Unternehmen nur die Herausgabe von solchen Dokumenten verweigern können sollen, auf die die Behörden anderenfalls keinen Zugriff hätte.

---

929 Kronzeugenmitteilung 2006, Rn. 24.

930 Ehlers, *Grabenwarter*, Grundrechte und Grundfreiheiten, § 6, Rn. 40; Grote/Marauhn, *Grabenwarter/Pabel*, EMRK/GG, Kap. 14, Rn. 153; *Kühlhorn*, WuW 1986, 7, 25; *Müller*, EuGRZ 2001, 546, 553.

931 *Böse*, GA 2002, 98, 102 f.

932 *Bärlein/Pananis/Rehmsmeier*, NJW 2002, 1825, 1828; vgl. auch *BGH*, Beschluss vom 12. Januar 2005, JR 2005, 300, 301 für die Verwendung von Informationen, die unter Zwang im Rahmen der Auskunftspflicht erlangt werden.

Dokumente, die dagegen von der Behörde auch durch andere Maßnahmen, wie beispielsweise Nachprüfungen, erlangt werden können, sollen nicht dem Verbot der Selbstbelastung unterfallen.[933]

Diese Auffassung deckt sich nicht mit den Ausführungen des EGMR, der eine solche Beschränkung nicht erwähnt.[934]

Vereinzelt wird angeführt, dass die Unternehmen die Dokumente ohnehin freiwillig herausgeben, da sie anderenfalls befürchten müssten, dass die Kommission sich diese Unterlagen im Rahmen einer Nachprüfung beschafft.[935]

Auch hier gilt aber, dass ein Verweigerungsrecht keine Verweigerungspflicht bedeutet.

Wenn das Unternehmen im Rahmen einer Interessenabwägung entscheidet, die Unterlagen vorzulegen, so ist das unproblematisch.[936] Es soll nur nicht dazu gezwungen werden.

3 Auslegung des Schweigens

Nicht vom Auskunftsverweigerungsrecht umfasst ist dagegen der Schutz davor, dass aus dem Schweigen beim Vorliegen weiterer Umstände negative Schlüsse gezogen werden.[937]

4 Auskunftsverweigerung im Konzern

Nach gefestigter Rechtsprechung der Unionsgerichte ist das Kartellverbot des Art. 101 AEUV an wirtschaftliche Einheiten in Form einer Gesamtheit materieller und personeller Faktoren gerichtet, die an einer Zuwiderhandlung beteiligt sein können.

Daher kann ein Unternehmen im Sinne des Art. 101 AEUV aus mehreren Rechtssubjekten bestehen.[938]

Hier stellt sich daher die Frage, ob ein Unternehmen die Auskunft auf Informationsentscheidungen verweigern kann, deren Beantwortung ein

933 *Stessens*, ELR 1997, Checklist No. 1, HRC/45, HRC/54.

934 So auch *Willis*, ECLR 2001, 313, 317.

935 *Schriefers*, WuW 1993, 98, 100.

936 *Kühlhorn*, WuW 1986, 7, 25.

937 *Harris/O'Boyle/Warbrick*, ECHR, S. 261 unter Verweis auf die Entscheidung des *EGMR* in der Rechtssache *Murray*.

938 *EuGH*, Urteil vom 10. September 2009, Rs. C-97/08 P, Akzo Nobel u. a., Rn. 55; Urteil vom 14. Dezember 2006, Rs. C-217/05, Confederación Española de Empresarios de Estaciones de Servicio, Rn. 40; Urteil vom 12. Juli 1984, Rs. 170/83, Hydrotherm, Rn. 11; *EuG*, Urteil vom 15. Juni 2005, Rs. T-71/03, T-74/03, T-87/03 und T-91/03, Tokai Carbon, Rn. 54; Urteil vom 17. Dezember 1991, Rs. T-6/89, Enichem Anic, Rn. 235.

mit ihm verbundenes Unternehmen der Gefahr der Verhängung einer Bußgeldentscheidung aussetzen würde.

Anerkannt ist, dass der Adressat der Auskunftsentscheidung nicht die Pflicht hat, Informationen zu beschaffen.[939]

Überwiegend wird diese fehlende Pflicht zur Beschaffung auch für verbundene Unternehmen angenommen.[940] Die Kommission könne danach darauf verwiesen werden, an jedes einzelne Unternehmen des Unternehmensverbundes eine eigenständige Auskunftsentscheidung zu erlassen.[941] Insoweit stellt sich die Frage eines Auskunftsverweigerungsrechts nicht, da das Unternehmen ohnehin nicht zur Erteilung der Auskunft verpflichtet werden kann.

Daneben wird aber vertreten, dass die Informationen grundsätzlich zu übermitteln sind, wenn sie dem Adressaten vorliegen oder sich das Auskunftsverlangen ausdrücklich auf die Vorlage der entsprechenden Unterlagen erstreckt.[942] Dies dürfte insbesondere von Belang sein, wenn die betroffenen Unternehmen in einem Über-Unterordnungsverhältnis stehen. Wird die Auskunftsentscheidung an das herrschende Unternehmen gerichtet, so kann davon ausgegangen werden, dass alle Informationen, die im Rahmen einer ordnungsgemäßen Beteiligungsverwaltung erhältlich sind, auch grundsätzlich übermittelt werden müssen.

Richtet sich die Entscheidung allerdings an ein beherrschtes

Unternehmen, so können von diesem lediglich Informationen bezüglich der Stellung und der geschäftlichen Verhältnisse im Konzern verlangt werden.[943]

---

939 *Engel/Freier*, EWS 1992, 361, 365; Immenga/Mestmäcker, *Burrichter*, EG-Wettbewerbsrecht, Band 2, Art. 18 VO 1/2003, Rn. 58; Langen/Bunte, *Sura*, Kartellrecht, Band 2, Art. 18 VO 1/2003, Rn. 12.

940 *Kühlhorn*, WuW 1986, 7, 25; MK, *Bischke*, Kartellrecht, Band 1, Art. 18 VO 1/2003, Rn. 12.

941 Immenga/Mestmäcker, *Burrichter*, EG-Wettbewerbsrecht, Band 2, Art. 18 VO 1/2003, Rn. 56; Loewenheim/Meessen/Riesenkampff, *Barthelmeß/Rudolf*, Kartellrecht, Art. 18 VerfVO, Rn. 36.

942 Dalheimer/Feddersen/Miersch, *Miersch*, Kartellverfahrensverordnung, Art. 18, Rn. 11; Immenga/Mestmäcker, *Burrichter*, EG-Wettbewerbsrecht, Band 2, Art. 18 VO 1/2003, Rn. 15; MK, *Bischke*, Kartellrecht, Band 1, Art. 18 VO 1/2003, Rn. 12.

943 *Engel/Freier*, EWS 1992, 361, 365.

Diese Auffassung widerspricht grundsätzlich der Rechtsprechung der Unionsgerichte zur strikten verfahrensrechtlichen Trennung nach Rechtssubjekten.[944]

Möchte man ihr aber dennoch folgen, würde dies bedeuten, dass die Unternehmen keine Möglichkeiten hätten, die Herausgabe der Informationen unter Verweis auf die Möglichkeit der Inanspruchnahme der anderen Gesellschaft zu verweigern. In diesen Fällen stellt sich daher die Frage, ob es ein Auskunftsverweigerungsrecht für Konzernunternehmen gibt.

Unstreitig dürfte ein solches Recht gegeben sein, wenn das Unternehmen, an welches die Auskunftsentscheidung gerichtet ist, für einen Verstoß des anderen Unternehmens sanktioniert werden kann.

Ein Unternehmen kann für den Kartellverstoß eines mit ihm verbundenen Unternehmens sanktioniert werden, wenn beide Unternehmen eine wirtschaftliche Einheit bilden, da innerhalb der wirtschaftlichen Einheit Kartellrechtsverstöße zugerechnet werden.[945]

Eine wirtschaftliche Einheit liegt in aller Regel vor, wenn ein Unternehmen das eigene Verhalten am Markt nicht mehr selbständig bestimmen kann, sondern wegen seiner wirtschaftlichen und rechtlichen Bindungen an ein anderes Unternehmen im Wesentlichen die Weisungen des anderen Unternehmens befolgt.[946]

Hierfür ist - zumindest im Kartellbußverfahren - eine tatsächliche Beherrschung notwendig. Die reine Möglichkeit der Beherrschung ist nicht ausreichend.[947]

Allerdings besteht die widerlegbare Vermutung einer Beherrschung bei einem 100 %igen Anteilsbesitz.[948] Hintergrund für die Zurechnung ist aus Sicht des Gerichtshofs, dass:

---

944 *EuGH*, Urteil vom 16. März 2000, verb. Rs. C-395/96 P und C-396/96 P, Compagnie maritime Belge, Rn. 142 ff.; *EuG*, Urteil vom 13. Dezember 2001, Rs. T-45/98, Krupp Thyssen Stainless, Rn. 55 ff.

945 *Bauer/Reisner*, WuW 2007, 737, 739; *Mansdörfer/Timmerbeil*, WM 2004, 362, 370; MK, *Engelsing/Schneider*, Kartellrecht, Band 1, Art. 23 VO 1/2003, Rn. 41.

946 *EuGH*, Urteil vom 10. September 2009, Rs. C-97/08 P, Akzo Nobel u. a., Rn. 58 m. w. N.; *EuG*, Urteil vom 14. Mai 1998, Rs. T-339/94, T-340/94, T-341/94 und T-342/94, Metsä-Serla Oy u. a., Rn. 58.

947 *Buntscheck*, EuZW 2007, 423, 425.

948 *EuGH*, Urteil vom 10. September 2009, Rs. C-97/08 P, Akzo Nobel u. a., Rn. 60, Urteil vom 6. April 1995, Rs. C-310/93 P, BPB Industries, Rn. 11; Urteil vom 25. Oktober 1983, Rs. 107/82, AEG, Rn. 50; Schlussanträge der Generalanwältin *Kokott*, Rs. C-97/08 P, Akzo Nobel u. a., Rn. 51 ff. m. w. N.; Schlussanträge des Generalanwalts *Léger*, Rs. C-310/93 P, BPB Industries, Rn. 20 ff.

„[…] in einem solchen Fall die Muttergesellschaft und ihre Tochtergesellschaft Teil ein und derselben wirtschaftlichen Einheit sind und damit ein Unternehmen […] bilden.“[949]

In Bezug auf die Sanktionierung hat die Kommission beim Vorliegen einer wirtschaftlichen Einheit ein Wahlrecht, welches Unternehmen sie als Bußgeldadressat in Anspruch nimmt.[950]

Wenn aufgrund der Annahme einer wirtschaftlichen Einheit die Zurechnung eines Kartellverstoßes droht, muss das Mutterunternehmen solche Informationen über das Tochterunternehmen verweigern können, die zum Nachweis eines Kartellverstoßes der Tochter dienen können, da es sich anderenfalls mittelbar selbst belasten würde.

Aufgrund der Tatsache, dass die verbundenen Unternehmen im Fall einer wirtschaftlichen Einheit als ein Unternehmen betrachtet werden - wofür insbesondere das Wahlrecht bezüglich der Sanktionierung spricht - muss sich auch das beherrschte Unternehmen auf ein Auskunftsverweigerungsrecht berufen können, wenn es Informationen über das Mutterunternehmen preisgeben soll.

Etwas anderes gilt aber dann, wenn die Umstände, die zur Annahme einer wirtschaftlichen Einheit im Sinne des Kartellsanktionsverfahrens führen, nicht gegeben sind.

Hier können verbundene Unternehmen sich in Bezug auf Informationen über die jeweils anderen Unternehmen nicht auf ein Auskunftsverweigerungsrecht berufen.

Die Gefahr einer - auch nur mittelbaren - Selbstbelastung besteht aufgrund der fehlenden Zurechenbarkeit nicht. Das Unternehmen kann hier nur versuchen, die Kommission darauf zu verweisen, dass diese die Information unmittelbar beim betreffenden Unternehmen erfragt.

5 Fazit

Das Auskunftsverweigerungsrecht des Art. 6 Konvention umfasst neben dem Recht zu schweigen auch das Recht, die Vorlage von Dokumenten zu verweigern.

Geschützt ist das Unternehmen selbst und alle mit ihm im Sinne einer wirtschaftlichen Einheit verbundenen Unternehmen.

949 *EuGH*, Urteil vom 10. September 2009, Rs. C-97/08 P, Akzo Nobel u. a., Rn. 59.

950 *EuG*, Urteil vom 14. Dezember 2006, verb. Rs. T-259/02 bis T-264/02 und T-271/02, Lombardclub, Rn. 331.

F Durchsetzung der bestehenden Rechte

Wie dargestellt, stellt die derzeitige Verpflichtung der Unternehmen zur Kooperation einen Verstoß gegen Grundrechte dar.

Welchen Rat gibt man vor diesem Hintergrund als Rechtsberater einem Unternehmen, welches von der Kommission eine Auskunftsentscheidung zugestellt bekommen hat? Wie soll der Betroffene seine Rechte geltend machen, insbesondere vor welchem Gericht soll er klagen?[951]

1 Gegenwärtige Situation

In der Vergangenheit waren die Kompetenzen klar verteilt. Es gab zwei verschiedene europäische Gerichte - den EGMR und den Gerichtshof - und nur das erste entschied über Grundrechtsfragen, während das zweite sich vorrangig mit Fragen beschäftigte, die die Auslegung und Anwendung des Unionsrechts betrafen.[952]

Mittlerweile gibt es einen verbindlichen europäischen Grundrechtskatalog und der Gerichtshof kann auf eine umfangreiche eigene Judikatur zu Grundrechten zurückgreifen, die zudem vereinzelt durch Vorschriften der Konvention ergänzt werden.[953]

Der EGMR wiederum ist originär für die Auslegung und Anwendung der Konvention zuständig, hat sich aber in letzter Zeit verschiedentlich mit Klagen befasst, die sich faktisch gegen Maßnahmen der Union richteten.[954]

Folglich hat sich ein grundrechtliches „Mehr-Ebenen-System" in Europa gebildet, welches auch noch die nationalen Grundrechtsgerichte - die in der vorliegenden Untersuchung aber außer Betracht bleiben sollen - umfasst.[955]

Diese Situation erscheint zunächst vorteilhaft, verspricht sie doch weitgehenden Rechtsschutz für Bürger und Unternehmen. Tatsächlich

---

951 Vgl. *Piris*, EuR 2000, 311, 340.

952 *Douglas-Scott*, CMLR 2006, 629, 629; *Hilf/Hörmann*, NJW 2003, 1, 2.

953 *Breuer*, EuGRZ 2005, 229, 232; *Douglas-Scott*, CMLR 2006, 629, 661; *Lenaerts/de Smijter*, MJ 2001, 90, 91; *Schwartmann*, Archiv des Völkerrechts 2005, 129, 129; Streinz/Ohler, *Pechstein*, EUV/EGV, Art. 6 EUV, Rn. 11.

954 *Douglas-Scott*, CMLR 2006, 629, 629 f; *Hilf/Hörmann*, NJW 2003, 1, 3.

955 *Alber/Widmaier*, EuGRZ 2000, 497, 501 f.; *Calliess*, EuZW 2001, 261, 268; *Dörr*, DVBl 2006, 1088, 1090 f.; Ehlers, *Walter*, Grundrechte und Grundfreiheiten, § 1, Rn. 47; *Lenaerts/de Smijter*, MJ 2001, 90, 91; *Lindner*, Jura 2008, 401, 401; *Pache*, EuR 2004, 393, 393; *Skouris*, in: *Hilf/Kämmerer/König*, Höchste Gerichte an ihren Grenzen, S. 35; *Weber*, DVBl 2003, 220, 227.

scheint es aber eher ein Übermaß an Rechtsschutz zu geben.[956] Manch einer spricht gar von einem „*Bermuda-Dreieck des Grundrechtsschutzes*", in dem der Rechtsuchende „unterzugehen" droht.[957]

Neben der Schwierigkeit der Auffindung des einschlägigen materiellen Rechts steht der Rechtsuchende damit auch grundsätzlich vor der Schwierigkeit der Bestimmung des zuständigen Gerichts. Verschiedene Gerichte nehmen für sich in Anspruch für die Grundrechtsprüfung auf europäischer Ebene zuständig zu sein[958] und entwickeln zum Teil unterschiedliche Auffassungen zu den gleichen Vorschriften.[959] Darüber hinaus ist auch die Rechtsprechung im Bereich des Grundrechtsschutzes innerhalb der jeweiligen europäischen Gerichte unübersichtlich, so dass die Transparenz für die Kläger weiter eingeschränkt wird.[960] Bedenkt man, dass Grundrechtskataloge allein nicht hilfreich sind, sondern ein effektiver gerichtlicher Grundrechtsschutz entscheidend ist,[961] so kann man den Vergleich mit dem „untergehenden" Rechtsuchenden nicht komplett von der Hand weisen.

In Bezug auf den konkreten Fall des Auskunftsverlangens stellt sich die Situation wie folgt dar.

1.1 Rechtsschutz vor den Unionsgerichten

Adressaten eines Auskunftsverlangens können sich zunächst gem. Art. 263 Abs. 4 AEUV an die Unionsgerichte wenden, um die Entscheidung der Kommission gerichtlich überprüfen zu lassen.[962] Nach Art. 18 Abs. 3 VO 1/2003 ist die Kommission verpflichtet, den Adressaten der Auskunftsentscheidung hierauf hinzuweisen.

---

956 *Douglas-Scott*, CMLR 2006, 629, 630; *Hilf/Hörmann*, NJW 2003, 1, 1; *Hirsch*, EuR 2006 - Beiheft 1, 7, 7; *Limbach*, EuGRZ 2000, 417, 417; *Pache*, EuR 2004, 393, 393; *Suerbaum*, EuR 2003, 390, 408.

957 *Lenz*, der den Begriff des „Bermuda-Dreiecks" prägte, hegte noch die Hoffnung, dass sich der *EGMR* dem Schutz der Grundrechte auch bei Akten der Union annehmen würde, so dass Grundrechtsschutz spätestens in Straßburg wieder „auftauchen" würde. *Lenz*, EuZW 1999, 311, 312.

958 *Lenaerts/de Smijter*, CMLR 2001, 273, 290; *Limbach*, EuGRZ 2000, 417, 417; *Schwarze*, NJW 2005, 3459, 3459.

959 Vgl. *Lenaerts/de Smijter*, die in der Gefahr abweichender Entscheidungen eine erhebliche Last für den Grundrechtsschutz sehen: *Lenaerts/de Smijter*, MJ 2001, 90, 96; *Scheer*, ZEuS 2004, 663, 665.

960 *Fredriksen*, ZEuS 2005, 99, 104; *Weber*, NJW 2000, 537, 540.

961 *Calliess*, NJW 2002, 3577, 3579 f.; *de Witte*, MJ 2001, 81, 89; *Douglas-Scott*, CMLR 2006, 629, 663; *Hilf/Hörmann*, NJW 2003, 1, 1; *Lindner*, ZRP 2007, 54, 56; *Weber*, NJW 2000, 537, 544.

962 Vgl. *Hilf/Hörmann*, NJW 2003, 1, 2; *Kehl*, Schutz von Informationen, S. 16.

Hierbei können sich die Betroffenen nunmehr auf die verbindliche Charta berufen.

Durch die geschriebenen Regeln der Charta wird die Transparenz erhöht. Mangels bisheriger ausdrücklicher Rechtsprechung des Gerichtshofs zur Charta bleibt allerdings der Mangel an Rechtssicherheit (noch) bestehen.

Im Rahmen des Verfahrens nach Art. 263 Abs. 4 AEUV können die Unternehmen aber nunmehr grundsätzlich die oben dargestellten Verletzungen der Grundrechte auch zweifellos vor den Unionsgerichten geltend machen.

Im Rahmen der praktischen Durchsetzung bleibt aber abzuwarten, ob der Gerichtshof von seiner derzeit strengen Haltung abrückt. Das bisherige Beharren des Gerichtshofs auf seiner restriktiven Auslegung und Anwendung von Verteidigungsrechten ist vor dem Hintergrund seiner Bekundungen zur Wahrung der Rechte verwunderlich.

Die oben dargelegte Ableitung eines umfassenden Auskunftsverweigerungsrechts aus den europäischen Grundrechten und allgemeinen Rechtsgrundsätzen hat der Gerichtshof bisher nicht akzeptiert.[963] Er gibt zwar vor, die Rechtsprechung des EGMR zu berücksichtigen, zieht aber aus dessen Entscheidungen ganz andere Schlüsse.

Statt ein umfangreiches Auskunftsverweigerungsrecht auch für Unternehmen zu bejahen, lässt er sich erkennbar von dem Gesichtspunkt leiten, dass ein weitergehender grundrechtlicher Schutz der Unternehmen die Ermittlungen in Kartellverfahren behindern würde.[964]

Die Unionsgerichte sehen hierin keinen Widerspruch zur Rechtsprechung des EGMR.[965]

Eine inhaltliche Auseinandersetzung mit dem klar weitergefassten Auskunftsverweigerungsrecht erfolgt nicht. Ein Abstimmungsbedarf zwischen Gerichtshof und EGMR in Bezug auf den Umfang der Verteidigungsrechte, ist insofern also eindeutig erkennbar.[966]

Generell drängt sich der Eindruck auf, dass in Bezug auf die aus der Konvention entnommenen Rechte der Gerichtshof – insbesondere in

963 *Douglas-Scott*, CMLR 2006, 629, 644; *Weiß*, EuZW 2006, 263, 264.

964 *Schwarze*, NJW 2005, 3459, 3461; *Weiß*, EuZW 2006, 263, 264.

965 *EuGH*, Urteil vom 29. Juni 2006, Rs. C-301/04 P, SGL Carbon, Rn. 43; *EuG*, Urteil vom 20. Februar 2001, Rs. T-112/98, Mannesmannröhren-Werke, Rn. 77.

966 *Pache*, NVwZ 2001, 1342, 1344; *Philippi*, ZEuS 2000, 97, 113; *Schilling*, ZaöRV 2000, 395, 411; vgl. für die Divergenzen im Bereich des Rechts auf Unverletzlichkeit der Geschäftsräume die Darstellung von *Gebauer*, *Gebauer*, Menschenrechtsschutzsysteme in Europa, 301 ff.

Fällen, in denen Unternehmen betroffen sind – darauf beharrt, dass diese Rechte nicht unmittelbar auf Maßnahmen der Union übertragbar sind.[967]

Interessant ist in diesem Zusammenhang, dass der Gerichtshof[968] weniger zögerlich ist, Grundrechtstatbestände unmittelbar aus der Konvention in das Unionsrecht zu übertragen, wenn es darum geht zu prüfen, ob innerstaatliche Regelungen mit den europäischen Grundrechten vereinbar sind.[969]

Auch in Bezug auf das Verwaltungsrecht insgesamt bestand zumindest bisher der Eindruck, dass der Gerichtshof mit zweierlei Maß misst, abhängig davon, ob die Durchführung des Unionsrechts durch die Mitgliedstaaten oder aber die Eigenverwaltung der Union betroffen ist.[970] In Bezug auf den Rechtsschutz gegenüber Maßnahmen der Unionsorgane war der Gerichtshof stets deutlich zurückhaltender.[971]

Es drängt sich der Eindruck auf, dass diese Haltung unmittelbar mit der Funktion und dem Selbstbild des Gerichtshofs zusammenhängt. Eine der wichtigsten Aufgaben des Gerichtshofs ist es, der Motor der Integration zu sein. In dieser Funktion übernimmt er in bestimmten Bereichen durch richterliche Rechtsfortbildung die Weiterentwicklung des Unions- Systems.[972]

Für den Gerichtshof besteht ein unbedingter Vorrang der Verwirklichung der Integrationsziele, selbst wenn dies negative Auswirkungen auf die Rechtsordnungen der Mitgliedstaaten oder den Grundrechtsschutz von Individuen hat.[973]

Diese einseitige Ausrichtung der Rechtsprechung wurde zu Recht kritisiert.[974] Mittlerweile ist die Integration in der Union soweit fortgeschritten, dass Gesichtspunkte der rechtsstaatlichen Kompetenzbegrenzung stärker in den Fokus der Aufmerksamkeit des Gerichtshofs gestellt werden sollten.[975] Zudem darf nicht vergessen werden, dass die andere

---

967 *Ameye*, ECLR 2004, 332, 332; *Douglas-Scott*, CMLR 2006, 629, 648.

968 *EuGH*, Urteil vom 18. Juni 1991, Rs. 260/89, Ersuchen um Vorabentscheidung: Monomeles Protodikeio Thessalonikis, Rn. 44.

969 *Lenz/Mölls*, WuW 1991, 771, 781; *Schilling*, EuGRZ 2000, 3, 43.

970 *Von Danwitz*, in: *Schmidt-Aßmann/Hoffmann-Riem*, Europäisches Verwaltungsrecht, 171, 174.

971 *Calliess*, NJW 2002, 3577, 3579.

972 *Müller*, FAZ vom 11. Februar 2009, S. 5.

973 *Calliess*, EuZW 2001, 261, 262.

974 Von Bogdandy/Bast, *Kühling*, Europäisches Verfassungsrecht, S. 660.

975 *Calliess*, NJW 2002, 3577, 3581.

wichtige Aufgabe des Gerichtshofs die Wahrung eines effektiven Rechtsschutzsystems ist.[976]

Diese Aufgabe schien der Gerichtshof insbesondere beim Grundrechtsschutz für Unternehmen im EU-Kartellverfahren seit einigen Jahren aber nicht mehr recht erfüllen zu wollen. Dies könnte daran gelegen haben, dass Grundrechte Schranken jener Integration darstellen, die darauf zielt, die Kompetenzen der Union zu erweitern.[977] Hier erhalten die Unionsgerichte durch das Wirksamwerden der Charta neue Vorgaben.

Wie wirken sich diese auf den Rechtsschutz aus? Wie bereits erwähnt, wird vertreten, dass die Charta einen Grundrechtskatalog formuliert, der zumindest in seinem Kern bereits vor dem Wirksamwerden zum rechtlich bindenden Standard im europäischen Grundrechtsschutz gehörte.[978] Daraus könnte man schließen, dass auch mit Rechtsverbindlichkeit der Charta keine Änderung - insbesondere keine Erhöhung - des Rechtsschutzes verbunden ist.[979]

Allerdings verkennt dies, dass der Schutz, den die Charta gewährt, teilweise über das hinaus geht, was zuvor von den richterrechtlichen Unionsgrundrechten garantiert wurde.[980]

Zudem müssen die Unionsgerichte Grundrechte nicht mehr unter Einbeziehung der Konvention aus allgemeinen Rechtsgrundsätzen herleiten, sondern können auf eine normative Grundlage für ihre Rechtsprechung zurückgreifen.[981] Die Charta sichert als geschriebener Grundrechtskatalog die Unionsgrundrechte in ihrer bisherigen Form ab. Der Gerichtshof kann nicht mehr im Wege einfacher Rechtsentwicklung den Schutzstandard einzelner Rechte senken.[982]

Die erhöhte Transparenz schafft eine komplette und sichtbare europäische Grundrechtsgarantie.[983] Bürger und Unternehmen können sich auf ihre Rechte berufen, sie einklagen und sich dadurch mit dem Rechtssys-

---

976 *Knapp*, DÖV 2001, 12, 12.

977 *Fredriksen*, ZEuS 2005, 99, 105; *Schwartmann*, Archiv des Völkerrechts 2005, 129, 148.

978 *Calliess*, EuZW 2001, 261, 267; *Grabenwarter*, DVBl 2001, 1, 10; *Pache*, EuR 2001, 475, 477.

979 *Alber/Widmaier*, EuGRZ 2000, 497, 499; *Zuleeg*, EuGRZ 2000, 511, 514.

980 *Grabenwarter*, DVBl 2001, 1, 10; *Lenaerts/de Smijter*, CMLR 2001, 273, 280.

981 *Calliess*, EuZW 2001, 261, 268.

982 *Pache/Rösch*, EuZW 2008, 519, 521.

983 *Alber/Widmaier*, EuGRZ 2000, 497, 498; *Däubler-Gmelin*, EuZW 2000, 1, 1; *Lenaerts/de Smijter*, CMLR 2001, 273, 273; *Magiera*, DÖV 2000, 1017, 1017 f; *Pernice*, NJW 1990, 2409, 2418; *Schwarze*, EuZW 2001, 517, 522.

tem, welches diese Rechte gewährt, identifizieren. Der geschriebene Grundrechtskatalog dürfte auch die Kontrolldichte erhöhen.[984]

Es steht zu erwarten, dass sichtbarer Grundrechtsschutz darüber hinaus dazu beiträgt, dass das Interesse der Unionsbürger und die Zustimmung in Bezug auf die europäische Integration gestärkt wird.[985]

Hinzuweisen ist darauf, dass sich sowohl Polen als auch das Vereinigte Königreich im Rahmen eines Zusatzprotokolls Einschränkungen vorbehalten haben. Die Charta bewirkt danach keine Ausweitung der Befugnisse des Gerichtshofs oder ihrer jeweiligen nationalen Gerichte, Feststellungen, in Bezug auf Chartaverstöße durch nationale Rechts- und Verwaltungsvorschriften, Verwaltungspraxis oder Verwaltungsmaßnahmen zu treffen. Von einigen Autoren wird dieser „Opt-out" vom einheitlichen Grundrechtsschutz in der EU als gewichtiger formaler Rückschlag für die EU als Werte- und Grundrechtsgemeinschaft bewertet, da die Charta dadurch doch nicht zum einheitlichen Grundrechtsfundament der Union wird.[986]

Ob diese Befürchtungen zutreffend sind, wird insbesondere die zukünftige Anwendung der Charta durch die Unionsgerichte zeigen.

Wie bereits ausgeführt, darf eine Einschränkung der in der Charta enthaltenen Grundrechte nur erfolgen, wenn diese Einschränkung gerechtfertigt ist - Art. 52 Charta.

Allerdings ist hierbei zu beachten, dass die Rechtfertigungsprüfung zumindest bisher immer sehr kursorisch erfolgt ist.

Zudem ist zu kritisieren, dass die bisherige Handhabung der Prüfung eine verdeckt einseitige Betonung von Unionsinteressen ermöglichte.[987] Es steht zu befürchten, dass der bisher bestehende schwache Schutz der Grundrechte und insbesondere die grobmaschige Prüfungsdichte des Gerichtshofs im Hinblick auf einige Grundrechte[988] auch unter der Charta weitergeführt werden wird.[989]

Darüber hinaus ergibt sich das - oben bereits angeschnittene - Problem, dass die von der Rechtsprechung bereits konkretisierten Grundrechte im Hinblick auf ihren Schutzbereich und ihre Schranken inhaltlich nur un-

---

984 *Koenig*, EuZW 2000, 417, 417; *Pauly*, EuR 1998, 242, 242.

985 *Kingreen*, EuGRZ 2004, 570, 570; *Magiera*, DÖV 2000, 1017, 1021; *Nicolaysen*, EuR 2003, 719, 736; *Pernice*, DVBl 2000, 847, 849; *Schmitz*, EuR 2004, 691, 692 f.; *Weber*, NJW 2000, 537, 538; *Zuleeg*, EuGRZ 2000, 511, 514.

986 *Craig*, ELR 2008, 137, 163; *Mayer*, ZaöRV 2007, 1141, 1162 f.; *Pache/Rösch*, EuZW 2008, 519, 520.

987 *Schmitz*, JZ 2001, 833, 838 m. w. N.

988 *Frenz*, EuR 2002, 603, 612; *Kokott*, AöR 1996, 599, 608.

989 *Pernice*, DVBl 2000, 847, 850.

zureichend definiert sind. Dies wirkt sich auch unter Anwendung der Charta - deren Auslegung auf die bisherige Rechtsprechung rekurriert - negativ auf die Transparenz aus.[990]

Bezüglich der prozessualen Durchsetzung der Charta besteht weiter das Problem, dass eine Grundrechtsklage - obwohl auch noch im Rahmen der Erstellung des Verfassungsentwurfs diskutiert[991] und durchaus wünschenswert[992] nicht Bestandteil des AEUV ist.[993] Folglich können Rechtsuchende die Grundrechte nur mittelbar im Rahmen einer Klage gegen Maßnahmen der Union nach Art. 263 Abs. 4 AEUV vor dem Gericht oder Gerichtshof geltend machen.[994]

Das durch den EUV-Lissabon eingeführte Individualrechtssystem beruht damit im Wesentlichen auf dem bisherigen Rechtsschutzsystem der Union.[995]

Im Hinblick auf das Verhältnis der Charta zur Konvention ist festzuhalten, dass die Rechtsgültigkeit der Charta einem Beitritt der Union zur Konvention nicht entgegensteht.[996] Entsprechend sieht Art. 6 Abs. 2 AEUV einen solchen Beitritt auch ausdrücklich vor. Ein solcher Beitritt ist auch immer noch sinnvoll, da damit zum einen die Hoffnung verbunden ist, dass Divergenzen in der Rechtsprechung von EGMR und Gerichtshof erheblich reduziert werden können, und zum anderen nur durch einen Beitritt sichergestellt ist, dass Maßnahmen der Union unmittelbar vom EGMR überprüft werden können.[997] Ohne einen Beitritt zur Konvention besteht weiter die Gefahr einer Abweichung zwischen der Rechtsprechung des Gerichtshofs und des EGMR zur Auslegung von Grundrechten, die sowohl in Charta als auch Konvention enthalten sind.[998]

---

990 *Calliess*, EuZW 2001, 261, 262.

991 *Brecht*, ZEuS 2005, 355, 383; *Fredriksen*, ZEuS 2005, 99, 128 f.

992 *Calliess*, EuZW 2001, 261, 268; *Lindner*, ZRP 2007, 54, 56 f.; *Pache/Rösch*, EuR 2009, 769, 788; *Pernice*, DVBl 2000, 847, 858; *Weber*, NJW 2000, 537, 544.

993 *Calliess*, EuZW 2001, 261, 267; *Grabenwarter*, EuGRZ 2004, 563, 566; *Rengeling*, DVBl 2004, 453, 464; *Schwartmann*, Archiv des Völkerrechts 2005, 129, 133 f.

994 *Fredriksen*, ZEuS 2005, 99, 106; *Paeffgen*, EuR 2006 - Beiheft 1, 63, 67; *Philippi*, ZEuS 2000, 97, 125; *Weber*, NJW 2000, 537, 544.

995 *Fredriksen*, ZEuS 2005, 99, 101; *Meyer/Hölscheidt*, EuZW 2003, 613, 617; *Oppermann*, DVBl 2003, 1234, 1236; *Schwarze*, EuR 2003, 535, 552; *Weber*, NJW 2000, 537, 544.

996 *Lenaerts/de Smijter*, MJ 2001, 90, 101; *Schmitz*, EuR 2004, 691, 699.

997 *Lenaerts/de Smijter*, CMLR 2001, 273, 297.

998 *Heringa/Verhey*, MJ 2001, 11, 17; *Lenaerts/de Smijter*, MJ 2001, 90, 96; *Scheer*, ZEuS 2004, 663, 689; Streinz/Ohler, *Pechstein*, EUV/EGV, Art. 6 EUV, Rn. 15.

Diese Gefahr wurde offenbar auch vom Grundrechtskonvent gesehen und es wurde versucht, ihr mit Art. 52 Abs. 3 und 53 Charta entgegenzuwirken.[999] Nach Art. 53 Charta ist die Konvention als Mindeststandard anzusehen, von dem nicht nach unten hin abgewichen werden darf. Art. 52 Abs. 3 Charta bestimmt zudem, dass für den Fall, das Chartarechte Rechten der Konvention entsprechen, den Chartarechten die gleiche Bedeutung und Tragweite zukommt. Es wird vertreten, dass diese Bezugnahme auf die Konvention nichts an der autonomen Auslegung des Unionsrechts ändert.[1000] In der Tat verlangt Art. 52 Abs. 3 Charta keine ausdrückliche Bindung an die Auslegung der Konvention durch den EGMR. Allerdings kann argumentiert werden, dass die Konvention als solche neben dem Text auch die „*ex-tunc*"-Auslegung der Vorschriften durch den EGMR umfasst und dessen Rechtsprechung daher auch für die Auslegung der Charta verbindlich ist.[1001] Hierfür sprechen auch die Ausführungen in den Präsidiumserläuterungen zur Charta:

> *„Die Bedeutung und Tragweite der garantierten Rechte [Anm. d. Verf.: der Charta] werden nicht nur durch den Wortlaut dieser Vertragswerke, sondern auch durch die Rechtsprechung des Europäischen Gerichtshofs für Menschenrechte und durch den Gerichtshof der Europäischen Union bestimmt."*[1002]

Insbesondere im Rahmen der justiziellen Grundrechte, die sich überwiegend auf die Garantien der Konvention stützen,[1003] wäre eine solche Orientierung angebracht.

Ob die Unionsgerichte dem folgen, bleibt abzuwarten. Vor dem Hintergrund der bisherigen Stellung des Gerichtshofs als oberste Entscheidungsinstanz, die zwischenzeitlich auch eine umfangreiche Grundrechtsjudikatur entwickelt hat, erscheint es unwahrscheinlich, dass der Gerichtshof sich ohne Weiteres der Judikatur des EGMR unterordnet.[1004] Die Zweifel hieran werden gefördert durch den Verweis auf die Rechtsprechung des Gerichtshofs, die laut Präsidiumserklärung neben der Rechtsprechung des EGMR für die Auslegung der Rechte herangezogen werden soll.[1005] Ein Verfahren, in welchem der Gerichtshof die Ansicht des EGMR zu Auslegungsfragen einholen könnte, existiert derzeit nicht,

---

999 *Schwartmann*, Archiv des Völkerrechts 2005, 129, 134.

1000 *Bühler*, Einschränkung von Grundrechten, S. 349.

1001 *Dorf*, JZ 2005, 126, 128; *Lenaerts/de Smijter*, MJ 2001, 90, 99; *Marmo*, MJ 2008, 235, 242.

1002 CONV 828/1/03 REV 1, S. 49.

1003 *Grabenwarter*, DVBL 2001, 1, 8.

1004 *Douglas-Scott*, CMLR 2006, 629, 652; *Lindner*, EuR 2007, 160, 173.

1005 *Heringa/Verhey*, MJ 2001, 11, 17.

so dass er in Fällen fehlender Rechtsprechung des EGMR zu einer Vorschrift auf jeden Fall zur selbständigen Auslegung gezwungen wäre.[1006]

Darüber hinaus ist ohne Beitritt der Union zur Konvention ein Teil der Unionsmaßnahmen weiterhin der Überprüfung durch den EGMR entzogen. Für Klagen gegen Maßnahmen der Unionsorgane sind weiter ausschließlich die Unionsgerichte zuständig. Für Maßnahmen, die zwar auf Unionsrecht beruhen, aber einer Umsetzung durch die Mitgliedstaaten bedürfen, sind sowohl der EGMR - Überprüfung anhand der Konvention - als auch die Unionsgerichte - Überprüfung anhand der Charta - zuständig, ohne dass divergierende Entscheidungen ausgeschlossen werden können.[1007]

Unterstrichen werden kann daher, dass auch die verbindliche Charta nicht in jedem Fall die Beseitigung der Vielfalt der europäischen Grundrechte bewirkt.[1008]

Neben der Charta sollen nach Art. 6 Abs. 3 EUV die bisher als allgemeine Grundsätze der Unionsrechtsordnung mit Verfassungsrang geltenden Grundrechte weitergelten und sich auch weiterentwickeln und verändern.[1009]

Hierbei ist zu bezweifeln, ob damit das Ziel eines transparenten und kohärenten Grundrechtsschutzes für den Bürger gefördert wird. Daher wurde zutreffend gefordert, Art. 6 Abs. 3 EUV zu streichen.[1010]

Insgesamt ist festzuhalten, dass auch eine wirksame Charta den Beitritt der Union zur Konvention nicht ersetzt.[1011]

Unstreitig braucht eine Union, die mit weitreichenden Kompetenzen ausgestattet ist, neben einer rechtsstaatlichen Bindung der Unionsgewalt an verbindliche Grundrechte auch die Möglichkeit der effektiven gerichtlichen Durchsetzung. Zumindest an letzterem fehlt es auch nach Wirksamwerden der Charta noch.

1006 *Lenaerts/de Smijter*, CMLR 2001, 273, 295.

1007 *Alber/Widmaier*, EuGRZ 2000, 497, 501.

1008 Diese Hoffnung hegte *Schwartmann*, Archiv des Völkerrechts 2005, 129, 130 f.

1009 *Dutheil de la Rochère*, CMLR 2004, 345, 354; *Lecheler*, ZEuS 2003, 337, 347 f.; *Pache/Rösch*, EuR 2009, 769, 772; *Streinz/Ohler/Herrmann*, EU-Verfassung, S. 81.

1010 *Calliess*, EuZW 2001, 261, 268; *Pache*, EuR 2001, 475, 492; *Pache/Rösch*, NVwZ 2008, 473, 475.

1011 So auch ausdrücklich *Lenaerts/de Smijter*, CMLR 2001, 273, 292.

Folglich steht der Rechtsuchende noch immer vor erheblichen Schwierigkeiten bei der Einschätzung, ob der Gerichtshof die ihm zustehenden Grundrechte tatsächlich gewährt.[1012]

1.2 Rechtsschutz vor dem EGMR

Fraglich ist, ob sich Unternehmen stattdessen an den EGMR wenden können.

Wie festgestellt, können sich Betroffene derzeit nicht vor den Unionsgerichten direkt auf die Grundrechte der Konvention berufen.[1013]

Darüber hinaus unterliegen Maßnahmen der Union nicht unmittelbar der Kontrolle des EGMR.[1014] Eine entsprechende Klage wäre *ratione personae* unzulässig. Daher ist es schwierig für Unternehmen insoweit Rechtsschutz gegen Unionsmaßnahmen vor dem EGMR zu erlangen. Die Betroffenen können lediglich geltend machen, dass ein Mitgliedstaat dadurch ihre Rechte verletzt hätte, dass er Hoheitsrechte auf die EU übertragen hat, auf deren Ebene ein wirksamer Schutz der Rechte der Konvention nicht gewährleistet ist.[1015] Diese Argumentation hat der EGMR vereinzelt akzeptiert und zum Anlass genommen, Unionsakte zu untersuchen.[1016]

Die entsprechende Praxis fand in der Rechtssache *Bosphorus*[1017] ihren vorläufigen Höhepunkt. Hier hat der EGMR - unter Verweis auf frühere Rechtsprechung - zunächst generell zur Übertragung von Hoheitsrechten ausgeführt:

> *„The Convention does not, on the one hand, prohibit Contracting Parties from transferring sovereign power to an international (including a supranational) organisation in order to pursue cooperation in certain fields of activity […].“*[1018]

Eine solche Übertragung und die daraus folgenden Auswirkungen auf die Rechtssubjekte des Staates sei zumindest solange zulässig, wie:

1012 *Limbach*, EuGRZ 2001, 417, 417; *Pache*, EuGRZ 2001, 601, 606.

1013 *Hilf/Hörmann*, NJW 2003, 1, 3; *Hirsch*, EuR 2006 - Beiheft 1, 7, 7; *Lindner*, Jura 2008, 401, 402.

1014 *Fredriksen*, ZEuS 2005, 99, 131; *Hirsch*, EuR 2006 - Beiheft 1, 7, 14; *Lenaerts/de Smijter*, CMLR 2001, 273, 291; *Lindner*, ZRP 2007, 54, 55.

1015 Vgl. *Breuer*, EuGRZ 2005, 229, 229; *Herdegen*, Europarecht, § 3, Rn. 61; *Pache*, EuZW 2001, 351, 351.

1016 Vgl. *Busse*, NJW 2000, 1074, 1076 ff.; *Heer-Reißmann*, NJW 2006, 192, 192; *Scheer*, ZEuS 2004, 663, 674 f.

1017 *EGMR*, Urteil vom 30. Juni 2005, Application no. 45036/98, Bosphorus/Irland.

1018 *EGMR*, Urteil vom 30. Juni 2005, Application no. 45036/98, Bosphorus/Irland, Rn. 152.

„[...] the relevant organisation is considered to protect fundamental rights, as regards both the substantive guarantees offered and the mechanisms controlling their observance, in a manner which can be considered at least equivalent to that for which the Convention provides (see M. & Co., cited above, p. 145, an approach with which the parties and the European Commission agreed). By 'equivalent' the Court means 'comparable'; any requirement that the organization's protection be 'identical' could run counter to the interest of international cooperation pursued (see paragraph 150 above). However, any such finding of equivalence could not be final and would be susceptible to review in the light of any relevant change in fundamental rights protection."[1019]

In Bezug auf die Union stellt der EGMR fest:

„[...] that the protection of fundamental rights by Community law can be considered to be, and to have been at the relevant time, 'equivalent' (within the meaning of paragraph 155 above) to that of the Convention system."[1020]

Durch das Wirksamwerden der Charta dürfte dieser Eindruck formal sogar noch untermauert worden sein.

Die Unionsgerichte waren sogar schon zuvor der Ansicht, dass der über die unionsrechtlichen Grundsätze im Bereich des Kartellrechts gebotene Schutz dem durch Art. 6 EMRK vermittelten Schutz gleichwertig sei,[1021] was, wie oben gezeigt, aber nicht der Fall ist.

Diese Entscheidung beleuchtet damit das derzeitige Verhältnis des EGMR zur Union. Der EGMR nimmt sich zunächst zurück und möchte nicht jede Maßnahme der Union auf ihre Vereinbarkeit mit der Konvention prüfen.[1022] Gleichzeitig hält er sich durch die Entscheidung die Möglichkeit offen, grundsätzlich im Einzelfall Organhandeln der Union einer - zumindest mittelbaren - Kontrolle am Maßstab der Konvention zu unterziehen.[1023]

1019 *EGMR*, Urteil vom 30. Juni 2005, Application no. 45036/98, Bosphorus/Irland, Rn. 155.

1020 *EGMR*, Urteil vom 30. Juni 2005, Application no. 45036/98, Bosphorus/Irland, Rn. 165.

1021 *EuG*, Urteil vom 20. Februar 2001, Rs. T-112/98, Mannesmannröhren-Werke, Rn. 77; vgl. hierzu *Gebauer*, Menschenrechtsschutzsysteme in Europa, S. 312.

1022 *Bröhmer*, EuZW 2006, 71, 75 f.; *Douglas-Scott*, CMLR 2006, 629, 638 f.

1023 So schon *Breuer*, EuGRZ 2005, 229, 233 und *Nicolaysen*, EuR 2003, 719, 729; ausdrücklich: *Dörr*, DVBl 2006, 1088, 1091; *Heer-Reißmann*, NJW 2006, 192, 194; *Lindner*, EuR 2007, 160, 179; *Paeffgen*, EuR 2006 - Beiheft 1, 63, 80; *Schohe*, EuZW 2006, 33, 33.

Vereinzelt wurde dies dahingehend verstanden, dass sich betroffenen Unternehmen nunmehr eine weitere Klagemöglichkeit eröffnet hätte.[1024]

Dies ist abzulehnen. In den überwiegenden Fälle dürfte Individualrechtsschutz vor dem EGMR gegen Maßnahmen der Union schwierig zu erlangen sein, da die Vermutung nicht widerlegt werden kann, dass ausreichender Rechtsschutz auf Unionsebene besteht.[1025]

Dies war schon vor Wirksamwerden der Charta schwierig und dürfte sich jetzt zusätzlich erschwert haben. Daher ist der unmittelbare Nutzen dieser Entscheidung für den Rechtsuchenden zu gering, um eine vollwertige weitere Klagemöglichkeit anzunehmen.[1026]

Allerdings soll darauf hingewiesen werden, dass eine Reihe der beteiligten Richter des EGMR die Begründung der Entscheidung in der Rechtssache *Bosphorus* kritisierte.

Insbesondere im Hinblick auf die grundsätzlich bestehende Konventionsgemäßheit des Unionsrechts sei neben der Tatsache, dass die Union noch nicht der Konvention beigetreten ist, auch der Umstand zu bemängeln, dass der individuelle Zugang zum Gerichtshof nur beschränkt möglich sei. Darüber hinaus sei die Feststellung der qualitativen Gleichwertigkeit getroffen worden, ohne im Einzelnen zu untersuchen, ob die Auslegung der allgemeinen Rechtsgrundsätze durch den Gerichtshof auch tatsächlich die erforderliche Rechtsschutzdichte herbeiführt.[1027]

Vor diesem Hintergrund ist es durchaus möglich, dass der EGMR zumindest dann die Vermutung der Konventionskonformität als widerlegt ansieht, wenn der Gerichtshof von der ständigen Rechtsprechung des EGMR abweicht. Wenn also ein konkreter, durch den EGMR anerkannter Schutzstandard deutlich nach unten durchbrochen wird.[1028]

Es ist allerdings nicht sicher, dass dies beim vorliegend untersuchten Auskunftsverweigerungsrecht der Fall wäre. Die Entscheidungen des EGMR hierzu waren bisher auf natürliche Personen beschränkt. Auch wenn dieses Recht, wie oben bereits ausgeführt, seinem Wesen nach

1024 *Lorenzmeier*, ZIS 2008, 20, 30.

1025 Vgl. *Baddenhausen/Deja*, Deutscher Bundestag – Wissenschaftliche Dienste, Nr. 08/08, 1, 1 f; *Bröhmer*, EuZW 2006, 71, 71; *Callewaert*, EuR 2008 – Beiheft 3, 177, 185; *Dörr/Lenz*, EU-Verwaltungsrechtsschutz, Rn. 619; *Lenaerts/de Smijter*, MJ 2001, 90, 93, 96.

1026 Vgl. *Schaller*, EuR 2006, 656, 670 ff.

1027 Vgl. *Bröhmer*, EuZW 2006, 71, 73; Zweifel an der Vergleichbarkeit hatte schon *Pauly*, EuR 1998, 242, 249.

1028 *Bröhmer*, EuZW 2006, 71, 75; *Schaller*, EuR 2006, 656, 672.

auch auf juristische Personen Anwendung findet, fehlt es bislang an einer ausdrücklichen Anerkennung durch den EGMR.[1029]

Folglich bleibt es derzeit ungewiss, ob sich Unternehmen unmittelbar an den EGMR wenden können, um geltend zu machen, dass ihr Recht auf Auskunftsverweigerung durch einen unzureichenden Rechtsschutz von den Unionsgerichten verletzt wurde.

Selbst wenn man die Möglichkeit der Unternehmen bejahen möchte, zumindest mittelbar Unionsakte vom EGMR überprüfen zu lassen, stellt sich für den Betroffenen das praktische Problem, dass Rechtsschutz vor dem EGMR erst begehrt werden darf, wenn zuvor die verfügbaren Rechtsschutzmöglichkeiten genutzt worden sind - Art. 35 Abs. 1 Konvention.

Auf der anderen Seite entscheidet der EGMR nicht über Rechtssachen, die bereits zuvor einer anderen internationalen Untersuchungsinstanz unterbreitet worden sind - Art. 35 Abs. 2 lit. b Konvention. In seiner Entscheidung in der Sache *Bosphorus* hat der EGMR zwar die Vorschrift des Art. 35 Abs. 2 lit. b Konvention nicht erwähnt, sondern über die Klage entschieden, obwohl der Gerichtshof sich schon zuvor hierzu geäußert hatte. Dies wird verschiedentlich dahingehend verstanden, dass Klagen mit EU/EG-Hintergrund auch bei gleichem Beschwerdegegenstand nicht von vornherein unzulässig sein sollen.[1030] Ob der EGMR dies aber auch in Zukunft so handhaben wird, bleibt abzuwarten.

Für den Ablauf des Verfahrens würde dies bedeuten, dass die Unternehmen, die gegen eine Auskunftsentscheidung der Kommission vorgehen möchten, zunächst Klage beim Gericht einreichen und gegen dessen Urteil Rechtsmittel zum Gerichtshof einlegen müssen. Erst danach könnten sie den EGMR anrufen.

Bedenkt man die gefestigte Rechtsprechung der Unionsgerichte zum Umfang der Befugnisse der Kommission im Rahmen der Auskunftsentscheidungen, bedarf es sicherlich erheblichen Aufwandes, um als Rechtsberater ein Unternehmen zu diesem Schritt zu überzeugen.

Zudem wäre selbst im Fall eines feststellenden Urteils des EGMR dem klagenden Unternehmen nicht unbedingt weitergeholfen. Die Entscheidungen des EGMR betreffen nur die Rechtslage *inter partes*. Zudem kann der EGMR keine Maßnahmen zur Umsetzung des Urteils vorschreiben. Ihm fehlt jede unmittelbare Eingriffs- und Durchgriffsbefugnis.[1031] Viel-

---

1029 Immenga/Mestmäcker, *Burrichter*, EG-Wettbewerbsrecht, Band 2, vor Art. 17-22, Rn. 43; *Kokott*, AöR 1996, 599, 624; *Wils*, The EU Network of Competition Authorities, 1, 25; *ders.* WorldComp 2003, 567, 577.

1030 *Bröhmer*, EuZW 2006, 71, 76.

1031 *Ress*, in: *Hilf/Kämmerer/König*, Höchste Gerichte an ihren Grenzen, S. 58.

mehr obliegt die Wahl und Ausgestaltung der Umsetzung der Entscheidungshoheit des Konventionsmitglieds.[1032] Die Unternehmen müssten daher darauf vertrauen, dass die Kommission oder der Gerichtshof analog eines Konventionsmitgliedes die Auskunftsentscheidung vor dem Hintergrund der EGMR-Entscheidung aufhebt. Ein solches Vorgehen erscheint aber in Anbetracht der bisher nur zögerlich erfolgten Gewährung von Verteidigungsrechten eher unwahrscheinlich.

Gleichfalls darf daran gezweifelt werden, dass der Gerichtshof sich von einer - in einem solchen Verfahren erlassenen - Entscheidung in seiner zukünftigen Rechtsprechung beeinflussen lassen würde. Er hat trotz entgegenstehender Hoffnung in der Literatur[1033] bisher die Rechtsprechung des EGMR die Auskunftsverweigerungsrechte betreffend im Ergebnis ignoriert.[1034] Dies erscheint besonders verwunderlich, wenn man bedenkt, dass der Gerichtshof Art. 6 Konvention durchaus berücksichtigt, ihm aber offenbar eine andere Bedeutung zumisst, als das Organ - der EGMR -, das zur Auslegung der Konvention berufen ist.[1035]

Dass die Kommission im Hinblick auf entsprechende Entscheidungen des EGMR von sich aus auf einen Teil ihrer Ermittlungsbefugnisse verzichten würde, erscheint ebenfalls unwahrscheinlich. Der Gerichtshof hat der Kommission aufgegeben, ihre Entscheidungen ordnungsgemäß zu begründen und sich auch vorbehalten, die Beweisführung zu überprüfen. Hierzu hat er im Rahmen eines Fusionskontrollverfahrens ausgeführt:

> *„Auch wenn der Gerichtshof anerkennt, dass der Kommission in Wirtschaftsfragen ein Beurteilungsspielraum zusteht, bedeutet dies nicht, dass der Gemeinschaftsrichter eine Kontrolle der Auslegung von Wirtschaftsdaten durch die Kommission unterlassen muss. Er muss nämlich nicht nur die sachliche Richtigkeit der angeführten Beweise, ihre Zuverlässigkeit und ihre Kohärenz prüfen, sondern auch kontrollieren, ob diese Beweise alle relevanten Daten darstellen, die bei der Beurteilung einer komplexen Situation heranzuziehen waren, und ob sie die aus ihnen gezogenen Schlüsse zu stützen vermögen."*[1036]

1032 *Lindner*, EuR 2007, 160, 181; *Marmo*, MJ 2008, 235, 242.

1033 *Lenaerts/Vanhamme*, CMLR 1997, 531, 551.

1034 *Douglas-Scott*, CMLR 2006, 629, 644; *Hirsch*, EuR 2006 - Beiheft 1, 7, 15 f.; *Kehl*, Schutz von Informationen, S. 71; *Pache*, NVwZ 2001, 1342, 1346; *Weiß*, EWS 1997, 253, 256.

1035 *Douglas-Scott*, CMLR 2006, 629, 651; *Lenaerts/de Smijter*, MJ 2001, 90, 91; *Scheer*, ZEuS 2004, 663, 682; *Schwartmann*, Archiv des Völkerrechts 2005, 129, 129 f.; *van Overbeek*, ECLR 1994, 127, 132; *Willis*, ECLR 2001, 313, 319.

1036 *EuGH*, Urteil vom 15. Februar 2005, Rs. C-12/03 P, Tetra Laval, Rn. 39.

In eine ähnliche Richtung entschied das Gericht in der Sache *Airtours*, in der es der Kommission vorwarf, eine Entscheidung getroffen zu haben, ohne rechtlich hinreichend dargetan zu haben, dass die Voraussetzungen hierfür vorgelegen haben.[1037]

Bedenkt man die größere Eingriffswirkung im Kartellrecht, wird die Kommission hier ihr Bemühen um umfangreiche Aufklärung eher noch verstärken.[1038]

1.3 Zwischenergebnis

Wie oben gezeigt, verstößt die bisherige Entscheidungspraxis der Unionsgerichte in Bezug auf Auskunftsverweigerungsrechte von Unternehmen im EU-Kartellverfahren gegen Unionsgrundrechte und allgemeine Rechtssätze.

Daher ist entgegen der Beteuerungen der Unionsgerichte[1039] der durch den Grundsatz der Wahrung der Verteidigungsrechte im Sinne der *Orkem*-Entscheidung vermittelte Schutz nicht gleichwertig zu den Garantien des Art. 6 Konvention.

Vielmehr bleibt er hierhinter zurück.[1040]

Die Versuche von Unternehmen unter Bezugnahme auf die Rechtsprechung des EGMR und die - damals noch nicht verbindliche - Charta eine Anerkennung des gebotenen Rechtsschutzes zu erreichen, sind bisher gescheitert.[1041] Ob sich dies durch das Wirksamwerden der Charta ändern wird ist offen.

Auch den Klägern in der Rechtssache *Bosphorus* nutzten die vielfältigen Rechtswege, die sie beschritten haben nichts. Die theoretisch umfassende Schutzsituation durch die, oben bereits dargestellten, verschiedenen Grundrechtssysteme konnte keine praktische Wirkung entfalten.[1042]

Auch wenn einige Vertreter in der Literatur dies anders sehen,[1043] zeigt die dargestellte Rechtsprechung vielmehr deutlich, dass im Verhältnis

---

1037 *EuG*, Urteil vom 6. Juni 2002, Rs. T-342/99, Airtours, Rn. 294.

1038 Vgl. *Gornig/Trüe*, JZ 2000, 446, 449; *Joshua*, ECLR 1982, 173, 181.

1039 So auch ausdrücklich *Iglesias*, NJW 1999, 1, 7.

1040 Kritisch hierzu auch *Kehl*, Schutz von Informationen, S. 70; *Pache*, EuZW 2001, 351, 352.

1041 Vgl. *Wils*, WorldComp 2003, 567, 576.

1042 *Douglas-Scott*, CMLR 2006, 629, 639.

1043 *Calliess* beispielsweise ist der Ansicht, dass Divergenzen in der Grundrechtsrechtsprechung nur insoweit bestehen, als der Gerichtshof sich zu Grundrechten geäußert hat, bevor der *EGMR* Grundrechte abweichend beziehungsweise großzügiger interpretierte. *Calliess*, EuZW 2001, 261, 261; vgl. hierzu ebenfalls: *Alber/Widmaier*, EuGRZ 2000, 497, 504; Heselhaus/Nowak, *Szczekalla*, Europä-

zwischen Grundrechtsschutz auf Unionsebene und Grundrechtsschutz nach der Konvention tatsächlich noch immer Divergenzen bestehen.[1044]

Der Einfluss der Rechtsprechung des EGMR - insbesondere die *Funke*-Entscheidung - auf die Rechtsprechung des Gerichtshofs ist auch in Zukunft ungewiss.[1045]

Die Umsetzung eines kohärenten Grundrechtsschutzes gerade im Bereich der Verfahrensrechte bleibt daher weiter eine vordringliche Aufgabe.[1046]

2 Unmittelbare Gültigkeit der Konvention

Fraglich ist, ob eine Besserung dieser Situation zu erwarten ist, wenn die Union der Konvention beitritt.

2.1 Beitritt der Union zur Konvention

Der Beitritt der Union zur Konvention ist auf politischer Ebene lange diskutiert worden.[1047]

Bisher ist aber kein Beitrittsantrag gestellt worden. Die Kommission und auch das Europäische Parlament favorisieren schon seit einiger Zeit einen Beitritt. Den Mitgliedstaaten fehlte aber bislang der politische Wille hierfür.[1048]

---

ische Grundrechte, § 2 III, Rn. 34; *Paeffgen*, EuR 2006 - Beiheft 1, 63, 73; *Philippi*, ZEuS 2000, 97, 122; nach Rechtsgebiet differenzierend: *Hirsch*, EuR 2006 - Beiheft 1, 7, 15 f.

1044 Vgl. *Bühler*, Einschränkung von Grundrechten, S. 351 ff.; *Dörr*, DVBl 2006, 1088, 1094; *Forrester*, ELR 2009, 817, 822; *Krüger/Polakiewicz*, EuGRZ 2001, 92, 97 f.; *Lenaerts/de Smijter*, MJ 2001, 90, 95; *Lindner*, EuR 2007, 160, 171; *Schwartmann*, Archiv des Völkerrechts 2005, 129, 130; ebenso ausdrücklich wie hier *Pache*, EuZW 2001, 351, 351; speziell für die Frage des Auskunftsverweigerungsrechts *Schwarze*, EuR 2009, 171, 191.

1045 Immenga/Mestmäcker, *Burrichter*, EG-Wettbewerbsrecht, Band 2, vor Art. 17-22, Rn. 33 ff.; *Schwarze/Weitbrecht*, Kartellverfahrensrecht, § 5, Rn. 33; *Wils*, WorldComp 2003, 567, 575 ff.; *van Overbeek*, ECLR 1994, 127, 131.

1046 *Breuer*, EuGRZ 2005, 229, 234; vgl. *Douglas-Scott*, der auf das derzeitige Fehlen eines entsprechenden Schutzes verweist. *Douglas-Scott*, CMLR 2006, 629, 664.

1047 *Busse*, NJW 2000, 1074, 1074; Lenz/Borchardt, *Bitterlich*, EUV/EGV, Art. 6 EUV, Rn. 4.

1048 *Alber/Widmaier*, EuGRZ 2000, 497, 506; *Ameye*, ECLR 2004, 334, 335; *Lenaerts/de Smijter*, CMLR 2001, 273, 277.

Der Gerichtshof hatte 1996 in einem Gutachten festgestellt, dass für einen Beitritt Änderungen der Verträge notwendig sind.[1049] Art. 6 Abs. 2 EUV ändert diese Situation. Darin ist der ausdrückliche Auftrag an die Union enthalten, der Konvention beizutreten.

Dies wird als Ermächtigung und Auftrag verstanden, die notwendigen Änderungen vorzunehmen.[1050] Hintergrund hierfür ist das Vorhaben, für einen einheitlichen Schutzstandard in Bezug auf die Grundrechte zu sorgen.[1051]

Formal ist nunmehr der folgende Weg für einen Beitritt zu beschreiten: Dem Beitritt geht eine Übereinkunft der Union und der Konventionsstaaten voraus, in der die notwendigen Änderungen der Konvention vereinbart werden. Diese wurden bereits durch das 14. Zusatzprotokoll zur Konvention vorbereitet.[1052] Das 14. Zusatzprotokoll wurde allerdings - bisher[1053] - noch nicht von allen Konventionsstaaten ratifiziert und die Ratifizierung kann aufgrund des Widerstands Moskaus auch noch eine Weile ausstehen.[1054] Für den tatsächlichen Beitritt sind darüber hinaus an der Konvention noch einige weitere formale Änderungen notwendig.[1055]

Gleichzeitig muss auf Unionsebene - nach Zustimmung des Europäischen Parlaments - ein einstimmiger Ratsbeschluss gefasst werden, welcher wiederum der Ratifikation durch die Mitgliedstaaten bedarf.[1056] Hierbei besteht die Gefahr der innerunionalen Blockade durch einzelne Mitgliedstaaten, da die Ratifikation im Einklang mit den nationalen Verfassungsbestimmungen erfolgen muss.[1057]

1049 *EuGH*, Gutachten 2/94 vom 28. März 1996, Slg. 1996, I-1759, Rn. 35.

1050 *Streinz/Ohler/Herrmann*, Vertrag von Lissabon, S. 132; vgl. Calliess/Ruffert, *Kingreen*, EVV, Art. I-9, Rn. 20; Vedder/Heintschel von Heinegg, *Folz*, EVV, Art. I-9, Rn. 3 ff.

1051 *Schwartmann*, Archiv des Völkerrechts 2005, 129, 131.

1052 Vedder/Heintschel von Heinegg, *Folz*, EVV, Art. I-9, Rn. 6.

1053 Stand 3. Juli 2008, abzurufen unter: <http://conventions.coe.int/Treaty/Commun/ChercheSig.asp?NT=194&CM=8&DF=7/3/2008&CL=GER>.

1054 *Marmo*, MJ 2008, 235, 251; vgl. *Ress*, in: *Hilf/Kämmerer/König*, Höchste Gerichte an ihren Grenzen, S. 55.

1055 *Pache/Rösch*, EuZW 2008, 519, 521; *Schwartmann*, Archiv des Völkerrechts 2005, 129, 141.

1056 *Baddenhausen/Deja*, Deutscher Bundestag - Wissenschaftliche Dienste, Nr. 08/08, 1, 2; *Dutheil de la Rochère*, CMLR 2004, 345, 353; *Pache/Rösch*, EuZW 2008, 519, 521.

1057 *Pache/Rösch*, EuZW 2008, 519, 521.

Daher ist der Beitritt noch immer ein langwieriger Prozess.[1058]

Sind all diese formalen Hürden genommen, wäre die Konvention geltendes Recht innerhalb der Unionsordnung und als völkerrechtlicher Vertrag zwischen Primär- und Sekundärrecht einzuordnen.[1059] Von Maßnahmen der Union Betroffene könnten sich vor dem EGMR unmittelbar hiergegen wehren, da die Union an die Konvention gebunden wäre.[1060]

Allerdings ist auch in diesem Zusammenhang zu berücksichtigen, dass die Konvention keine Vorgaben zur Art ihrer Umsetzung enthält, insbesondere müssen die Rechte der Konvention nicht in das nationale Recht oder im Fall der Union in das europäische Recht übertragen werden.[1061] Vielmehr schützt die Konvention die Betroffenen vorrangig dadurch, dass sie die Konventionsmitglieder dazu verpflichtet, ein bestimmtes Grundrechtsschutzniveau zu gewähren.[1062] Wie diese dem nachkommen, obliegt ihnen.[1063]

Im Verhältnis zum Gerichtshof wäre der EGMR nach dem Beitritt zumindest das speziellere Gericht, mit einer daraus folgenden Bindungswirkung.[1064]

Andere Vertreter der Literatur gehen sogar soweit, den EGMR nach einem Beitritt der Union zur Konvention als das „oberste Grundrechtsgericht" in Europa zu bezeichnen, welches - zumindest in Grundrechtsfragen - die Letztkontrolle gewährleistet.[1065]

1058 *Pache/Rösch*, EuR 2009, 769, 782; *Scheer*, ZEuS 2004, 663, 667.

1059 *Schaller*, EuR 2006, 656, 665; *Schwartmann*, Archiv des Völkerrechts 2005, 129, 142; *Weiß*, ZEuS 2005, 323, 348.

1060 *Ameye*, ECLR 2004, 334, 335; *Fredriksen*, ZEuS 2005, 99, 132; *Grabenwarter*, EuGRZ 2004, 563, 569; *Lenaerts/de Smijter*, CMLR 2001, 273, 291; *Lindner*, ZRP 2007, 54, 56; *Pietsch*, ZRP 2003, 1, 4; *Schwartmann*, Archiv des Völkerrechts 2005, 129, 142.

1061 *Pache*, EuR 2004, 393, 396.

1062 *Lindner*, EuR 2007, 160, 161.

1063 Vgl. *Frowein*, FS für Zeidler, 1763, 1772 f; *Lindner*, EuR 2007, 160, 181; *Pache*, EuR 2004, 393, 396.

1064 *Alber/Widmaier*, EuGRZ 2000, 497, 506; *Ameye*, ECLR 2004, 334, 335; Heselhaus/Nowak, *Szczekalla*, Europäische Grundrechte, § 2, Rn. 39; *Weiß*, ZEuS 2005, 323, 348.

1065 *Grabenwarter*, EuGRZ 2004, 563, 569; *Hoffmann-Riem*; EuGRZ 2002, 473, 478; *Lenaerts/de Smijter*, MJ 2001, 90, 100; *Lindner*, Jura 2008, 401, 405; *Pache*, EuR 2004, 393, 414; *Schwartmann*, Archiv des Völkerrechts 2005, 129, 141.

Allerdings müsste in diesem Zusammenhang beachtet werden, dass den Entscheidungen des EGMR, wie oben bereits ausgeführt, keine *erga omnes* Wirkung zukommt.[1066] Daher würde eine etwaige Entscheidung des EGMR zu einem weiter gefassten Auskunftsverweigerungsrecht zunächst nur für die Parteien dieses konkreten Rechtsstreits gelten.

Darüber hinaus kommt den Urteilen des EGMR auch keine Gestaltungswirkung zu. Der EGMR kann also den angegriffenen Akt nicht selbst aufheben und gibt üblicherweise auch keine Hinweise zur Umsetzung des Urteils.[1067] Vielmehr ist es Aufgabe der Konventionsmitglieder, dass Urteil entsprechend umzusetzen, wobei es durchaus vorkommt, dass sie sich hierfür erheblich Zeit lassen.[1068] Die Folge hiervon wäre, dass der EGMR eine Auskunftsentscheidung der Kommission, die aus seiner Sicht gegen die Konvention verstößt, nicht unmittelbar beseitigen kann.[1069]

Die Kläger wären vielmehr darauf angewiesen, dass die Union einen Willen zur Umsetzung hätte.[1070] Ihnen hilft das vor dem EGMR erstrittene Urteil daher unter der aktuellen Rechtslage nicht weiter, da sie es nicht unmittelbar durchsetzen können.

Eine vorherige Berücksichtigung der Auffassung des EGMR zur konkreten Frage - etwa schon im Rahmen des Verfahrens vor dem Gerichtshof - ist derzeit ebenfalls nicht vorgesehen. Es gibt in der Union keine Möglichkeit, dem Gerichtshof vor seiner Entscheidung den Rechtsstandpunkt des EGMR zu unterbreiten.[1071]

Mit Verkündung werden die Urteile des Gerichtshofs aber rechtskräftig.[1072] Raum für Korrekturen oder die Wiederaufnahme des Verfahrens aufgrund einer nachfolgenden Entscheidung des EGMR besteht nicht.[1073]

Für einen umfassenden Rechtsschutz wäre es daher notwendig, nach Beitritt der Union zur Konvention im europäischen Recht ein Verfahren zu schaffen, welches es ermöglicht, die Entscheidung des Gerichtshofs

---

1066 *Douglas-Scott*, CMLR 2006, 629, 651; *Marmo*, MJ 2008, 235, 242; *Pache*, EuR 2004, 393, 406.

1067 *Grabenwarter*, EMRK, § 16, Rn. 3; *Marmo*, MJ 2008, 235, 243 f.; *Pache*, EuR 2004, 393, 402; *Rudolf/von Raumer*, AnwBl. 2009, 313, 314.

1068 Vgl. die Darstellung zu dieser Problematik bei *Marmo*, die auch auf eine Liste der entsprechenden Staaten verweist: *Marmo*, MJ 2008, 235, 241.

1069 *Meyer-Ladewig/Petzold*, NJW 2005, 15, 16.

1070 *Paeffgen*, EuR 2006 - Beiheft 1, 63, 84.

1071 *Lenaerts/de Smijter*, MJ 2001, 90, 95.

1072 *Pechstein*, EU-/EG-Prozessrecht, Rn. 165; Rengeling/Middeke/Gellermann, *Hackspiel*, Rechtsschutz in der EU, § 27, Rn. 21.

1073 *Schwartmann*, Archiv des Völkerrechts 2005, 129, 149.

nach Vorliegen des Urteils des EGMR erneut überprüfen zu können.[1074] Eine entsprechende Wiederaufnahmemöglichkeit hat der deutsche Gesetzgeber sowohl im Strafprozess - § 359 Nr. 6 StPO - als auch über den Verweis auf die ZPO - hier § 580 Nr. 8 ZPO - in anderen Verfahrensarten geschaffen.

Alternativ könnte auch eine Art Vorabentscheidungsverfahren vergleichbar mit Art. 267 AEUV eingeführt werden.[1075] Beide Möglichkeiten würden es zumindest den unmittelbar von der Entscheidung betroffenen Parteien ermöglichen, ihre Rechte auch tatsächlich durchzusetzen.

Aber auch ohne diese Möglichkeiten bleiben die Entscheidungen des EGMR nicht völlig wirkungslos. Die Konventionsstaaten erkennen an, dass die Rechtsprechung des EGMR Teil der Konvention ist und dass sie somit grundsätzlich von ihnen bei der

Anwendung der Konvention berücksichtigt werden muss.[1076]

Im Hinblick auf weitere Auskunftsentscheidungen der Kommission hätte ein Urteil des EGMR damit gleichwohl eine Orientierungswirkung.[1077] Auch wenn die Konventionsstaaten bis zu einem gegen sie selbst ergangenen Urteil von den Urteilen des EGMR abweichen dürfen,[1078] ist die Orientierungswirkung durchaus bedeutsam. Nur selten sind die nationalen Gerichte der Konventionsstaaten der Auslegung des EGMR nicht gefolgt.[1079]

Da die Entscheidungen aber nicht schematisch umgesetzt werden müssen, nehmen die Gerichte der Konventionsstaaten häufig nur eine wertende Berücksichtigung der Entscheidung des EGMR vor.[1080] Es ist zu erwarten, dass der Gerichtshof dies ähnlich handhaben würde. Folglich

---

1074 *Schwartmann*, Archiv des Völkerrechts 2005, 129, 151.

1075 Vgl. *Alber/Widmaier*, EuGRZ 2000, 497, 508; *Grabenwarter*, VVDStRL 60, 290, 342; *Philippi*, ZEuS 2000, 97, 125.

1076 *Grabenwarter*, VVDStRL 60, 290, 321; *Marmo*, MJ 2008, 235, 243; *Lindner*, EuR 2007, 160, 181 f.

1077 Für das deutsche Recht durch die Verfassungsrechtsprechung bestätigt: BVerfGE 111, 307, 325 f.; *Lindner*, EuR 2007, 160, 183; *Grabenwarter*, EMRK, § 16, Rn. 9; *Ress*, in: *Hilf/Kämmerer/König*, Höchste Gerichte an ihren Grenzen, S. 68; *Rudolf/von Raumer*, AnwBl. 2009, 313, 314 f.; *Schaller*, EuR 2006, 656, 658.

1078 *Pache*, EuR 2004, 393, 406.

1079 *Marmo*, MJ 2008, 235, 242; *Ress/Ukrow*, EuZW 1990, 499, 501.

1080 *Douglas-Scott*, CMLR 2006, 629, 651 m. w. N.; Heselhaus/Nowak, *Szczekalla*, Europäische Grundrechte, § 2, Rn. 19; *Hirsch*, EuR 2006 - Beiheft 1, 7, 11; *Hoffmann-Riem*, EuGRZ 2002, 473, 475; *Limbach*, EuGRZ 2000, 417, 418; *Lindner*, EuR 2007, 160, 182; *Pache*, EUR 2004, 393, 401; *Schaller*, EuR 2006, 656, 659; *Schwartmann*, Archiv des Völkerrechts 2005, 129, 132.

würde auch ein Beitritt der Union zur Konvention keine unmittelbare „Subordination" des Gerichtshofs unter den EGMR bewirken.[1081]

Stimmen in der Literatur verbinden trotz dieser formalen Unsicherheiten mit einem Beitritt der Union zur Konvention die Hoffnung, dass sich das bisher bestehende Spannungsverhältnis zwischen den beiden Grundrechtsschutzsystemen (Konvention und Grundrechte der Union) weitestgehend auflösen würde.[1082] Zudem würde der Grundrechtsschutz durch eine einheitliche Auslegung der Grundrechte effektiver gestaltet werden.[1083]

Betrachtet man allerdings die bisherigen Entscheidungen des Gerichtshofs zu einzelnen Grundrechten, so drängt sich der Eindruck auf, dass auch ein Beitritt der Union zur Konvention nicht alle Probleme im Hinblick auf die Grundrechtskollisionen lösen kann.[1084] Wollte der Gerichtshof sich beispielsweise im Bereich der Auskunftsverweigerungsrechte dem EGMR annähern, hätte er auch jetzt schon Gelegenheit dazu.

Auch nach dem Beitritt der Union zur Konvention käme es maßgeblich auf die Bereitschaft des Gerichtshofs an, sich die Auffassung des EGMR zu Eigen zu machen. Eine Verpflichtung zu einer Annäherung würde auch nach Beitritt nur beschränkt bestehen. Die Union wäre zwar an die Konvention gebunden, fraglich wäre aber, worauf die Bindungswirkung abstellt.

In Betracht kommt hierbei neben der Auslegung der Konvention durch den EGMR auch die Auslegung durch den Gerichtshof.[1085] Der EGMR ist zwar zur Auslegung der Konvention berufen, allerdings entfalten seine Entscheidungen, wie bereits dargestellt, lediglich Wirkung *inter partes*. Folglich bestünde auch nach Beitritt materiell-rechtlich keine Verpflichtung des Gerichtshofs die Konvention in der Auslegung des EGMR anzuwenden.[1086] Die Rechtsuchenden wären also im Wesentlichen gezwungen, darauf zu vertrauen, dass der Gerichtshof sich in seiner Recht-

---

1081 *Alber/Widmaier*, EuGRZ 2000, 497, 506; *Krüger/Polakiewicz*, EuGRZ 2001, 92, 100; *Pache*, EuR 2004, 393, 414; *Schwartmann*, Archiv des Völkerrechts 2005, 129, 143; *Weiß*, ZEuS 2005, 323, 349.

1082 *Baddenhausen/Deja*, Deutscher Bundestag - Wissenschaftliche Dienste, Nr. 08/08, 1, 2; *Dutheil de la Rochère*, CMLR 2004, 345, 352; *Kokott*, AöR 1996, 599, 636; vgl. *Schwartmann*, Archiv des Völkerrechts 2005, 129, 141 m. w. N.; *Weber*, EuZW 2008, 7, 8.

1083 *Scheer*, ZEuS 2004, 663, 666.

1084 *Bröhmer*, EuZW 2006, 71, 76; *Schwartmann*, Archiv des Völkerrechts 2005, 129, 146.

1085 *Lecheler*, ZEuS 2003, 337, 344; *Schwartmann*, Archiv des Völkerrechts 2005, 129, 144.

1086 *Schwartmann*, Archiv des Völkerrechts 2005, 129, 144 f.

sprechung an den Urteilen des EGMR orientiert oder müssten unmittelbar den EGMR anrufen.

Zudem würde das bereits geschilderte Problem der verschiedenen Grundrechtssysteme mit jeweils eigenen Auslegungen bestimmter Vorschriften auch nach Beitritt der Union zur Konvention fortbestehen.[1087] Insbesondere das Zusatzprotokoll des EUV-Lissabon zu Artikel 6 Abs. 2[1088] spricht dafür, dass die Eigenständigkeit des Unionsrechts auch nach dem Beitritt zur Konvention gewahrt bleiben soll.[1089] Daher besteht die Gefahr, dass auch mit Bindung der Unions-Organe an die Konvention keine erhebliche Erhöhung des Grundrechtsschutzes oder der Transparenz einhergeht.[1090]

Eine Frage, die im Falle des Beitritts der Union zur Konvention geklärt werden müsste, ist der Umgang mit der Arbeitsüberlastung des EGMR, die zu einer erheblichen Verzögerung der Bearbeitung der Beschwerden führt.[1091] Sie ist bereits jetzt erheblich und würde sich durch den Beitritt sicher um ein Vielfaches erhöhen.

Ein weiterer Unsicherheitsfaktor für Unternehmen ist, dass, der EGMR sich bisher nicht ausdrücklich zu Auskunftsverweigerungsrechten von Unternehmen im Kartellverfahren beziehungsweise zu einem vergleichbaren Verfahren geäußert hat.[1092] Auch wenn durchaus vertreten wird, dass sich aus der Rechtsprechung des EGMR klar ein Auskunftsverweigerungsrecht für Unternehmen im europäischen Kartellverfahren ergibt,[1093] liegt eine solche Entscheidung bisher nicht vor.

Bedenkt man, dass die unternehmerische Betätigung durch die Konvention größtenteils nicht geschützt wird,[1094] ist eine Vorhersage in diesem Bereich auch nicht eindeutig zu treffen. So kann nicht ausgeschlossen werden, dass auch der EGMR das vom Gerichtshof entwickelte Ge-

---

1087 Vgl. *Callewaert*, EuGRZ 2003, 198, 201, der gleichwohl einen Beitritt befürwortet und *Pache/Rösch*, EuR 2009, 769, 788.

1088 Protokoll zu Artikel 6 Absatz 2 des Vertrags über die Europäische Union über den Beitritt der Union zur Europäischen Konvention zum Schutz der Menschenrechte und Grundfreiheiten, ABl. 2007 Nr. C 306/155.

1089 *Terhechte*, EuR 2008, 143, 172.

1090 *Pache/Rösch*, EuZW 2008, 519, 521.

1091 *Ress*, in: *Hilf/Kämmerer/König*, Höchste Gerichte an ihren Grenzen, S. 74.

1092 *Hilf/Hörmann*, NJW 2003, 1, 8; *Kerse/Khan*, EC Antitrust Procedure, S. 143.

1093 *Schwarze*, NJW 2005, 3459, 3461 f.

1094 Ehlers, *Wegener*, Grundrechte und Grundfreiheiten, § 5, Rn. 61; Heselhaus/Nowak, *Nowak*, Europäische Grundrechte, § 31, Rn. 5; *Hilf/Hörmann*, NJW 2003, 1, 7; Tettinger/Stern, *Blanke*, Kölner Gemeinschaftskommentar, Art. 16, Rn. 4.

ständnisverweigerungsrecht - trotz dessen Verstoß gegen Grundrechte - als ausreichend ansehen würde.[1095]

Ein Beitritt der Union zur Konvention wird es aber den Unternehmen erlauben, sich unmittelbar vor dem Gerichtshof auf die Konvention zu berufen. Das bisher bemühte Argument der fehlenden unmittelbaren Anwendbarkeit der Konvention[1096] wird nicht mehr verfangen. Zudem muss der Gerichtshof dann damit rechnen, dass die Unternehmen den EGMR anrufen und dieser zu deren Gunsten entscheidet. Dies könnte bereits zum Einlenken des Gerichtshofs führen.

2.2 Zwischenergebnis

Im Ergebnis sind die Rechtsverbindlichkeit der Charta und der Beitritt der Union zur Konvention durchaus als komplementär zu betrachten.[1097] Die Existenz einer verbindlichen Charta der Grundrechte auf der Ebene der Union spricht grundsätzlich nicht gegen die Ausweitung der Kontrollbefugnisse des EGMR auf die Rechtsakte der Union.[1098]

Die Charta hätte vielmehr - vergleichbar mit den Verfassungen der Konventionsstaaten - weiter eine eigene Daseinsberechtigung.[1099] Auch wenn dadurch nicht alle Konfliktfälle gelöst werden können, wird sich eine Dualität von Charta und Konvention auch im Hinblick auf eventuelle gegensätzliche Auslegungen der Grundrechtsordnungen positiv auswirken.[1100] Die Günstigkeitsklausel in Art. 53 Charta hilft hierfür allein nicht weiter, da sie nur besagt, dass das günstigere Recht der Konvention von der Charta unberührt bleibt.

Eine unmittelbare Geltung der Konvention beziehungsweise die Einklagbarkeit dieser Rechte ergibt sich in diesen Fällen aber nicht.[1101]

Für die Mitgliedstaaten der Union hat der Beitritt zur Konvention die Beseitigung der bisherigen misslichen Situation zur Folge, die sich daraus ergibt, dass die Mitgliedstaaten bei der Umsetzung von Unionsmaßnahmen unter Umständen keine eigenen Gestaltungsmöglichkeiten haben, aber gleichzeitig an die Konvention gebunden sind, gegen die sie

1095 So auch *Hilf/Hörmann*, NJW 2003, 1, 8.

1096 *EuG*, Urteil vom 20. Februar 2001, Rs. T-112/98, Mannesmannröhren-Werke, Rn. 59.

1097 *Paeffgen*, EuR 2006 - Beiheft 1, 63, 83; *Schmitz*, EuR 2004, 691, 698.

1098 *Lenaerts/de Smijter*, CMLR 2001, 273, 292.

1099 *Krüger/Polakiewicz*, EuGRZ 2001, 92, 94; *Lenaerts/de Smijter*, MJ 2001, 90, 101; *Paeffgen*, EuR 2006 - Beiheft 1, 63, 83; *Schmitz*, JZ 2001, 833, 836.

1100 *Breuer*, EuGRZ 2005, 229, 234; *Bröhmer*, EuZW 2006, 71, 76; *Callewaert*, EuGRZ 2003, 198, 204; *Pache*, EuR 2001, 475, 493; *Pernice*, DVBl 2000, 847, 855.

1101 *Lindner*, EuR 2007, 160, 172.

mit der Umsetzung verstoßen. In einem solchen Fall hatte der Mitgliedstaat bisher keine Möglichkeit, einen Verstoß - entweder gegen Konvention oder gegen Unionsrecht - zu vermeiden.[1102]

Ein Beitritt der Union zur Konvention wird damit die Kongruenz des Urhebers des Konventionsverstoßes mit dem Verantwortlichen herstellen.[1103]

Folglich wird sich die Situation der Unternehmen im Hinblick auf die Auskunftsverweigerungsrechte unter der Dualität von Charta- und Konventionsgeltung weiter verbessern.

Einziges Problem bleibt weiter die Frage der prozessualen Durchsetzbarkeit.

3 Fazit

Wie dargestellt, wies die praktische Handhabung der Grundrechte durch den Gerichtshof Defizite auf.[1104] So sind vom Gerichtshof kaum Unionsrechtsakte als grundrechtswidrig angesehen worden. Vielmehr kam der Gerichtshof überwiegend zum Ergebnis, dass die beanstandeten Maßnahmen unter Berücksichtigung des *„effet utile“*-Gedankens verhältnismäßig waren.[1105]

Es bleibt abzuwarten, ob sich durch die Wirksamkeit der Charta und dem späteren Beitritt der Union zur Konvention eine signifikante Änderung ergibt.

Eines ist aber sicher: zur Durchsetzung des (Kartell-)Verfahrensrechtes bedarf es klarer Regeln.[1106] Nur hierdurch kann der Adressat einer Vorschrift seine Rechte und Pflichten gegenüber der Behörde genau bestimmen.

Zudem bliebe im Rahmen der Durchsetzung des Grundrechtsschutzes das schon oben angesprochene Problem des Zeitfaktors. Klagen gegen Auskunftsverlangen würden heute und auch in Zukunft das Verfahren erheblich verzögern. Dies ist weder im Interesse der Unternehmen noch im Interesse der Allgemeinheit.

1102 *Breuer*, EuGRZ 2005, 229, 232; *Busse*, NJW 2000, 1074, 1079; *Lenaerts/de Smijter*, MJ 2001, 90, 92; *Pietsch*, ZRP 2003, 1, 4; *Schaller*, EuR 2006, 656, 656; *Schermers*, Protection of human rights, S. 17.

1103 *Grabenwarter*, EuGRZ 2004, 563, 569; *Pietsch*, ZRP 2003, 1, 4; *Schaller*, EuR 2006, 656, 673.

1104 *Calliess*, NJW 2002, 3577, 3581; *Schmitz*, EuR 2004, 691, 692; *Tomuschat*, EuR 1990, 340, 357; a. A. *Pernice*, DVBl 2000, 847, 850.

1105 *Kenntner*, ZRP 2000, 423, 424.

1106 So auch die Schlussanträge der Generalanwältin *Kokott*, Rs. C-97/08 P, Akzo Nobel u. a., Rn. 71.

Folglich reicht ein Plädoyer für eine Auslegung der bestehenden Vorschriften, die den Belangen und Rechten der Unternehmen Rechnung trägt, wie sie *von Winterfeld* forderte,[1107] für eine angemessene und praktisch wirksame Durchsetzung des Rechtsschutzes nicht aus.

1107 *Von Winterfeld*, RIW 1981, 801, 801.

G Ausdrückliches Auskunftsverweigerungsrecht

Wie festgestellt, ergibt sich ein Auskunftsverweigerungsrecht der Unternehmen im EU-Kartellverfahren aus Art. 47 und 48 Charta, Art. 6 Konvention und Art. 16 Charta. Die Durchsetzung dieses Rechts im Kartellverfahren ist für die Unternehmen praktisch aber noch immer problematisch.

Die Durchsetzungsprobleme ließen sich unstreitig am einfachsten und schnellsten durch die Implementierung eines ausdrücklichen Auskunftsverweigerungsrechts in die VO 1/2003 lösen.[1108] Hierauf könnten sich die Unternehmen unmittelbar gegenüber der Kommission schon während der Ermittlungsmaßnahmen berufen.

Zudem wäre eine eindeutige Regelung eines Auskunftsverweigerungsrechts geeignet, die Reichweite des materiellen Gehalts des Rechts abzugrenzen.[1109] Ein Abstecken der Grenzen sowohl für die Betroffenen als auch für die Kartellbehörden würde auch die Bestimmtheit und Rechtssicherheit des Kartell-(Ordnungswidrigkeiten-)Rechts fördern[1110] und somit Willkür vorbeugen. Der Schutz vor Willkür ist ein allgemeiner Grundsatz des Unionsrechts.[1111]

Weiteres Argument für eine eindeutige Regelung ist, dass so das Problem der Abgrenzung von gerade noch zulässigen und schon unzulässigen Fragen vermieden werden könnte.

Diese Klarheit und Bestimmtheit käme nicht nur den Unternehmen, sondern auch der Kommission und den Gerichten zugute. Sind die Voraussetzungen einer Maßnahme unklar, könnten Betroffene es eher „versuchen" gegen diese vorzugehen, als wenn sie ihre Erfolgsaussichten eindeutig bestimmen können.[1112]

Eine Kodifizierung würde auch nicht den Gehalt des - bereits jetzt bestehenden - Rechtes ändern oder erweitern. Sie würde nur vielmehr die

---

1108 Für ein solches ausdrückliches Recht auch *Dannecker, Dannecker*, ZStW 1999, 257, 286.

1109 *Pache*, EuZW 2001, 351, 352.

1110 Für das deutsche Kartellordnungswidrigkeitenrecht schon *Bauer*: *Bauer*, WuW 1989, 304, 305.

1111 *EuGH*, Urteil vom 21. September 1989, verb. Rs. 46/87 und 227/88, Hoechst; Rn. 19; *Scholz*, WuW 1990, 99, 101.

1112 *Calliess*, NJW 2002, 3577, 3580.

Art und Weise regeln, wie das Recht ausgeübt werden kann, und gegenüber den Unternehmen den Gebrauch sicherstellen.[1113]

Vor diesem Hintergrund wäre die Aufnahme eines entsprechenden ausdrücklichen Auskunftsverweigerungsrechts in die VO 1/2003 erstrebenswert.

Um Missverständnisse und erneute Diskussionen zu vermeiden, sollte das Auskunftsverweigerungsrecht einem Unternehmen auch dann zugestanden werden, wenn nicht es selbst, sondern ein mit ihm eine wirtschaftliche Einheit bildendes Unternehmen von dem Kartellermittlungsverfahren betroffen ist.

Daher wird vorgeschlagen, zwischen den bisherigen Abs. 4 und Abs. 5 des Art. 18 VO 1/2003 einen neuen Absatz mit folgendem Wortlaut einzufügen:

> *„(4) Zur Auskunft verpflichtete Unternehmen oder Unternehmensvereinigungen können die Auskunft auf solche Fragen oder die Vorlage von solchen Unterlagen verweigern, deren Beantwortung beziehungsweise Vorlage sie selbst oder mit ihnen im Sinne einer wirtschaftlichen Einheit verbundene Unternehmen der Gefahr der Verhängung einer Bußgeldentscheidung nach Art. 23 Abs. 2 aussetzen würde."*

1113 So auch die Intention der Neufassung des Aussageverweigerungsrechts im deutschen Strafprozess (§ 136 StPO) durch das StPÄG: *Reiß*, Besteuerungsverfahren, S. 184; *Schmidt*, NJW 1968, 1209, 1213.

H Thesen

Aufgrund der vorliegenden Prüfung ergeben sich folgende Thesen:

1. Bei dem EU-Kartellverfahren der Kommission handelt es sich um eine strafrechtliche Anklage im Sinne von Art. 6 Konvention.
2. Art. 47 und 48 Charta sowie Art. 6 Konvention enthalten generell das Recht für juristische Personen, die Aussage zu verweigern, wenn sie sich anderenfalls selbst belasten würden.
3. Die bisherige Handhabung der Auskunftsentscheidung durch Gerichtshof und Kommission gegenüber Unternehmen stellt eine ungerechtfertigte Einschränkung der justiziellen Grundrechte und der unternehmerischen Freiheit dar.
4. Ein Auskunftsverweigerungsrecht ist geeignet, die Verletzung dieser Grundrechte zu vermeiden.
5. Die Bedeutung des EU-Kartellrechts macht eine Einschränkung der Rechte der Unternehmen nicht notwendig. Insbesondere wird die Ermittlungsarbeit der Kommission nicht unzulässig erschwert.
6. Die Unternehmen können auch nicht dazu verpflichtet werden, Unterlagen vorzulegen, wenn sie sich durch die Vorlage selbst belasten würden.
7. Die Durchsetzung der Rechte der Unternehmen durch die Unionsgerichte ist derzeit unzureichend.
8. Die unmittelbar wirksame Charta und der zukünftige Beitritt der Union zur Konvention verbessern die Möglichkeiten zur Durchsetzung der Grund- und Verfassungsrechte der Unternehmen. Die Durchsetzung bleibt aber weiter langwierig.
9. Zur schnellen und umfassenden Gewährung der den Unternehmen zustehenden Verteidigungsrechte im EU-Kartellverfahren ist die Aufnahme eines ausdrücklichen Auskunftsverweigerungsrechts in die VO 1/2003 angebracht.

LITERATURVERZEICHNIS

Alber, Siegbert/Widmaier, Ulrich: Die EU-Charta der Grundrechte und ihre Auswirkungen auf die Rechtsprechung, EuGRZ 2000, 497-510

Ameye, Evelyne M.: The Interplay between Human Rights and Competition Law in the EU, ECLR 2004, 332-341

Andersson, Helene/Legnerfält, Elisabeth: Dawn Raids in Sector Inquiries - Fishing Expeditions in Disguise?, ECLR 2008, 439-445

Appel, Ivo: Verfassung und Strafe, Dissertation, Berlin 1998 (zitiert: *Appel*, Verfassung und Strafe)

Arbault, François/Peiró, Francisco: The Commission's new notice on immunity and reduction of fines in cartel cases: building on success, Competition Policy Newsletter 2002, 15-22

Arndt, Adolf: Das Schweigen vor Gericht, NJW 1966, 869-871

Arzt, Gunther: Schutz juristischer Personen gegen Selbstbelastung, JZ 2003, 456-460

Azevedo, João Pearce: Crime and Punishment in the Fight against Cartels: The Gathering Storm, ECLR 2003, 400-407

Baddenhausen, Heike/Deja, Michael: Schutz der Grundrechte nach dem Vertrag von Lissabon, Deutscher Bundestag - Wissenschaftliche Dienste, Nr. 08/08, 1-2

Bailey, David: "Publicly Distancing" Oneself from a Cartel, WorldComp 2008, 177-203

Bärlein, Michael/Pananis, Panos/Rehmsmeier, Jörg: Spannungsverhältnis zwischen der Aussagefreiheit im Strafverfahren und den Mitwirkungspflichten im Verwaltungsverfahren, NJW 2002, 1825-1830

Basedow, Jürgen: Das Sozialmodell von Lissabon: Solidarität statt Wettbewerb?, EuZW 2008, 225

Bauer, Günter/Reisner, Nina: Erweiterte Zurechnung des Verhaltens Dritter bei der Festsetzung von Geldbußen im EG Kartellrecht?, WuW 2007, 737-746

Bauer, Wolfram: Zur Frage des Auskunftsverweigerungsrechts juristischer Personen und Personenvereinigungen, WuW 1989, 304-305

Beaton-Wells, Caron: Criminalising Cartels: Australia's Slow Conversion, WorldComp 2008, 205-233

Bechtold, Rainer: GWB – Kartellgesetz, 5. Auflage, München 2008 (zitiert: *Bechtold,* GWB)

ders.: Die Stellung der Kommission und der Unternehmen im EWG-Kartellverfahren, EuR 1992, 41-54

Bechtold, Rainer/Bosch, Wolfgang/Brinker, Ingo/Hirsbrunner, Simon: EG-Kartellrecht, 2. Auflage München 2009 (zitiert: *Bechtold/Bosch/Brinker/Hirsbrunner,* EG-Kartellrecht)

Behrens, Peter: Der Wettbewerb im Vertrag von Lissabon, EuZW 2008, 193

Bellamy, Christopher: Legal Protection of individuals, their fundamental rights and their rights of defence, in *van Gerven, Walter/Zuleeg, Manfred* (Hrsg.) Sanktionen als Mittel zur Durchsetzung des Gemeinschaftsrechts, Köln 1996 (zitiert: *Bellamy,* in: *van Gerven/Zuleeg,* Durchsetzung des Gemeinschaftsrechts)

Bieber, Roland/de Courten, Alix/ Gablin, Samuel: Einführung in das europäische Wettbewerbsrecht, Bern 2002 (zitiert: *Bieber/de Courten/Gablin,* Europäisches Wettbewerbsrecht)

Bieber, Roland/Epiney, Astrid/Haag, Marcel: Die Europäische Union, 7. Auflage, Baden-Baden 2006 (zitiert: *Bieber/Epiney/Haag,* EU)

Bleckmann, Albert: Europarecht, 6. Auflage, Köln, Berlin, Bonn, München 1997 (zitiert: Bleckmann, *Bearbeiter,* Europarecht)

ders.: Zu den Auslegungsmethoden des Europäischen Gerichtshofs, NJW 1982, 1177-1182

Bosch, Nikolaus: Aspekte des nemo-tenetur Prinzips aus verfassungsrechtlicher und strafprozessualer Sicht, Dissertation, Berlin, 1998 (zitiert: *Bosch, „nemo tenetur"*-Prinzip)

Böse, Martin: Die Verfassungsrechtlichen Grundlagen des Satzes "Nemo tenetur se ipsum accusare", GA 2002, 98-128

Braum, Stefan: Europäisches Strafrecht im administrativen Rechtsstil, ZRP 2002, 508-514

Braun, Ellen/Seifert, Konstantin: „Europäisierung“ des deutschen Kartellrechts - Konsequenzen für Kartellmitglieder, in *Behrens, Peter/Braun, Ellen/Nowak, Carsten* (Hrsg.), Europäisches Wettbewerbsrecht nach der Reform, 2006, 49-80 (zitiert: *Braun/Seifert,* in: *Behrens/Braun/Nowak,* Europäisches Wettbewerbsrecht nach der Reform)

Brecht, Holger: Änderungen an der EU-Grundrechtecharta - Korrekturen durch Verfassungskonvent und Regierungskonferenz sowie Konsequenzen für die Auslegung der Charta, ZEuS 2005, 356-396

Brei, Gerald: Die Entscheidung des EuGH in Sachen Roquette Frères, ZWeR 2004, 107-127

Breuer, Marten: Offene Fragen im Verhältnis von EGMR und EuGH, EuGRZ 2005, 229-234

Brinker, Ingo: Verfahrensgrundrechte für Unternehmen, in *Schwarze, Jürgen* (Hrsg.), Wirtschaftsverfassungsrechtliche Garantien für Unternehmen im europäischen Binnenmarkt, Baden-Baden 2001 (zitiert: *Brinker,* in: *Schwarze,* Wirtschaftsverfassungsrechtliche Garantien)

Bröhmer, Jürgen: Die Bosphorus-Entscheidung des Europäischen Gerichtshofs für Menschenrechte - Der Schutz der Grund- und Menschenrechte in der EU und das Verhältnis zur EMRK, EuZW 2006, 71-76

Bühler, Margit: Einschränkung von Grundrechten nach der Europäischen Grundrechtecharta, Dissertation, Berlin 2005 (zitiert: *Bühler,* Einschränkung von Grundrechten)

Buntscheck, Martin: Anwaltskorrespondenz - Beitrag zur geordneten Rechtspflege oder „tickende Zeitbombe“, WuW 2007, 229-241

ders.: Die gesetzliche Kappungsgrenze für Kartellgeldbußen - Bedeutung und Auslegung im Lichte der neuen Bußgeld-Leitlinien von Kommission und Bundeskartellamt, EuZW 2007, 423-428

Busse, Christian: Die Geltung der EMRK für Rechtsakte der EU, NJW 2000, 1074-1079

Callewaert, Johan: Der Beitrag des Europäischen Gerichtshofes für Menschenrechte zur Rechtsstaatlichkeit in der Europäischen Union, EuR 2008 - Beiheft 3, 177-186

ders.: Die EMRK und die EU-Grundrechtecharta, EuGRZ 2003, 198-206

Calliess, Christian: Kohärenz und Konvergenz beim europäischen Individualrechtsschutz - Der Zugang zum Gericht im Lichte des Grundrechts auf effektiven Rechtsschutz, NJW 2002, 3577-3582

ders.: Die Charta der Grundrechte der Europäischen Union - Fragen der Konzeption, Kompetenz und Verbindlichkeit, EuZW 2001, 261-268

Calliess, Christian/Ruffert, Matthias: EUV/EGV, 3. Auflage, München 2007 (zitiert: Calliess/Ruffert, *Bearbeiter*, EUV/EGV)

dies.: Verfassung der Europäischen Union, München 2006 (zitiert: Calliess/Ruffert, *Bearbeiter*, EVV)

Camilli, Enrico: Optimal Fines in Cartel Cases and the Actual EC Fining Policy, WorldComp 2006, 575-605

Canenbley, Cornelis/Rosenthal, Michael: Co-operation between Antitrust Authorities in and outside the EU: What does it mean for multinational Corporations? - Part 1, ECLR 2005, 106-114

Classen, Claus Dieter: Rechtsstaatlichkeit als Primärrechtsgebot in der Europäischen Union - Vertragsrechtliche Grundlagen und Rechtsprechung der Gemeinschaftsgerichte, EuR 2008 - Beiheft 3, 7-22

Craig, Paul: The Treaty of Lisbon: Process, architecture and substance, ELR 2008, 137-166

Cromme, Franz: Spezifische Bauelemente der europäischen Verfassung - Grundstrukturen des Verfassungsrechts der EG/EU bis zum Konventsentwurf-wesentliche Besonderheiten gegenüber dem nationalen Verfassungsrecht im Überblick, EuR 2005, 36- 53

Curtin, Deirdre/van Ooik, Ronald: The Sting is Always in the Tail. The Personal Scope of Application of the EU Charter of Fundamental Rights, MJ 2001, 102-114

Dalheimer, Dorothe/Feddersen, Christoph T./Miersch, Gerald: EU-Kartellverfahrensverordnung, Kommentar zur VO 1/2003, München 2005 (zitiert: Dalheimer/Feddersen/Miersch, *Bearbeiter,* Kartellverfahrensverordnung)

Dannecker, Gerhard: Die Sanktionierung von Verstößen gegen das gemeinschaftsrechtliche Kartellrecht nach der Verordnung (EG) Nr. 1/2003 in der Europäischen Union, wistra 2004, 361-368

ders.: Beweiserhebung, Verfahrensgarantien und Verteidigungsrechte im europäischen Kartellordnungswidrigkeitenverfahren als Vorbild für ein europäisches Sanktionsverfahren, ZStW 1999, 256-296

Dannecker, Gerhard/Fischer-Fritsch, Jutta: Das EG-Kartellrecht in der Bußgeldpraxis, Köln, Berlin, Bonn, München 1989 (zitiert: *Dannecker/ Fischer-Fritsch,* EG-Kartellrecht in der Bußgeldpraxis)

Däubler-Gmelin, Herta: Eine europäische Charta der Grundrechte - Beitrag zur gemeinsamen Identität, EuZW 2001, 1

Dauses, Manfred A.: Handbuch des EU-Wirtschaftsrecht, 23. Auflage, München 2008 (zitiert: Dauses, *Bearbeiter,* EU-Wirtschaftsrecht)

de Bronett, Georg-Klaus: Kommentar zum europäischen Kartellverfahrensrecht, München 2005 (zitiert: *de Bronett,* Kartellverfahrensrecht)

de la Serre, Eric Barbier: Procedural Justice in the European Community Case-law concerning the Rights of the Defence: Essentialist and Instrumental Trends, EPL 2006, 225-250

de Witte, Bruno: The Legal Status of the Charter: Vital Question or Non-Issue, MJ 2001, 81-89

Deringer, Arved: Reform der Durchführungsverordnung zu den Art. 81 und 82 des EG-Vertrages, EuR 2001, 306-323

*ders.:*Stellungnahme zum Weißbuch der Europäischen Kommission über die Modernisierung der Vorschriften zur Anwendung der Art. 85 und 86 EG-Vertrag (Art. 81 und 82 EG), EuZW 2000, 5-11

ders.: Können nach deutschem Recht Unternehmen gegenüber Kartellbehörden Auskünfte verweigern, wenn sie sich dadurch der Gefahr einer Verfolgung nach dem Strafrecht oder dem Recht der Ordnungswidrigkeiten aussetzen?, WuW 1988, 933-943

Dietrich, Michael: US Style Discovery und die Kartellrechtspraxis in Europa - Chancen und Risiken nach der Intel-Entscheidung des US Supreme Court, GRUR Int. 2006, 389-395

Dingeldey, Thomas: Das Prinzip der Aussagefreiheit im Strafprozeßrecht, JA 1984, 407-414

ders.: Der Schutz der strafprozessualen Aussagefreiheit durch Verwertungsverbote bei außerstrafrechtlichen Aussage- und Mitwirkungspflichten, NStZ 1984, 529-534

Dorf, Yvonne: Zur Interpretation der Grundrechtecharta, JZ 2005, 126-132

dies.: Die wirtschaftsbezogenen Rechte der Europäischen Grundrechtecharta, DVBl 2005, 486-488

Dörr, Oliver: Rechtsprechungskonkurrenz zwischen nationalen und europäischen Verfassungsgerichten, DVBl 2006, 1088-1099

Dörr, Oliver/Lenz, Christofer: Europäischer Verwaltungsrechtsschutz, Baden-Baden 2006 (zitiert: *Dörr/Lenz*, EU-Verwaltungsrechtsschutz)

Douglas-Scott, Sionaidh: A tale of two courts: Luxembourg, Strasbourg and the growing European Human Rights Acquis, CMLR 2006, 629-665

Drabek, Libor A fair hearing before EC institutions, ERPL 2001, 529-563

Dreier, Horst Grundgesetz Kommentar, Band 1, 2. Auflage, Tübingen 2004 (zitiert: Dreier, *Bearbeiter*, GG, Band 1)

Dutheil de la Rochère, Jacqueline: The EU and the individual: fundamental rights in the Draft Constitutional Treaty, CMLR 2004, 345-354

Ehlers, Dirk: Europäische Grundrechte und Grundfreiheiten, 2. Auflage, Berlin 2005 (zitiert: Ehlers, *Bearbeiter*, Grundrechte und Grundfreiheiten)

ders.: Die Grundrechte des europäischen Gemeinschaftsrechts, Jura 2002, 468-477

Eilmansberger, Thomas: ZumVorschlag der Kommission für eine Reform des Kartellvollzugs, JZ 2001, 365-374

Eichler, F. Helmut/Peukert, Wolfgang: Vertraulichkeit der Rechtsberatung durch Syndikusanwälte und EMKR, AnwBl 2002, 189-198

Engel, Hans-Ulrich/Freier, Gottfried: Die Ermittlungsbefugnisse der EG-Kommission bei Wettbewerbsverstößen, EWS 1992, 361-372

Engelsing, Felix: Die neue Bonusregelung des Bundeskartellamts von 2006, ZWeR 2006, 179-195

Eser, Albin: Aussagefreiheit und Beistand des Verteidigers im Ermittlungsverfahren, ZStW 1967, 565 (213)-623 (271)

Fiedler, Wilfried: Die Europäische Menschenrechtskonvention und der Schutz des Eigentums, EuGRZ 1996, 354-357

Fischer, Michael Th./Iliopoulos, Konstantin: Die Sicherung der Vertraulichkeit der Anwaltskorrespondenz im kartellrechtlichen Nachprüfungsverfahren, NJW 1983, 1031-1034

Forrester, Ian S.: Due process in EC competition cases: A distinguished institution with flawed procedure, ELR 2009, 817-843

Frankfurter Kommentar: Frankfurter Kommentar zum Kartellrecht, Band VI (EG-Kartellrecht), Loseblattsammlung, Köln (zitiert: FK, *Bearbeiter*, Kartellrecht)

Fredriksen, Halvard Haukeland: Individualklagemöglichkeiten vor den Gerichten der EU nach dem Vertrag über eine Verfassung für Europa, ZEuS 2005, 99-133

Frenz, Walter: Handbuch Europarecht, Band 4, Europäische Grundrechte, Berlin, Heidelberg 2009 (zitiert: *Frenz,* Handbuch Europarecht, Band 4)

ders.: Die Verhältnismäßigkeit von Steuern, GewArch 2006, 282-287

ders.: Freiheitsbeschränkungen durch Grundrechte, EWS 2005, 15-19

ders.: Grundfreiheiten und Grundrechte, EuR 2002, 603-618

Frey, Dieter/von Rosenstiel, Lutz/Hoyos, Carl Graf: Wirtschaftspsychologie, Basel 2005 (zitiert: Frey/von Rosenstiel/Hoyos, Wirtschaftspsychologie)

Frowein, Jochen Abr.: Der Eigentumsschutz in der Europäischen Menschenrechtskonvention, in: Festschrift für Rowedder, 1994, 49-68 (zitiert: *Frowein,* FS für Rowedder)

ders.: Das Bundesverfassungsgericht und die europäische Menschenrechtskonvention, in: Festschrift für Zeidler, 1763-1774 (zitert: *Frowein,* FS für Zeidler)

Frowein, Jochen Abr./Peukert, Wolfgang: Europäische Menschenrechtskonvention, 2. Auflage, Kehl, Straßburg, Arlington 1996 (zitiert: Frowein/Peukert, *Bearbeiter,* EMRK)

Galetta, Diana-Urania: Inhalt und Bedeutung des europäischen Rechts auf eine gute Verwaltung, EuR 2007, 57-81

Gärditz, Klaus Ferdinand: Regulierungsrechtliche Auskunftsanordnungen als Instrument der Wissensgenerierung, DVBl 2009, 69-77

Gebauer, Katharina: Parallele Grund- und Menschenrechtsschutzsysteme in Europa?, Dissertation, Berlin 2007 (zitiert: *Gebauer,* Menschenrechtsschutzsysteme in Europa)

Gemeinschaftskommentar: Gesetz gegen Wettbewerbsbeschränkungen und Europäisches Kartellrecht - Gemeinschaftskommentar, 9. Lieferung, 5. Auflage, Köln, Berlin, München 2004 (zitiert: GK, *Bearbeiter,* Kartellrecht)

Geiger, Andreas: Das Weißbuch der EG-Kommission zu Art. 81, 82 EG - eine Reform, besser als ihr Ruf, EuZW 2000, 165-169

Geiger, Rudolf: EUV/EGV, 4. Auflage, München 2004 (zitiert: *Geiger,* EUV/EGV)

Gerber, David J./Cassinis, Paolo: The "Modernisation" of European Community Competition Law: Achieving Consistency in Enforcement - Part I, ECLR 2006, 10-18

Göhler, Erich: Gesetz über Ordnungswidrigkeiten, 15. Auflage, München 2009 (zitiert: *Göhler*, OWiG)

Gornig, Gilbert/Trüe, Christiane: Die Rechtsprechung des EuGH und des EuG zum europäischen Verwaltungsrecht - Teil 2, JZ 2000, 446-457

Grabenwarter, Christoph: Europäische Menschenrechtskonvention, 3. Auflage, München 2008 (zitiert: *Grabenwarter*, EMRK)

ders.: Auf dem Weg in die Grundrechtsgemeinschaft, EuGRZ 2004, 563-570

ders.: Die Charta der Grundrechte für die Europäische Union, DVBl 2001, 1-13

ders.: Europäisches und nationales Verfassungsrecht, VVDStRL 60, 290-345

Grabitz, Eberhard/Hilf, Meinhard: Das Recht der Europäischen Union, Band I, München 2008 (zitiert: Grabitz/Hilf, *Bearbeiter*, Recht der EU)

Grote, Rainer/Marauhn, Thilo: Konkordanzkommentar zum europäischen und deutschen Grundrechtsschutz, Tübingen 2006 (zitiert: Grote/Marauhn, *Bearbeiter*, EMRK/GG)

Grünwald, Gerald: Anmerkung zum Beschluss des BGH vom 30. April 1968 - 1 StR 625/67, JZ 1968, 752-754

Grützner, Winfried/Reiman, Thomas/Wissel, Holger: Richtiges Verhalten bei Kartellamtsermittlungen im Unternehmen, 3. Auflage, Heidelberg 1993 (zitiert: *Grützner/Reimann/Wissel*, Kartellamtsermittlungen)

Günter, Johannes: Berufsfreiheit und Eigentumsfreiheit in der Europäischen Union, Dissertation, Heidelberg 1998 (zitiert: *Günter*, Berufsfreiheit und Eigentumsfreiheit)

Günther, Hans-Ludwig: Die Schweigebefugnis des Tatverdächtigen im Straf- und Bußgeldverfahren aus verfassungsrechtlicher Sicht, GA 1978, 193-206

ders.: Strafrichterliche Beweiswürdigung und schweigender Angeklagter, JR 1978, 89-94

Guradze, Heinz: Schweigerecht und Unschuldsvermutung im Englisch-Amerikanischen und Bundesdeutschen Strafprozess in Festschrift für Karl Loewenstein, Tübingen 1971, 151-165 (zitiert: *Guradze*, FS für Loewenstein)

Hammond, Scott D.: Detecting and Deterring Cartel Activity Through an Effective Leniency Program, Rede vom 21. November 2000, abrufbar unter: http://www.usdoj.gov/atr/public/speeches/9928.htm (zitiert: *Hammond*, Detecting and deterring cartels)

Haratsch, Andreas/Koenig, Christian/Pechstein, Matthias: Europarecht, 6. Auflage, Tübingen 2009 (zitiert: *Haratsch/Koenig/Pechstein*, Europarecht)

Harding, Christopher: Business Cartels as a Criminal Activity: Reconciling North American and European Models of Regulation, MJ 2002, 393-419

Harker, Michael/Hviid, Morten: Competition Law Enforcement and Incentives for Revelation of Private Information, WorldComp 2008, 279-298

Harris, David/O'Boyle, Michael/Warbrick, Colin: Law of the European Convention on Human Rights, 2. Auflage, Oxford 2009 (zitiert: *Harris/O'Boyle/Warbrick*, ECHR)

Hartung, Markus: Zum Umfang des Auskunftsverweigerungsrechts nach § KWG § 44 KWG § 44 Absatz IV KWG, NJW 1988, 1070-1072

Hassemer, Winfried: Unverfügbares im Strafprozeß in Rechtsstaat und Menschenwürde - Festschrift für Werner Maihöfer, 183-204 (zitiert: *Hassemer*, FS für Maihöfer)

Hax, Herbert: Unternehmen und Unternehmer in der Marktwirtschaft, Göttingen 2005 (zitiert: *Hax*, Unternehmen in der Marktwirtschaft)

Heer-Reißmann, Christine: Straßburg oder Luxemburg? - Der EGMR zum Grundrechtsschutz bei Verordnungen der EG in der Rechtssache Bosphorus, NJW 2006, 192-194

Heintzen, Markus: Gemeineuropäisches Verfassungsrecht in der Europäischen Union, EuR 1997, 1-16

Heitzer, Anne: Punitive Sanktionen im Europäischen Gemeinschaftsrecht, Dissertation, Heidelberg 1997 (zitiert: *Heitzer*, Punitive Sanktionen)

Herdegen, Matthias: Europarecht, 11. Auflage, München 2009 (zitiert: *Herdegen*, Europarecht)

Heringa, Aalt Willem/Verhey, Luc: The EU Charter: Text and Structure, MJ 2001, 11-32

Hesse, Konrad Bestand und Bedeutung der Grundrechte in der Bundesrepublik Deutschland, EuGRZ 1978, 427-438

Heselhaus, Sebastian/Nowak, Carsten: Handbuch der Europäischen Grundrechte, München 2006 (zitiert: Heselhaus/Nowak, *Bearbeiter*, Europäische Grundrechte)

Hilf, Meinhard/Hörmann, Saskia: Der Grundrechtsschutz von Unternehmen im europäischen Verfassungsverbund, NJW 2003, 1-9

Hilf, Meinhard/Willms, Benno: Rechtsprechungsbericht, 2. Quartal 1987 (Nr. 67-136), EuGRZ 1989, 189-201

Hirsch, Günter: Schutz der Grundrechte im „Bermuda-Dreieck" zwischen Karlsruhe, Straßburg und Luxemburg, EuR 2006 - Beiheft 1, 7-43

Hobe, Stephan: Europarecht, 4. Auflage, München 2009 (zitiert: *Hobe*, Europarecht)

Hoffmann, Roland: Verfahrensgerechtigkeit, Dissertation, Paderborn, 1992 (zitiert: *Hoffmann*, Verfahrensgerechtigkeit)

Hoffmann-Riem, Wolfgang: Kohärenz der Anwendung europäischer und nationaler Grundrechte, EuGRZ 2002, 473-483

Holznagel, Bernd/Schulz, Christian: Die Auskunftsrechte der Regulierungsbehörde aus § 72 TKG und § 45 PostG, MMR 2002, 364-370

Hossenfelder, Silke/Lutz, Martin: Die neue Durchführungsverordnung zu den Art. 81 und 82 EG-Vertrag, WuW 2003, 118-129

Iglesias, Gil Carlos Rodríguez: Gedanken zum Entstehen einer Europäischen Rechtsordnung, NJW 1999, 1-9

Immenga, Frank A./Lange, Werner: Entwicklungen des europäischen Kartellrechts im Jahr 2003, RIW 2003, 889-895

Immenga, Ulrich/Mestmäcker ,Ernst-Joachim: Wettbewerbsrecht EG, Band 1, 4. Auflage, München 2007 (zitiert: Immenga/Mestmäcker, *Bearbeiter*, EG-Wettbewerbsrecht, Band 1)

dies.: Wettbewerbsrecht EG, Band 2, 4. Auflage, München 2007 (zitiert: Immenga/Mestmäcker, *Bearbeiter*, EG-Wettbewerbsrecht, Band 2)

dies.: Wettbewerbsrecht GWB, 4. Auflage, München 2007 (zitiert: Immenga/Mestmäcker, *Bearbeiter*, GWB)

Ipsen, Hans Peter: Die Verfassungsrolle des Europäischen Gerichtshofs für die Integration in *Schwarze, Jürgen*, Der Europäische Gerichtshof als Verfassungsgericht und Rechtsschutzinstanz, 29-62 (zitiert: *Ipsen,* in: *Schwarze*, Der Europäische Gerichtshof)

Isensee, Josef/Kirchhof, Paul Handbuch des Staatsrechts, Band II, 3. Auflage, Heidelberg 2004 (zitiert: Isensee/Kirchhof, *Bearbeiter*, Staatsrecht, Band II)

Jarass, Hans D.: EU-Grundrechte, München 2005 (zitiert: *Jarass*, EU-Grundrechte)

Jarass, Hans D./Pieroth, Bodo: Grundgesetz, 10. Auflage, München 2009 (zitiert: *Jarass/Pieroth*, GG)

Jeschek, Hans-Heinrich/Weigend, Thomas: Lehrbuch des Strafrechts – Allgemeiner Teil, 5. Auflage, Berlin 1996 (zitiert: *Jeschek/Weigend*, Strafrecht AT)

Joshua, Julian Mathic: Requests for Information in EEC Factfinding Procedures, ECLR 1982, 173-184

Kamann, Hans-Georg/Bergmann, Ellen: Die neue EG-Kartellverfahrensverordnung - Auswirkungen auf die unternehmerische Vertragspraxis, BB 2003, 1743-1749

Kapp, Thomas/Schröder, Matthias: Legal Privilege des EG-(Kartell-) Verfahrensrechts: Ist § 97 Abs. 2 Satz 1 StPO gemeinschaftsrechtswidrig, WuW 2002, 555-566

Karl, Wolfram: Internationaler Kommentar zur Europäischen Menschenrechtskonvention, Köln, Berlin, Bonn, München 2003 (zitiert: Karl, *Bearbeiter*, IntKommEMRK)

Kehl, Isabel: Schutz von Informationen im europäischen Kartellverfahren, Dissertation, München 2006 (zitiert: *Kehl*, Schutz von Informationen)

Kenntner, Markus: Die Schrankenbestimmungen der EU-Grundrechtecharta – Grundrechte ohne Schutzwirkung?, ZRP 2000, 423-425

Kerse, Christopher/Khan, Nicholas: EC Antitrust Procedure, Fifth edition, London 2005 (zitiert: *Kerse/Khan*, EC Antitrust Procedure)

Kingreen, Thorsten: Theorie und Dogmatik der Grundrechte im europäischen Verfassungsrecht, EuGRZ 2004, 570-576

ders.: Die Gemeinschaftsgrundrechte, JuS 2000, 857-865

Kiriazis, Georgios: Jurisdiction and cooperation issues in the investigation of international cartels, Rede vom 20. Juni 2001, abrufbar unter: http://ec.europa.eu/competition/speeches/text/sp2001_010_en.pdf (zitiert: *Kiriazis*, Investigation of international cartels)

Klees, Andreas: Europäisches Kartellverfahrensrecht mit Fusionskontrollverfahren, Köln 2005 (zitiert: *Klees*, Kartellverfahrensrecht)

Knapp, Andreas: Die Garantie des effektiven Rechtsschutzes durch den EuGH im "Raum der Freiheit, der Sicherheit und des Rechts", DÖV 2001, 12-21

Koenig, Christian: EU-Grundrechtscharta - ein neuer supranationaler Kompetenztitel, EuZW 2000, 417

Koenigs, Folkmar: Die VO Nr. 1/2003: Wende im EG-Kartellrecht, DB 2003, 755-759

Köhler, Michael: Prozeßrechtsverhältnis und Ermittlungseingriffe, ZStW 1995, 10-47

Kokott, Juliane: Der Grundrechtsschutz im europäischen Gemeinschaftsrecht, AöR 1996, 599-638

Korthals, Claudia/Bangard, Annette: Die neuen Leitlinien der Kommission zur Bußgeldbemessung in Kartellverfahren - eine Kritik, BB 1998, 1013-1016

Kreis, Helmut W. Ermittlungsverfahren der EG-Kommission in Kartellsachen, RIW 1981, 281-297

Kroes, Neele: Settlements in Cartel Cases, Rede vom 19. September 2008, abrufbar unter: http://ec.europa.eu/competition/speeches/index_theme_1.html (zitiert: *Kroes*, Settlements in cartel cases)

Krüger, Hans Christian/Polakiewicz, Jörg: Vorschläge für ein kohärentes System des Menschenrechtsschutzes in Europa, EuGRZ 2001, 92-105

Kübler, Johanna/Pautke, Stephanie : Legal Privilege: Fallstricke und Werkzeuge im Umgang mit kartellrechtlich sensiblen Dokumenten - Ein praktischer Leitfaden, BB 2007, 390-396

Kühlhorn, Thomas: Ermittlungen der EG-Kommission nach Art. 11 und 14 der VO 17/62, WuW 1986, 7-26

Lampert, Thomas/Götting, Susanne: Opening Shot for Criminalisation of German Competition Law? Federal High Court Judgment Simplifies Options for Prosecuting Competition Law Violations as Fraud under German Penal Law, ECLR 2003, 30-31

Lampert, Thomas/Niejahr, Nina/Kübler, Johanna/Weidenbach, Georg: EG-KartellVO - Praxiskommentar, Heidelberg 2004 (zitiert: *Lampert/Niejahr/Kübler/Weidenbach,* Praxiskommentar)

Langen, Eugen/Bunte, Hermann-Josef: Kommentar zum deutschen und europäischen Kartellrecht Band 1 - Deutsches Kartellrecht, 10. Auflage, München 2006 (zitiert: Langen/Bunte, *Bearbeiter,* Kartellrecht, Band 1)

dies.: Kommentar zum deutschen und europäischen Kartellrecht Band 2 - Europäisches Kartellrecht, 10. Auflage, München 2006 (zitiert: Langen/Bunte, *Bearbeiter,* Kartellrecht, Band 2)

Le More, Pauline: Kartellbekämpfung, Verpflichtungszusagen und Grundrechte: eine schwierige „Ménage à trois", EuZW 2007, 722-726

Lecheler, Helmut: Der Beitrag der allgemeinen Rechtsgrundsätze zur Europäischen Integration - Rückblick und Ausblick, ZEuS 2003, 337-352

Lemmens, Paul: The Relation between the Charter of Fundamental Rights of the European Union and the European Convention on Human Rights - Substantive Aspects, MJ 2001, 49-67

Lenaerts, Koen: Sanktionen der Gemeinschaftsorgane gegenüber natürlichen und juristischen Personen, EuR 1997, 17-46

Lenaerts, Koen/de Smijter, Eddy Eddy: A "Bill of Rights" for the European Union, CMLR 2001, 273-300

dies.: The Charter and the Role of the European Courts, MJ 2001, 90-101

Lenaerts, Koen/Vanhamme, Jan: Procedural rights of private parties in the Community administrative process, CMLR 1997, 531-569

Lenz, Carl Otto/Borchardt, Klaus-Dieter: EU- und EG-Vertrag, 4. Auflage, Köln 2006 (zitiert: Lenz/Borchardt, *Bearbeiter,* EUV/EGV)

Lenz, Carl Otto/Mölls, Walter: "Due Process" im Wettbewerbsrecht der EWG - Zur Verfahrensrechtlichen Stellung der durch Ermittlungen der Kommission betroffenen Unternehmen nach den Kunststoffkartellurteilen des Gerichtshofs, WuW 1991, 771-792

Lenz, Christofer: EGMR: Wahlen zum Europäischen Parlament - Anmerkung, EuZW 1999, 311-313

Lesch, Heiko: Anmerkung zum Beschluss des BGH vom 12. Januar 2005, JR 2005, 302- 304

Limbach, Jutta: Die Kooperation der Gerichte in der zukünftigen europäischen Grundrechtsarchitektur, EuGRZ 2000, 417-420

Lindner, Josef Franz: Zur grundsätzlichen Bedeutung des Protokolls über die Anwendung der Grundrechtecharta auf Polen und das Vereinigte Königreich - zugleich ein Beitrag zur Auslegung von Art. 51 EGC, EuR 2008, 786-799

ders.: Grundrechtsschutz im europäischen Mehrebenensystem - eine systematische Einführung, Jura 2008, 401-407

ders.: Grundrechtsschutz in Europa - System einer Kollisionsdogmatik, EuR 2007, 160-193

ders.: Fortschritte und Defizite im EU-Grundrechtsschutz - Plädoyer für eine Optimierung der Europäischen Grundrechtecharta, ZRP 2007, 54-57

Lissel, Patrick M.: Das neue europäische Kartellverfahrensrecht, RdE 2006, 47-52

Loewenheim, Ulrich/Meessen, Karl M./Riesenkampff, Alexander: Kartellrecht, 2. Auflage, München 2009 (zitiert: Loewenheim/Meessen/Riesenkampff, *Bearbeiter*, Kartellrecht)

Lorenzmeier, Stefan: Kartellrechtliche Geldbußen als strafrechtliche Anklage im Sinne der Europäischen Menschenrechtskonvention, ZIS 2008, 20-30

Lorz, Ralph Alexander: Kompetenzverteilung im europäischen Mehrebenensystem, EuR 2006 - Beiheft 1, 43-61

Lutz, Martin: Amnestie für aufklärungsbereite Kartellanten, BB 2000, 677-684

Macdonald, Ronald St.J/Matscher, Franz/Petzold, Herbert: The European System for the Protection of Human Rights, Dordrecht 1993 (zitiert: Macdonald/Matscher/Petzold, *Bearbeiter*, European protection of human rights)

MacNeil, Iain: Criminal Investigation in Competition Law, ECLR 2003, 151-157

Mäger, Thorsten: Europäisches Kartellrecht, Baden-Baden 2006 (zitiert: Mäger, *Bearbeiter*, Europäisches Kartellrecht)

Magiera, Siegfried: Die Grundrechtecharta der Europäischen Union, DÖV 2000, 1017-1027

Mansdörfer, Marco/Timmerbeil, Sven: Zurechnung und Haftungsdurchgriff im Konzern, WM 2004, 362-370

Manz, Gerhard/Mayer, Barbara/Schröder, Albert: Europäische Aktiengesellschaft SE, Baden-Baden 2005 (zitiert: Manz/Mayer/Schröder, *Bearbeiter*, Europäische Aktiengesellschaft)

Marmo, Marinella: The Execution of Judgments of the European Court of Human Rights - a Political Battle, MJ 2008, 235-258

Maurer, Hartmut: Staatsrecht I - Grundlagen, Verfassungsorgane, Staatsfunktionen, 5. Auflage, München 2007 (zitiert: *Maurer*, Staatsrecht I)

Mayer, Franz C.: Die Rückkehr der Europäischen Verfassung? Ein Leitfaden zum Vertrag von Lissabon, ZaöRV 2007, 1141-1217

Mestmäcker, Ernst-Joachim: Versuch einer kartellpolitischen Wende in der EU - Zum Weißbuch der Kommission über die Modernisierung der Vorschriften zur Anwendung der Art. 85 und 86EGV a.F. (Art. 81 und 82 EGV n.F.), EuZW 1999, 523-529

Meyer, Jürgen: Charta der Grundrechte der Europäischen Union, 2. Auflage, Baden-Baden 2006 (zitiert: Meyer, *Bearbeiter*, EU-Charta)

Meyer, Jürgen/Hölscheidt, Sven: Die Europäische Verfassung des Europäischen Konvents, EuZW 2003, 613-621

Meyer, Peter/Kuhn, Sascha: Befugnisse und Grenzen kartellrechtlicher Durchsuchungen nach VO Nr. 1/2003 und nationalem Recht, WuW 2004, 880-892

Meyer-Goßner, Lutz: Strafprozessordnung, 52. Auflg. München 2009 (zitiert: *Meyer-Goßner*, StPO)

Meyer-Ladewig, Jens: Europäische Menschenrechtskonvention, 2. Auflage, Baden-Baden 2006 (zitiert: *Meyer-Ladewig*, EMRK)

Meyer-Ladewig, Jens/Petzold, Herbert: Die Bindung deutscher Gerichte an Urteile des EGMR - Neues aus Straßburg und Karlsruhe, NJW 2005, 15-20

Michalke, Regina: Die Verwertbarkeit von Erkenntnissen der Eigenüberwachung zu Beweiszwecken im Straf- und Ordnungswidrigkeitenverfahren, NJW 1990, 417-421

Minoggio, Ingo: Das Schweigerecht der juristischen Person als Nebenbeteiligte im Strafverfahren, wistra 2003, 121-129

Mittelberger, Philipp: Die Rechtsprechung des ständigen Europäischen Gerichtshofs für Menschenrechte zum Eigentumsschutz, EuGRZ 2001, 364-371

Mombaur, Peter: Die Charta der Grundrechte der Europäischen Union: Ein Bericht in neun Punkten, DÖV 2001, 595-596

Möschel, Werner: Systemwechsel im Europäischen Wettbewerbsrecht?, JZ 2000, 61-67

Müller, Christoph J.: Die Berufsfreiheit des Arbeitgebers, Dissertation, Köln 1996 (zitiert: Müller, Berufsfreiheit des Arbeitgebers)

Müller, Egon: Der Grundsatz der Waffengleichheit im Strafverfahren, NJW 1976, 1063-1067

Müller, Reinhard: Geringe poetische Strahlkraft, FAZ vom 11. Februar 2009, 5

Müller, Rudolf: Neue Ermittlungsmethoden und das Verbot des Zwanges zur Selbstbelastung, EuGRZ 2001, 546-559

Müller-Dietz, Heinz: Die Stellung des Beschuldigten im Strafprozeß, ZStW 1981, 1177-1270

Müller-Graff, Peter-Christian: Die wettbewerbsverfaßte Marktwirtschaft als gemeineuropäisches Verfassungsprinzip?, EuR 1997, 433-457

Müller-Michaels, Olaf: Grundrechtlicher Eigentumsschutz in der europäischen Union, Dissertation, Berlin 1996 (zitiert: *Müller-Michaels*, Eigentumsschutz in der Union)

Münchener Kommentar: Münchener Kommentar zum Europäischen und Deutschen Wettbewerbsrecht (Kartellrecht) - Band 1 - Europäisches Wettbewerbsrecht, München 2007 (zitiert: MK, *Bearbeiter*, Kartellrecht, Band 1)

ders.: Münchener Kommentar zum Europäischen und Deutschen Wettbewerbsrecht (Kartellrecht) - Band 2 - Gesetz gegen Wettbewerbsbeschränkungen: GWB, München 2008 (zitiert: MK, *Bearbeiter*, Kartellrecht, Band 2)

Nazzini, Renato: Criminalisation of Cartels and Concurrent Proceedings, ECLR, 2003, 483-489

Nettesheim, Martin: Grundrechtliche Prüfdichte durch den EuGH, EuZW 1995, 106-108

Nicolaysen, Gert: Die gemeinschaftsrechtliche Begründung von Grundrechten, EuR 2003, 719-743

ders.: Rechtsgemeinschaft, Gemeinschaftsgerichtsbarkeit und Individuum in *Nowak, Carsten/ Cremer, Wolfram*, Individualrechtsschutz in der EG und der WTO, Baden-Baden 2002 (zitiert: *Nicolaysen*, in: *Nowak/Cremer*, Individualrechtsschutz in der EG)

Oppermann, Thomas: Eine Verfassung für die Europäische Union, DVBl 2003, 1234-1246

Oppermann, Thomas/Classen, Claus Dieter/Nettesheim, Martin: Europarecht, 4. Auflage, München 2009 (zitiert: *Oppermann/Classen/Nettesheim*, Europarecht)

Pache, Eckard: Die Europäische Menschenrechtskonvention und die deutsche Rechtsordnung, EuR 2004, 393-415

ders.: Eine Verfassung für Europa - Krönung oder Kollaps der europäischen Integration?, EuR 2002, 767-784

ders.: Die Europäische Grundrechtscharta - ein Rückschritt für den Grundrechtsschutz in Europa?, EuR 2001, 475-494

ders.: Auskunftsverweigerungsrecht in Kartellverfahren - Anmerkung zum Mannesmannröhren-Werke Urteil des EuG, EuZW 2001, 351-352

ders.: Das europäische Grundrecht auf einen fairen Prozess, NVwZ 2001, 1342-1347

ders.: Der Grundsatz des fairen gerichtlichen Verfahrens auf europäischer Ebene, EuGRZ 2001, 601-606

ders.: Die Kontrolldichte in der Rechtsprechung des Gerichtshofs der Europäischen Gemeinschaften, DVBl 1998, 380-387

Pache, Eckard/Rösch, Franziska: Die neue Grundrechtsordnung der EU nach dem Vertrag von Lissabon, EuR 2009, 769-789

dies.: Der Vertrag von Lissabon, NVwZ 2008, 473-480

dies.: Europäischer Grundrechtsschutz nach Lissabon - die Rolle der EMRK und der Grundrechtecharta in der EU, EuZW 2008, 519-522

Paeffgen, Hans-Ullrich: Die justiziellen Grundrechte in der Europäischen Verfassung, EuR 2006 - Beiheft 1, 63-86

ders.: Vorüberlegungen zu einer Dogmatik des Untersuchungshaft-Rechts, Habilitationsschrift 1986 (zitiert: *Paeffgen*, Untersuchungshaft)

Parmar, Sejal: International Human Rights and the EU Charter, MJ 2001, 351-370

Pauly, Walter: Strukturfragen des unionsrechtlichen Grundrechtsschutzes, EuR 1998, 242-262

Pechstein, Matthias: EU-/EG-Prozessrecht, 3. Auflage, Tübingen 2007 (zitiert: *Pechstein*, EU-/EG-Prozessrecht)

Penski, Ulrich/Elsner, Roland: Eigentumsgewährleistung und Berufsfreiheit als Gemeinschaftsgrundrechte in der Rechtsprechung des Europäischen Gerichtshofs, DÖV 2001, 265-275

Pernice, Ingolf: Eine Grundrechte-Charta für die Europäische Union, DVBl 2000, 847-859

ders.: Gemeinschaftsverfassung und Grundrechtsschutz - Grundlagen, Bestand und Perspektiven, NJW 1990, 2409-2420

Peukert, Wolfgang: Der Schutz des Eigentums nach Art. 1 des Ersten Zusatzprotokolls zur Europäischen Menschenrechtskonvention, EuGRZ 1981, 97-114

Philippi, Nina: Divergenzen im Grundrechtsschutz zwischen EuGH und EMRK, ZEuS 2000, 97-126

Pietsch, Jörg: Die Grundrechtecharta im Verfassungskonvent, ZRP 2003, 1-4

Piris, Jean-Claude: Hat die Europäische Union eine Verfassung? Braucht sie eine?, EuR 2000, 311-350

Piwinger, Manfred/Zerfass, Ansgar: Handbuch Unternehmenskommunikation, Wiesbaden 2007 (zitiert: Piwinger/Zerfass, *Bearbeiter* Unternehmenskommunikation)

Potacs, Michael: Effet utile als Auslegungsgrundsatz, EuR 2009, 465-487

Puffer-Mariette, Jean-Christophe: Die Effektivität von Kronzeugenregelungen im Kartellrecht, Dissertation, Baden-Baden 2008 (zitiert: *Puffer-Mariette,* Kronzeugenregelungen)

Puppe, Ingeborg: List im Verhör des Beschuldigten, GA 1978, 289-306

Reichelt, Daniel: To what extent does the cooperation within the European Competition Network protect the rights of undertakings?, CMLR 2005, 745-782

Reinalter, Andreas: Die Grenzen der Ermittlungsbefugnisse der Europäischen Kommission im Kartellverfahren, ZEuS 2009, 53-97

Reiß, Wolfram: Besteuerungsverfahren und Strafverfahren - zugleich ein Beitrag zur Bedeutung des Grundsatzes nemo tenetur se ipsum prodere im Besteuerungsverfahren, Habilitation, Bonn 1986 (zitiert: *Reiß*, Besteuerungsverfahren)

Rengeling, Hans-Werner: Die wirtschaftsbezogenen Grundrechte in der Europäischen Grundrechtecharta, DVBl 2004, 453-464

ders.: Die Wirtschaftsbezogenen Grundrechte in der Grundrechtscharta in *Schwarze, Jürgen* (Hrsg.), Der Verfassungsentwurf des Europäischen Konvents, Baden-Baden 2004 (zitiert: *Rengeling*, in: *Schwarze*, Verfassungsentwurf)

ders.: Die Entwicklung verwaltungsrechtlicher Grundsätze durch den Gerichtshof der Europäischen Gemeinschaften, EuR 1984, 331-360

ders.: Der Grundrechtsschutz in der Europäischen Gemeinschaft und die Überprüfung der Gesetzgebung, DVBl 1982, 140-144

Rengeling, Hans-Werner/Middeke, Andreas/Gellermann, Martin: Handbuch des Rechtsschutzes in der Europäischen Union, 2. Auflage, München 2003 (zitiert: Rengeling/Middeke/Gellermann, *Bearbeiter*, Rechtsschutz in der EU)

Rengeling, Hans-Werner/Szczekalla, Peter: Grundrechte in der Europäischen Union, Köln 2004 (zitiert: *Rengeling/Szczekalla*, EU-Grundrechte)

Ress, Georg: Der Europäische Gerichtshof für Menschenrechte und die Grenzen seiner Judikatur in *Hilf, Meinhard/Kämmerer, Jörn Axel/König, Doris*, Höchste Gerichte an ihren Grenzen, Berlin 2007 (zitiert: *Ress*, in: *Hilf/Kämmerer/König*, Höchste Gerichte an ihren Grenzen)

Ress, Georg/Ukrow, Jörg: Neue Aspekte des Grundrechtsschutzes in der Europäischen Gemeinschaft - Anmerkungen zum Hoechst-Urteil des EuGH, EuZW 1990, 499-505

Roxin, Claus: Strafverfahrensrecht, 25. Auflage, München 1998 (zitiert: *Roxin*, Strafverfahrensrecht)

Riley, Alan: EC Antitrust Modernisation: The Commission does very nicely - Thank you! Part One: Regulation 1 and the Notification Burden, ECLR 2003, 604-615

ders.: Saunders and the Power to obtain information in Community and United Kingdom competition law, ELR 2000, 264-281

Röhl, Hans Christian: Soll das Recht der Regulierungsverwaltung übergreifend geregelt werden?, JZ 2006, 831-839

Rosochowicz, Patricia Hanh: The Appropriateness of Criminal Sanctions in the Enforcement of Competition Law, ECLR 2004, 752-757

Rudolf, Beate: Die Eigentumsgarantie nach der Europäischen Menschenrechtskonvention und ihre verfahrensrechtliche Dimension, EuGRZ 1996, 573-577

Rudolf, Beate/von Raumer, Stefan: Die Beschwerde vor dem Europäischen Gerichtshof für Menschenrechte, AnwBl 2009, 313-318

dies.: Der Schutzumfang der Europäischen Menschenrechtskonvention, AnwBl 2009, 318-323

Rüping, Hinrich: Zur Mitwirkungspflicht des Beschuldigten und Angeklagten, JR 1974, 135-140

Schaller, Werner: Das Verhältnis von EMRK und deutscher Rechtsordnung vor und nach dem Beitritt der EU zur EMRK, EuR 2006, 656-674

Scheer, Hester: The Interaction between the ECHR and EC Law - A Case Study in the Field of EC Competition Law, ZEuS 2004, 663-691

Schermers, Henri G.: The protection of human rights in the European Community, Bonn, 1994 (zitiert: *Schermers,* Protection of human rights)

ders.: The scales in balance: National Constitutional Court v. Court of Justice, CMLR 1990, 97-105

ders. The European Communities bound by fundamental human rights, CMLR 1990, 249-258

Scheuing, Dieter H.: Zur Grundrechtsbindung der EU-Mitgliedsstaaten, EuR 2005, 162-191

Schiller, Klaus-Volker: Der Verhältnismäßigkeitsgrundsatz im Europäischen Gemeinschaftsrecht nach der Rechtsprechung des EuGH, RIW 1983, 928-930

Schilling, Theodor: Zum Recht der Parteien, zu den Schlußanträgen der Generalanwälte beim EuGH Stellung zu nehmen, ZaöRV 2000, 395-412

ders.: Bestand und allgemeine Lehren der bürgerschützenden allgemeinen Rechtsgrundsätze des Gemeinschaftsrechts, EuGRZ 2000, 3-43

Schmidt, Eberhard: Der Strafprozeß, NJW 1969, 1137-1146

ders.: Sinn und Tragweite des Hinweises auf die Aussagefreiheit des Beschuldigten, NJW 1968, 1209-1219

Schmitz, Thomas: Die Grundrechtecharta als Teil der Verfassung der Europäischen Union, EuR 2004, 691-713

ders.: Die EU-Grundrechtecharta aus grundrechtsdogmatischer und grundrechtstheoretischer Sicht, JZ 2001, 833-843

Schneider, Hartmut: Grund und Grenzen des strafrechtlichen Selbstbegünstgungsprinzips, Dissertation, 1991 (zitiert: *Schneider*, Strafrechtliches Selbstbegünstigungsprinzip)

Schnelle, Ulrich/Bartosch, Andreas/Hübner, Alexander: Das neue EU-Kartellverfahrensrecht, Stuttgart 2004 (zitiert: *Schnelle/Bartosch/Hübner*, Kartellverfahrensrecht)

Schohe, Gerrit: Das Urteil Bosphorus: Zum Unbehagen gegenüber dem Grundrechtsschutz durch die Gemeinschaft, EuZW 2006, 33

ders.: Muss die Berufung auf Grundrechte zweckmäßig sein? Zur Aussageverweigerung im europäischen Kartellrecht, NJW 2002, 492-493

Scholz, Rupert: Grundrechtsprobleme im europäischen Kartellrecht – Zur Hoechst-Entscheidung des EuGH, WuW 1990, 99-108

ders.: Das Grundrecht der freien Entfaltung der Persönlichkeit in der Rechtsprechung des Bundesverfassungsgerichts, AöR 1975, 80-130

*Schriefers, Marcus: D*ie Ermittlungsbefugnisse der EG-Kommission in Kartellverfahren, WuW 1993, 98-106

Schröter, Helmuth/Jakob, Thinam/Mederer, Wolfgang: Kommentar zum Europäischen Wettbewerbsrecht, Baden-Baden 2003 (zitiert: Schröter/Jakob/Mederer, *Bearbeiter*, Europäisches Wettbewerbsrecht)

Schuler, Patrick: Zur Diskussion um ein Aussageverweigerungsrecht juristischer Personen, JR 2003, 265-270

Schwab, Andreas/Steinle, Christian: Pitfalls oft he European Competition Network - Why Better Protection of Leniency Applicants and Legal Regulation of Case Allocation is Needed, ECLR 2008, 523-531

Schwartmann, Rolf: Europäischer Grundrechtsschutz nach dem Verfassungsvertrag, Archiv des Völkerrechts 2005, 129-152

Schwarze, Jürgen: Europäische Kartellbußgelder im Lichte übergeordneter Vertrags- und Verfassungsgrundsätze, EuR 2009, 171-199

ders.: Rechtsstaatliche Defizite des europäischen Kartellbußgeldverfahrens, WuW 2009, 6-12

ders.: EU-Kommentar, 2. Auflage, Baden-Baden 2009 (zitiert: Schwarze, *Bearbeiter*, EU-Kommentar)

ders.: Europäisches Verwaltungsrecht, 2. Auflage, Baden-Baden 2005 (zitiert: *Schwarze*, Europäisches Verwaltungsrecht)

ders.: Der Schutz der Grundrechte durch den EuGH, NJW 2005, 3459-3466

ders.: Das wirtschaftsverfassungsrechtliche Konzept des Verfassungsentwurfs des Europäischen Konvents - zugleich eine Untersuchung der Grundprobleme des europäischen Wirtschaftsrechts, EuZW 2004, 135-140

ders.: Ein pragmatischer Verfassungsentwurf - Analyse und Bewertung des vom Europäischen Verfassungskonvent vorgelegten Entwurfs eines Vertrags über eine Verfassung für Europa, EuR 2003, 535-573

ders.: Rechtsstaatliche Grenzen der gesetzlichen und richterlichen Qualifikation von Verwaltungssanktionen im europäischen Gemeinschaftsrecht, EuZW 2003, 261-269

ders.: Wirtschaftsverfassungsrechtliche Garantien für Unternehmen in der Europäischen Grundrechtscharta in Festschrift für Jochen F. Kirchhoff, 2002, 245-261 (zitiert: *Schwarze*, FS für Kirchhoff)

ders.: Der Grundrechtsschutz für Unternehmen in der Europäischen Grundrechtecharta, EuZW 2001, 517-524

ders.: Der Beitrag des Europarates zur Entwicklung von Rechtsschutz und Verfahrensgarantien im Verwaltungsrecht, EuGRZ 1993, 377-384

Schwarze, Jürgen/Bechtold, Rainer/Bosch, Wolfgang: Rechtsstaatliche Defizite im Kartellrecht der Europäischen Gemeinschaft - Eine kritische Analyse der derzeitigen Praxis und Reformvorschläge, Studie, 2008, abrufbar unter: http://www.gleisslutz.com/de/Publikationen (zitiert: *Schwarze/Bechtold/Bosch*, Studie)

Schwarze, Jürgen/Weitbrecht, Andreas: Grundzüge des europäischen Kartellverfahrensrechts, Baden-Baden 2004 (zitiert: *Schwarze/Weitbrecht*, Kartellverfahrensrecht)

Seitz, Claudia: Grundsätze der ordnungsgemäßen Verwaltung und der Gleichbehandlung - Sanktionsreduzierung wegen Nichtbeachtung der im Gemeinschaftsrecht geltenden Verfahrensgarantien durch die Europäische Kommission, EuZW 2008, 525-528

dies.:Unternehmensjuristen und das Anwaltsprivileg im europäischen Wettbewerbsverfahren - Wandel in der europäischen Rechtsprechung?, EuZW 2004, 231-235

Skouris, Vassilios: Bemerkungen aus der Perspektive des Gerichtshofes der Europäischen Gemeinschaften in *Hilf, Meinhard/Kämmerer, Jörn Axel/König, Doris* Höchste Gerichte an ihren Grenzen, Berlin 2007 (zitiert: *Skouris*, in: *Hilf/Kämmerer/König*, Höchste Gerichte an ihren Grenzen)

Sodan, Helge: Vorrang der Privatheit als Prinzip der Wirtschaftsverfassung, DÖV 2000, 361-371

Soltész, Ulrich: Bußgeldreduzierung bei Zusammenarbeit mit der Kommission in Kartellsachen - „Kronzeugenmitteilung", EWS 2000, 240-246

Soltész, Ulrich/Steinle, Christian/Bielesz, Holger: Rekordgeldbußen versus Bestimmtheitsgebot - Die Kartellverordnung auf dem Prüfstein höherrangigen Gemeinschaftsrechts, EuZW 2003, 202-210

Steinberg, Georg: Schuldgrundsatz versus kartellrechtliche Kronzeugenregelung, WuW 2006, 719-726

Steinberger, Helmut: Der Verfassungsstaat als Glied einer europäischen Gemeinschaft, VVDStRL 50, 9-55

Stessens, Guy: The obligation to produce documents versus the privilege against self-incrimination: Human Rights protection extended too far?, ELR 1997, Checklist No. 1, HRC/45-HRC/62

Streinz, Rudolf: Europarecht, 8. Auflage, Heidelberg 2008 (zitiert: *Streinz*, Europarecht)

Streinz, Rudolf/Ohler, Christoph: Vertrag über die Europäische Union und Vertrag zur Gründung der Europäischen Gemeinschaft, München 2003 (zitiert: Streinz/Ohler, *Bearbeiter*, EUV/EGV)

Streinz, Rudolf/Ohler, Christoph/Hermann, Christoph: Der Vertrag von Lissabon zur Reform der EU, 2. Auflage, München 2008 (zitiert: *Streinz/Ohler/Herrmann*, Vertrag von Lissabon)

dies.: Die neue Verfassung für Europa, München 2005 (zitiert: *Streinz/Ohler/Herrmann*, EU-Verfassung)

Suerbaum, Joachim: Die Schutzpflichtdimension der Gemeinschaftsgrundrechte, EuR 2003, 390-416

Systematischer Kommentar: Systematischer Kommentar zur Strafprozessordnung und zum Gerichtsverfassungsgesetz, 2007 (zitiert: SK, *Bearbeiter*, StPO)

Terhechte, Jörg Philipp: Der Vertrag von Lissabon: Grundlegende Verfassungsurkunde der europäischen Rechtsgemeinschaft oder technischer Änderungsvertrag?, EuR 2008, 143-189

Tettinger, Peter J.: Verfassungsrecht und Wirtschaftsordnung, DVBl 1999, 679-687

Tettinger, Peter J./Stern, Klaus: Kölner Gemeinschaftskommentar zur Europäischen Grundrechte-Charta, München 2006 (zitiert: Tettinger/Stern, *Bearbeiter*, Kölner Gemeinschaftskommentar)

Thiel, Jürgen Michael: Europa 1992: Grundrechtlicher Eigentumsschutz im EG-Recht, JuS 1991, 274-281

Tomuschat, Christian: Aller guten Dinge sind III?, EuR 1990, 340-361

Trute, Hans-Heinrich: Die Verwaltung und das Verwaltungsrecht zwischen gesellschaftlicher Selbstregulierung und staatlicher Steuerung, DVBl 1996, 950-964

van Overbeek, Walter B.J.: The right to remain silent in competition investigations: The Funke Decision of the Court of Human Rights makes revision of the ECJ's Case Law necessary, ECLR 1994, 127-132

Vedder, Christoph/Heintschel von Heinegg: Europäischer Verfassungsvertrag, Baden-Baden 2007 (zitiert: Vedder/Heintschel von Heinegg, *Bearbeiter*, EVV)

Venit, James S.: Brave new world: The modernization and decentralization of enforcement under Articles 81 and 82 of the EC Treaty, CMLR 2003, 545-580

Verrel, Torsten: Nemo tenetur - Rekonstruktion eines Verfahrensgrundsatzes - 1. Teil, NStZ 1997, 361-365

Vocke, Christian: Die Ermittlungsbefugnisse der EG- Kommission im kartellrechtlichen Voruntersuchungsverfahren, Dissertation, Berlin 2006 (zitiert: *Vocke,* Ermittlungsbefugnisse)

von Arnauld, Andreas: Normenhierarchien innerhalb des primären Gemeinschaftsrechts – Gedanken im Prozess der Konstitutionalisierung Europas, EuR 2003, 191-216

von Bogdandy, Armin/Bast, Jürgen: Europäisches Verfassungsrecht, 2. Auflage, Berlin, Heidelberg 2009 (zitiert: von Bogdandy/Bast, *Bearbeiter,* Europäisches Verfassungsrecht)

von Danwitz, Thomas: Systemgedanken eines Rechts der Verwaltungskooperation in *Schmidt-Aßmann, Eberhard/Hoffmann-Riem, Wolfgang,* Strukturen des Europäischen Verwaltungsrechts, 171-190 (zitiert: *von Danwitz,* in: *Schmidt-Aßmann/Hoffmann-Riem,* Europäisches Verwaltungsrecht)

von Danwitz, Thomas/Depenhauer, Otto/Engel, Christoph: Bericht zur Lage des Eigentums Band 1, Heidelberg 2002 (zitiert: von Danwitz/Depenheuer/Engel, *Bearbeiter,* Bericht zur Lage des Eigentums)

von der Groeben, Hans/Schwarze, Jürgen: Kommentar zum Vertrag über die Europäische Union und zur Gründung der Europäischen Gemeinschaften, 6. Auflage, Baden-Baden 2003 (zitiert: von der Groeben/Schwarze, *Bearbeiter,* EUV/EGV)

von Münch, Ingo/Kunig, Philip: Grundgesetz, Band 1, 5. Auflage, München 2000 (zitiert: von Münch/Kunig, *Bearbeiter,* GG)

von Winterfeld, Achim: Ermittlungsbefugnisse der EG-Kommission gegenüber Unternehmen am Beispiel des Kartellrechts, RIW 1992, 524-528

ders.: Die Rechte der Verteidigung in Kartellverfahren vor der EG-Kommission, RIW 1981, 801-808

Wagner-von Papp, Florian: Kriminalisierung von Kartellen, WuW 2010, 268-282

Weber, Albrecht: Vom Verfassungsvertrag zum Vertrag von Lissabon, EuZW 2008, 7-14

ders.: Einheit und Vielfalt der europäischen Grundrechtsordnung(en), DVBl 2003, 220-227 *ders.*: Die Europäische Grundrechtscharta auf dem Weg zu einer europäischen Verfassung, NJW 2000, 537-544

Weiß, Wolfgang: Grundrechtsschutz im EG-Kartellrecht nach der Verfahrensnovelle, EuZW 2006, 263-268

ders.: Grundrechtsquellen im Verfassungsvertrag, ZEuS 2005, 323-353

ders.: Der Schutz des Rechts auf Aussageverweigerung durch die EMRK, NJW 1999, 2236-2237

ders.: Haben juristische Personen ein Aussageverweigerungsrecht?, JZ 1998, 289-297

ders.: Die Europäische Menschenrechtskonvention, der Grundrechtsstandard in der EU und das EG-Kartellverfahren, EWS 1997, 253-257

ders.: Die Verteidigungsrechte im EG-Kartellverfahren, Dissertation, Köln, Berlin, Bonn, München 1996 (zitiert: *Weiß*, Verteidigungsrechte im EG-Kartellverfahren)

Weitbrecht, Andreas: Das neue EG-Kartellverfahrensrecht, EuZW 2003, 69-73

Weitbrecht, Andreas/Mühle, Jan: Zur Verfassungsmäßigkeit der Bußgelddrohung gegen Unternehmen nach der 7. GWB-Novelle, WuW 2006, 1106-1118

Wessels, Johannes: Schweigen und Leugnen im Strafverfahren, Jus 1966, 169-176

Willis, Peter R.: "You have the right to remain silent...", or do you? The privilege against self-incriminiation following Mannesmannröhren-Werke and other recent decisions, ECLR 2001, 313-321

Wils, Wouter P.J.: The Use of Settlements in Public Antitrust Enforcement: Objectives and Principles, WorldComp 2008, 335-352

ders.: The Combination of the Investigative and Prosecutorial Function and the Adjudicative Function in EC Antitrust Enforcement: A Legal and Economic Analysis, WorldComp 2004, 201-224

ders.: Self-Incrimination in EC Antitrust Enforcement, WorldComp 2003, 567-588

ders.: Should Private Antitrust Enforcement be Encouraged in Europe?, WorldComp 2003, 473-488 *ders.*: The EU Network of Competition Authorities, the European Convention on Human Rights and the Charter of Fundamental Rights of the EU, 1-3, abrufbar unter: http://www.eui.eu/RSCAS/Research/Competition/2002/200207CompWils.pdf (zitiert: *Wils*, The EU Network of Competition Authorities)

Wilsher, Daniel: Achieving Better Decision-making in Competition Enforcement Cases: A Public Law Perspective on the Role of the Executive and the Courts, WorldComp 2007, 263-290

Winkler, Rolf: Die Rechtsnatur der Geldbuße im Wettbewerbsrecht der Europäischen Wirtschaftsgemeinschaft, Dissertation, Tübingen 1971 (zitiert: *Winkler*, Die Rechtsnatur der Geldbuße)

Wissmann, Martin/Dreyer, Jan Joachim/Witting, Jörg: Kartell- und regulierungsbehördliche Ermittlungen im Unternehmen und Risikomanagement, Köln, München 2008 (zitiert: Wissmann/Dreyer/Witting, *Bearbeiter*, Ermittlungen im Unternehmen)

Wissmann, Martin: Rechtschutz von Unternehmen bei Beschlagnahme von Unterlagen im Rahmen von EG-Nachprüfungsverfahren, EWS 2002, 165-173

Wolf, Ernst: Zum Kartellrecht der EWG, WuW 1962, 645-661

Zagrosek, Roman: Kronzeugenregelungen im U.S.-amerikanischen, europäischen und deutschen Recht der Wettbewerbsbeschränkungen, Dissertation, Baden-Baden 2006 (zitiert: *Zagrosek*, Kronzeugenregelungen)

Zippelius, Reinhold/Würtenberger, Thomas: Deutsches Staatsrecht, 32. Auflage, München 2008 (zitiert: *Zippelius/Würtenberger*, Staatsrecht)

Zuleeg, Manfred: Zum Verhältnis nationaler und europäischer Grundrechte - Funktion einer EU-Charta der Grundrechte, EuGRZ 2000, 511-517

ders.: Die Europäische Gemeinschaft als Rechtsgemeinschaft, NJW 1994, 545-549

ders.: Die Europäische Gemeinschaft als Integrationsverband, in Einigkeit und Recht und Freiheit - Festschrift für Karl Carstens, Band 1, Köln 1984 (zitiert: *Zuleeg*, FS für Carstens, Band 1)

Zeitfracht Medien GmbH
Ferdinand-Jühlke-Straße 7
99095 Erfurt, Deutschland
produktsicherheit@kolibri360.de